James Wallace/Jim Erickson

Mr. Microsoft

James Wallace/Jim Erickson

MR. MICROSOFT

Die Bill-Gates-Story

Aus dem Amerikanischen von
Peter Hahlbrock

Ullstein

Verlag Ullstein GmbH Frankfurt/M. · Berlin

Titel der amerikanischen Originalausgabe:
Hard Drive. Bill Gates and the Making of the Microsoft Empire
Erschienen bei John Wiley & Sons, Inc., New York 1992

Aus dem Amerikanischen von Peter Hahlbrock

Printed in Germany
Satz: KCS GmbH, Buchholz/Hamburg
Druck und Binden: Mohndruck, Gütersloh
ISBN 3 550 06808 5

Gedruckt auf Papier mit chlorfrei gebleichtem Zellstoff

Die Deutsche Bibliothek – CIP-Einheitsaufnahme
Wallace, James:
Mr. Microsoft: die Bill-Gates-Story/James Wallace; Jim Erickson.
Aus dem Amerikan. von Peter Hahlbrock.
Frankfurt/M. ; Berlin: Ullstein, 1993
Einheitssacht.: Hard drive (dt.)
ISBN 3-550-06808-5
NE: Erickson, Jim; Wallace, James: Mister Microsoft;
Erickson, Jim: Mister Microsoft

Für meine Mutter, meinen Vater und für Linda Buzbee –
denn versprochen ist versprochen

James Wallace

Für meine Mutter, meinen Vater und für Nancy

Jim Erickson

Inhalt

Prolog

William Gates III., Vorsitzender des größten Softwareunternehmens der Welt, stand nervös im Ballsaal der 90-Meter-Yacht *New Yorker.* Er war im Begriff, das neueste Modell der erfolgreichsten Software aller Zeiten zu präsentieren – MS-DOS 5.0.

Es sollte der aufwendigste Stapellauf werden, mit dem je ein Produkt der Softwareindustrie in den Konkurrenzkampf entlassen wurde. Mehr als fünfhundert Menschen hatten sich an jenem feuchten Dienstagabend im Sommer 1991 an Bord der Yacht im Hafen von New York eingefunden, um zu erfahren, wie Bill Gates und Steve Ballmer, der Direktor der Abteilung Betriebssysteme, etwaige noch bestehende Zweifel an der Notwendigkeit von MS-DOS 5.0 zerstreuen würden. In Scharen waren Fachleute und Journalisten der Einladung gefolgt, zumal außer MS-DOS 5.0 auch noch ein gutes Abendessen, Live-Musik von Dave Brubeck und eine fünfstündige Rundfahrt auf dem Hudson River auf dem Programm standen. Aus allen Teilen der Vereinigten Staaten waren die Führungskräfte bedeutender Hard- und Softwareunternehmen nach New York geflogen, um zu hören, was Bill Gates, das Enfant terrible der Branche und zugleich ihr glänzendster Star, von seinen Zukunftsplänen verraten würde.

Zweifellos hatte er es mit seinen damals fünfunddreißig Jahren schon weit gebracht. 1990 machte die Firma, die er vor sechzehn Jahren mit seinem Freund und ehemaligen Spielkameraden Paul Allen zusammen gegründet hatte, als erstes Unternehmen der Softwarebranche einen Jahresumsatz von über einer Milliarde Dollar. Und der Kopf des Ganzen war schon seit einigen Jahren der jüngste Milliardär in der Geschichte Amerikas.

Bill Gates' Wort galt längst als Evangelium, sofern die gottlose Computerindustrie überhaupt an frohe Botschaften glaubte. Als er vor einem Monat auf der Comdex, der Computerfachmesse in Atlanta, sprach, hatten die Interessenten zwei Straßen weit Schlange gestanden; und da das Auditorium längst nicht allen Platz bot, hatten Herren in dunklen Anzügen mit gekreuzten Beinen in den Gängen auf dem Boden gesessen. Doch als Gates jetzt im Ballsaal der *New Yorker* steif ans Mikrophon trat, dürfte ihm bewußt gewesen sein, daß in Armonk am anderen Ufer des Hudson mächtige gegnerische Kräfte aufrüsteten: im Hauptquartier der Firma International Business Machines.

Gates richtete sich zu seiner vollen Größe von 1,78 m auf und begann mit einem Rückblick auf die Geschichte von MS-DOS.

»In den vergangenen zehn Jahren ist DOS zur Grundlage der PC-Industrie geworden. DOS hat sich in dieser Zeit zehnmal so gut verkauft wie alle anderen Softwarepakete«, sagte Gates in seinem eigentümlich hohen Organ, das manchmal wie im Stimmbruch kippte, woran auch der Kurs in Stimmbildung nichts änderte, den er besucht hatte. Das Microsoft-Betriebssystem, fuhr er fort, liefe gegenwärtig auf mehr als 60 Millionen PC, was einem Anteil von 75 Prozent des Weltmarkts entsprach. Er prophezeite, 1991 würden weitere 18 Millionen Exemplare verkauft werden. »Nicht allein diese Zahl ist erstaunlich, sondern das ganze Phänomen, das dahintersteht«, sagte er.

Gates wich nicht von seinem vorbereiteten Text ab und würzte diesmal auch seine Rede nicht wie sonst mit Ausdrücken wie »cool« oder »super«.

Seine übergroßen Brillengläser reflektierten das Scheinwerferlicht und verbargen die blauen Augen. Sein mittelblondes Haar war so sorgfältig gekämmt wie selten. Bei näherem Hinsehen bemerkte man allerdings Schuppen auf seinem schwarzen Anzug. Geschäftspartner von ihm sagten im Spaß, daß Gates nirgendwo hinging ohne seine Schuppen.

Seine ganze Erscheinung entsprach in keiner Weise dem Bild, das man sich von einem Industriekapitän macht. Er war also fünfunddreißig, sah aber mindestens zehn Jahre jünger aus und hatte immer noch den jungenhaften Charme eines Computer-Hackers. Und so wurde er in der Zeitung auch heute noch oft bezeichnet. Aber niemand leistete sich mehr den Luxus, Bill Gates zu unterschätzen. Denn das haben schon viele bereut.

Die meisten seiner Gäste an diesem Abend kannten die erstaunliche

Geschichte seiner Firma wenigstens in groben Zügen. 1980 hatte Microsoft MS-DOS an IBM verkauft, war damit unaufhaltsam in den PC-Markt eingedrungen und hatte Maßstäbe gesetzt, die noch nicht übertroffen waren. Die Garantiezahlungen, die ihm aus dieser Partnerschaft zuflossen, waren Gates Mittel und Antrieb, seinen Traum – Microsoft-Software für alle Personalcomputer – zu verwirklichen. Nicht lange nach jenem Abschluß mit IBM hatte sich der feurige, ehrgeizige Gates mit der Faust in die offene Hand geschlagen und geschworen, seine größten Konkurrenten aus dem Feld zu schlagen. Und jetzt, 1991, hatten tatsächlich schon viele im Sperrfeuer der Microsoft-Produkte den Rückzug vom Markt angetreten.

Natürlich hatte sich Gates auf dem Weg nach oben eine Menge Feinde gemacht. Er war vielen Leuten auf die Zehen getreten und hatte zahllosen Kollegen mit kindischen Zornesausbrüchen und grausamem Ausspielen seiner intellektuellen Überlegenheit böse zugesetzt. Die Federal Trade Commission ermittelte auf der Grundlage anonymer Anzeigen wegen möglichen Verstoßes gegen die Antikartellgesetzgebung gegen Microsoft. Viele Konkurrenten hofften, daß Microsoft in seine Einzelteile zerlegt würde. Selbst der so ausnehmend profitablen und für moderne Verhältnisse nun schon lang andauernden Ehe mit IBM drohte ein schmutziger Scheidungsprozeß. In einem Zeitungsartikel über Gates mit dem vielsagenden Titel »Der Siliziumschinder« wurde ein nicht namentlich genannter leitender Mitarbeiter von IBM mit den Worten zitiert, »es würde ihm persönlich Spaß machen, Gates einen Eispickel in den Schädel zu rammen«.

Ein Sturm braute sich zusammen. Während Gates sprach, berieten sich in Armonk die Direktoren von IBM mit den Führungskräften ihrer einstigen Erzrivalin, Apple Computer. Die beiden Giganten der Computerwelt fühlten sich von der marktbeherrschenden Stellung, die Microsoft in der Softwarebranche erobert hatte, bedroht und hatten sich zusammengetan, um ein eigenes Betriebssystem zu entwickeln, das DOS ablösen und Gates' Herrschaft brechen sollte.

In der stickigen Abendluft über New York war unterdessen ein Gewitter aufgezogen. Gates und Ballmer hatten ihre Vorträge beendet und standen dem Publikum Rede und Antwort. Ein Reporter feuerte hintereinander drei Fragen ab, mit denen er die beiden dazu verleiten wollte, sich zu dem Streit zu äußern, der, wie man hörte, zwischen Microsoft und IBM ausgebrochen wäre.

Bevor einer der beiden antworten konnte, brachte irgend etwas – eine den heraufziehenden Sturm ankündigende Welle vielleicht oder ein vorbeifahrender Frachter – die *New Yorker* gefährlich aus dem Gleichgewicht. Die große Yacht geriet sehr unbehaglich ins Schlingern.

»Unser Boot hier schaukelt gerade ein bißchen«, sagte Ballmer verdutzt ins Mikrophon.

»IBM ist sehr mächtig«, rief jemand im Saal. Das Publikum begann zu lachen und brach dann in Beifall aus.

Gates, ein etwas albernes Grinsen im Gesicht, schien einen Augenblick die Fassung zu verlieren. Es war, als hätte eine unsichtbare Faust ein paar wohlgezielte Hiebe gelandet.

Die frühen Jahre

Der Aufzug stieg höher und höher in das letzte Licht eines schönen Herbsttages. Die Fenster der höchsten Gebäude in der Stadtmitte reflektierten scharlachrot und golden die Strahlen der untergehenden Sonne. Ganz im Westen glitt ein Fährschiff über die Elliott Bay, überragt von den rauhen Olympic Mountains in der Ferne.

Der magere, schlaksige Junge mit dem sandfarbenen Haar drängte sich zwischen den Erwachsenen und den anderen Kindern hindurch, bis er an der gläsernen Wand des Aufzugs stand und hinaussehen konnte.

»Willkommen in der Weltraum-Nadel«, sagte der Aufzugführer. »Sie befinden sich in unserem westlichen Aufzug und fahren mit einer Geschwindigkeit von zehn Meilen in der Stunde, das sind 800 Fuß in der Minute, in die Höhe. Die Weltraum-Nadel wurde für die Weltausstellung des Jahres 1962 gebaut – als Vorschau auf das 21. Jahrhundert ...«

Aber Bill Gates hörte davon nichts. Seine Gedanken waren meilenweit entfernt.

Vierzig Sekunden später hielt der Aufzug und entließ die Passagiere in das Space Needle Restaurant 600 Fuß über Seattle. Bill Gates hatte sich das Essen verdient. Es war die Belohnung für eine gewonnene Wette, die Reverend Dale Turner alljährlich anbot. Und in diesem Jahr, 1966, hatte sie keiner so brillant gewonnen wie Bill.

Reverend Turner hatte diese Tradition in der Zeit begründet, als er noch an der Universität von Kansas in Lawrence lehrte. Zu Beginn jedes Schuljahres wettete er mit seinen Schülern, daß keiner die Kapitel 5, 6 und 7 des Matthäus-Evangeliums (besser bekannt als Bergpredigt) auswendig lernen konnte. Jetzt war Turner Pastor an der University Congregational Church im Universitätsviertel von Seattle. Die 1891 gegründete Kirche ist eine der ältesten der Stadt. Die Familie Gates gehört der Gemeinde an, und Bill Gates ging zu Turner in den Konfirmandenunterricht. Eines Sonntagmorgens stellte Turner auch dieser Gruppe die Aufgabe. Als Belohnung winkte ein Essen im Space Needle Restaurant. Die Gemeinde als Ganzes durfte sich auch dafür qualifizieren.

Die Bergpredigt auswendig zu lernen ist keineswegs ein Kinderspiel. Weder reimt sie sich, noch hat sie einen fließenden Rhythmus, und überdies ist sie sehr lang – fast so lang wie vier gewöhnliche Zeitungsspalten.

Noch fünfundzwanzig Jahre später erinnert sich Turner an den Nachmittag, an dem er im Wohnzimmer der Gates' saß und Trey (so Bills Spitzname) ihm bewies, daß ein Text in der Länge von vier Zeitungsspalten eine Kleinigkeit für ihn war. »Da er aber das Volk sah«, begann der Knabe, »ging er auf einen Berg und setzte sich; und seine Jünger traten zu ihm. Und er tat seinen Mund auf, lehrte sie und sprach:

›Selig sind die, die da geistlich arm sind ...

Selig sind die Sanftmütigen ...

Selig sind die Barmherzigen ...‹«

Staunend hörte Turner zu. In all den Jahren hatte er noch nie jemanden den ganzen Text, ohne wenigstens ein- oder zweimal zu stocken, auswendig hersagen gehört. Gates aber sagte die Bergpredigt von vorn bis hinten auf, ohne zu zögern oder auch nur ein Wort auszulassen.

»Ich habe sofort gewußt, daß der Junge etwas ganz Besonderes ist«, sagte Turner später. »Ich konnte mir einfach nicht vorstellen, wie ein elfjähriger Junge so ein Gedächtnis haben konnte. Und als ich ihm anschließend einige Fragen stellte, merkte ich, daß er auch genau verstand, was er da auswendig gelernt hatte.«

Einunddreißig anderen Mitgliedern der Gemeinde der University Congregational Church war es in diesem Jahr gelungen, die Bergpredigt, wenn auch stotternd und stammelnd, von Anfang bis Ende aufzusagen. Daher hatte Reverend Turner an diesem Herbstabend zweiunddreißig Gäste.

Während des Essens genoß »Trey« Gates die Aussicht auf seine Heimatstadt, in der er es später zu Ruhm und Ansehen bringen sollte, in vollen Zügen. Im Nordosten lag die Universität des Staates Washington und nahe dabei, am Ufer des Lake Washington, der Wohnbezirk Laurelhurst, wo er zu Hause war. Im Süden konnte man den Hafen von Seattle mit seinen Schiffen, Kaianlagen, Fischrestaurants und Andenkenläden sehen. Im Südwesten erhoben sich die Wolkenkratzer der Stadt, in der Ferne überragt von dem 4400 Meter hohen vergletscherten erloschenen Vulkankegel des Mount Rainier. Im Osten, vor dem Hintergrund der Cascade Mountains, lagen die Vororte Bellevue und Redmond, wo Gates dreizehn Jahre später die Zentrale seines Computersoftwareimperiums errichten sollte.

Als er an jenem Abend über die Stadt schaute, ahnte er natürlich noch nichts von der Zukunft, die da unten auf ihn wartete. Obwohl er die Bergpredigt auswendig gelernt hatte, würde er kein regelmäßiger Kirchgänger werden. Bald sollte er seine ganze Freizeit in der erregenden neuen Welt der Computer verbringen – doch blieben er und Turner auch in den kommenden Jahren Freunde.

»Er liebte Herausforderungen«, sagt Turner über seinen begabten Konfirmanden. »Obwohl ein Essen im Space-Needle-Restaurant damals eine verlockende Belohnung war, haben sich nur wenige Kinder Mühe gegeben, sie sich zu verdienen. Trey schon.«

»Ich kann alles, was ich mir fest vornehme«, hatte der Junge dem Pastor versichert, nachdem er die Bergpredigt aufgesagt hatte. Wenn Begabung erblich ist, kann man wohl sagen, daß Bill Gates Glück hatte.

Einer seiner Urgroßväter mütterlicherseits war J. W. Maxwell, ein landesweit angesehener Bankier. Statt Farmer zu werden wie seine Vorfahren, ging er als Neunzehnjähriger – im selben Alter, in dem sein Urenkel fast ein Jahrhundert später die Firma Microsoft gründen sollte – nach Lincoln in Nebraska und reüssierte, wie er es sich vorgenommen hatte, im Bankgeschäft. Unter den Menschen, mit denen er sich in Lincoln anfreundete, befanden sich der berühmte Redner und Politiker William Jennings Bryan und J. J. Pershing, Befehlshaber der amerikanischen Truppen im Ersten Weltkrieg.

1892 folgte Maxwell dem Rat des Gründers der *New York Tribune,* Horace Greeley, und zog mit seiner Frau nach South Bend im Staate Washington. Dort betätigte er sich weiter mit großem Erfolg im Bankgeschäft, wurde Bürgermeister und in das Parlament des Staates gewählt. 1906 zog die Familie nach Seattle, wo Maxwell die National City Bank gründete, die bald überregionale Bedeutung gewann.

Maxwells Sohn James Willard begann seine Laufbahn nach dem Studium an der University of Washington als Bote in der Bank seines Vaters. Seine zukünftige Frau hatte er an der Universität kennengelernt. Adelle Thompson, eine kluge, lebhafte, sportliche junge Frau, stammte aus Enumclaw, einem Weiler am Fuße der Cascade Mountains südöstlich von Seattle. Im Basketballteam ihrer Schule hatte sie als Stürmerin geglänzt, und bei der Abschlußfeier für ihren Jahrgang durfte sie die Abschiedsrede halten.

Die jüngeren Maxwells spielten im gesellschaftlichen Leben der Stadt bald eine bedeutende Rolle und nahmen auch an zahlreichen Wohltätigkeitsveranstaltungen teil, unter anderem im Rahmen des Vereins »United Good Neighbors« (Vereinigte gute Nachbarn), aus dem später »United Way« hervorging. Willard Maxwell brachte es schließlich zum Vizepräsidenten der Pacific National Bank, die als First Interstate später zur neuntgrößten Bank der USA wurde. Bei seinem Tod hinterließ er seinem Enkel ein Treuhandvermögen von einer Million Dollar. Trotz ihres Reichtums lebten die Maxwells bescheiden, und dabei ist es in der Familie bis heute geblieben.

Ihre Tochter Mary wurde 1929 in Seattle geboren. Die lebenslustige junge Schönheit wuchs in der besten Gesellschaft des Nordwestens auf. Wie ihre Mutter, lernte auch sie ihren Zukünftigen während des Studiums an der University of Washington kennen. Sein Name war Bill Gates jr. Mary, Cheerleaderin ihrer Schule, war so extrovertiert und gesellig wie ihr späterer Mann schüchtern und zurückhaltend. Bill war hochgewachsen und sportlich und bereitete sich auf das Jurastudium vor, als er Mary begegnete. Ein gemeinsamer Freund, Brock Adams, hatte die beiden miteinander bekannt gemacht. (Adams ging später in die Politik und gehörte als Verkehrsminister dem Kabinett Präsident Jimmy Carters an; er ist mit der Familie Gates immer noch eng befreundet.)

Bill Gates jr. stammte zwar nicht wie Mary aus einer der wohlhabendsten und prominentesten Familien des Staates, doch an Energie und Ehrgeiz konnte er es mit jedem aufnehmen. Er war in Bremerton geboren, einem Ort, der von Seattle aus mit der Fähre in einer Stunde zu erreichen ist. Sein Vater besaß dort ein Möbelgeschäft. Nach seinem High-School-Abschluß meldete sich Bill 1943 freiwillig zum Militär. Nach Kriegsende besuchte er die Offiziersschule in Fort Benning in Georgia. 1946 im Range eines Leutnants aus der Armee entlassen, schrieb er sich an der Universität des Staates Washington ein, wo er als erster Angehöriger seiner Familie einen Hochschulabschluß erlangte.

Als fertiger Jurist kehrte er 1950 nach Bremerton zurück und wurde zunächst Unterstaatsanwalt. Mary Maxwell beendete ihr Studium 1952, und bald darauf heirateten sie. Doch ein Marinestützpunkt wie Bremerton, wo es überall von Matrosen wimmelte und das kulturelle Leben von Fast-food-Restaurants und Tätowierstuben beherrscht wurde, schien ihnen nicht der richtige Ausgangspunkt für einen gesellschaftlichen Aufstieg, wie er ihnen beiden vorschwebte. So zogen sie nach Seattle, wo Mary als Lehrerin anfing und Gates Mitglied der Anwaltskanzlei Shidler, McBroom, Gates & Lucas wurde.

1954 gebar Mary Gates eine Tochter, Kristi. Ein Jahr später kam der einzige Sohn zur Welt.

William Henry Gates III. wurde am 28. Oktober 1955 kurz nach 21.00 Uhr geboren. Seine Eltern gaben ihm den Spitznamen »Trey« – weil er der dritte William seines Geschlechts war –, und dabei blieb es; seine ganze Familie nannte ihn nur »Trey«. Er wurde im Sternzeichen des Skorpions geboren und sollte tatsächlich die Charaktereigenschaften entfalten, die dem Skorpion zugeschrieben werden: aggressiv und zu schnellen Stimmungsschwankungen neigend, eine dominante Persönlichkeit mit großen Führungsqualitäten. Wenn man der *World Book Encyclopedia* glauben darf, genießen Skorpione eher die Achtung ihrer Mitmenschen als ihre Zuneigung. Trey Gates hatte diese Enzyklopädie übrigens von A bis Z durchgelesen, als er erst sieben oder acht Jahre alt war.

Trey war schon als Säugling ungewöhnlich energisch. Er lernte schnell, seine Wiege selbst in Bewegung zu setzen, und schaukelte sich dann stundenlang allein. Sobald er alt genug war, kauften ihm die Eltern ein Schaukelpferd. Noch heute gehört Schaukeln und Wippen zu Bill Gates einfach dazu. In der Computerbranche gilt es als sein Markenzeichen.

Auch die Programmierer bei Microsoft haben es sich angewöhnt, so daß das Schaukeln und Wippen schon beinahe Teil der Corporate identity ist. Gates selbst wippt oft, die Ellbogen auf die Knie gestützt, mit dem Stuhl, um seine Erregung zu bändigen. Bei Vorstandssitzungen schaukeln dann die meisten im Takt mit dem Vorsitzenden.

Bill hatte eine ziemlich typische Kindheit. Nach der Geburt ihres Sohnes gab Mary Gates ihre Lehrtätigkeit auf, um sich ganz der Kindererziehung zu widmen, während ihr Mann seine Anwaltspraxis aufbaute. Wie ihre Mutter betätigte allerdings auch sie sich in zahlreichen gemeinnützigen Organisationen. Als Vertreterin des Heimatmuseums besuchte sie zum Beispiel ehrenamtlich die Schulen der Umgebung und hielt dort Vorträge über Kultur und Geschichte des Bezirks. Den kleinen Trey nahm sie mit. Er saß neben seiner Mutter vor der Klasse und hörte zu.

Daniel Ichbiah und Susan Knepper haben in ihrem kürzlich erschienenen Buch *The Making of Microsoft* über Gates' Kindheit nicht viel mehr zu sagen gewußt, als daß er sehr in sich gekehrt gewesen sei und meistens allein in seinem Zimmer saß, um seinen Gedanken nachzuhängen. Doch wenn Gates auch, wie die Autoren behaupten, tatsächlich ein verschlossener Junge gewesen sein mag, hat er doch seine Kindheit gewiß nicht als Einsiedler in seinem Zimmer verbracht. Schon allein deshalb nicht, weil es unwahrscheinlich ist, daß er es länger darin ausgehalten hätte, denn dort herrschte gewöhnlich das Chaos. Seine Eltern bemühten sich vergeblich, ihm beizubringen, daß er seine Sachen aufräumen sollte. Einmal nahmen sie ihm sogar die Kleidungsstücke weg, die er auf dem Boden hatte liegen lassen. Da jedoch auch das nicht fruchtete, gaben sie ihre pädagogischen Anstrengungen in dieser Richtung auf und verlangten nur noch, daß er seine Zimmertür schließe und der übrigen Familie den Anblick ersparte.

Mary Gates berichtet, daß ihr Sohn schon von seinem achten Lebensjahr an immer ziemlich genau das gemacht hat, was er wollte, und sonst nichts. Und sein engster Freund, Carl Edmark, mit dem er in die vierte Klasse ging, sagt: »Er war schon damals ganz schön exzentrisch.« Die beiden waren zusammen auf der Grundschule, schlossen gemeinsam die High-School ab und waren auch danach noch jahrelang gut befreundet. Auch die Eltern der beiden Jungen standen auf freundlichem Fuß. Edmarks Vater war ein in Seattle bekannter Herzchirurg und hatte ein Gerät zur Korrektur des Herzrhythmus bei Operationen erfunden.

Schon als Kind hatte Gates das zwanghafte Bedürfnis, überall der Beste zu sein. »Seine Schulaufgaben, ganz gleich, ob es nun um Musik oder Aufsätze ging, beschäftigten ihn rund um die Uhr«, erinnert sich Edmark. Was seinen Schulkameraden exzentrisch vorkam, war aber vermutlich nur Ausdruck seiner angeborenen Neigung, jede Aufgabe als Herausforderung zu nehmen. Eine der ersten größeren Hausaufgaben, die Trey und Edmark in der vierten Klasse aufgegeben wurden, war ein Aufsatz über einen bestimmten Körperteil. Er sollte vier bis fünf Seiten lang sein. Gates schrieb über dreißig Seiten. Später sollten sie eine Kurzgeschichte von maximal zwei Seiten verfassen. Treys Text wurde fünfmal so lang.

»Bill trieb immer alles bis zum Äußeren«, sagt Edmark. »In allem überflügelte er die anderen.«

Hochbegabte Kinder – Kinder mit Intelligenzquotienten, die das Niveau der Genialität erreichen oder übertreffen – sind manchmal ungeschickt im Umgang mit anderen Menschen. Bill und Mary Gates waren sich dieser Gefahr bewußt und sorgten dafür, daß sich ihr Sohn nicht von den Gleichaltrigen isolierte. Als er das erforderliche Alter erreicht hatte, trat er auf den Rat einer Eltern hin den Pfadfindern bei. Sein Vater war in der Jugend selbst Eagle Scout und schätzte den bei den Boy Scouts herrschenden Kameradschaftsgeist. Treffpunkt der Truppe war eine Grundschule unweit des Viertels, in dem die Gates wohnten. Trey gefiel es bei den Scouts nicht nur, weil er sich gern im Freien aufhielt, sondern: »Sein Vater war immer sehr beschäftigt, und Bill brauchte die Kameradschaft, die er bei den anderen Jungen fand«, meint Scoutmaster Don Van Wieringen.

Einmal während einer Boy Scout Jamboree (das sind Treffen, bei denen die Scouts aus dem ganzen Staat ihre Geschicklichkeit beim Knüpfen von Knoten und Anzünden von Lagerfeuern unter Beweis stellen), trieben Gates und ein Freund irgendwo einen Computer auf und führten ihn vor. In jener Zeit war den meisten Jungens ein Computer nicht einmal dem Namen nach bekannt. Heutzutage kann man sich eines der Verdienstabzeichen, die bei den Boy Scouts vergeben werden, mit einer Arbeit am Rechner erwerben.

Im Gegensatz zu manchen Scouttruppen, deren Aktivitäten sich darauf beschränkten, um die Weihnachtszeit Glühbirnen und Süßigkeiten zu verkaufen, war die Truppe 186, der Gates angehörte, das ganze Jahr über aktiv.

Gates legte auch bei Wanderungen und Zeltlagern schon die Hartnäckigkeit und Ausdauer an den Tag, die später seine Konkurrenten das Fürchten lehrten. Zu einer Wanderung, auf der in einer Woche fünfzig Meilen zurückgelegt werden sollten, erschien er mit einem neuen Paar Wanderstiefel, die ihm schon während des ersten Tagesmarschs die Haut von den Hacken scheuerten und die Zehen mit Blasen bedeckten. Einer der Betreuer der Jungen, von Beruf Arzt, gab ihm Kodein gegen die Schmerzen. Am nächsten Tag nahmen die Kameraden ihm das Gepäck ab, und er humpelte tapfer weiter, bis sie am vierten Tag den Kontrollpunkt auf halber Strecke erreichten. Man rief seine Mutter an und bat sie, Trey abzuholen. Einer der Betreuer hatte den Eindruck, daß ihr das Mißgeschick ihres Sohnes nicht nur leid tat. »Sie hatte eine Menge gesellschaftliche Verpflichtungen«, sagte er, »und dachte wohl, Bill wäre bei uns für eine Woche gut untergebracht.«

Mary spielte zeitweilig mit dem Gedanken, in den Schuldienst zurückzukehren, ließ ihn aber fallen, als neun Jahre nach Trey ihre zweite Tochter, Libby, geboren wurde. Sie ging aber weiterhin einer Reihe von ehrenamtlichen Tätigkeiten nach und saß schließlich im Aufsichtsrat mehrerer der größten Aktiengesellschaften des Nordwestens, unter anderem bei der First Interstate Bank und der Pacific Northwest Bell. Mary verfügte über einen starken Willen, scharfe Intelligenz und hochentwickelten Geschäftssinn. »Die treibende Kraft in der Familie ist immer Mary Gates gewesen«, meint ein Freund. »Sie hatte offenbar in allem das letzte Wort. Mary war immer am Ball, ihr Mann dagegen viel schüchterner.«

Trotz ihrer zahlreichen Ehrenämter und gesellschaftlichen Verpflichtungen war Mary Gates eine hingebungsvolle Mutter. Sie liebte die Geselligkeit, und die Gates' luden häufig Freunde ein, zu denen viele der reichsten und mächtigsten Bürger der Stadt zählten. Mary war eine bezaubernde und warmherzige Gastgeberin, doch konnte sie auch sehr bestimmend sein.

»Sie ist jemand, der einen mit einem Blick taxiert, ein bißchen Konversation macht und einen dann in aller Freundlichkeit stehenläßt, um sich dem nächsten zuzuwenden.«

Obwohl Bill jr. in der Gesellschaft der Stadt keine so bemerkenswerte Rolle spielte wie seine Frau, genoß doch auch er die Hochachtung seiner Mitbürger. Seine Anwaltskarriere wurde durch die Ehe mit einer Maxwell-Tochter natürlich gefördert. Er brachte es zum Präsidenten der Anwaltskammer des Staates Washington und übernahm den Vorsitz zahlreicher Kommissionen der nationalen Standesvertretung. 1966 wurde er Partner bei Shidler, Mc Broom, Gates & Lucas. Seine Kanzlei war eng mit der Republikanischen Partei verbunden.

»Ich habe das Gefühl, daß Bill jr. am liebsten in aller Ruhe seiner Anwaltstätigkeit nachgegangen wäre, während Mary mehr dazu neigte, die Fäden zu ziehen«, sagt ein Anwalt in Seattle, der die Familie gut kennt.

Mary und Bill betätigten sich innerhalb der Republikanischen Partei, doch zogen sie es vor, im Hintergrund zu wirken. 1973 allerdings setzte sich Gouverneur Evans, ein Freund der Familie, diskret dafür ein, daß Gates als Richter ans Bundesgericht in Seattle berufen würde. Doch die beiden demokratischen Senatoren Henry »Scoop« Jackson und Warren Magnuson zogen es vor, einen Anwalt auf den freigewordenen Posten zu setzen, der ihnen politisch näherstand.

Lokalpolitisch lehnte es Bill jr. strikt ab, sich öffentlich für die Kandidaten seiner Partei einzusetzen oder sonstwie die Aufmerksamkeit auf seine politischen Überzeugungen zu lenken. Doch sein politisches Credo war unerschütterlich. Als ihn ein Kollege, der als Kandidat der Demokratischen Partei die Wiederwahl in das Staatsparlament anstrebte, bat, seine Kandidatur zu unterstützen und einen finanziellen Beitrag zu seiner Wahlkampagne zu leisten, sagte er: »Meine Güte, ich habe in meinem ganzen Leben noch keinem Demokraten Geld gegeben.«

Bill jr. war seinen Kindern ein großes Vorbild. »Ich habe mich oft gefragt, welchen Eindruck sein Vater auf Trey gemacht hat«, sagt ein anderer Anwalt, der zeitweilig in Bills Kanzlei gearbeitet hat. »Er kann hart sein, schwierig und nicht leicht zufriedenzustellen.« Wie sein Sohn.

Obwohl beide mit einem starken Willen ausgestattet waren, vertrugen sich Trey und sein Vater sehr gut, und ihre Beziehung war zweifellos in vieler Hinsicht für den Sohn prägend. Bei den Gates' wurde viel Wert auf Familienzusammengehörigkeit gelegt. Bedeutend für Trey war auch der Einfluß seiner Großmutter mütterlicherseits, Adelle Maxwell. Diese ermutigte ihn, soviel wie möglich zu lesen, forderte seinen Geist heraus und spornte ihn an, bei jeder Gelegenheit sein Bestes zu geben. Häufig spielten die beiden Karten miteinander, vor allem Spiele, die die geistige Beweglichkeit förderten. Gates blieb seiner Großmutter bis zu ihrem Tode im Jahre 1987 sehr nahe.

»Seine Familie ist ihm immer sehr wichtig gewesen«, sagt Paul Allen, Mitgründer von Microsoft und einer von Bills besten Freunden. »Das war schon so, als wir uns kennenlernten, als wir beide noch kleine Jungen waren, und daran hat sich nie etwas geändert. In Bills Elternhaus wurde beim Essen immer lebhaft diskutiert. Als sie älter wurden, haben Bill und seine Schwestern die Eltern viel nach ihrer Arbeit gefragt. »Das war ein Umfeld, in dem man eine Menge lernen konnte«, sagte Gates selbst im Rückblick.

Gates wußte von Kindesbeinen an, daß er Leistung bringen mußte, und der unbändige Ehrgeiz seiner Eltern wird sein Teil dazu beigetragen haben. Gelegenheiten zum Wettstreit gab es genügend, und er nahm sie alle wahr. Ob er mit seiner älteren Schwester wetteiferte, wer von ihnen ein 300teiliges Puzzle schneller zusammensetzen könnte, ob er beim jährlichen Familienturnier Pickleball antrat oder mit seinen Freunden um die Wette schwamm, Gates liebte jede Art von Konkurrenz, bei der er seine körperliche oder geistige Überlegenheit unter Beweis stellen konnte. Nichts allerdings haßte er mehr, als zu unterliegen.

Ein Freund, der Gates als Dreizehn- oder Vierzehnjährigen kennenlernte, sagt: »Bill spielt gerne Pickleball, immer um zu gewinnen. Er spielt gerne Tennis, immer um zu gewinnen. Er fuhr gerne Wasserski, solange er dabei Erster wurde. Er machte nichts einfach nur zum Spaß. Er stand immer unter Erfolgszwang.«

In manchen Jahren flog die ganze Familie nach Kalifornien, um sich die Rose Bowl anzusehen. Mary und Bill jr. nahmen die Gelegenheit wahr, Freunde zu besuchen und gesellschaftliche Kontakte zu knüpfen.

Trey verbrachte Stunden in einem nahegelegenen Vergnügungspark und fuhr Autoscooter. Obwohl er damals wohl kaum groß genug war, über den Rand des Steuerrads zu blicken, genoß er es in vollen Zügen, die Wagen zu rammen, besonders wenn Erwachsene darin saßen.

Am liebsten war ihm jedoch immer das Sommerlager Cheerio am Hood Canal. Es gab dort Tennisplätze und ungefähr ein Dutzend Holzhütten nahe am Wasser. Jeden Juli verbrachte dort die Familie Gates vierzehn Tage mit vielen anderen Familien aus ihrem Milieu, ehrgeizigen und erfolgreichen Anwälten, Geschäftsleuten und Politikern.

Bill jr. wurde dort immer »Bürgermeister« genannt. Die Familien veranstalteten »Olympische Spiele«, bei denen Disziplinen wie Eierwerfen und Staffellauf gepflegt wurden. Trey zeichnete sich besonders bei einem Spiel aus, in dem es darum ging, die »Flagge« zu erbeuten, denn das erforderte nicht nur sportliche Kondition, sondern auch taktisches Geschick. Seine Mannschaft gewann fast immer. »Er war niemals ein Sonderling oder Spinner oder von der Sorte Jungens, die man nicht in der Mannschaft haben wollte«, sagt einer, der damals dabei war. »Wir wußten alle, daß Bill schlauer war als wir. Schon damals, als er erst neun oder zehn Jahre alt war, redete er wie ein Erwachsener. Und wenn ein Kind gut ist in Mathematik, gibt ihm das natürlich irgendwie eine Sonderstellung. Und wir wußten alle, daß Trey in Mathe sehr, sehr gut war.«

In Cheerio lernte Trey auch Wasserski und Tennis. Die ganze Familie spielte Tennis. Treys Schwester Kristi gewann im Sommerlager viele der Mädchenturniere. Er selbst wurde von Brock Adams unterrichtet und war bald ein außergewöhnlich guter Spieler.

Mary Gates organisierte viele der Aktivitäten in Cheerio. Das Organisieren gehörte zu ihren ganz großen Stärken. So plante sie etwa die Garderobe ihres Sohnes für die ganze Woche im voraus, und zwar so, daß die Farben immer geschmackvoll aufeinander abgestimmt waren. So ging er dann etwa am Montag ganz in Grün zur Schule, am Dienstag in Beige . . . mittwochs in Blau . . . dann in Schwarz . . . Wenn die Familie mit Freunden das Haus der Großeltern am Hood Canal besuchte, schlug Mary immer die Speisekarten für alle Mahlzeiten am Kühlschrank an und vergaß auch die Essenszeiten nicht anzugeben. Bei Mary mußte alles nach Plan laufen. Und so ist es wohl kein Wunder, daß auch ihr Sohn Zeitverschwendung haßt.

Bill Gates wäre vielleicht Mathematiker oder Collegeprofessor geworden, hätten seine Eltern nicht 1967 eine Entscheidung getroffen, die weitreichende Folgen haben sollte. Als Elfjähriger war er seinen Altersgenossen in Mathematik und Naturwissenschaften so weit voraus, daß seine Eltern beschlossen, ihn nicht wie seine Schwester auf der öffentlichen Schule zu lassen, sondern ihn nach Lakeside zu schicken. Lakeside, die exklusivste Lehranstalt Seattles, war eine private Knabenschule, auf der hochbegabte Schüler besonders gefördert wurden. Für ein Schulgeld von damals rund 5000 Dollar pro Jahr wurden dort etwa dreihundert Söhne der reichsten und mächtigsten Leute der Stadt unterrichtet.

Lakeside bot Bill optimale Bedingungen. An der Schule sollte er seine ersten Geschäfte abschließen und die erste Firma gründen. Mit einigen Schulkameraden, Computergenies wie er, knüpfte er in Lakeside dauerhafte Freundschaften an. Viele seiner Schulfreunde wurden später seine ersten Mitarbeiter bei Microsoft.

Die siebte und die achte Klasse bildeten die Unterstufe, die Oberstufe ging von der neunten bis zur zwölften. Schüler, die in der siebten Klasse anfingen und den Leistungsdruck bis zum Abschlußexamen aushielten, wurden als »Lebenslängliche« bezeichnet.

Bis Ende der sechziger Jahre war Lakeside eine sehr traditionsbedachte, exklusive Privatschule. Die Jungen trugen Jacketts, Krawatten und geputzte Schuhe. Die Schüler der Oberstufe genossen besondere Privilegien: Nur sie durften zum Beispiel den Haupteingang benutzen und rauchen. Doch dann rief der Vietnamkrieg Protest und Veränderungen hervor. Jacketts und Krawatten wurden abgelegt, das Haar wurde länger, und viele Jungen erschienen fortan mit Bart in Bluejeans und Militärjacken zum Unterricht.

»Die Sechziger lockerten Lakeside auf«, sagt Robert Fulghum, Verfasser des Bestsellers *Alles, was du wirklich wissen mußt, hast du schon als Kind gelernt,* der damals als Kunsterzieher in Lakeside war. Er vertrat dort die alternative Seite. So kam er einmal – um irgend etwas zu veranschaulichen – als Gorilla verkleidet in die Klasse und stellte Examensfragen wie: »Nehmen Sie an, alle Menschen hätten Schwänze. Beschreiben Sie Ihren.« Fulghum kannte Gates recht gut, obwohl er nie am Kunstunterricht teilnahm.

Da in Lakeside die Söhne reicher Väter dazu erzogen wurden, reiche Väter zu werden, war die Konkurrenz auf allen Gebieten hart. »Da wurden sogar Dummköpfe schlau«, sagt einer von Gates' Mitschülern, der wie er 1973 das Abschlußexamen bestanden hat.

Obwohl die Schule Schüler belohnte, die ihre Aufgaben machten und den Anforderungen genügten, wurden alle gefördert, die auf irgendeinem Gebiet außergewöhnlich begabt und interessiert waren.

»Oberflächlich betrachtet, könnte man Lakeside für eine elitäre Schule halten, an der hohe Anforderungen gestellt werden und alles dafür getan wird, den Abgängern die Aufnahme in ein gutes College zu garantieren«, sagt Fulghum. »Aber bei näherem Hinsehen merkt man, daß man dort die Schüler sehr individuell betreut und alle, die in irgendeiner Weise außergewöhnlich sind, fördert, ohne sie in ihrer Freiheit einzuschränken.«

In dieser Hinsicht war Lakeside eine außergewöhnliche Schule. Die Schüler durften ihren eigenen Interessen nachgehen, und genau das tat Bill Gates.

Irgendwann erfuhren alle, daß Gates in Lakeside der Beste der Besten war. Als er aber in die siebte Klasse aufgenommen wurde, waren das Bemerkenswerteste an ihm seine großen Füße. Obwohl er der kleinste Junge in der Klasse war, trug er die größten Schuhe. »Wir haben uns immer gefragt, ob er je in seine Füße hereinwachsen würde«, sagt einer seiner damaligen Klassenkameraden.

Die engste Freundschaft schloß Bill mit Kent Evans. Von der siebten Klasse an waren sie unzertrennlich. Beide waren begabt, beide hatten eine Leidenschaft für Mathematik und später dann für Computer.

Gates und Evans waren im Charakter sehr unterschiedlich. Während Gates so kühl und zurückhaltend sein konnte wie sein Vater, war Evans warmherzig und aufgeschlossen. Er war Pfarrerssohn, hatte dicke schwarze Haare und eine Hasenscharte. Seine unkomplizierte, natürliche Art machte ihn sehr beliebt. Für seine Kameraden war er der »netteste Junge der Schule«.

Gegen Ende seines ersten Schuljahres, im Frühjahr 1968, traf die Verwaltung von Lakeside eine Entscheidung, die sich als zukunftweisend herausstellen sollte, jedenfalls für Gates. Amerika bereitete damals die erste Mondlandung vor, eine technische Großtat, die ohne die Unterstützung hochentwickelter Rechner undenkbar gewesen wäre. In Lakeside beschloß man deshalb, die Schüler in die Anfangsgründe der Computerei einzuführen.

Es fragte sich nur, wo selbst eine so reiche Privatschule die Mittel dafür hernehmen sollte. Die riesigen »Elektronenhirne« jener Zeit kosteten Millionen Dollar, und so konnten es sich nur Regierungsbehörden, Universitäten und die größten Firmen leisten, solche Denkmaschinen zu installieren. Digital Equipment Corporation – besser bekannt unter der Abkürzung DEC – hatte zwar gerade einen Minicomputer auf den Markt gebracht, doch selbst die Kosten für diesen Apparat in der Größe eines Kühlschranks waren aus dem Etat der Schule nicht abzuzweigen. Statt dessen erwarb die Schule einen verhältnismäßig billigen Fernschreiber. Gegen eine Gebühr konnte man Befehle eingeben und über die Telefonleitung mit einem PDP-10-Minicomputer im Geschäftsviertel von Seattle kommunizieren. (PDP steht für »Program Data Processor«.) Der PDP-10 sollte bei Gates' Entwicklung zum Programmierer eine wichtige Rolle spielen. Der von Lakeside benutzte gehörte General Electric. Die Schule mußte die verbrauchte Rechenzeit zahlen. Und das war nicht wenig.

Eine Gruppe von Müttern (»Lakeside Mothers Club«) veranstaltete einen Bazar, um Geld dafür aufzutreiben. Sie erzielten einen Erlös von 3000 Dollar und meinten, diese Summe müßte für den Rest des Schuljahres reichen. Sie konnten nicht ahnen, wie verführerisch die Geliebte war, der ihre frühreifen Söhne mit Haut und Haaren verfallen waren. »Die Maschine« sollte für Bill Gates und Kent Evans zu einer sehr kostspieligen Sucht werden.

Lakeside hatte mithin als eine der ersten Schulen Amerikas Zugang zu einem Computer. Der Computerraum zog viele der intelligentesten

Schüler magnetisch an, besonders aber Bill Gates. Bald sollte der Fernschreiber die Nabelschnur sein, die ihn mit einem neuen aufregenden Universum verband.

Gates verdankte den ersten Blick in dieses Universum seinem damaligen Mathematiklehrer Paul Stocklin, der der ganzen Klasse an einem schönen Frühlingstag den Computerraum vorführte. Unter Stocklins Aufsicht tippte Gates ein paar Befehle ein und beobachtete verblüfft, wie der Fernschreiber die Antwort schrieb, nachdem er mit dem mehrere Meilen weit entfernten PDP-10 kommuniziert hatte.

»An diesem ersten Tag wußte ich mehr als er, aber nur an diesem ersten Tag«, sagte Stocklin, der heute Fachbereichsleiter für Mathematik in Lakeside ist. »Wir probierten wirklich noch herum. Keiner von uns hatte damals schon viel Ahnung. Dieses Ding war schließlich noch kein Macintosh.«

Gates wurde sofort süchtig. In jeder freien Minute lief er ins Oberstufenhaus (wo sich der Computerraum befand) hinüber, um sich mit dem Betriebssystem vertrauter zu machen. Aber Gates war nicht der einzige Computerfanatiker unter seinen Mitschülern. Er merkte bald, daß er mit einer Reihe anderer, die der Maschine ebenso verfallen waren wie er, um Rechnerzeit konkurrieren mußte. Darunter befand sich auch ein stiller Schüler aus der Oberstufe. Er hieß Paul Allen und war zwei Jahre älter als Gates.

Sieben Jahre später sollten die beiden Schulkameraden mit Microsoft beginnen – die erfolgreichste Neugründung in den Annalen der amerikanischen Wirtschaftsgeschichte.

Als Albert Einstein mit vier oder fünf Jahren einmal das Bett hüten mußte, schenkte ihm sein Vater einen magnetischen Taschenkompaß. In seinen sechzig Jahre später niedergeschriebenen Lebenserinnerungen nennt er diesen Kompaß »ein Wunder«. Dieser Kompaß hat seinem Leben vielleicht die Richtung gegeben. »Daß diese Nadel sich so entschieden verhielt, paßte überhaupt nicht zum natürlichen Gang der Dinge«, schrieb er. »Ich erinnere mich noch – wenigstens meine ich mich zu erinnern –, daß dieses Erlebnis einen tiefen und nachhaltigen Eindruck auf mich machte.«

Warum für ihn gerade der Computer zum persönlichen »Wunder« wurde, konnte sich Bill Gates wahrscheinlich selbst nicht erklären. Aber die Begegnung mit dem PDP-10 löste eine tiefe Leidenschaft, eine Besessenheit in ihm aus. Vom ersten Tag an, als er den kleinen Rechnerraum in Lakeside betrat, war die Anziehungskraft des Computers für ihn unwiderstehlich.

Gates las alles über Computer, was ihm in die Hände fiel. Zugleich machte er seine eigenen Experimente. Die Lehrer verstanden so gut wie nichts von Computern. Die Jungen, die Tag und Nacht im Computerraum herumsaßen, waren sich praktisch selbst überlassen.

»Wir waren da in unserer eigenen Welt«, sagte Gates später. »Niemand außer uns verstand überhaupt was von dem Ding. Ich versuchte herauszukriegen, wo seine Grenzen lagen.«

Der unstillbare Bedarf an Rechnerzeit war sehr teuer. Binnen weniger Wochen waren die von den Müttern gestifteten 3000 Dollar zum größten Teil aufgebraucht. Die Schule bat die Eltern um eine weitere Spende.

Gates' erstes Programm, eine Reihe von Befehlen an den Computer, war Spiel, bei dem man versuchen mußte, Reihen zu bilden. Dann schrieb er das Programm für ein Spiel, bei dem es darum ging, weich auf dem Mond zu landen, bevor der Treibstoff verbraucht war und das Raumschiff abstürzte. (Dieses Spiel nahm übrigens die Wirklichkeit voraus: Das Landefahrzeug von Apollo 11, mit dem Neil Armstrong und Buzz Aldrin den Mond ansteuerten, hatte, als sie am 20. Juli 1969 im Meer der Ruhe landeten, nur noch Treibstoff für Sekunden.) Als seine Geschicklichkeit beim Programmieren dann zunahm, brachte Gates dem Computer »Monopoly« bei und ließ ihn auf der Suche nach gewinnverheißenden Strategien Tausende von Spielen durchspielen.

Diese frühen Programme verfaßte er in einer Computersprache, die unter der Bezeichnung BASIC (»Beginner's All-purpose Symbolic Instruction Code«) bekannt ist. Sie wurde 1964 mit Unterstützung der National Science Foundation von zwei Professoren des Dartmouth College entwickelt, um Anfängern die Benutzung des Computers zu erleichtern. Gates interessierte sich besonders für die mathematischen Grundlagen der Computerwissenschaft, die seltsame binäre Neue Welt, in der alles mit »ja« und »nein« beziehungsweise Null und Eins ausgedrückt wurde. Gates selbst hat sich in dem von Susan Lammers herausgegebenen Buch *Programmers at Work* zum Verhältnis von Computern und Mathematik einmal so geäußert: »Die meisten großen Programmierer haben eine gewisse mathematische Vorbildung, denn es hilft einem, die mathematische Beweisführung in ihrer Reinheit studiert zu haben, wo es keine unbestimmten verschwommenen Aussagen gibt, nur bestimmte und präzise. Bei der Mathematik entwickelt man vollständige Charakterisierungen und muß Theoreme auf sehr ungewöhnliche Weise miteinander kombinieren. Oft muß man beweisen, daß ein Problem in kürzerer Zeit gelöst werden kann. Mathematik steht in sehr direkter Beziehung zum Programmieren, für mich vielleicht offensichtlicher als für andere Leute, weil ich selbst von der Mathematik herkomme. Ich finde die Beziehung ganz natürlich.«

Gates hatte in Mathematik immer sehr gute Zensuren. Bei der Leistungsprüfung in Lakeside schnitt er als Schulbester ab. Im mathematischen Teil der Eignungsprüfung fürs College erzielte er später die höchstmögliche Punktzahl von 800.

Schon in Lakeside nahm er an den mathematischen Leistungskursen für Fortgeschrittene der Universität von Washington teil. »In Mathematik war ich der jeweils fälligen Lektion immer weit voraus, deshalb habe ich nur selten am Unterricht der Schule teilgenommen. Sogar wenn ich überall sonst schlechte Zensuren hatte – und von der achten Klasse an war das der Fall –, in Mathe war ich immer gut.«

Fred Wright, der zu Gates' Zeit in Lakeside Fachbereichsleiter für Mathematik war, sagt: »Er erkannte bei algebraischen oder Computerproblemen immer gleich den kürzesten Weg zum Ziel. In der Mathematik fand er meistens die einfachste Methode. In all den Jahren, in denen ich unterrichtet habe, bin ich nie einem besseren Analytiker begegnet. Aber Bill war auf allen Gebieten gut, nicht nur in Mathematik. Er ist keine Schmalspurbegabung. Zu seinen besonderen Fähigkeiten gehört zweifellos die Breite seines Spektrums.«

Wright hatte die Aufsicht über den Computerraum und förderte und motivierte nicht nur Gates und Allen, sondern zum Beispiel auch Marc McDonald, Richard Weiland und Chris Larson, drei der ersten Programmierer von Microsoft.

»Sie kennen ja Jugendliche. Ihre Leidenschaften sind absolut und verzehrend«, sagt Kents Vater, Reverend Marvin Evans. »Kaum hatte Lakeside den Computer, bekamen Bill und Kent einen Haufen Schwierigkeiten in der Schule. Kents Tagebücher lassen in dieser Hinsicht tief blicken. Alles haben sie mit Verspätung abgegeben. Chemie-Hausarbeiten, Physik, Aufsätze in Geschichte und Englisch, nichts wurde mehr rechtzeitig fertig.«

Wright, der das Treiben seiner Schutzbefohlenen wenn schon nicht offiziell billigend, so doch amüsiert in Kauf nahm, legte sich für den Computer das Paßwort GYMFLKE zu, womit er Gates, Evans und den anderen signalisieren wollte, daß er sehr wohl wußte, daß sie »flaked out of gym«, den Unterricht schwänzten, um an der Maschine zu arbeiten. Obwohl die Jungen Experten im Aufspüren vertraulicher Benutzerkennworte wurden und bald lernten, die Sicherheitssysteme zu knacken, hat keiner von ihnen, nicht einmal Gates, das von Wright benutzte geheime Kennwort je identifiziert.

Obwohl Gates damals noch in der Unterstufe war, wurde er doch schon bald von älteren Jungen um Hilfe gebeten, wenn sie mit dem Computer nicht zurechtkamen. Auch Paul Allen gehörte dazu.

»Paul fand, ich täte immer so, als verstünde ich alles«, sagt Gates. »Wenn er also irgendwo nicht weiterkam, wandte er sich an mich und sagte: ›Wetten, daß du das nicht rauskriegst . . .?‹ Er hat mich immer irgendwie provoziert, und zwar mit ziemlich schwierigen Fragen.«

Je mehr Zeit sie im Computerraum verbrachten, desto mehr freundeten sich Gates und Allen an. Eines Tages begleitete Gates Paul Allen nach Hause und betrachtete dort staunend seine Sammlung von Sience-fiction-Büchern.

»Er hatte viermal mehr davon gelesen als ich«, sagte Gates. »Und dann besaß er noch diese ganzen anderen Bücher, in denen alles mögliche erklärt wurde. Ich habe ihn immer mit Fragen bombardiert: ›Wie funktionieren Kanonen? Wie funktionieren Atomreaktoren?‹ Paul konnte prima erklären. Später haben wir in Mathe und Physik zusammengearbeitet. Dabei wurden wir Freunde.«

Daß Paul Allen sehr belesen war, überrascht nicht, wenn man weiß, daß sein Vater, Kenneth Allen, schon seit Jahren als beigeordneter Direktor an den Bibliotheken der Universität Washington arbeitete.

Obwohl Allen genauso zielbewußt und konkurrenzbetont sein kann wie Gates, spricht er sehr leise, und sein Händedruck ist kaum spürbar. Wenn Reporter ihn interviewen, reicht seine Lautstärke oft nicht aus, um die automatische Bandaufnahme in Gang zu setzen.

Die Jungen in Lakeside mochten Paul Allen. Viele seiner Klassenkameraden fanden ihn umgänglicher als manch andere, die den Computerraum mit Beschlag belegten. Der Junge mit dem blonden Fu-Manchu-Schnurrbart und der Fliegerbrille, der immer eine Aktentasche bei sich trug, war sympathisch, nicht ein bißchen arrogant und spielte sich nie auf. »Paul war echt cool«, sagt ein Klassenkamerad, der nicht der Clique aus dem Computerraum angehörte. »Er war ein Computerfreak, der nicht wie ein Freak aussah. Er war immer zugänglicher und freundlicher als Bill. Wenn man ihn auf dem Gang traf, blieb er stehen und redete mit einem.«

Allen und Gates verbrachten nicht nur viel Zeit bei der gemeinsamen Arbeit im Computerraum, sondern hatten auch lange Gespräche über die Zukunft der neuen Technologie.

»Wir waren beide fasziniert von den Möglichkeiten des Computers«, sagt Allen. »Wir versuchten uns ein riesiges neues Wissensgebiet anzueignen. Bill und ich hatten immer große Träume ...«

Während Paul Allen gern Zeitschriften wie *Popular Electronics* las, verschlang Gates die Wirtschaftszeitschriften, die seine Eltern bezogen. Als Vorbereitung auf Geschäfte in der »wirklichen Welt« gründeten Gates und Allen zusammen mit zwei Freunden, Richard Weiland und Kent Evans, die Lakeside Programmers Group. Weiland und Allen waren in der zehnten Klasse, Gates und Evans in der achten. Die Lakeside Programmers Group machte es sich zur Aufgabe, Möglichkeiten zu ermitteln, wie man die Maschine in der wirklichen Welt profitabel einsetzen konnte.

»Ich war der Motor«, sagte Gates. »Ich war der, der gesagt hat: ›Rufen wir mal die wirkliche Welt an und versuchen wir, ihr was zu verkaufen.‹«

Wie das Leben so spielt, war es dann die wirkliche Welt, die bei ihnen angerufen hat. Und was für ein Angebot sie bereithielt – kostenlose Rechnerzeit, soviel das Herz begehrte.

Die Computer Center Corporation war ein Privatunternehmen, das Rechnerzeit anbot. Die im Herbst 1968 von vier Computerexperten der Universität Washington und mit Unterstützung verschiedener Investoren aus Seattle gegründete Firma (deren Namen Gates in »C hoch drei« abkürzte) verfügte über mehrere von Digital Equipment Corporation geleaste Computer, unter anderem auch einen PDP-10, wie ihn Gates und seine Freunde in Lakeside benutzten.

C hoch drei bot interessierten Unternehmen die Benutzung dieser Computer zu günstigen Bedingungen an. Monique Rona, die Hauptprogrammiererin und Mitbegründerin der Firma, hatte einen Sohn in Lakeside, der in dieselbe Klasse ging wie Gates. Sie wußte, daß die Schule durch Fernschreiber mit einem Computer von General Electric verbunden war. Ein Vertreter ihrer Firma wandte sich an die Schule und schlug ihr ein ähnliches Arrangement mit der Computer Center Corporation vor, das aber den Schülern noch bessere Möglichkeiten geben würde, sich mit Computern vertraut zu machen.

Die Bedingungen waren günstig. Mit finanzieller Unterstützung der Eltern konnte sie das Angebot wahrnehmen.

Gates und seine Freunde entdeckten in der Software des C-hoch-drei-PDP-10 bald alle möglichen »scharfen« Programme, die ihnen der Computer von General Electric nicht geboten hatte. So lernten sie bald das Angebot nutzen: »Detach and leave Job running«, das heißt, sich aus dem System abzumelden, während die Maschine an der ihr gestellten Aufgabe weiterarbeitete . . . und Rechnerzeit verbrauchte. Bald hatten sie Schulden in Höhe von mehreren hundert Dollar. »Diese Jungen hatten einen richtigen Heißhunger auf die Zeit«, sagt Dick Wilkinson, einer der Gründer der Computer Center Corporation. »Jedesmal, wenn wir eine neue Software kriegten, stöberten sie erst mal im System herum, und manche Rechnungen mußten wir stornieren, weil sie Programme laufen ließen, in denen sie eigentlich nichts zu suchen hatten. So entdeckten sie etwa in einem System Schach, und obwohl sie das eigentlich gar nichts hätte angehen sollen, spielten sie eine halbe Partie und gingen dann zum Unterricht oder sonstwohin. Sie begriffen nicht, daß sie Computerzeit verbrauchten, als gäbe es morgen keine mehr.«

Schließlich trieben die Jungen ihren elektronischen Schabernack zu weit. Sie knackten die Sicherheitssysteme des PDP-10 und verschafften sich Zugang zur Buchhaltung der Firma. Sie fanden ihre persönlichen Konten und reduzierten die Zeiten, die sie hätten zahlen sollen, erheblich. Auf diesen Coup waren sie sehr stolz – bis sie erwischt wurden.

Wilkinson fuhr nach Lakeside und sprach ein ernstes Wort mit Fred Wright, dem Mathematiklehrer, der die Aufsicht über das Computerprojekt der Schule hatte. Gates und die anderen wurden zum Direktor zitiert.

»Wir sperrten ihnen das System für sechs Wochen«, erzählte Wilkinson, »und sagten ihnen, daß wir die Polizei rufen würden, wenn wir sie während dieser Zeit darin erwischten, denn was sie gemacht hätten, sei ungesetzlich. Alle waren sehr zerknirscht. Doch von dem Augenblick an haben sie sich ziemlich anständig benommen.«

Doch wenig später bereitete Gates der Computer Center Corporation noch größere Sorgen. Das erste BASIC-Programm, das er für den PDP-10 von C hoch drei schrieb, hieß »Bill«. Als er den Computer dann aber das nächste Mal anwählte und sein Programm zu laden versuchte, brach das System zusammen.

Am nächsten Tag versuchte es Gates wieder. »Neues oder altes Programm?« fragte der Computer per Fernschreiber zurück.

Gates tippte die Antwort: »Altes Programm.«

Der Computer fragte weiter: »Name des alten Programms?«

Gates tippte die Antwort: »Name des alten Programms ist ›Bill‹.«

Rums! Wieder brach das System zusammen. Während der folgenden Tage wiederholte es Gates noch mehrmals, aber jedesmal, wenn er ihm mit seinem Programm kam, brach der Computer zusammen.

Das war der Computer Center Corporation eher peinlich, denn schließlich war die Firma bemüht, ihre Rechnungen zu bezahlen, neue Kunden anzuziehen und die alten bei Laune zu halten. Bei jedem Zusammenbruch wurden aber auch andere zahlende Kunden aus dem System herausgeworfen. Noch schlimmer war, daß dem Computer bei jedem Zusammenbruch alles entfiel, woran er gerade gearbeitet hatte, als wäre er von der Alzheimerschen Krankheit befallen. Denn wenn sich nach einem solchen Zusammenbruch die Maschine wieder erholte, war ihr Speicher leer.

Die entnervten Programmierer von C hoch drei fanden schließlich heraus, was Bill falsch machte. Auf die Frage nach dem Namen seines Programms hätte er nur »Bill« antworten dürfen. Die lange Reihe von Zeichen, die er statt dessen tippte: »Name des alten Programms ist ›Bill‹«, war zuviel, und deshalb kam es zum Absturz.

Gates berauschte sich an der Entdeckung, daß es nur einer Reihe von Zeichen bedurfte, um den riesigen Computer aus der Fassung zu bringen. Es dauerte allerdings nicht lange, bis er merkte, daß er sich nicht zu viel auf diese Fähigkeit zugute halten konnte, denn die Software, die Digital Equipment Corporation mit ihren PDP-10-Computern lieferte, war nicht die zuverlässigste. An guten Tagen funktionierte das C-hoch-drei-System bis zu vier Stunden wie am Schnürchen. An schlechten Tagen aber, wenn viele Kunden angeschlossen waren, brach es praktisch jede halbe Stunde zusammen. Das konnte so nicht weitergehen.

»Wir wußten, daß unser Problem in der mangelnden Zuverlässigkeit lag«, sagt Steve Russell, einer der Programmierer von C hoch drei. »Wir wußten ungefähr, woran es lag, daß der Rechner dauernd zusammenbrach, und konnten es auch in gewisser Hinsicht kontrollieren, einfach über die Anzahl der jeweiligen Benutzer. Was wir uns wünschten, war ein Kreis uns wohlgesinnter Kunden, die wir nach Gutdünken rein- oder rauslassen konnten, um das System zu testen.«

So stellte die Firma eine Handvoll Benutzer als inoffizielle Nachtschicht an. Gates und seine Computerfreunde durften nach Lust und Laune versuchen, das System zum Abstürzen zu bringen. Die Zeit, die sie an den Maschinen verbrachten, wurde ihnen nicht berechnet. Jeden Tag nach Feierabend und an den Wochenenden, wenn die Computer nicht von zahlenden Kunden benutzt wurden, tobten sie sich im System aus. Als Gegenleistung erwartete die Firma nur, daß sie jede Fehlerquelle – jeden »Bug« den sie als Ursache eines Zusammenbruchs ausfindig machten – sorgfältig dokumentierten.

Fehlerquellen werden als »bugs« (Ungeziefer) bezeichnet, seit im August 1945 während der Arbeiten an dem Versuchscomputer Mark 1 der Harvard Universität Störungen in einem Schaltsystem auftraten und der Forschungsassistent bei der Suche nach der Fehlerquelle im Dickicht der Drähte und Vakuumröhren auf eine zwei Zoll lange Motte stieß, die die Störung verursacht hatte.

»Seitdem«, erklärte Grace Hopper, die damals dem Mark-l-Forschungsteam angehört hatte, der Zeitschrift *TIME* 1984, »sagten wir jedesmal, wenn irgendwas mit einem Computer schiefging, wahrscheinlich ist es wieder irgendein Ungeziefer.« (Die berühmte Motte ist der Nachwelt im U. S. Naval Surface Weapons Center in Dahlgren, Virginia, erhalten.)

Die Suche nach Bugs eröffnete Bill und seinen Freunden ein hochinteressantes Forschungsfeld. Sie führten ein »Problem-Berichtsbuch«, in das sie die Ergebnisse ihrer Recherchen akribisch eintrugen. Während der folgenden sechs Monate füllten sie mit ihren Berichten über dreihundert Seiten. Die Mehrzahl der Eintragungen stammten von Bill Gates und Paul Allen.

Die Computer Center Corporation befand sich im Universitätsviertel in den ehemaligen Räumen einer Buick-Vertretung. Gates fuhr nun jeden Tag nach Schulschluß in höchster Eile zum Abendessen nach Hause, um gleich darauf mit dem Autobus Nr. 30 zur Uni zu fahren und mit der Arbeit für C hoch drei anzufangen.

Oft wurden die Jungen dort erst nach Mitternacht fertig. Gates ging gewöhnlich zu Fuß nach Hause, denn der Weg war nicht allzu weit. Manchmal holte auch ein Vater oder eine Mutter die Jungen ab.

»Als wir umsonst Zeit bekamen, sind wir dann richtig eingestiegen bei den Computern«, sagt Gates. »Ich meine, von dem Augenblick an war ich hundertprozentig dabei. Nichts anderes existierte mehr.«

Bill Gates war dreizehn Jahre alt und stand kurz vor dem Abschluß der achten Klasse.

»Wir blieben immer auf bis in die Puppen. Eine Menge Spaß haben wir gehabt«, sagt Allen in der Erinnerung an diese Zeit.

Gates und Allen forschten nicht nur nach Bugs, sondern scheuten auch sonst keine Mühe, mehr über Rechner, Betriebssysteme und Software zu erfahren. Zum Beispiel wühlten sie die Abfalltonnen nach etwa von der »Tagesschicht« dort hinterlassenen Informationen durch.

»Ich fischte Notizzettel aus den gebrauchten Kaffeefiltern und versuchte herauszufinden, was sie mir über Betriebssysteme verrieten«, sagt Gates. Kent Evans und Rick Weiland blieben oft bis spät in die Nacht bei Gates und Allen. Nach vier oder fünf Stunden Arbeit ließen sich die Jungen Pizza und Cola kommen. Es war ein Paradies für Hacker.

Manchmal kam abends ein hochgewachsener, stiller, bärtiger junger Mann namens Gary Kildall vorbei, um sich an den Computer zu setzen und sich mit den Programmierern zu unterhalten. Kildall arbeitete damals noch an seiner Dissertation in Informatik. Zehn Jahre später ließ er sich eine der besten Gelegenheiten entgehen, mit der PC-Revolution Geld zu machen, und trug damit indirekt dazu bei, daß Bill Gates ein sehr reicher Mann wurde.

Die Regeln für die Nachtschicht waren ziemlich unkompliziert. Die Jungen konnten die Anlage so lange benutzen, wie sie wollten, vollkommen gratis. Wenn es ihnen dabei gelang, das System zum Absturz zu bringen, um so besser. C hoch drei wollte nur wissen, was sie dabei jeweils eingegeben hatten. Die Jungen verpflichteten sich, jeden Fehler, den sie entdeckten, nicht mehr als einmal zu provozieren. Dann konnte C hoch drei am nächsten Tag den entsprechenden Teil des Programms »debuggen«.

»Gelegentlich mußten wir sie wegen einer Übertretung unserer Regeln zur Rede stellen, weil sie den gleichen Bug mehr als einmal benutzten«, sagt Steve Russell. »Da wir ihnen aber kostenlos Zeit zur Verfügung stellten, waren sie ziemlich motiviert, sich an die Regeln zu halten.«

Russell, damals Anfang dreißig, sah hin und wieder bei der Nachtschicht nach dem Rechten.

»Fast immer, wenn ich abends auftauchte, hatten sie eine Menge Fragen, und ich antworte gern ausführlich«, sagte er. »Ich glaube, auf diese Weise sind die Jungen an eine Menge nützlicher Informationen herangekommen.«

Steve Russell war damals schon ein berühmter Programmierer. Er hatte das College in Dartmouth besucht, war aber 1958 als Programmierer ans Massachusetts Institute of Technology (MIT) gegangen, wo Professor John McCarthy ein Forschungszentrum »Künstliche Intelligenz« gegründet hatte. Der Begriff der Künstlichen Intelligenz (KI) geht auf McCarthy zurück, einen zerstreuten Professor und vorzüglichen Mathematiker. Er ließ sich später an der Westküste nieder, um im KI-Forschungszentrum der Stanford Universität zu arbeiten. Russell folgte ihm.

1961 hatte Russell auf einem PDP-1, dem ersten der PDP-Serie von Digital, das erste Computer-Videospiel namens »Space Wars« programmiert. Der PDP-1 hatte einen CRT (Bildschirm mit Kathodenstrahlröhren). Russell arbeitete stundenlang, nur um einen Lichtpunkt auf den Bildschirm zu bringen, den man mit Kippschaltern zu Beschleunigung und Richtungswechsel veranlassen konnte. Schließlich nahm das Spiel Gestalt an – ein Gefecht zwischen zwei Raumschiffen, die jeweils über 31 Torpedos verfügten. (Auch Russell war Science-fiction-Fan.) Gestreute Punkte auf dem Bildschirm symbolisierten die Sterne, die in einem späteren Programm zu Sternbildern vereint wurden. Das Spiel wurde dann von anderen Hackern noch verfeinert.

»Space Wars« war die Mutter aller Computerspiele. Es dauerte nicht lange, bis eine neue Generation ausgetüftelt war.

In Stanford arbeitete Russell an Mehrbenutzersystemen mit dem PDP-6 von DEC. C hoch drei bot die nächste Version, den PDP-10. Ende 1968 konnte die Firma Russell als Mitarbeiter gewinnen.

An manchen Abenden lieh er Gates und Allen seine Handbücher, die er allerdings am nächsten Morgen wieder benötigte. Dann blieben die Jungen die ganze Nacht über und lasen, statt nach Hause zu gehen und sich auszuschlafen.

Gates und Allen waren, wie sich Russell erinnert, mit der größten Begeisterung bei der Sache. »Sie schienen auch viel schärfer darauf aus zu sein, das System zu knacken, als die anderen.« Gates wurde bekannt dafür, besonders gut in andere Sicherheitssysteme einbrechen zu können. Außergewöhnliches Geschick zeigte er beim Aufspüren eines Bug, der als »one-liner« bezeichnet wurde, »Ein-Zeiler«, weil er aus einer Reihe von Zeichen bestand, die es, in eine Zeile getippt, Gates gestatteten, entweder das System zu übernehmen oder zum Zusammenbruch zu bringen. Einer Legende zufolge wurde er von der Computer Center Corporation wegen seiner Einbrüche ins Sicherheitssystem wiederholt ernstlich getadelt. Doch abgesehen von dem Eingriff in sein Konto bei General Electric hat er sich offenbar nichts zuschulden kommen lassen. Er und die anderen Jungen wurden vielmehr von der Firma ausdrücklich aufgefordert zu versuchen, in Dateien einzudringen, die ihnen eigentlich hätten unzugänglich sein sollen. Schließlich konnte man keine Lücken im Sicherheitssystem schließen, von deren Existenz man nichts wußte. Digital hatte den PDP-10 mit einem komplizierten Sicherheitssystem ausgestattet, an dem die Mitarbeiter von C hoch drei noch einige Verbesserungen anbrachten. Nun wollten sie wissen, ob jemand imstande wäre, diese Sicherheitsvorkehrungen zu umgehen, und so war es ihnen nur recht, wenn Gates genau das probierte. Er tat es also mit Wissen und Billigung der Computer Center Corporation.

»Wir wollten diese Bugs kennenlernen, um sie loswerden zu können«, sagt Russel.

Dick Gruen, der ebenfalls als Programmierer für C hoch drei tätig war, sagt: »Von Einbruch kann man ja eigentlich nicht sprechen, wenn man Leute auffordert zu versuchen, die Sicherheitsvorkehrungen zu unterlaufen. Im Gegenteil, man verpflichtet sie damit ja eigentlich für den eigenen Sicherheitsdienst. Ich meine, sie stahlen ja nichts, und was sie machten, machten sie ja nicht nur mit unserer Einwilligung, sondern sogar in unserem Auftrag. Wir wollten, daß sie uns über die Löcher berichteten, dic sic aufspürten.«

Trotz der Arbeit, die Gates, Allen und die anderen Jungen aus Lakeside leisteten, hatte DEC weiterhin Probleme mit ihrem Mehrbenutzersystem. Es sollten noch weitere sieben Jahre vergehen, bevor alles Ungeziefer ausgeräuchert war. Aber als es schließlich soweit war, gab es C hoch drei schon nicht mehr. Ende 1969 kam die Computer Center Corporation in Schwierigkeiten. Im März 1970 wurde die Firma liquidiert.

Gates beendete gerade die neunte Klasse, als C hoch drei zumachte. Er machte damit das erste von vielen profitablen Geschäften seiner Schulzeit. Bei dieser Gelegenheit gab er auch zu erkennen, daß er keine Lust hatte, sich ein gutes Geschäft entgehen zu lassen – nicht einmal der Freundschaft zuliebe.

Ohne die Angelegenheit mit Allen und Weiland, ihren Freunden aus der Lakeside Programmers Group, zu besprechen, kauften Gates und Evans C hoch drei die wertvollen DEC-Magnetbänder für einen Spottpreis ab. Sie versteckten die Bänder im Fernschreiber des Rechnerraums in Lakeside. Als Allen dahinterkam, nahm er die Bänder an sich. Gates und Evans drohten ihm mit dem Kadi, obwohl sie alle miteinander gerade einmal Teenager waren.

»Es gab da eine Zeitlang echte Spannungen«, erinnerte sich Allen später. »Aber die haben sich dann gegeben.« Gates und Evans verkauften schließlich die Bänder mit einem netten Profit weiter.

Mary und Bill jr. beobachteten die Aktivitäten ihres Sohnes mit wachsendem Unbehagen. Sie begannen sich Sorgen um Bill zu machen. Die Maschine hatte ihn offenbar auf fast übernatürliche Weise in Bann geschlagen. Obwohl er erst in die neunte Klasse ging, schien er schon besessen vom Computer, schlug sich seinetwegen die Nächte um die Ohren und kümmerte sich um nichts anderes mehr. Gates war auf dem besten Weg, sich in den Typus zu verwandeln, den MIT-Professor Joseph Weizenbaum in seinem Buch »Computer Power and Human Reason« (Rechner-Macht und menschliche Vernunft) so beschreibt:

»Da sieht man intelligente junge Männer von ungepflegtem Äußeren, oft mit tiefliegenden glühenden Augen vor Computern sitzen, die Arme gespannt und die Finger bereit, die Knöpfe und Tasten zu drücken, auf welche ihre ganze Aufmerksamkeit konzentriert ist wie die eines Spielers auf den rollenden Würfel. Dann wieder sitzen sie an Tischen, die mit Computerausdrucken bedeckt sind, über denen sie brüten wie besessene Gelehrte über einen kabbalistischen Text. Sie arbeiten bis zum Umfallen, zwanzig, dreißig Stunden hintereinander weg. Essen, wenn sie dafür überhaupt sorgen, lassen sie sich bringen. Kaffee, Cola, Sandwiches. Wenn möglich, schlafen sie auf Pritschen neben den Ausdrucken. Ihre zerknitterten Kleider, ihre ungewaschenen und unrasierten Gesichter und ihr ungekämmtes Haar, alles zeugt davon, daß ihnen ihr Körper und die Welt, in der sie sich bewegen, schnuppe sind. Diese jungen Leute sind Computer-Bums, süchtige Programmierer . . .«

Weizenbaum beschreibt die jungen Leute, die in den späten sechziger Jahren im KI-Laboratorium des MIT arbeiteten. Die zitierte Passage wird ihm in Computerkreisen ziemlich übelgenommen. Die leidenschaftlichen Hacker fühlten sich dadurch verunglimpft. Sie hielten den Computer für ein revolutionäres Mittel, die Welt zu verändern. Aber Weizenbaum machte die entmenschlichende Wirkung, die dieses Werkzeug auf die Benutzer ausübte, Sorgen. Junge Leute, die süchtig nach der *Maschine* werden, verlieren jedes Augenmaß, sagt er, und die Scheuklappen, die sie sich aufsetzen, verstellen ihnen den Blick auf die Realität.

Mary und Bill jr. konnten die Symptome, die Weizenbaum mit Besorgnis erfüllten, an ihrem Sohn beobachten. Obwohl sie ihn früher nie in irgendeine Richtung gedrängt hatten, hielten sie es jetzt für erforderlich, ein Machtwort zu sprechen. Sie befahlen ihm, die Finger von Computern zu lassen, wenigstens für eine Weile.

»Da kam so einiges zusammen«, erklärte später Gates selbst, »die Leute dachten, wir hätten vielleicht die Kontrolle verloren und kümmerten uns um überhaupt nichts anderes mehr, und das fanden sie irgendwie abnorm. Also sagten meine Eltern: ›Warum läßt du das Zeug nicht einfach sein?‹ Und das habe ich gemacht.«

Das sei keine große Sache gewesen, sagte er: »Ich habe mich einfach mit anderen Dingen beschäftigt . . . Naturwissenschaften, Mathe. Es gab ja auch unendlich viel zu lesen. Mindestens neun Monate habe ich keinen Computer angerührt.«

Er las dann tatsächlich mit der gleichen Hingabe, mit der er sich vorher den Computern gewidmet hatte. So verschlang er eine Reihe von Biographien – unter anderem über Franklin D. Roosevelt und Napoleon –, um das Denken der großen Gestalten der Geschichte zu begreifen. Er las Bücher über Wirtschaft und Naturwissenschaften, aber auch Romane. Seine Lieblingsromane waren *Catcher in the Rye* und *A Separate Peace.* Später trug er Freundinnen lange Passagen aus diesen beiden Büchern vor. Holden Caulfield, der Held des Romans vom *Fänger im Roggen,* wurde eines seiner großen Vorbilder.

Und so entsagte Bill Gates, der süchtigste Computerfreak in Lakeside, den Rechnern fast ein volles Jahr lang – vom Ende der neunten Klasse bis zu Beginn der zweiten Hälfte der zehnten. »Ich versuchte, normal zu sein«, sagte er, »so gut ich konnte.«

Normalität war nicht die Stärke des Bill Gates. Schon in Lakeside machten ihn sein Ehrgeiz, die ständige geistige Anspannung, unter der er stand, und seine überlegene Intelligenz zum Außenseiter. Man hänselte ihn. Selbst für eine Eliteschule wie Lakeside, wo klarer Verstand an sich ein gewisses Prestige mit sich brachte, war die Intelligenz des jungen Bill Gates eine Spur zu außergewöhnlich. Bei Schülerversammlungen saß er – zumal er auch kleiner und jünger war als die Mehrzahl seiner Kameraden – meistens am Rande. Seine Meinung war selten gefragt. Gelegentlich versuchte er sich an einem Witz. Dann drehte sich ein älterer Junge, der immer vor ihm saß, um und sagte mit einer entsprechenden Handbewegung: »Kleiner Mann, kleiner Witz.«

Nach neun Monaten Abstinenz gab sich Gates wieder seiner Leidenschaft hin. Den anderen Schülern fiel bald auf, daß sich in dem kleinen Rechnerraum immer dieselben Jungen versammelten und von der übrigen Welt abschlossen. Der Fußboden war mit gefalteten, zusammengedrehten oder eingerissenen Lochkarten und den Lochstreifen des Fernschreibers bedeckt. Der Fernschreiber selbst tickerte gewöhnlich. Gates und seine Freunde saßen oft an einem langen Tisch, tranken Cola aus Zweiliterflaschen und spielten Schach oder das alte chinesische Brettspiel Go, um sich die Zeit zu vertreiben, die der Computer brauchte, bis er eine ihm gestellte Aufgabe erledigt hatte. Da es viel Zeit zu vertreiben gab, wurde Gates bald ein Meister im Go und besiegte alle seine Mitschüler.

»Er hockte gewöhnlich nur mit den Jungs aus dem Computerraum zusammen«, sagt ein ehemaliger Klassenkamerad, der heute einer der angesehensten Architekten Seattles ist und dort auch in der Lokalpolitik ein gewichtiges Wörtchen mitzureden hat. »Ihm fehlte jedes Talent zur Geselligkeit, und die Gesellschaft von anderen war ihm sichtlich unbehaglich. Der Typ war total versessen auf seine Computer ... Manchmal sah man ihn Tennis spielen, aber das war auch schon so ziemlich alles, was außerhalb des Computerraums für ihn lief. Anfänglich habe ich Gates und die anderen in diesem Raum irgendwie ehrfürchtig angestaunt. Ja, ich habe sie sogar in gewissem Maße angehimmelt. Aber dann habe ich gemerkt, daß es verdammt kalte Hunde waren und daß ich nicht werden wollte wie sie. Unter anderem deshalb habe ich dann auch aufgehört, mich mit Computern zu beschäftigen. Der soziale Horizont dieser Jungen war furchtbar eng, und ich fand sie arrogant. So wollte ich nicht werden ...«

Schon in seinem vorletzten Schuljahr war Gates so etwas wie ein Guru für die jüngeren Computerenthusiasten in Lakeside. Er hielt im Computerraum hof, plauderte stundenlang aus dem reichen Schatz seines schon damals profunden Wissens und berichtete seinen Jüngern von den Wundertaten berühmter »Telefonmonster«, wie jenes Captains Crunch, der es mit dem Bau sogenannter »blauer Kästen«, mit denen man kostenlos überallhin telefonieren konnte, zu nationalem Ruhm gebracht hatte. Zu den Schülern, die damals Bills weisen Reden lauschten, gehörte auch der vier Jahre jüngere Brad Augustine.

»Er war so in seine Computer vertieft, daß er vergaß, sich die Fingernägel zu schneiden«, erinnert er sich heute. »Sie waren immer viel zu lang. Er sah echt verkommen aus, weil er sich immer nur um das kümmerte, was ihn gerade interessierte.«

Das Jahrbuch, das zum Schulabgang seines Jahrgangs erschien, enthält ein Bild von Gates, auf dem man ihn auf dem Tisch des Computerraums liegen sieht, eine Skimütze tief in die Stirn gezogen, den Telefonhörer am Ohr. In der Bildunterschrift heißt es: »Wer ist dieser Mann?«

»Bill fiel auf«, sagt ein ehemaliger Klassenkamerad, heute erfolgreicher Geschäftsmann. »Jeder wußte, wer Bill Gates war. Ich glaube, es gab an der ganzen Schule niemanden, der ihn nicht kannte. Es gab da Freaks, die keinem auffielen, und andere, die jeder kannte. In diese Kategorie gehörte Bill, schon allein, weil er wie ein kleiner Junge aussah. Er wirkte viel jünger, als er war. Er konnte unglaublich eklig sein. Außerdem galt er als der intelligenteste Junge an der Schule. Wenn man in Lakeside jemanden gefragt hätte: ›Wer ist hier das echteste Genie?‹, hätte jeder wie aus der Pistole geschossen geantwortet: ›Bill Gates‹. Er war unausstehlich, enorm selbstsicher und auf aggressive, einschüchternde Weise intelligent. Wenn man an Bill dachte, dachte man, na gut, eins ist sicher, der Typ kriegt eines Tages den Nobelpreis. Aber im menschlichen Umgang war er unmöglich. Er war nicht ein bißchen verbindlich, sondern einer von den Typen, die wissen, daß sie schlauer sind als alle anderen und daß sie immer recht haben . . .«

Provokant und streitsüchtig war er sogar den Lehrern gegenüber, und diesen Umgangston hat er bis auf den heutigen Tag beibehalten. Manchmal riß die Erregung ihn so mit, daß er vollkommen die Fassung verlor und sich in kindische Wutausbrüche hineinsteigerte. Mehrere seiner Klassenkameraden erinnern sich noch an eine erhitzte Auseinandersetzung zwischen Gates und Gary Maestretti, der sie in der zehnten Klasse in Physik unterrichtete. Die beiden standen vorne auf dem Podest, wo die Experimente vorgeführt wurden. Gates überschrie den Lehrer, fuchtelte ihm mit dem Finger vor der Nase herum und versicherte ihm, daß er ganz und gar unrecht hätte. (Es ging bei dem Streit um irgendeine physikalische Frage.) Wie sich herausstellen sollte, hatte Gates recht.

Maestretti, inzwischen Fachbereichsleiter für Naturwissenschaften an der Schule, erinnert sich dieser Auseinandersetzung zwar nicht, Gates und sein bester Freund Kent Evans sind ihm allerdings noch lebhaft in Erinnerung. »Bills schriftliche Arbeiten waren ziemlich liederlich«, sagt er. »Im Gegensatz zu Kent Evans, der immer sehr gründlich war, hielt sich Bill Gates selten damit auf, etwas zu Papier zu bringen.« Maestretti fand, Bill solle lernen, sich nicht nur seines Intellekts, sondern auch seiner Hände zu bedienen. Er stellte ihm deshalb die Aufgabe, einen Elektronikbausatz zusammenzubasteln, um ihn zu zwingen, einmal etwas streng nach Anweisung so durchzuführen, daß es am Ende auch funktionierte.

»Ich weiß noch genau, wie er mir das Ding brachte und sagte: ›Okay, ich bin fertig mit meiner Aufgabe.‹ Natürlich war die Rückseite vollkommen mit Lötzinn verkleistert ... und selbstverständlich funktionierte der Apparat auch nicht. Bill war entschieden mehr ätherisch und intellektuell veranlagt als praktisch ...«

Die Arena, in der Gates zum Wettkampf antrat, war eben nicht der Werkraum, sondern das Klassenzimmer. Dort versuchte er, immer mit der besten Punktzahl abzuschneiden, und setzte seinen ganzen Ehrgeiz daran, mathematische und physikalische Probleme korrekt und als erster zu lösen. Legendär war auch seine Fähigkeit, Fangfragen zu durchschauen. Er ließ sich nie in die Irre führen, sondern ging stets geradewegs auf die richtige Lösung los.

»Er war immer einen Schritt voraus«, sagt Carl Edmark, sein Freund aus Kinderjahren. »Ihn konnte man nicht an der Nase herumführen.«

Mit Leuten, die nicht so schnell von Begriff waren wie er selbst, konnte Gates sehr ungeduldig sein, und das galt auch für Lehrer. William Dougal, der ihn in den Naturwissenschaften unterrichtete, hat einmal bemerkt: »Wenn ein Lehrer langsam vorging, schien Bill immer sagen zu wollen: ›Halten wir uns doch nicht mit solchen Selbstverständlichkeiten auf.‹«

Seine hochmütige Art war nicht bei allen Klassenkameraden beliebt. Colby Atwood, der ein Jahr weiter war als Gates, saß einmal beim Rechtskundeunterricht, den der Anwalt Gary Little erteilte, eine Reihe vor Gates, der damals in die vorletzte Klasse ging. Eines Tages machte er sich über einen Jungen lustig, der auf eine von Little gestellte Frage nur stockend antworten konnte. Atwood, der Gates nicht besonders mochte, drehte sich daraufhin um, packte ihn beim Hemd und befahl ihm, sich das blöde Gekicher zu verkneifen. Der Lehrer mußte den Streit schlichten.

»Ich habe damals nicht nur auf diesen bestimmten Zwischenfall reagiert, sondern auf das ganze irritierende Benehmen, das Gates uns eigentlich dauernd zumutete«, sagt Atwood heute. Zwanzig Jahre später ist ihm Gates noch einmal über den Weg gelaufen, als er nämlich im letzten Augenblick noch an Bord eines Flugzeuges kam, in dem Atwood bereits auf den Abflug wartete. »Er sah zerknautscht aus . . . müde . . . das Haar ungekämmt . . . genau wie er in der Schule immer ausgesehen hat.«

Während viele seiner Klassenkameraden sich an einen unausstehlichen, andererseits aber auch unbeholfenen Jungen erinnern, sehen ihn diejenigen, die ihn am besten kannten, weniger als misanthropischen Außenseiter. Er hatte auch Humor und war sehr abenteuerlustig; ein Junge, der gerne was riskierte, ein Typ, der häufig Spaß machte und in dessen Gesellschaft man sich gut amüsieren konnte. Er hatte ein äußerst weit gefächertes Wissen und Interessenspektrum und konnte über alles mögliche lange Vorträge halten.

»Wer sich seiner als eines bloßen Computerfreaks erinnert, hat ihn entweder nicht näher gekannt oder erinnert sich falsch«, sagt sein Freund Paul Carson, dessen Leidenschaft die Politik ist, nicht die Welt der Computer.

Mit sechzehn kaufte sich Gates einen neuen roten Mustang, in dem er und seine Freunde nachmittags, wenn sie die Schule schwänzten, spazierenfuhren.

»Er raste gern«, erinnert sich Peter Randlett, der ihn auf diesen Touren oft begleitete. »Er war der typische privilegierte Halbwüchsige, der gerne mal Quatsch machte und den harten Wettbewerb in Lakeside für ein Weilchen vergaß. Oft haben wir stundenlang miteinander geschwatzt.«

Von Kent Evans abgesehen, war während seiner Schulzeit wohl niemand vertrauter mit Gates als Carl Edmark, der seit der vierten Klasse mit ihm befreundet war. Die beiden waren fast unzertrennlich und machten beinahe alles gemeinsam: neue Filme sehen, im Mustang spazierenfahren, vor Hamburgerbuden herumlungern und Spielautomaten mit Kleingeld füttern. Im Sommer fuhren sie an Wochenenden gemeinsam Wasserski auf dem Hood Canal und lernten auch Hängegleitfliegen.

»Wir haben all die normalen verrückten Sachen unternommen, die Jungen in dem Alter machen«, sagt Edmark. »Bill war ausnehmend normal. Manchmal haben wir uns über CD-Technologie unterhalten. Wir waren beide an technischen Dingen interessiert. Aber keiner von uns hat je gesagt: ›Ich werde dies, oder ich werde das.‹ Wir hatten wirklich keine Ahnung, was wir mit unserem Leben anfangen würden.«

Während ihres ersten Collegejahres hatte Edmark einen Ferienjob bei einer Bank in Seattle. Eines Tages erschien dort eine alte Dame und zahlte mehrere Tausenddollarscheine auf ihr Konto ein. Edmark hatte noch nie einen Tausenddollarschein gesehen. Abends erzählte er Gates von der Begegnung. »Na, besorgen wir uns doch mal einen«, sagte Bill. Am nächsten Tag gab er Edmark ein dickes Bündel Zwanzigdollarscheine, und Edmark brachte dieses Geld zu einem der Direktoren der Bank, der ihm einen Tausenddollarschein dafür gab.

Am Abend fuhren Edmark und Gates zu Dick's, einer beliebten Hamburgerbude, wo die fettigsten Pommes der ganzen Stadt serviert wurden. Die beiden Jungen bestellten Cheeseburgers und Pommes. Als das Essen gebracht wurde, öffnete Gates lässig seine Brieftasche und reichte der Kassiererin einen neuen Tausenddollarschein. Sie betrachtete den Schein, blickte dann zu Gates auf. Nachdem sie diese Augenbewegung mehrmals wiederholt hatte, ging sie zum Geschäftsführer.

»Hätten Sie's nicht etwas kleiner?« fragte er die Teenager. Gates, der fünf Jahre jünger aussah, als er war (also ungefähr wie elf), schüttelte bedauernd den Kopf. »Leider nein«, sagte er, entschlossen, seinen Auftritt so breit auszuspielen wie irgend möglich.

»Also, nach dem Lunch hätten wir den vielleicht wechseln können. Jetzt aber nicht«, sagte der Geschäftsführer.

Gates und Edmark fingen lauthals zu lachen an. Schließlich bezahlten sie ihr Essen mit Kleingeld und brausten mit ihrem Mustang ab in die Nacht.

Obwohl Gates während der Schulzeit wirklich noch nicht gewußt haben mag, welchen Beruf er ergreifen sollte, hat er offenbar nie daran gezweifelt, daß, was immer er genau machen würde, es ihm jedenfalls eine Menge Geld einbringen würde. An Äußerungen dieser Art erinnern sich etliche seiner damaligen Mitschüler und Lehrer. So sagte er in der elften Klasse beispielsweise seinem Freund Paul Carlson, daß er spätestens mit dreißig Millionär sein würde.

»Das hätte arrogant klingen können«, sagte Carlson. »So wie reine Angabe. Aber bei Gates war es einfach die realistische Einschätzung seiner Fähigkeiten.«

Als Gates Ende 1970 seiner Leidenschaft für Computer wieder freien Lauf ließ, fing er gleich an, neue Wege zu suchen, auf denen er seine Liebe zu Geld machen konnte. In der Zwischenzeit hatte sein Freund Paul Allen an der Universität des Staates Washington, wo sein Vater Bibliothekar war, neue Computer zum Spielen ausfindig gemacht. Da gab es etwa am Lehrstuhl für Physik einen PDP-10, und die Universitätsklinik verfügte über einen PDP-11. Auch im Fachbereich Ingenieurwissenschaften hatte er welche entdeckt. Als Gates sich der Lakeside Programmers Group wieder anschloß, hatte sie ihr Hauptquartier in die Universität verlegt, wo die Jungen die Nacht zum Tag machten.

»Auf all diesen Maschinen haben wir herumgehackt«, sagte Gates später einmal. »Wir trieben uns dauernd an der Universität herum auf der Suche nach einem Computer, auf dem wir kostenlos Zeit kriegen könnten. Als C hoch drei das Geschäft aufgab, wurde das unser Hauptproblem: irgendwo kostenlos Zeit lockerzumachen.«

Es gab Gerüchte, denen zufolge Gates in Cybernet eingebrochen sei, ein landesweites Computernetz unter der Regie von Control Data Corporation. Angeblich hätte er sich mit einem universitären CDC-Gerät Zugang zum System verschafft. Die Bücher *Fire in the Valley* und *The Making of Microsoft* berichten, Gates wäre deshalb von den CDC-Ingenieuren, die ihm auf die Spur gekommen seien, schwer ins Gebet genommen worden. Doch scheint diese Geschichte nicht sehr gut verbürgt zu sein. Control Data Corporation gehörte zu den sogenannten Sieben Zwergen, die in den sechziger Jahren im Schatten des Riesen IBM Großrechner bauten. Tatsächlich besaß die Universität von Washington einen solchen Computer, und zu diesem hatte Gates auch Zugang. Aber er war nicht an Cybernet angeschlossen, so daß für Gates gar keine Möglichkeit bestand, auf diesem Weg in das System einzubrechen – so jedenfalls versichert der Systemprogrammierer, der 1968 den CDC-Computer an der Universität installierte.

Gates selbst bemerkte später: »Mit dem Einbruch in Cybernet habe ich nichts zu tun gehabt, obwohl ich ein paar Leute kenne, die von sich behaupten, dieses Ding gedreht zu haben.«

Anfang 1971 eröffnete sich der Lakeside Programmers Group eine Gelegenheit, ins Geschäft einzusteigen. Information Sciences Inc. (ISI), eine ähnlich wie C hoch drei operierende Timesharing-Computerfirma aus Portland, beauftragte die Gruppe, für einen ihrer Kunden ein Lohnlistenprogramm zu schreiben. ISI hatte einen PDP-10-Rechner, und der Präsident der Gesellschaft wußte, daß die Jungen von Lakeside im Schreiben von Programmen auf dieser Maschine viel Erfahrung hatten. Dick Wilkinson, einer der Partner, die seinerzeit C hoch drei gegründet hatten, hatte ISI das PDP-10-Computersystem verkauft, als er Regionalvertreter von Digital Equipment Corporation war. Allen und Richard Weiland fanden, daß sie ihre jüngeren Kollegen für die Lösung der gestellten Aufgabe nicht brauchten, und forderten Gates und Kent Evans auf, auf die Mitarbeit am ISI-Projekt zu verzichten.

Gates selbst ließ später verlauten: »Paul und Rick waren der Meinung, die Arbeit reiche nicht für uns alle, und so sagten sie uns: ›Euch brauchen wir diesmal nicht.‹ Aber dann haben sie sich verzettelt und nicht mal dieses Lohnlistenprogramm fertiggekriegt. Also baten sie mich, wieder mitzumachen, und ich habe ihnen gesagt: ›Okay, ihr wollt also, daß ich doch mitmache – mir soll's recht sein, aber von jetzt an bestimme ich, was gemacht wird.‹ Kent und ich haben dann dieses Lohnlistenprogramm größtenteils alleine geschrieben, ein COBOL-Programm. Für unsere Arbeit hatten wir kostenlose Computerzeit zur Verfügung, und als Vergütung kriegten wir auch kostenlose Computerzeit. Am Ende hat bei dem Geschäft jeder profitiert.«

Abgesehen davon fand Gates das Lohnlistenprojekt ziemlich langweilig: »Da mußte man sich mit den verschiedenen Steuern, Gehaltsabzügen und solchem Zeug vertraut machen.«

Um den Auftrag von ISI annehmen zu können, mußte sich die Lakeside Programmers Group in aller Form als Firma konstituieren. Bill Gates' Vater half den Jungen bei den juristischen Formalitäten und stand ihnen auch beim Abschluß des Vertrages mit der ISI beratend zur Seite. Er wurde der Hauptrechtsberater der Gruppe. Gates und Evans waren bei Gründung der Firma fünfzehn Jahre alt. Evans führte während der Arbeit an dem ISI-Auftrag Tagebuch – die Eintragungen verraten, daß die Knaben erstaunlich frühreife Geschäftsleute waren. »Wir haben ein sehr kompliziertes Lohnlistenprogramm in Arbeit«, schrieb Evans. »Ablieferungstermin ist der 16. März. Die Sache ist ungeheuer lehrreich, denn bei der Arbeit unter echten Geschäftsbedingungen und den Verhandlungen mit Behörden haben wir eine Menge gelernt. Während der vergangenen Wochen haben wir uns wie die Irren angestrengt, rechtzeitig fertig zu werden. Am Dienstag fahren wir nach Portland, um das Programm abzuliefern und, wie sie es ausdrücken, die Bedingungen unserer zukünftigen Zusammenarbeit auszuhandeln. Bisher haben wir alles für die Kenntnisse, die wir dabei erwerben, und für große Mengen Computerzeit gemacht. Jetzt wollen wir aber anfangen, auch finanziell Gewinn zu machen.«

Gates, Allen, Evans und Weiland fuhren mit dem Autobus nach Portland und lieferten das fertige Programm dort ab. Nach dem Treffen mit den Direktoren von ISI schrieb Kent: ». . . gaben sie uns Bleistift und Papier und ersuchten uns, Bewerbungen zu schreiben, damit sie uns anstellen könnten . . . Von Geld war noch nicht die Rede gewesen. Paul, Bill und ich wollten nicht auf Stundenbasis arbeiten, deshalb schlugen wir ein Pauschalhonorar oder Tantiemen vor. Der Tantiemenplan kam gut an. Wir erhalten ungefähr zehn Prozent von den Einnahmen, die ISI mit einem unserer Programme macht – auf die Weise kriegen wir auf lange Sicht mehr, und die Gesellschaft braucht nichts von ihrem Kapital festzulegen.«

Ob die Gruppe an dem Lohnlistenauftrag überhaupt bares Geld verdient hat – und wenn ja, wieviel –, entzieht sich unserer Kenntnis. Sicher ist aber, daß ISI den Jungen Computerzeit im Wert von rund 10 000 Dollar zugestand.

»Wenn jemand fragt, warum Bill Gates es so weit gebracht hat, würde ich sagen, er verdankt es dieser frühen Erfahrung im Geschäftemachen«, sagt Marvin Evans, Kents Vater.

Allen bestand 1971 das Abschlußexamen in Lakeside und immatrikulierte sich im Herbst an der Universität des Staates Washington. Als Hauptfach wählte er Informatik. Inzwischen aber hatten er und Gates schon eine neue Firma: Traf-O-Data.

Die Idee, auf die sie dabei setzten, war zweifellos scharfsinnig. Fast jede Stadtverwaltung ließ irgendwo mit Gummischläuchen, die über die Straße gelegt wurden und zu metallenen Zählkästen führten, den Verkehr zählen. Die Zählkästen enthielten ein 16spuriges Papierband (doppelt so breit wie das achtspurige Band, das in alten Fernschreibapparaten verwendet wurde), und jedesmal, wenn ein Wagen über den Gummischlauch fuhr, lochte die Maschine das Band mit den binären Zahlen Null und Eins. Die Zahlen gaben Zeit und Verkehrsdichte an. Die Stadtverwaltungen beauftragten private Firmen mit der Übersetzung dieser groben Daten in Informationen, mit deren Hilfe etwa entschieden werden konnte, wie unter gegebenen Umständen an einer bestimmten Kreuzung dic Ampeln am besten zu schalten wären.

Doch die Firmen, die sich darauf spezialisiert hatten, arbeiteten langsam und waren teuer. Gates und Allen waren überzeugt, einen Computer so programmieren zu können, daß er die Bänder analysierte. Dann wollten sie den Stadtverwaltungen ihre Dienste zu günstigeren Konditionen anbieten als die Konkurrenz. Gates heuerte Jungen aus der siebenten und achten Klasse seiner Schule an, die die Zahlen von den Bändern auf Lochkarten übertrugen, die er dann dem CDC-Computer an der Universität eingab. Sein Softwareprogramm verwandelte die Daten in leicht lesbare Verkehrsflußkurven.

Chris Larson, vier Klassen unter Gates, gehörte ebenso zu Bills ersten Mitarbeitern bei Traf-O-Data wie dessen Cousin Brad Augustine und andere Schüler von Lakeside.

Als das Traf-O-Data-Geschäft lief, beschlossen Allen und Gates, einen eigenen Computer zu bauen, der imstande wäre, die Verkehrszählbänder direkt zu analysieren, so daß die Daten nicht mehr mit der Hand übertragen werden müßten. Sie konnten einen Ingenieur der Boeing-Werke für sich gewinnen, der ihnen beim Entwurf der Hardware half. Gates trieb 360 Dollar auf, die er und Allen in einen der damals neuen Mikroprozessor-Chips von Intel anlegten, einen der ersten, die überhaupt in den Vertrieb kamen. Sie verbanden einen 16-Spur-Papierbandleser mit ihrem »Computer« und fütterten die Maschine direkt mit den Verkehrszählbändern.

Der Apparat war nicht annähernd so leistungsfähig wie die Mikrocomputer späterer Zeiten, aber die Traf-O-Data-Maschine funktionierte – jedenfalls meistens. Mary Gates erinnert sich einer Präsentation in ihrem Eßzimmer, bei der der Computer zusammenbrach und der städtische Beamte, der für das Projekt gewonnen werden sollte, das Interesse verlor, so daß sich Bill schließlich hilfesuchend an seine Mutter wandte: »Sag ihm, daß das Ding echt funktioniert, Mom!«

Gates und Allen hatten durch Traf-O-Data angeblich Einnahmen in Höhe von rund 20 000 Dollar. Aber alles in allem war das Unternehmen kein großer Erfolg, und als Gates aufs College ging, wurde es aufgegeben. Während seines vorletzten Schuljahres in Lakeside warb Gates jedoch nicht nur Kunden für Traf-O-Data, sondern machte auch Pläne für andere gewinnversprechende Unternehmungen. Zusammen mit Evans gründete er eine neue Computergruppe mit dem Namen Logic Simulation Company. Sie versandten Flugblätter an ihre Mitschüler, die einerseits Kunden akquirieren und andererseits billige Arbeitskräfte anwerben sollten.

In einem dieser Flugblätter hieß es: »LPG und LSC sind zwei maschinenorientierte Computerorganisationen, die an einer Reihe von finanziellen Unternehmungen beteiligt sind, als da wären: Stundenplanerstellung, Arbeit an Verkehrsdichtestudien, Herstellung von Kochbüchern. – Wir möchten unseren Mitarbeiterstab vergrößern, dem augenblicklich fünf Lakesider angehören. Das ist nicht nur etwas für Computerfreaks. Wir meinen, daß wir auch Leute brauchen werden, die Maschineschreiben und Pläne zeichnen können. Bei Interesse bitte an Kent Evans, Bill Gates oder Chris Larson wenden.«

Das Schreiben versprach des weiteren »männlichen und weiblichen Bewerbern gleiche Chancen«. Ein Formular lag bei, auf dem Interessenten angeben konnten, wie viele Stunden sie würden arbeiten können, ob sie während der Sommerferien zur Verfügung standen und welche Erfahrungen am Computer sie mitbrachten.

Im Mai 1972, gegen Ende ihres vorletzten Schuljahres, wurden Gates und Evans von der Schulverwaltung in Lakeside damit beauftragt, die Stundenpläne für die annähernd vierhundert Schüler auf Computer umzustellen. Die Stundenplanerstellung war schon lange eine Sisyphusarbeit. Für das im Herbst beginnende Schuljahr 1972/73 wollte Lakeside ein Computerprogramm, das diesem Fluch ein Ende machte. Ein ehemaliger Ingenieur der Boeing-Werke, der zu der Zeit als Mathematiklehrer in Lakeside arbeitete, hatte diese Aufgabe schon begonnen. Doch bevor er sie vollenden konnte, kam er bei einem Flugzeugabsturz ums Leben. Der Auftrag wurde dann an Gates und Evans weitergegeben.

Knapp eine Woche später, am 28. Mai, verunglückte Kent Evans beim Bergsteigen – auch er tödlich. Einige Monate nach seinem Tod wurde die Schule benachrichtigt, daß er unter den elf Halbfinalisten der Schule beim National Merit Scholarship Test dieses Jahres war. Gates stand ebenfalls auf der Liste (im folgenden Jahr war er unter den Gewinnern des Stipendiums). Nach Kents Tod bat Gates Paul Allen, ihm bei dem Stundenplanprogramm zu helfen. Sie beschlossen, die Arbeit im Sommer während der Semesterferien der Washington State University (an der Allen bereits studierte) zu Ende zu bringen. (1986 stifteten Gates und Allen der Schule 2,2 Millionen Dollar für den Bau eines Naturwissenschafts- und Mathematikzentrums, dessen Hörsaal dem verunglückten Evans gewidmet wurde.)

Im ersten Monat dieser Sommerferien arbeitete Bill – quasi als Abschiedstribut für Evans, der sich für Politik nicht weniger als für Computer interessiert hatte – als Page im U. S. House of Representatives in Washington. Diesen Job hatten ihm die Eltern über Brook Adams besorgt, der inzwischen Kongreßabgeordneter war. Gates bewies auch in der Bundeshauptstadt sofort, daß er eine Nase für gute Geschäfte hatte. Für die Summe von 250 Dollar kaufte er einen Posten Ansteckknöpfe, die für die Kandidaten der Demokratischen Partei McGovern und Eagleton warben. Als sich George McGovern dann Thomas Eagletons entledigte, verkaufte Gates die selten gewordenen Kampagne-Buttons mit dem Bild des ausgeschiedenen Bewerbers um die Vizepräsidentschaft, die ihn das Stück 5 Cents gekostet hatten, für je 25 Dollar an Sammler – und machte damit mehrere tausend Dollar Profit.

Mit Beginn der Parlamentsferien kehrte Gates nach Seattle zurück, um mit Allen an dem Stundenplanprogramm zu arbeiten. Sie schrieben es in der kostenlosen Computerzeit, die sie noch bei der Information Sciences Inc. guthatten. Da Lakeside ihnen diese Zeit natürlich auch bezahlte, verdienten sie mit dieser Arbeit mehrere tausend Dollar. Das von ihnen entworfene Stundenplanprogramm wird in Lakeside noch heute benutzt, ist allerdings im Laufe der Jahre in mancher Hinsicht verbessert worden.

Der neue Stundenplan kam besonders bei den Schülern der obersten Klasse gut an, denn die hatten dank kreativer Planung des Programmierers am Dienstagnachmittag keinen Unterricht. Die so begünstigten »Senioren« ließen sich T-Shirts drucken, die ihre Träger auf dem Hintergrund eines Bierfasses als Mitglieder des Dienstag-Clubs auswiesen.

Zu Beginn von Gates' »Junioren«-Jahr in Lakeside (das ist das vorletzte) wurde die Schule mit der Mädchenschule St. Nicholas zusammengelegt, und so lernte Gates auf seine alten Tage in Lakeside auch noch die Vorzüge gemischter Klassen kennen. In seinem letzten Schuljahr nahm er an einem Theaterkurs teil, den auch einige der ersten Mädchen von Lakeside besuchten. Er bekam sogar zwei Hauptrollen, und zwar in James Thurbers Komödie »The Night the Bed fell« und in Peter Shaffers »Black Comedy«. Seine Rolle in der Komödie von Thurber schrieb ihm einen drei Seiten langen Monolog vor. Gates stellte auch bei dieser Gelegenheit wieder sein erstaunliches Gedächtnis unter Beweis. Er sah sich den Text nur ein paar Sekunden lang flüchtig an, und schon konnte er ihn auswendig.

»Ich habe mich gefragt, wie dieser unbeholfene Bursche bloß auf der

Bühne zurechtkommt«, bekannte später Anne Stephens, die bei beiden Aufführungen Regie führte. »Aber dann war er ganz hinreißend, absolut bezaubernd.«

Nach dem Erfolg des Stundenplanprogramms für Lakeside sah sich Gates während seines letzten Schuljahres nach weiteren Möglichkeiten um, seine Fähigkeiten zu Geld zu machen. Er bot auch anderen Schulen an, ihre Stundenplanung auf EDV umzustellen.

»Wir benutzen ein einzigartiges Planungssystem, das in Lakeside entwickelt wurde«, schrieb er. »Wir würden gern auch für Ihre Schule den Stundenplan erarbeiten. Wir können Ihnen gute Leistung zu günstigen Bedingungen bieten – 2 Dollar bis 2,50 Dollar pro Schüler. Wir würden die Gelegenheit begrüßen, Ihnen über die Vorteile unseres Angebots im einzelnen persönlich Auskunft geben zu dürfen.«

Den ersten Auftrag erteilte ihm ein von der studentischen Selbstverwaltung der University of Washington betriebenes »Experimental College«, an dem man zu erschwinglichen Gebühren alternative Seminare besuchen konnte.

Bei diesem Auftrag traten Schwierigkeiten auf, die allerdings nichts mit dem Programm zu tun hatten, das Gates schreiben sollte. Sie ergaben sich vielmehr aus dem Umstand, daß Bills Schwester Kristi zu dieser Zeit ein Amt in der studentischen Selbstverwaltung innehatte. Als die Unizeitung dahinterkam, daß ihr Bruder den Auftrag erhalten hatte, beschuldigte sie die gewählten Vertreter der Studentenschaft natürlich sofort der Vetternwirtschaft. Viel hatte er jedoch nicht von dieser angeblichen Begünstigung. Er verdiente an diesem Auftrag nur etwa 500 Dollar.

Zu Beginn des zweiten Trimesters seines letzten Schuljahrs war Gates noch immer auf der Suche nach einer Chance, seine Computererfahrung in »echtes Geld« umzumünzen. Er sollte sie bald bekommen.

Denn eines Tages rief ihn jemand von TRW an, einer Firma, die gigantische Rüstungsaufträge hatte. Kaum hatte er gehört, worum es sich handelte, rief er seinerseits an der Washington State University an. Sobald er Paul Allen am Apparat hatte, erklärte er dem Freund, TRW erwarte sie beide in Vancouver zu einem Vorstellungsgespräch: »Paul, das ist unsere Chance, endlich mal echtes Geld zu verdienen! Da müssen wir hin!«

Paul Allen brauchte nicht lange überredet zu werden. Obwohl er erst im zweiten Collegejahr war, war er des Studentenlebens schon müde und brannte darauf, seine Computerkenntnisse in der Praxis anzuwenden und dabei finanziell auf seine Kosten zu kommen. Vielleicht würden er und Bill ja schließlich eine eigene Softwarefirma gründen können. Besprochen hatten sie solche Pläne schon oft genug.

Bisher hatten sie bei ihren kommerziellen Unternehmungen hauptsächlich Computerzeit verdient. Nun bot ihnen TRW gutdotierte Ganztagsstellungen an.

Das riesige Rüstungsunternehmen TRW befand sich in Schwierigkeiten. Die Firma hatte den Auftrag übernommen, das Energienetz der Bonneville Power Administration für den Nordwesten unter EDV-Überwachung zu stellen. Computer sollten den Energiebedarf der Region analysieren und die von den Staudämmen am Columbia River erzeugte Energiemenge entsprechend steuern. TRW hatte zu diesem Zweck eine Niederlassung in Vancouver gegründet, jenseits des Columbia Rivers, genau gegenüber von Portland. Das Energieüberwachungssystem sollte aus mehreren PDP-10-Rechnern bestehen, und TRW hatte die Aufgabe übernommen, dic Softwarc dafür zu liefern. Aber schon bestand die Gefahr, daß der Auftrag nicht fristgemäß ausgeführt werden konnte. Wie üblich steckte die PDP-10-Software voller Bugs. Der Auftrag verlangte ein Echtzeit-Kontrollsystem mit 99,9prozentiger Zuverlässigkeit. Wenn es TRW nicht bald gelang, die Fehler in der Software zu beheben, würden empfindliche Konventionalstrafen fällig.

Die TRW-Zentrale in Cleveland forderte Kräfte an, die Erfahrungen mit den Bugs der PDP-10-Software hatten. Ein Hinweis von Digital Equipment Corporation brachte einen Techniker von TRW auf das Problem-Berichtsbuch der ehemaligen Computer Center Corporation in Seattle. Fast auf jeder Seite tauchten darin zwei Namen auf: Bill Gates und Paul Allen. Also rief man Gates zu Hause an, schlug ihm vor, er möchte sich um eine Stellung bewerben, und erwähnte, daß auch für Paul Allen ein Arbeitsplatz frei sein könnte.

»Bill und ich sind in den besten Anzügen hingefahren, die wir auftreiben konnten«, erinnerte sich später Paul Allen.

Die Firma bot den Bewerbern trotz ihrer Jugend ein Anfangsgehalt von wöchentlich 165 Dollar an.

»Wir waren begeistert«, erzählt Allen. »Bis zu diesem Zeitpunkt hatten wir für das, was wir am Computer machten, noch nie echtes Geld erhalten. Bezahlt zu werden für etwas, was uns Spaß machte, das fanden wir großartig.«

Diesmal hatten sie nicht die Aufgabe, zu versuchen, den PDP-10 zum Zusammenbrechen zu bringen, sondern sie sollten das System nach einem Kollaps wiederherstellen.

Gates wurde für das zweite Trimester seines letzten Schuljahres beurlaubt, damit er die Stellung bei TRW annehmen konnte. Allen exmatrikulierte sich von der Washington State University, und die beiden mieteten sich eine Wohnung in Vancouver, 160 Meilen nördlich von Seattle.

Während seiner Tätigkeit bei TRW begann Gates, seinen individuellen Programmierstil zu entwickeln. Programmieren ist eher eine Kunst als eine Wissenschaft, und die Meister ihres Fachs haben eine persönliche Note, die für Kenner und Kollegen genauso unverkennbar ist wie etwa der Pinselstrich eines großen Malers für Leute, die sich in der bildenden Kunst auskennen. Gates hält sich für einen Meisterprogrammierer, obwohl er schon seit Jahren keinen Code mehr selber geschrieben hat, weil ihm die Leitung seiner Firma dazu gar keine Zeit läßt.

Mit dem TRW-Auftrag waren Spitzenkräfte des Fachs befaßt. Einer der besten war John Norton. Er schrieb gerne endlose Memoranden, in denen er die Leistungen anderer Programmierer kritisch würdigte. Auf Gates, der eine solche Programmkritik erst bei dieser Gelegenheit kennenlernte, machte das nachhaltig Eindruck. Noch heute läßt er den Programmierern seiner Firma elektronische Memoranden mit Kommentaren über ihre Arbeit zugehen. Diese Kommentare sind oft kritisch und sarkastisch. Mehr als ein Programmierer bei Microsoft hat schon einmal um zwei Uhr nachts elektronische Post erhalten, die mit der Feststellung begann: »Das ist aber das blödeste Stück Code, das mir je unter die Augen gekommen ist.«

Norton mochte Gates und wurde sein Mentor; er half dem eifrigen, wißbegierigen Teenager, seine Programmtechnik auszufeilen. Wenn ihm einmal ein Fehler unterlaufen war oder er schlampig gearbeitet hatte, ging Norton den Code mit ihm durch, erklärte ihm, was er falsch gemacht hatte und wie er solche Fehler in Zukunft vermeiden konnte.

Vorher war jedoch noch die High-School abzuschließen. Und so kehrte Gates im Frühjahr 1973 nach Seattle zurück, um das letzte Trimester in Lakeside zu absolvieren. Für den Herbst war ihm schon ein Studienplatz an der Harvard Universität zugesichert worden. Mit Leichtigkeit holte er nach, was er während seiner dreimonatigen Abwesenheit versäumt hatte. Ein Abschlußexamen legte er nur in Mathematik ab und glänzte dabei. Für den Kurs erhielt er jedoch nur die zweitbeste Note B, denn für ein A hatte er sich aufgrund seines häufigen und fortgesetzten Fehlens beim Unterricht in den Augen des Lehrers disqualifiziert.

Gates' Selbstvertrauen war noch gewachsen. Bill Hucks, der zusammen mit ihm graduiert wurde, erinnert sich an ein Squashspiel mit Gates kurz vor Schulabschluß im Juni 1973. Nach dem Spiel, aus dem Gates als Sieger hervorging, fragte ihn Hucks: »Und was sind deine Pläne? Wie soll's bei dir weitergehen?«

Gates antwortete, daß er im Herbst nach Harvard gehen würde. Dann fügte er in ganz sachlichem Ton hinzu: »Bis ich fünfundzwanzig bin, werde ich meine erste Million gemacht haben.« (Wobei zu bedenken ist, daß 1973 eine Million Dollar noch viel mehr Geld war als heute.) Hucks bemerkt, daß Gates ihm dies ohne zu prahlen versicherte. Er habe vielmehr über die Zukunft gesprochen, als wäre sein Erfolg programmiert.

»Ich erinnere mich noch, daß mich das keineswegs überraschte«, sagt Hucks, der später in den Journalismus ging und heute als Vertreter für medizinische Apparate rund um Seattle tätig ist. »Es war kein Wunder, daß dieser Gates ehrgeizig war und 'ne Menge Geld macht. Jeder an der Schule wußte, was er drauf hatte.«

Nach dem Schulabschluß kehrte Gates nach Vancouver zurück, um weiter mit Allen an dem TRW-Auftrag zu arbeiten. Aber sein Sommer bestand keineswegs nur aus Nullen und Einsen und Nächten vor dem Bildschirm bei Pizza und Cola. Von einem Teil seines Gehalts kaufte er sich ein schnelles Motorboot, und wenn es die Arbeit an den Wochenenden erlaubte, fuhren er und seine Freunde Wasserski auf den nahegelegenen Seen Oregons und Washingtons.

Gegen Ende des Sommers, als es Zeit wurde, sich auf den Weg nach

Harvard zu machen, begann er zusammen mit Allen ernsthaft über die Gründung einer eigenen Softwarefirma nachzudenken. Schon seit einiger Zeit sahen sie eine Zukunft herandämmern, in der der Computer ein ebenso gewöhnlicher Gebrauchsgegenstand sein würde wie damals schon das Fernsehgerät. Sie waren überzeugt, daß bald in jeder Wohnung ein Computer stehen würde, der Software brauchte – ihre Software.

»Wir hatten immer große Träume«, sagt Allen.

Bald ist es soweit

Später einmal erzählte Bill Gates einem Freund, daß er nach Harvard ging, um von Leuten zu lernen, die schlauer wären als er . . . und daß er Harvard enttäuscht verließ.

Im Herbst 1973 kam er in Cambridge an, ohne genau zu wissen, was er eigentlich mit seinem Leben anfangen sollte. Obwohl er als Hauptfach Jura in Aussicht nahm (oder das zumindest angab), reizte es ihn wenig, Anwalt zu werden wie sein Vater. Seine Eltern erwarteten das auch gar nicht von ihm. Sie überließen ihm die freie Entscheidung. Er sollte nur das College besuchen und mit den Studenten dort verkehren. Denn wo hätte ihr Sohn den Weg ins Leben besser beginnen können als in Harvard? Harvard war die älteste Hochschule der Vereinigten Staaten, und ihr Prestige war überwältigend. Erfolg, Macht, Einfluß schienen allen sicher, die dort studierten. Richter am Obersten Gerichtshof des Landes hatten in Harvard studiert, desgleichen US-Präsidenten. Nun war es ihrem Sohn gelungen, in diese höheren Sphären aufzusteigen. Er sollte sie bloß auf sich wirken lassen und einstweilen seine Pläne zurückstellen, mit Paul Allen eine Softwarefirma zu gründen.

»Meine eigenen Zukunftspläne waren noch ziemlich verschwommen, aber meine Eltern wollten, daß ich eine normale Collegeerziehung kriegte«, sagte Gates später selbst. »Ich sollte nicht gleich eine Firma gründen oder mich auf die wissenschaftliche Arbeit konzentrieren. Sie hatten keine spezielle Karriere für mich im Auge, aber sie fanden, daß ich mit den anderen Studenten verkehren und ein normales Studium generale absolvieren sollte . . . und genau das habe ich dann auch gemacht.«

In Harvard wohnen die meisten Erstsemester in Studentenwohnheimen in der Nähe des sogenannten Yard beim Harvard Square in Cambridge. Der Yard ist das Zentrum des 1636, nur sechzehn Jahre nach der Landung der Pilger in Plymouth, gegründeten ursprünglichen Colleges.

Erst nach Ende des ersten Studienjahres können sich die Studenten um Aufnahme in eines der zwölf Wohnhäuser der Universität bewerben.

Bei seiner Ankunft wurde Gates ein Platz in einem der Studentenwohnheime angewiesen, wo er sich ein Zimmer mit zwei Kommilitonen teilte. Die beiden hießen Sam Znaimer und Jim Jenkins. Sie hatten einander nie gesehen, als der Zufall sie zusammenführte. Sie waren sehr verschiedener Herkunft, wovon sich Bills Eltern versprachen, daß es den Horizont ihres Sohnes erweitern würde. Gates war ein reicher weißer Junge aus Seattle, Znaimer ein armer jüdischer Junge aus Kanada, dessen Eltern nach dem Holocaust in Montreal eine neue Heimat gefunden hatten. Er hatte ein Stipendium und wollte Chemie studieren. Jenkins war ein Schwarzer aus Chattanooga in Tennessee, Angehöriger der Mittelschicht, sein Vater war beim Militär.

»Ich fand Bill faszinierend«, erinnert sich Znaimer, der heute in Vancouver lebt. »Mir waren damals noch nicht viele Leute seiner Art begegnet, also Kinder wohlhabender weißer angelsächsischer Protestanten. Bill hatte eine Privatschule besucht und konnte davon erzählen, daß irgendein Gouverneur des Staates Washington ein Spezi seines Großvaters war. Das war eine andere Welt als die, in der ich aufgewachsen bin. Andererseits war Bill sehr natürlich. Er spielte sich nicht auf und gab nicht an. Wir hatten alle mehr oder weniger den gleichen Lebensstil. Wir aßen und arbeiteten zusammen und interessierten uns alle für Naturwissenschaften, Technik und solche Sachen. Außerdem waren wir alle Science-fiction-Fans.«

Als er sich in Harvard immatrikulierte, durfte Gates Kurse für das Studium generale und das Fachstudium (Kurse für Nichtgraduierte und für Graduierte) gleichzeitig belegen. Das war an sich nichts Besonderes. Ungewöhnlich war nur, daß man bereit war, ihm die Graduiertenkurse in Mathematik, Physik und Informatik fürs Examen anzurechnen. »Ungefähr zwei Drittel meiner Kurse gehörten zum Pflichtpensum für das Studium generale, und der Rest sollte mir auf das Fachstudium angerechnet werden. Aber letztlich blieb das alles ohne Bedeutung, weil ich weder das eine noch das andere abgeschlossen habe«, sagte Gates später.

Schon in seinem ersten Studienjahr belegte er einen der schwierigsten

Mathematikkurse, die in Harvard angeboten wurden, »Math 55«. Fast jeder Teilnehmer hatte im mathematischen Teil des Scholastic Aptitude Tests (Studienbefähigungsprüfung) die höchstmögliche Punktzahl von 800 erzielt. Gates erhielt in diesem Kurs gute, allerdings nicht die besten Noten. Zwei Kommilitonen überflügelten ihn. Mit einem davon, Andy Braiterman, der in Harvard sein zweites Studienjahr anfing und im gleichen Studentenwohnheim untergebracht war wie Gates, wurde er später gut Freund und wohnte auch mit ihm zusammen.

Gates belegte die normalen Kurse in Volkswirtschaft, Geschichte, Literatur und Psychologie. Seine Haltung zum Studium unterschied sich in nichts von der, die er auch in Lakeside schon an den Tag gelegt hatte. In Kursen, die ihn interessierten, arbeitete er hart und erzielte gute Zensuren. In anderen strengte er sich nicht an, schnitt aber aufgrund seiner Intelligenz auch dort gut ab. Im Abschlußexamen über griechische Literatur am Ende seines ersten Studienjahres schlief er ein – und bekam auch in diesem Kurs die zweitbeste Note, worauf er nicht wenig stolz war, wie man von Braiterman hört: »Er hat die Geschichte immer gern erzählt.«

Daß Gates bei der Prüfung einschlief, war nicht weiter verwunderlich, denn er hatte einen ziemlich unnatürlichen Lebensrhythmus. Drei Tage ohne Schlaf waren nichts Besonderes für ihn. »Wie er das geschafft hat, ist mir bis heute ein Rätsel«, sagt Znaimer. »Nach 18 bis 24 Stunden fiel ich um, aber er hatte sich angewöhnt, 36 Stunden oder mehr auf den Beinen zu bleiben, dann zehn Stunden lang flach zu liegen, rauszugehen und sich 'ne Pizza zu holen . . . und gleich wieder an die Arbeit. Wenn er dann um drei Uhr früh anfangen mußte, war ihm das auch recht.«

Richtig ins Bett ging er strenggenommen nie, denn er legte sich einfach auf das ungemachte Bett, zog sich eine Heizdecke über den Kopf und schlief sofort ein, ganz ohne Rücksicht auf die Tageszeit oder den etwa im Zimmer herrschenden Trubel. (Gates hat noch immer die Fähigkeit, sofort einzuschlafen, gleich wo er sich befindet. Im Flugzeug zieht er sich oft eine Decke über den Kopf und schläft während des ganzen Fluges.)

»Um Sachen, die ihn nicht interessieren, wie Kleidung und Schlaf, hat er sich nie viel gekümmert«, sagt Znaimer.

Seine Zimmerkameraden und die kleine Gruppe von Studenten, mit denen er verkehrte, lernten ihn als leidenschaftlichen Menschen kennen. Wenn ihn eine Unterhaltung, eine Lektüre oder ein Gedanke erregten, stützte er den Kopf in die Hände und wippte mit dem Oberkörper. Und wenn er jemanden überzeugen wollte, fuchtelte er in völlig unangelsächsischer Manier mit den Händen.

Den größten Teil seiner Energie beanspruchte, wie schon in Lakeside, der Computer. Wenn auch Gates selbst oft behauptet, daß er noch keine Ahnung hatte, was er einmal machen wollte, als er nach Harvard kam, wußte doch jeder, der ihn kannte, wo ihn seine Leidenschaft hintreiben würde. Während seines ersten Schuljahrs arbeitete er wochenlang an einem BASIC-Programm für ein Computer-Baseballspiel. Dazu mußte er sehr komplexe Algorithmen berechnen. Sie stellten dann auf dem Bildschirm die Spieler dar, die den Ball schlugen, warfen und fingen. Selbst wenn er im Tiefschlaf unter seiner Heizdecke lag, träumte er von Computern. Eines Morgens um drei Uhr redete er im Schlaf, wobei er nur immer wiederholte: »Eins Komma, Eins Komma, Eins Komma, Eins Komma . . .«

In diesem Jahr verbrachte er viele Nächte im Aiken Computer Center der Universität, das auch einen PDP-10 hatte. Znaimer traf ihn oft dort an. Auf diesen Computern waren mehrere Spiele, unter anderem auch Steve Russells »Space Wars«, und so bekriegten sich Gates und Znaimer nicht selten bis in die frühen Morgenstunden.

Zur Entspannung gingen Gates, Znaimer und Braiterman manchmal nach Cambridge ins Kino oder spielten an den Glücksspielautomaten im Gemeinschaftsraum ihres Studentenwohnheims, wo es auch eine frühe Version des Videospiels »Pong« gab (das übrigens seinem Erfinder Nolan Bushnell, der es durch die von ihm gegründete Firma Atari vertrieb, zu Reichtum und Ruhm verhalf). Wie an den Pinballmaschinen war Bill auch beim Pong so gut wie unschlagbar.

»Neben Pinball und Kino«, erinnert sich Znaimer, »hatten wir alle unsere Portion Sex, Drogen und Rock 'n' Roll . . . außer, daß wir anderen mehr von den Hormonen überwältigt wurden als Bill. Ich kann mich nicht erinnern, daß er irgendwelchen Frauen nachgejagt wäre – und Gelegenheit dazu gab es genug.«

Niemand kann sich erinnern, daß Gates in Harvard eine Freundin hatte. Wenn er über die Feiertage nach Seattle zurückfuhr, traf er sich gelegentlich mit einer jungen Frau, aber diese Beziehung war nicht romantischer Natur. Es handelte sich um Karen Gloyd, die damals im ersten Jahr am Whitman College im Staate Washington studierte. Sie war einige Jahre jünger als Gates, da sie schon mit sechzehn mit dem Studium angefangen hatte. Die beiden hatten sich durch ihre Eltern kennengelernt. Karen Gloyds Stiefvater saß zusammen mit Bill Gates jr. im Vorstand der Anwaltskammer. Von dessen Sohn war Karen keineswegs beeindruckt. Er hatte nicht den gesellschaftlichen Schliff, den man zu Recht von einem Harvard-Mann erwarten konnte. Sie merkte bald, daß Bill im Umgang mit Frauen wenig Erfahrung hatte. Das erste, was er von ihr wissen wollte, war die Punktzahl, die sie bei der Studieneignungsprüfung erzielt hatte.

»Irgendwie fand ich das damals nicht sonderlich charmant«, erinnert sich Karen, die inzwischen verheiratet ist. »Im Rückblick ist es natürlich ziemlich komisch, aber damals fand ich das überhaupt nicht lustig. Ich dachte erst, ich hätte ihn vielleicht nicht richtig verstanden. Dann kam es mir doch reichlich seltsam vor.« Nachher erzählte Bill, er selbst hätte den Scholastic-Aptitude-Test zweimal gemacht, um die höchstmögliche Punktzahl von insgesamt 1600 zu erreichen. (In Mathematik und im mündlichen Teil der Prüfung sind je 800 Punkte möglich.) Als er die Mathematikprüfung zum ersten Mal gemacht habe, erzählte Bill Gates, wäre ihm in der Eile ein blöder Flüchtigkeitsfehler unterlaufen, der ihn zehn Punkte gekostet hätte. So habe er diesen Teil der Prüfung noch einmal gemacht und beim zweiten Mal besser aufgepaßt. »An diesem Punkt der Unterhaltung war mir klar, daß wir sehr wenig gemeinsam hatten.«

Sie trafen sich trotzdem noch hin und wieder. Einmal, als sie beide in den Ferien bei den Eltern waren, begleiteten sie ihre Väter auf einen Ausflug der Anwaltskammer nach Friday Harbor auf den schön gelegenen San-Juan-Inseln. Karen Gloyd und verschiedene andere junge Leute, die mit von der Partie waren, fuhren abends im Wagen ihrer Eltern in die Stadt, um einen Zug um die Häuser zu machen. Bill Gates aber blieb bei den Erwachsenen und pokerte mit ihnen.

»Bill und ich spielten ein paarmal Tennis, aber wir hatten sonst wirklich wenig gemeinsame Interessen«, sagt Karen heute. »Ich fand ihn eigentlich immer nett, dachte aber, der ist eben ein Kopfmensch, während ich mich mehr für Parties, Studentinnenvereine und solche Sachen interessierte. Bill war auch echt schüchtern. Ich hatte damals das Gefühl, daß er noch nicht viel Erfahrung mit Mädchen hatte oder in Gesellschaft. Ich hielt ihn damals für ein bißchen merkwürdig, aber vermutlich wollte er bloß keine Zeit auf Sachen verschwenden, die ihn nicht interessierten.«

Erfahrungen anderer Art hatte er hingegen seinen Kommilitonen voraus. »Das war eine der interessanteren Seiten von Bill«, sagt Znaimer. »Verglichen mit uns anderen in Harvard hatte er eine breitere Basis. Es gab neben ihm noch andere, die wirklich gut waren in Mathematik oder Physik. Aber Bill hatte viel mehr praktische Erfahrung. Er hatte schon unter den verschiedensten Umständen gearbeitet, zum Beispiel bei TRW.«

Znaimer erinnert sich, wie Gates Anfang 1974 mehrere Nächte lang an der Steuererklärung für seine Firma Traf-O-Data gearbeitet hat. »Ich hätte bei diesen Formularen nicht mal gewußt, wo oben und unten ist«, sagt Znaimer (heute ein erfolgreicher Banker). »Aber für Bill bargen diese Dinger keine Geheimnisse.«

Während Gates sein erstes Jahr in Harvard absolvierte, war Paul Allen wieder an der Staatsuniversität von Washington und bemühte sich um neue Aufträge für Traf-O-Data. Ihm waren Abschlüsse mit Stadtgemeinden und mehreren Staaten der USA sowie auch in Kanada gelungen. Doch die Bundesregierung entzog dem Unternehmen insofern die Geschäftsgrundlage, als sie es alsbald übernahm, die Verkehrsstatistiken zu analysieren.

Für Dienstleistungen, die nun der Bund kostenlos anbot, war also von den Gemeinden der USA fürderhin kein Geld mehr zu erwarten, und die Aufträge, die Gates und Allen aus Kanada erhielten, reichten nicht aus, um die Firma am Leben zu erhalten. Eine Zeitlang erwogen die Partner den Verkauf der Traf-O-Data-Maschinen an ein Unternehmen in Brasilien, aber aus dem Geschäft wurde nichts. In Anbetracht des Niedergangs ihrer Firma führten die Freunde lange Ferngespräche miteinander und schmiedeten Zukunftspläne. Allen beschloß, nach Osten zu gehen, sobald Gates sein erstes Jahr in Harvard beendet hätte. Sie wollten dann wieder zusammenarbeiten und neue Geschäfte in Angriff nehmen. Zum Mißfallen seiner Eltern erwog Gates sogar, sein Studium in Harvard vorzeitig abzubrechen. Er und Allen würden sehr ernst die Gründung einer eigenen Computerfirma erwägen, erzählte er seinen Eltern.

In den Sommerferien 1974 bewarb sich Gates bei verschiedenen Firmen in der Gegend von Boston, unter anderem auch bei Honeywell, einem der sogenannten Sieben Zwerge. Ein leitender Angestellter von Honeywell, bei dem Gates sich vorgestellt hatte, rief Allen in Seattle an:

»Ich hatte gerade diesen Freund von Ihnen hier, und der hat mich wirklich beeindruckt mit seinen Fähigkeiten«, ließ der Mann Allen wissen. »Wir würden Ihnen auch gerne einen Job anbieten. Kommen Sie nach Boston, und wir machen die Sache perfekt.«

Allen belud seinen New Yorker Chrysler und machte sich auf den Weg nach Osten. Innerhalb von nur drei Tagen legte er die Strecke von Seattle nach Boston zurück. Als er dort jedoch in seinem besten Anzug den Mann aufsuchte, der ihn in Seattle angerufen hatte, sagte dieser: »Ja, unser Gespräch am Telefon war sehr interessant, aber ich kann mich nicht erinnern, Ihnen eine Stelle angeboten zu haben, daß muß ein Mißverständnis sein.« Nach zähen Verhandlungen bekam dann aber auch Allen einen Job, und den Rest des Sommers über arbeiteten Gates und er zusammen bei Honeywell.

Die beiden waren fest davon überzeugt, daß die Computerindustrie kurz vor dem Durchbruch stand. Eine technologische Revolution von ungeheuren Ausmaßen deutete sich an. Sie standen an der Schwelle eines jener Momente, in denen die Geschichte den Atem anhält ... und einen Satz macht, wie es schon bei der Entwicklung des Automobils und des Flugzeugs der Fall war. Der Augenblick, in dem der Computer ein Massenartikel würde, stand kurz bevor. Die Zukunft, von der sie träumten – die Zukunft, in der jede Familie ihren eigenen Computer haben würde –, war in greifbare Nähe gerückt. »Bald ist es soweit«, versicherte Allen seinem Freund immer wieder. Und sie konnten diese Revolution entweder anführen oder sich von ihr mitreißen lassen. Allen hatte es viel eiliger als Gates, sich selbständig zu machen, denn Gates scheute sich, sein Studium abzubrechen, weil er wußte, wie ungern seine Eltern das sehen würden.

»Paul sagte immer wieder: ›Laß uns eine Firma gründen, worauf warten wir noch?‹« erinnert sich später Gates. »Paul sah, daß die Technologie da war. ›Wir werden zu spät kommen. Wir werden den Zug verpassen‹, sagte er immer.«

Eine Zeitlang trugen sie sich mit dem Gedanken, einen eigenen Computer zu bauen. Allen interessierte sich mehr für die Hardware als Gates, dessen Interesse ganz der reinen Software, der »Seele« der Maschine, galt. Als Junge hatte Allen Elektronikzeitschriften gelesen, Radioempfänger und Kurzwellensender gebaut. Er hatte mit Vakuumröhren, Transistoren und schließlich beim Bau der Traf-O-Data-Maschine mit integrierten Schaltkreisen gearbeitet. Doch dieser Erfahrung verdankte er auch einen realistischen Begriff von den Schwierigkeiten, die beim Bau eines Computers zu überwinden waren. So ließen er und Gates die Idee bald fallen. Sie beschlossen, sich an das zu halten, wovon sie am meisten verstanden: Software. Die Aufgabe, einen Computer zu bauen, schien ihnen denn doch zu schwierig.

»Wir sahen, daß Hardware Hexerei ist«, sagte später Allen. »Auf dem Gebiet wußten wir nicht besonders gut Bescheid. Unsere Stärke war die Software.«

Im Herbst 1974 beschloß Gates, fürs erste sein Studium fortzusetzen. Der Augenblick zur Gründung einer eigenen Firma schien ihm noch nicht gekommen. So blieb Allen bei Honeywell, und Gates begann sein zweites Studienjahr in Harvard.

Gates erhielt Räume im Currier House und teilte sie sich mit seinem Freund Andy Braiterman. Studentenwohnhäuser in Harvard – alle mit eigenem Speisesaal – sind nach dem Muster der Colleges von Oxford und Cambridge gebaut. Gates' früherer Zimmerkamerad Znaimer zog in das North House, das nur etwa hundert Schritte vom Currier House entfernt steht.

Im Hinblick auf seine akademische Zukunft scheint Gates zu dieser Zeit immer noch einigermaßen unentschlossen gewesen zu sein. Später pflegte er zu sagen, daß er damals oft stundenlang in seinem Zimmer saß, »ein philosophischer, deprimierter Typ, der versucht, herauszukriegen, was er mit seinem Leben anfangen soll. »Er begann leidenschaftlich zu pokern. Diesem uramerikanischen Spiel galt seine ungeteilte Aufmerksamkeit plötzlich ebenso wie dem Computer. Er spielte Poker mit der gleichen Intensität, mit der er auch sonst alles machte, was ihm wichtig war. Anfänglich spielte er miserabel. Aber er war fest entschlossen, ein guter Spieler zu werden, und brachte es schließlich ziemlich weit. »Bill hatte was Monomanes«, sagt Braiterman, sein damaliger Hausgenosse. »Wenn er sich irgendwas in den Kopf setzte, interessierte ihn nichts anderes mehr. Was immer er in die Hand nahm, war er entschlossen zu packen. Es ist vielleicht albern, Poker mit Microsoft zu vergleichen, aber in beiden Fällen hatte er eine Entscheidung getroffen, wofür er seine Energien einsetzen wollte, und was sonst irgend jemand darüber denken mochte, kümmerte ihn einen Dreck.«

Die Jungen spielten nicht zum Spaß Poker mit Pfennigeinsätzen unter Freunden, sondern richtig ernst. Es kam nicht selten vor, daß bei diesen Partien in einer Nacht mehrere hundert Dollar den Besitzer wechselten. Ein Verlust von 2000 Dollar war nichts Ungewöhnliches.

Gespielt wurde jede Nacht in einem Raum des Currier House, der selten anders genutzt wurde, weshalb er auch bald »Pokerzimmer« genannt wurde. Stammgäste am Spieltisch waren einige der besten und hellsten Köpfe des Currier House, unter anderem Tom Wolf, Greg Nelson, Scott Drill und Brad Leithauser. Braiterman spielte auch, aber nicht annähernd so viel wie sein Hausgenosse Gates. Außer ihm wurde keiner der Mitspieler später Milliardär, doch ihren Weg gemacht haben sie alle. Wolf, der als »Kapitän« der Spiele galt, ist heute Mathematikprofessor am California Institute of Technology in Pasadena. Nelson arbeitet im Forschungszentrum von Digital Equipment Corporation in Palo Alto. Drill ist Präsident von Varitronics Systems, einer Büromaschinenfabrik in Minneapolis. Leithauser ist Dichter und Schriftsteller, nicht selten erscheinen Beiträge von ihm im *New Yorker*; er lehrt am Mt. Holyoke College. Braiterman schließlich ist Staranwalt für Steuerfragen an der Wall Street.

Wie man hört, konnte es Gates bald durchaus mit seinen Mitspielern aufnehmen. »Er war ein ausgezeichneter Spieler – wenn er sich einmal von seinem geliebten PDP-10 losmachen konnte«, meinte Nelson.

»Ich war gut«, meint Gates selbst. »Aber die Sache lief so: Als wir anfingen, wollten alle möglichen Typen von der Wirtschaftsfakultät und von den Medizinern mitspielen, und die waren nicht sehr gut. Also erhöhten wir die Einsätze, und diese Leute verloren ihr Geld und trollten sich wieder. Gegen Ende saßen dann nur noch Leute am Tisch, für die Poker eine Ganztagsbeschäftigung war. Und gegen die anzukommen habe ich erst ganz zuletzt gelernt.«

Manche Spiele dauerten bis zu vierundzwanzig Stunden. Einmal versuchte Gates, sich von der Sucht zu kurieren, indem er Allen sein Scheckbuch zur Aufbewahrung gab. Er verlangte es aber bald zurück.

Drill sagt, daß er Gates oft schlug, wenn sie um große Einsätze spielten. Gates, sagte er, hatte die Neigung, sich allzusehr auf seine Einschätzung der Kräfteverhältnisse zu verlassen. Wenn er glaubte, die besseren Karten zu haben, trieb er den Einsatz in die Höhe, bis er die Karten auf den Tisch legen mußte und merkte, daß er sich getäuscht hatte. Drill machte sich darüber immer lustig. Jedesmal, wenn Gates, statt zu passen, den Einsatz erhöhte, stimmte Drill voller Vorfreude einen Werbespruch für Hundefutter an.

»Bills Lebensstil war nach meiner Beobachtung«, sagt Drill, »und diese Beobachtung machten eine Menge Leute, daß er seine Zeit zwischen Pokertisch und Rechnerraum aufteilte.«

Gates' Kommilitone Steve Ballmer kann diese Beobachtung bestätigen, obwohl er anscheinend nie selbst mit am Spieltisch saß. Sein Zimmer lag auf dem gleichen Korridor wie das von Gates. Und oft schaute er nach einer langen Nacht am Pokertisch bei ihm herein, um ihm von seinen jüngsten Abenteuern zu berichten. Ballmer war dann gewöhnlich noch wach. Er brauchte ebensowenig Schlaf wie Gates. Sie hatten beide die gleiche Intensität bei allem, was sie taten, und verfügten über die gleiche unerschöpfliche Energie. Sie schwammen auf einer Wellenlänge, und es bestand zwischen ihnen eine, wie Gates es ausdrückte, »hohe Bandbreitenkommunikation«. Die beiden hatten oft erregte Debatten. Dann wippten sie bald im Duett.

Mehrere Jahre später stieg Ballmer bei Microsoft ein. Er wurde der zweiteinflußreichste Mann der Firma.

Ballmer war viel geselliger als Gates und kannte in Harvard offenbar alle Welt. Er überredete Gates, in den Men's Club des Currier House einzutreten. Die Aufnahmezeremonie bestand darin, daß Gates im Smoking und mit verbundenen Augen im Speisesaal an den Tisch geführt wurde und einen Vortrag über Computer halten sollte.

So wie er sich in Lakeside gewünscht hätte, einer Klassengemeinschaft anzugehören, wollte Gates auch in Harvard dazugehören, aber im Grunde ging es ihm gegen die Natur. Er blieb ein Einzelgänger, der nur wenige Freunde hatte. Seine Schüchternheit wurde von vielen als Arroganz mißverstanden.

»Bill und Steve waren im Charakter vollkommen unterschiedlich«, sagt Braiterman. »Bill war wirklich nicht gesellig, keiner, der gern unter Leute ging. Ich will damit nicht sagen, daß er unfreundlich war oder so was. Er war einfach nicht sehr offen. Steve hingegen schon.«

Ballmer war weder so leidenschaftlich an Computern interessiert wie Gates, noch verfügte er über dessen technische Kenntnisse, aber er teilte sein Interesse an Mathematik. Auf der High-School hatte Gates manchmal mit dem Gedanken gespielt, Mathematiker zu werden. Es war eine von mehreren Möglichkeiten, die ihn reizten und zu denen er sich aufgrund seiner Begabung berufen fühlte. Seine mathematische Begabung aber lernte er durch die Konkurrenz, die er in Harvard vorfand, kritischer einzuschätzen. Dennoch nahm er dort auch im zweiten Jahr noch an Mathematikkursen für Graduierte teil.

»Er saß im Hörsaal, den Kopf in die Hände gestützt, und hatte nie einen Notizblock dabei, als wüßte er schon von vornherein, daß sowieso alles langweilig wäre, was da rüberkommen würde«, sagt Henry Leitner, mit dem zusammen er an einem Kurs über die theoretische Telematik teilnahm. »Nachdem die Beweisführung an der Wandtafel eine halbe Stunde lang dahinplätscherte, hob Bill Gates meistens plötzlich die Hand und platzte heraus: ›Sie haben einen Fehler gemacht, ich werde es Ihnen zeigen.‹ Woraufhin er den Fehler bis an seine Quelle zurückverfolgte. Jedesmal gelang es ihm, den Dozenten zu überrumpeln, und das schien ihm großes Vergnügen zu bereiten.« Leitner, der heute in Harvard Informatik unterrichtet, war damals graduierter Student. Er und der nichtgraduierte Gates saßen nebeneinander im Hörsaal und hätten eigentlich bei den Hausaufgaben zusammenarbeiten sollen. Aber Leitner konnte seinen jüngeren Kommilitonen beim besten Willen nicht dazu bringen, sich mit Arbeiten zu beschäftigen, die ihm nicht der Mühe wert schienen. Gates liebte nur die Herausforderung der schwierigsten Aufgaben. »Ich habe mich immer gefragt, weshalb ich überhaupt versucht habe, mit dem Typen zusammenzuarbeiten«, sagt Leitner. »Er hat immer nur etwa ein Fünftel der Arbeit gemacht, und trotzdem hat es sich für mich gelohnt. Er brauchte höchstens ein paar Minuten am Telefon, um mir ein höchst kompliziertes mathematisches Problem zu verklickern – ein echtes Original.«

An der Schule war Gates in Mathematik der Beste gewesen, und auch in Harvard gehörte er zu den Spitzenreitern. Aber die Nummer Eins war er dort nicht. Einige Kommilitonen übertrumpften ihn, unter anderem Fred Commoner, der Sohn des bekannten Wissenschaftlers und Schriftstellers Barry Commoner. Deshalb schlug es sich Bill Gates bald aus dem Kopf, von Beruf Mathematiker zu werden. Wenn man nicht der Beste auf seinem Gebiet sein kann, warum dann unnötig Niederlagen riskieren?

»Ich traf im Fachbereich Mathematik auf mehrere Leute, die besser waren als ich«, sagte Gates. »Das hat mich von der Idee abgebracht, das zum Beruf zu machen. Man kann auf diesem Gebiet natürlich, wenn man nur am Ball bleibt, immer noch auf den großen Durchbruch hoffen, aber mich hat das vermutlich abgeschreckt. Die Chancen, irgendwas von Weltklasse zu machen, wurden dadurch nicht gerade besser. Ich habe mir das echt überlegt: Da werde ich also in einem Zimmerchen sitzen und fünf Jahre lang die Wand anstarren. Und selbst, wenn mir tatsächlich etwas einfällt: Wer weiß . . . Also fing ich an, mir darüber Gedanken zu machen, ob Mathe wirklich das Richtige war. Und Wahlmöglichkeiten gab's ja so viele. Ich war für alles offen. Ich dachte, daß mir Jura Spaß machen würde . . . vielleicht auch Hirnphysiologie . . ., Künstliche Intelligenz . . ., da war ich kein bißchen festgelegt . . .«

Außer wenigen seiner damaligen Professoren ist kaum jemandem bekannt, daß Gates während seines Studiums einen zwar kleinen, aber dennoch bemerkenswerten Beitrag zur mathematischen Forschung geleistet hat. Er brachte eine Denksportaufgabe, die damals schon seit einiger Zeit die Köpfe beschäftigte, seiner Lösung näher.

Die Aufgabe, die in mehreren mathematischen Fachzeitschriften veröffentlicht wurde, lautete: »Der Koch in unserem Lokal ist schlampig. Und wenn er einen Stapel Pfannkuchen zubereitet, sind sie alle verschieden groß. Deshalb pflege ich sie vor dem Servieren neu zu sortieren, und zwar so, daß der kleinste oben liegt und der größte ganz unten. Ich tue das, indem ich immer mehrere nehme und sie umdrehe. Das mache ich sooft wie nötig, und die Zahl der Pfannkuchen, die ich jeweils umdrehe, variiert. Wenn nun ›n‹ Pfannkuchen auf dem Stapel liegen, wie viele Umdrehungen (als Funktion von n) muß ich dann höchstens vornehmen, um das gewünschte Ergebnis zu erzielen?«

Gates wurde bei seiner Arbeit an dieser Denksportaufgabe von Professor Christos Papadimitriou unterstützt, der in Harvard Informatik lehrte. »Es war im Grunde ein einfaches Problem, das sich aber als sehr sperrig erwiesen hatte«, sagt er. »Bill behauptete, sein Lösungsweg wäre besser als jeder andere, und ich war geduldig genug, seine langen und scharfsinnigen Erklärungen über mich ergehen zu lassen.« 1979 hat Papadimitriou Bills Lösungsversuch schriftlich formuliert und in der Zeitschrift *Discrete Mathematics* veröffentlicht. Seit nun schon ungefähr fünfzehn Jahren sei niemand der Lösung der Aufgabe so nahe gekommen wie Gates, versichert Papadimitriou, der inzwischen an der Universität von Kalifornien in San Diego lehrt. Gelegentlich gibt er besonders begabten Studenten die Gelegenheit, sich an dem Problem zu versuchen, und verspricht ihnen, seinen Job aufzugeben und für sie zu arbeiten, wenn sie es lösen. »Bei Bill hätte ich es tatsächlich tun sollen«, sagt er.

War Gates in Harvard auch nicht der beste Mathematikstudent, suchte er seinesgleichen jedoch auf dem Gebiet der Informatik. Er beeindruckte seine Professoren nicht nur mit seiner Intelligenz, sondern auch durch enorme Energie. »Nur bei wenigen Studenten unseres Fachs weiß man schon in dem Augenblick, in dem sie zur Tür reinkommen, daß sie sehr, sehr gut sein werden«, sagt Professor Tom Cheatham, Direktor des Center for Research and Computing Technology in Harvard. »Bei ihm war von Anfang an klar, daß er es weit bringen würde.«

Obwohl Gates mehrere Kurse bei Cheatham belegte, mochten sich die beiden nicht. »Gates hatte einen schlechten Charakter und einen hervorragenden Intellekt«, sagt der Professor. »An einem Ort wie Harvard, wo es eine Menge heller Jungen gibt, neigen Leute, wenn sie merken, daß sie besser sind als andere, entweder dazu, nett zu den anderen zu sein, oder sie werden unausstehlich. Gates entschied sich für letzteres.«

Wenn Gates nachts nicht pokerte, arbeitete er üblicherweise im Aiken Computer Center, denn nachts waren die Maschinen am ehesten frei. Manchmal schlief er dort erschöpft über einem der Arbeitstische ein. »Oft habe ich ihn morgens in tiefem Schlaf bei den Computern angetroffen«, sagt Leitner. »Ich weiß noch, daß ich damals dachte, aus ihm würde wohl nicht viel werden. Er kam mir vor wie der typische Computerfreak. Ich wußte zwar, daß er helle war, aber mit dieser Brille, diesen Schuppen, wie er da so auf dem Tisch schlief, mußte man diesen Eindruck zwangsläufig bekommen. Offensichtlich sah ich die Zukunft nicht so deutlich wie er.«

An einem kalten Dezembertag des Jahres 1974 war Allen über den Harvard Square in Cambridge unterwegs zu Gates, als er an einem Kiosk das Januarheft der Zeitschrift *Popular Electronics* hängen sah. Allen war seit seinen Kinderjahren ein treuer Leser dieser Zeitschrift. Doch beim Anblick des Hefts für den Monat Januar des Jahres 1975 hatte er eine Erleuchtung. Auf dem Cover war das Bild eines Metallkastens mit Kippschaltern und Lampen: »Altair 8080« lautete die Schlagzeile. »Erster Mikrocomputer-Baukasten tritt in Konkurrenz zu den im Handel befindlichen Modellen.«

»Ich kaufte mir die Zeitschrift, las den Artikel und rannte damit zu Bill«, sagt Allen, der damals noch bei Honeywell in Boston arbeitete. »Und ich habe ihm gesagt: ›Hier ist unsere Chance, etwas mit BASIC anzufangen.‹«

Er überredete seinen Freund, die Pokerkarten wenigstens lange genug aus der Hand zu legen, um die Gelegenheit, die sich ihnen da bot, beim Schopfe zu packen.

Er hieß wie ein Stern und konnte gerade einmal einen kleinen Zeitungsartikel speichern. Doch der Altair war das Ergebnis von nahezu hundertfünfzig Jahren wissenschaftlicher Forschung und technischer Entwicklung.

Der moderne Computer, wie wir ihn kennen, wurde erst in den vierziger Jahren während des Zweiten Weltkriegs entwickelt. Doch schon über hundert Jahre zuvor hatte ein exzentrisches mathematisches Genie die Idee, eine solche Maschine zu konstruieren: Charles Babbage, dem das Versicherungswesen die ersten zuverlässigen Lebenserwartungstabellen verdankt. Im Jahre 1834 machte sich Babbage, der zuvor schon einen Geschwindigkeitsmesser und den ›Kuhfänger‹ für Lokomotiven erfunden hatte, daran, eine dampfgetriebene programmierbare Rechenmaschine zu konstruieren, die er »Analytische Maschine« nannte. Um die Ungenauigkeiten, die die Aussagekraft der seinerzeit erhältlichen Logarithmentafeln schmälerten, ein für allemal zu beseitigen, wollte er eine Maschine bauen, die mathematische Gleichungen lösen könnte. Auf dem Papier bestand seine »Analytische Maschine« aus Tausenden von Zahnrädern, die mit Dampfkraft getrieben wurden, und einem Rechenwerk, das Babbage »die Mühle« nannte. Um die Operationen ausführen zu können, die er ihr zudachte, hätte die Maschine beinahe so groß werden müssen wie ein Fußballplatz. Zu ihrem Bau waren deshalb große Summen Geldes erforderlich, und als die Regierung seinem Projekt die Unterstützung entzog, kam ihm Augusta Ada zu Hilfe, Gräfin von Lovelace. Die schöne Gräfin war nicht nur Tochter des mutmaßlich berühmtesten Dichters seiner Zeit, sondern überdies eine ausgezeichnete Mathematikerin. Lord Byrons Tochter kann mit einigem Recht als erste Computerprogrammiererin bezeichnet werden. Sie sah vor, der geplanten Maschine ihre Anweisungen via Lochkarten zu übermitteln. Die Karten, die bei den Jacquard-Webstühlen zur automatischen Steuerung des Webmusters verwendet wurden, hatten sie auf diese Idee gebracht. »Die ›Analytische Maschine‹ webt algebraische Muster, wie der Jacquard-Webstuhl Blüten und Blätter webt«, schrieb sie.

Obwohl Babbage dem Projekt fast vierzig Jahre seines Lebens widmete, wurde seine »Analytische Maschine« nie vollendet. Die damals vorhandenen technischen Möglichkeiten ließen es nicht zu.

Lochkarten fanden jedoch bei der Auswertung der 1890 in den Vereinigten Staaten durchgeführten Volkszählung Verwendung. Die elektrische Tabelliermaschine, die mit diesen Lochkarten arbeitete, hatte ein junger Ingenieur namens Herman Hollerith entworfen. Bald arbeiteten Büromaschinen aller Art mit Lochkarten, und Holleriths Firma wurde jenem Unternehmen einverleibt, das auf dem Gebiet der Elektronenrechner führend werden sollte – International Business Machines (IBM).

In den dreißiger Jahren finanzierte IBM die Entwicklung einer großen Rechenmaschine und stellte Howard Aiken, seinerzeit Professor in Harvard, die Summe von einer halben Million Dollar zur Verfügung. Als Aikens Schöpfung – der Harvard Mark 1 – 1944 endlich vollendet war, hatte man eine Maschine, die binnen fünf Sekunden zwei dreiundzwanzigstellige Zahlen miteinander multiplizieren konnte. Doch der elektromechanische Betrieb der Maschine war auf Tausende von Relais als Schalteinheiten angewiesen, die sich lärmend öffneten und schlossen.

Bald wurden die elektromechanischen Relaisschaltungen durch Elektronenröhren ersetzt, und 1946 wurde an der University of Pennsylvania der erste elektronische Digitalrechner, ENIAC, enthüllt. Als Feuerleitgerät für die Artillerie gebaut, wog dieser Apparat 30 Tonnen und enthielt 18 000 Elektronenröhren, 70 000 Widerstände und 10 000 Kondensatoren. In einer für zwei Autos vorgesehenen Garage wäre er nicht unterzubringen gewesen. Die Entwicklung des ENIAC kostete rund eine halbe Million Dollar. Der Computer konnte etwa 5000 Additionen und Subtraktionen pro Sekunde ausführen. (Heute übertrifft jeder preiswerte PC diese Leistung.) Auch war der ENIAC nicht sehr zuverlässig. Alle sieben Minuten durchschnittlich fielen Röhren aus. Dennoch konnten die Physiker, die in Los Alamos die erste Atombombe bauten, den ENIAC bereits in der Endphase seiner Entwicklung zum Rechnen einsetzen.

Der große Durchbruch in der Computertechnologie erfolgte zwei Tage vor Weihnachten 1947, als in den Laboratorien von Bell Telephones drei Wissenschaftler ein Halbleiterkristall erprobten, das unter dem Namen Transistor bald vielseitigste Verwendung finden sollte. (Die drei Wissenschaftler wurden für die Erfindung mit dem Nobelpreis ausgezeichnet.) Diese Halbleiter wirkten wie Schalter und kontrollierten den Fluß des Stroms in Schaltkreisen. Halbleiter verdrängten die Elektronenröhre. Sie waren viel kleiner und zuverlässiger. Außerdem sonderten sie nicht so viel Hitze ab wie Röhren, konnten also dichter aneinandergereiht werden. Da sie keine beweglichen Teile hatten, waren Ausfälle seltener. Vor allem aber waren die Halbleiterkristalle in der Herstellung billig. Am Anfang wurden sie aus Germaniumkristallen hergestellt, später vorzugsweise aus Silizium.

William Shockley, einer der Erfinder des Transistors, gab seine Stellung in den Bell-Laboratorien auf, kehrte an seinen Heimatort Palo Alto im Santa Clara Valley in Kalifornien zurück und gründete dort eine eigene Firma. Das Tal der heiligen Klara ist inzwischen als »Silicon-Valley« weltberühmt geworden. Andere Firmen warben andere führende Wissenschaftler der Bell-Laboratorien ab und begannen selbst Halbleiter herzustellen, so auch Texas Instruments.

Ein weiterer technologischer Sprung nach vorn gelang in den späten fünfziger Jahren, als man lernte, ganze Transistorennetzwerke auf ein einziges Stück Silizium zu bannen, mit dünnen metallischen Anschlußstücken. Diese integrierten Schaltkreise oder Chips wurden die Grundlage der modernen Elektronik.

Unterdessen wurden die Rechner immer kleiner, schneller und leistungsfähiger. Während der fünfziger Jahre beherrschte IBM das Feld. Wirtschaftsjournalisten gaben den anderen Herstellern großer Elektronenrechner den Spitznamen »Sieben Zwerge«. Es handelte sich um RCA, General Electric, Honeywell, Burroughs, NCR, Sperry Univac und Control Data Corporation. Die Großrechner, die diese Firmen auf den Markt brachten, waren groß und teuer. Sie beanspruchten viel Platz und vielköpfige Wartungsteams. Klimaanlagen mußten darüber wachen, daß sie nicht zu heiß oder zu kalt wurden, und nicht jeder hatte Zugang zu den Geräten. Wissenschaftler und Ingenieure aber wünschten sich einen Computer, den sie selbst bedienen konnten, ein kleineres, billigeres und leichter zu wartendes Gerät. Die Entwicklung des Halbleiters rückte die Erfindung eines solchen Minicomputers in den Bereich des Möglichen. Als IBM beschloß, diesen neuen Markt nicht zu besetzen, übernahm Digital Equipment Corporation bald die Führung. 1965 brachte DEC den PDP-8 heraus (die Buchstaben stehen für Program Data Processor). Das Gerät kostete 18 500 Dollar. Im Preis inbegriffen war ein Fernschreiber. Die Herstellerfirma bezeichnete den PDP-8 als »Kleincomputer«. Die Presse, der diese Bezeichnung nicht sexy genug war, verbesserte sie in »Minicomputer« – damals war gerade der Minirock in Mode gekommen. »Wir haben uns jahrelang vergeblich gegen diesen Namen gesträubt und uns schließlich damit abgefunden«, erinnert sich einer der Ingenieure der Herstellerfirma. Der Minicomputer war auf Dialog angelegt. Statt mit Lochkarten kommunizierte man über eine Tastatur mit dem Computer – was damals eine Neuheit war.

Als Ingenieure der in Santa Clara angesiedelten Firma Intel 1971 den Mikroprozessor entwickelten, stand der nächste Schritt in der Entwicklungsgeschichte bevor. Der Mikrochip machte es möglich, die ganze Zentraleinheit eines Computers auf einem Siliziumchip von der Größe eines Daumennagels zu verschlüsseln. Aber nicht bedeutende Firmen wie DEC oder IBM, die über große Mittel und große Forschungsabteilungen verfügten, sollten diesen nächsten Schritt tun, sondern Träumer und Bastler, die bastelnd davon träumten, eines Tages ihren eigenen, ihren persönlichen Computer zu besitzen, so utopisch dieser Wunsch auch einstweilen noch scheinen mochte.

Einer dieser inspirierten Bastler hieß Ed Roberts. Er war ungefähr einsneunzig groß und dreihundert Pfund schwer. Wenn er sich für irgend etwas interessierte, gleichviel, ob es sich dabei um Fotografie oder Bienenzucht handelte, las Roberts alles, was er in den Bibliotheken darüber finden konnte.

Er war zur Luftwaffe gegangen, um sich dort in Sachen Elektronik weiterzubilden, und wurde schließlich auf dem Kirtland Field bei Albuquerque stationiert, wo er eine Firma mit dem Namen »Model Instrumentation and Telemetry Systems« gründete. (»Model« wurde später durch »Micro« ersetzt.) Anfänglich betrieb Roberts das Geschäft von seiner Garage aus als Versandgeschäft für Modellraketenzubehör. Er verkaufte auch Funksender für Modellflugzeuge. Nachdem Roberts den Dienst bei der Air Force quittiert hatte, begann er, elektronisches Gerät zu verkaufen. 1969 zog MITS in ein ehemaliges Restaurant namens »The Enchanted Sandwich Shop«. Roberts investierte das ganze Kapital der Firma auf dem Rechenmaschinenmarkt. MITS war die erste Firma in den Vereinigten Staaten, die Rechenmaschinenbausätze herstellte. Das Geschäft lief gut. Bald hatte die Firma über hundert Angestellte. Dann drehte sich der Wind. Zu Beginn der siebziger Jahre ging Texas Instruments mit Rechenmaschinen auf den Markt, andere Halbleiterfirmen folgten. Es kam zu scharfer Konkurrenz und Preiskämpfen. MITS konnte nicht mehr mithalten.

1974 hatte die Firma über eine Viertelmillion Dollar Schulden. In dem verzweifelten Bemühen, zu retten, was zu retten war, beschloß Roberts, die Möglichkeiten wahrzunehmen, die die neuen Mikroprozessoren boten, und Computerbausätze herzustellen. Roberts wußte, daß der Intel-Chip 8008 zu langsam war, und hoffte auf den Chip der nächsten Generation, den 8080, der im Frühjahr 1974 auf den Markt kam. Seine Erwartungen wurden nicht enttäuscht: Der 8080 war viel schneller und hatte wesentlich mehr Intelligenz als sein Vorgänger. Er sollte zweifellos imstande sein, einen kleinen Computer zu beseelen. Wenigstens war das Roberts' Überzeugung.

Er beschloß, die Maschine für 397 Dollar anzubieten. Das war ein Spottpreis, und Roberts wußte es. Schließlich kostete im Einzelhandel der Chip allein schon 350 Dollar. Aber Roberts hatte mit dem Hersteller Intel einen Großhandelspreis von 75 Dollar pro Stück ausgehandelt.

Nun brauchte das Kind nur noch einen Namen. David Bunnell, einer von Roberts' Mitarbeitern, schlug vor, es in Anspielung auf *1984* »Kleiner Bruder« zu nennen. Roberts sagte das nicht besonders zu. Er und sein kleiner Stab von Technikern gingen also daran, erst einmal einen Prototyp des Geräts zu bauen. Ein Name würde sich dann schon finden lassen. Bald wandte sich der technische Redakteur der Zeitschrift *Popular Electronics*, Les Solomon, an Roberts. Er suchte eine gute Titelgeschichte über Computer. Er kannte Roberts und hatte von seinem Plan gehört, einen Heimcomputerbausatz auf den Markt zu bringen. Solomon flog nach Albuquerque, um die Angelegenheit mit Roberts zu besprechen. Seine Frage war: Würde der Prototyp noch vor Ende des Jahres fertig sein? Roberts versicherte Solomon, er könne sich darauf verlassen.

Solomon kehrte nach New York zurück und fing seinerseits an, nach einem geeigneten Namen für den neuen Computer zu suchen. Eines Abends fragte er seine zwölfjährige Tochter, wie sie denn den Apparat nennen würde. Sie saß vor dem Fernseher. Das Raumschiff »Enterprise« war auf dem Wege zum Altair. »Warum eigentlich nicht ›Altair‹?« fragte sie.

Als Science-fiction-Fan sagte Roberts dieser Vorschlag auf Anhieb zu. Er selbst prägte dann auch den Begriff »Personal-Computer«, den er für seine Werbekampagne benutzte. »Die Bezeichnung sollte den Leuten zu verstehen geben, daß es sich bei dem Altair zwar um ein kleines Gerät handelte, das sich jeder leisten konnte, doch keineswegs bloß um ein Spielzeug.«

Ehe der Bericht über den Altair in *Popular Electronics* veröffentlicht werden konnte, wollte sich Solomon davon überzeugen, daß das Gerät funktionierte und auch hielt, was die Werbung versprach. Roberts schickte das einzige Exemplar des Prototyps mit der Eisenbahn nach New York, wo es jedoch nie eintraf. Der erste Heimcomputer der Welt – auf dem Versandweg verschollen. Solomon war außer sich. Es war zu spät, den für Januar 1975 geplanten Titel noch zu ändern. Und zum Bau eines neuen Prototyps reichte die verbleibende Zeit natürlich nicht. In aller Eile bauten die Techniker von MITS ein Metallgehäuse mit den dazugehörigen augenfälligen Schaltern und Lampen an der Vorderseite und schickten diese Attrappe nach New York. Da sie ihr Ziel wohlbehalten erreichte, kam ihr Bild auf die Titelseite. Die annähernd 500 000 Hobbybastler, die *Popular Electronics* bezogen, erfuhren davon nie etwas – daß auf MITS nicht immer Verlaß war, allerdings schon.

In dem Artikel hieß es, der Altair hätte nur 256 Bytes Speicherkapazität, aber 18 Schlitze für zusätzliche Speicherplatinen, die seine Kapazität auf etwa 4 KB oder 4096 Bytes erhöhen konnten. Es gab weder einen Bildschirm noch eine Tastatur. Da bisher niemand eine höhere Programmiersprache für den Mikrochip 8080 entwickelt hatte, konnte der Altair nur in komplexer 8080-Maschinensprache programmiert werden. Dies wurde einigermaßen mühevoll mit den Schaltern an der Vorderseite des Geräts bewerkstelligt. Eine Schalterbewegung entsprach einem Bit Information. (Eine Serie von 8 Bits entspricht einem Byte oder einem Schriftzeichen gewöhnlicher Sprache.) Der Altair »antwortete« mit dem Aufleuchten roter Lichter an der Vorderseite.

Für die Programmierung von Großrechnern und Minicomputern standen, als der Altair auf den Markt kam, etwa ein Dutzend höhere Programmiersprachen zur Verfügung, von denen jede auf bestimmte Anwendungen zugeschnitten war. Die erste allgemeiner anerkannte Programmiersprache war FORTRAN (»formula translator«). Diese 1956 in der Forschungsabteilung von IBM entwickelte Sprache war schwierig zu programmieren, fand aber vor allem in der Wissenschaft weite Verwendung. Eine andere Sprache hieß COBOL (»Common business-oriented language«). Sie wurde hauptsächlich zum Programmieren von Großrechnern benutzt und war wie FORTRAN nicht leicht zu lernen. Anders hingegen BASIC. Diese Sprache wurde sogar an einigen Grundschulen gelehrt. John Kemeny, einer der beiden Professoren des Dartmouth College, die BASIC entwickelt hatten, schrieb diesbezüglich: »Aufgrund langjähriger Erfahrungen mit FORTRAN entwarfen wir eine neue Sprache, die auch für Laien leicht zu lernen war und«, wie er weiter meinte, »die Kommunikation zwischen Mensch und Maschine erleichterte.«

Im Sommer 1974 entschied Roberts, daß nur BASIC für seinen »Volkscomputer« in Frage kommen würde. Doch Intel hatte mit einem Einsatz des 8080 als Mikrocomputer nie gerechnet. Ingenieure hatten Roberts versichert, ihres Erachtens sei die Entwicklung einer verwendbaren Variante von BASIC für diesen Chip nicht möglich.

Doch in Harvard gingen zwei junge Leute daran, diesen Experten zu beweisen, daß sie sich da irrten.

Nervös vor Aufregung und Übermüdung riefen Gates und Allen von Cambridge aus bei MITS in Albuquerque an. In den wenigen Tagen, die vergangen waren, seit sie den Artikel über den Altair in *Popular Mechanics* gelesen hatten, hatten sie über kaum etwas anderes gesprochen.

Im fernen Neumexiko meldete sich eine tiefe, brummig klingende Männerstimme. »Hallo, ist dort Ed Roberts?« fragte Gates. Als der Mann das bejahte, erklärte ihm Gates mit jugendlicher Verwegenheit, daß er und sein Freund eine BASIC-Variante entwickelt hätten, die dem Altair-Computer angepaßt werden könnte.

In Wirklichkeit hatten sie noch gar kein Programm, und Roberts schien es zu ahnen, denn die beiden waren nicht die einzigen mit solchen Behauptungen. »Mindestens fünfzig Leute haben sich so an uns gewandt«, erinnert sich Roberts. »Ihnen allen haben wir gesagt: Wer uns als erster ein brauchbares BASIC bringt, macht das Geschäft.«

Gates und Allen schrieben Roberts einen Brief, in dem sie ihre

Behauptung wiederholten. Sie schlugen ihm vor, MITS gegen Tantiemen die Lizenz zu geben, ihre Software zusammen mit dem Altair an Bastler zu verkaufen. Sie benutzten das Papier von Traf-O-Data. Als Roberts das Schreiben erhielt und unter der im Briefkopf angegebenen Nummer anrief, meldete sich eine Privatschule in Seattle. Niemand in Lakeside hatte die blasseste Ahnung, worum es ging. »Was ist das überhaupt, ein Altair?« wollte jemand wissen. Roberts fand das alles sehr seltsam. Sollte es sich nur um einen Schülerstreich handeln?

Unterdessen hockten Gates und Allen Tag und Nacht im Aiken Computer Center und tüftelten daran, ihre prahlerische Lüge in bescheidene Wahrheit zu verwandeln, damit sie Roberts ein brauchbares BASIC liefern konnten, ehe ihnen die Konkurrenz zuvorkam.

Acht Wochen lang gaben sie sich alle Mühe, etwas zustande zu bringen, was die Experten der Firma Intel als unmöglich bezeichnet hatten: eine höhere Programmiersprache für den 8080. Gates blieb in dieser Zeit nicht nur den Unterrichtsveranstaltungen fern, sondern auch dem heißgeliebten Pokertisch. »Sowie Bill anfing, nicht mehr zu spielen, war uns klar, daß irgendwas Wichtiges im Busche war. Aber was, wußte keiner von uns«, sagt Greg Nelson, ein regelmäßiger Teilnehmer an den Pokerabenden im Currier House.

Gates und Allen besaßen keinen Altair, was die Aufgabe noch schwieriger machte. Das bisher einzige funktionierende Exemplar stand bei Roberts, und der war in New Mexico. Der Bericht in *Popular Electronics* hatte zwar Angaben enthalten, mit denen einiges anzufangen war. Aber was sie wirklich brauchten, waren detaillierte Informationen über den 8080. Deshalb erwarben sie in einem Elektronikladen in Cambridge ein gerade eben erschienenes Handbuch für den 8080. Adam Osborne, der Verfasser, war Engländer, aus Bangkok gebürtig und als Ingenieur bei Intel beschäftigt. Er sollte bald ein berühmter Vorkämpfer der heraufdämmernden Computer-Revolution werden und mit den ersten Handbüchern über Mikrocomputer ein Vermögen verdienen, bevor er seine eigene Version des Altair baute.

Während sich Gates auf die Arbeit an einem Code für BASIC konzentrierte, leistete Allen die mehr technische Arbeit mit dem PDP-10 im Aiken Computer Center.

Es war ihnen klar, daß ihr BASIC beträchtliche Innovationen haben müßte. Da sie keinen Altair hatten, mußte Allen den 8080-Chip mit dem PDP-10 imitieren. Dazu bedurfte es seines ganzen technischen Wissens und Geschicks. Aber er nahm die neue Herausforderung mit Begeisterung an. All die Tage im Rechnerraum in Lakeside . . . die bei C hoch drei verbrachten Nächte . . . das lange »Herumhacken« auf den Computern der University of Washington . . . der Bau der Traf-O-Data-Maschine . . . all diese früheren Erfahrungen hatten Allen auf die Aufgabe vorbereitet, die Gates und er jetzt zu bewältigen hatten. »Wir waren zur richtigen Zeit an der richtigen Stelle«, sagte er später. »Aufgrund unserer Erfahrungen konnten Bill und ich von der neuen Situation profitieren.«

Gates hatte andere Schwierigkeiten zu bewältigen als sein Freund. Er mußte glatten gedrängten Code schreiben, der die Fassungskraft des höchstens 4 KB fassenden Speichers des Altair nicht überstieg. Es war, als müßte er seine Füße in Schuhe zwängen, die ihm mehrere Nummern zu klein waren. Ihr BASIC mußte nicht nur den sehr beschränkten Speicher berücksichtigen, sondern durfte diesen nicht einmal ganz in Anspruch nehmen, denn es mußte ja auch noch Platz für Programme bleiben. Welchen Nutzen hatte man von BASIC, wenn kein Platz mehr im Speicher war, in dem irgendwas gemacht werden konnte?

»Die Frage war nicht, ob ich das Programm schreiben konnte«, sagte Gates später, »sondern vielmehr, ob ich es in 4 KB stopfen und es superschnell machen konnte.«

Es gelang ihm. Später sagte er, daß er auf kein anderes Programm so stolz sei wie auf dieses. »Das coolste Programm, das ich je geschrieben habe«, nannte er es.

Es gab kein BASIC für Mikrocomputer. In diesem Sinne waren Gates und Allen Pioniere, die zukünftigen Softwareentwicklern den Weg wiesen und den Industriestandard etablierten. Sie selbst, nicht der Markt, würden darüber entscheiden, welche Charakteristika ihr BASIC mindestens brauchte. Sie arbeiteten unter Hochdruck oft tagelang am Stück, ohne mehr als ab und zu eine Stunde – oder zwei – zu schlafen. Wenn er so erschöpft war, daß er einfach nicht mehr konnte, legte sich Gates zu einem kurzen Nickerchen hinter den PDP-10. Manchmal fielen ihm auch über der Tastatur die Augen zu.

Eines Tages, während einer kurzen Essenspause im Speisesaal des Currier House, sprachen sie über das mathematische Programmpaket ihrer BASIC-Version, zu dem auch ein Gleitkomma-Unterprogramm gehörte.

Dies war ein Unterprogramm, als »floating point routines«, Gleitkommaroutinen, bezeichnet, womit man bestimmte einfache Rechenaufgaben lösen kann, wie addieren, subtrahieren, multiplizieren und dividieren. Beide hätten es schreiben können, aber keiner wollte die erforderliche Zeit investieren.

Mit am Tisch saß ein Kommilitone, Monte Davidoff, den das Thema der Unterhaltung interessierte, weil er selbst schon Gleitkomma-Programme geschrieben hatte. »Ich könnte das machen«, sagte er.

Gates und Allen erkundigten sich näher nach seinen Qualifikationen. Schließlich erzählten sie ihm von dem Projekt, an dem sie arbeiteten. Davidoff sagte, er würde gerne mithelfen. Einige Tage später ließen sie ihn wissen, daß sie einverstanden waren. Ein Honorar für seine Leistungen allerdings stellten sie ihm nur sehr bedingt in Aussicht. »Wir hatten lediglich eine mündliche Vereinbarung getroffen«, sagt Davidoff, der heute bei einer Computer- und Elektronikfirma in Cupertino in Kalifornien beschäftigt ist. »Gates und Allen wußten ja selbst nicht, was bei der Sache herauskommen würde. Sie meinten allerdings, daß damit Geld zu machen sein könnte, und in diesem Falle würden sie mich auch bezahlen. Ich habe ihnen vertraut und es bei dieser lockeren Vereinbarung gelassen.«

Wie Gates vernachlässigte nun auch Davidoff sein Studium und begann, mit ganzer Kraft an seinem Teil des Projekts zu arbeiten. Er muß an dieser Stelle als der »vergessene Mann der Operation BASIC« erwähnt und gewürdigt werden. Als das Konterfei von Bill Gates Jahre später die Titelseiten der Zeitschriften zu schmücken begann und Reporter die erstaunliche Geschichte von ihm, Allen und BASIC erzählten, erinnerte sich offenbar niemand mehr an den Beitrag, den Monte Davidoff zu dieser Entwicklung geleistet hatte. Jedenfalls haben wir ihn bisher nur einmal kurz erwähnt gefunden – in dem Buch *Fire in the Valley*, und selbst da ist er mit dem falschen Vornamen – Marty – genannt.

»Als ich Bill zum ersten Mal auf dem Cover von *Time* sah und las, daß er und Paul das Programm geschrieben hätten, von mir aber kein Wort die Rede war, war ich ein bißchen bestürzt«, sagt Davidoff heute. »Aber inzwischen bin ich darüber weg.«

Gates und Allen hatten seit ungefähr vier Wochen an dem Programm gearbeitet, als Davidoff zu ihnen stieß. Sie hatten bereits mehrmals telefonisch mit den Ingenieuren der MITS in Albuquerque konferiert, denn nicht alles, was sie über Altair wissen mußten, war dem Artikel in *Popular Electronics* zu entnehmen. Roberts wollte wissen, wann sie ihm ein brauchbares BASIC präsentieren konnten. Gates hatte ihm ursprünglich versprochen, daß er in drei bis vier Wochen mit dem fertigen Produkt in Albuquerque aufkreuzen würde. Er hatte sich verkalkuliert – nicht zum letzten Mal in dieser Angelegenheit. Gates schrieb zwar die erste Fassung in ungefähr drei Wochen, aber dann hatte er noch einen ganzen Monat daran zu feilen, bevor es so kompakt und schnell war, wie er es haben wollte. Und da sie über keinen Altair verfügten, konnten sie nicht nachprüfen, ob das Programm wie geplant darauf lief.

Gegen Ende Februar glaubten sie fertig zu sein. Allen sollte nach Albuquerque fliegen und das Produkt ihrer gemeinsamen Bemühungen abliefern. Am Abend zuvor schickte Gates den Freund ins Bett, damit er ausgeschlafen und mit kühlem Kopf bei MITS erscheinen könnte, während er selbst in dieser Nacht noch letzte Verbesserungen an dem Programm anbrachte. Er war kaum damit fertig, als es Zeit für Allen war, zum Flughafen aufzubrechen, um nach New Mexico zu fliegen.

Beim Anflug auf Albuquerque fiel Allen plötzlich siedendheiß ein, daß sie etwas sehr Wichtiges vergessen hatten. »O mein Gott!« Er schreckte seinen Sitznachbarn auf. Sie hatten vergessen, ein »Urladeprogramm« zu schreiben, das der Altair benötigte, um BASIC überhaupt laden zu können. Als die Räder der Maschine aufsetzten, hatte Allen das in der komplizierten Maschinensprache verfaßte Programm schon auf einen Zettel gekritzelt. (Später sollten sich Allen und Gates darum streiten, wer von ihnen den kürzesten Urlader schreiben könnte. Gates gewann.)

Ed Roberts holte Allen in einem alten Pick-up vom Flughafen ab. Allen wußte nicht, was ihn in Albuquerque erwartete. Auf den Hünen, der ihn am Flughafen willkommen hieß, war er nicht gefaßt. Aber noch mehr verblüffte ihn dann seine Firma MITS.

Micro Instrumentations & Telemetry Systems Inc. war unweit der berühmten Route 66 in einer Ladenzeile gelegen, flankiert auf der einen Seite von einem Massagesalon, auf der anderen von einer Wäscherei. Roberts erklärte Allen, daß er mit der Erprobung von BASIC noch bis zum nächsten Morgen warten wolle, und so brachte er ihn nach einer kurzen Führung durch den Betrieb in das beste Hotel am Platz. Es war so teuer, daß Allens Bargeld nicht reichte, die Übernachtung zu bezahlen: Roberts borgte ihm etwas.

Am Abend erstattete er Bill Gates Bericht, der in Cambridge schon gespannt auf seinen Anruf wartete. Er erzählte seinem Freund von dem Typen, der ihn in einem klapprigen Pick-up vom Flugplatz abgeholt hatte, und von der offensichtlich mit sehr bescheidenen Mitteln arbeitenden Firma, die er am Nachmittag besichtigt hatte. Beide waren enttäuscht . . . und besorgt. Sie waren die ganze Zeit der Meinung gewesen, sie hätten es mit einer großen, erfolgreichen Firma zu tun. Sollten ihre Mühen etwa umsonst gewesen sein?

Am nächsten Morgen holte Roberts Allen im Hotel ab, und die beiden begaben sich in die Räume von MITS. Es war Zeit, BASIC am Altair zu testen. Der Code war auf Lochstreifen geschrieben. Der Altair bei MITS war mit verschiedenen Extras ausgestattet, über die das Modell, das Roberts als Bausatz auf den Markt bringen wollte, nicht verfügte. Dieser hier hatte nämlich einen Speicher von 7 KB. Und er war mit einem Fernschreiber verbunden. Um die Datenausgabe des Altair zu lesen, war Allen also nicht auf die Signallichter an der Vorderseite der Maschine angewiesen. Darüber hinaus war dieser Altair auch mit einem Lochstreifenleser verbunden, so daß Allen sein BASIC-Band unmittelbar in die Maschine einspeisen konnte. Das erleichterte seine Aufgabe enorm. Andernfalls hätte er nämlich die Schalter an der Vorderseite ungefähr dreitausendmal in der richtigen Reihenfolge kippen müssen. Nun war lediglich das Ladeprogramm in die Maschine zu tippen.

Allen drückte sich die Daumen. Zum ersten Mal berührte er den Altair. Jetzt würde sich zeigen, ob ihm und Gates verheerende Fehler unterlaufen waren oder nicht.

Plötzlich erwachte der Altair zum Leben. Er druckte die Frage: »Speichergröße?« Allen gab ein: »7 KB.« Die Maschine wartete auf den ersten

Befehl. Allen tippte: »Drucke 2 + 2.« Der Altair druckte die richtige Antwort: »4«.

»Diese Typen haben echt gestaunt, als sie sahen, daß ihr Computer funktionierte«, sagt Allen. »Schließlich war die Firma nur eine kleine Klitsche. Ich war selber ganz baff, daß es auf Anhieb geklappt hat. Ich versuchte mir aber meine Überraschung nicht anmerken zu lassen.«

Roberts sagt über diesen entscheidenden Moment: »Ich war schwer beeindruckt. Der Altair war ein komplexes System, und sie hatten ihn nie gesehen. Was sie geleistet hatten, überstieg alle Erwartungen. Ich hatte schon eine Menge Erfahrung mit der Entwicklung von Computerprogrammen und war schwer beeindruckt, wie weit wir mit diesem kamen.«

Später an diesem Vormittag fand Allen ein Buch mit 101 Computerspielen und ließ den Computer das »Mondlandungs-Programm« ausführen. Bei diesem Spiel mußte man versuchen, weich auf dem Mond zu landen, bevor sich der Treibstoffvorrat des Raumfahrzeugs erschöpfte. Es war das erste Softwareprogramm, das unter dem lief, was später als Microsoft BASIC weltberühmt wurde.

Als Allen nach Boston zurückkam, feierten er und Gates ihren Erfolg, indem sie Eis essen gingen. Gates bestellte sich auch wie gewöhnlich einen »Shirley Temple«, einen alkoholfreien Cocktail aus 7 Up und Grenadine.

»Wir waren beide echt aufgeregt«, sagt Allen. Sie besprachen die Bedingungen, zu denen sie Roberts die Lizenz für ihr BASIC geben wollten. Sie hatten beide acht Wochen lang zwanzig Stunden täglich (manchmal noch mehr) geschuftet. Jetzt war die Gelegenheit gekommen, ein bißchen Kohle zu machen.

An jenem Tag, da er in Cambridge sein Eis aß und an seinem »Shirley Temple« nippte, war Gates schon klar, daß noch eine Menge Arbeit erforderlich war, ehe er BASIC auf den Markt bringen konnte. Fehlerquellen mußten identifiziert und ausgemerzt, Verfeinerungen und Verbesserungen angebracht werden. Gates kehrte also ins Aiken Computer Center zurück, und Allen nahm seine Arbeit bei Honeywell wieder auf. Doch bald sah sich Gates mit einem Problem konfrontiert, das aller Programmiererscharfsinn nicht zu lösen vermochte. Die Verwaltung war nämlich dahintergekommen, daß er und Allen sich des PDP-10 der Universität bedient hatten, um eine Handelsware herzustellen. Und das war nicht gestattet.

Der PDP-10, den Gates und Allen benutzt hatten, konnte auf eine interessante Geschichte zurückblicken. Anstatt ihn, wie ursprünglich vorgesehen, nach Vietnam zu schicken, hatte ihn die Army der Universität Harvard angeboten. Da ein PDP-10 mehrere hunderttausend Dollar kostete und die Universität keinen hatte, nahm Professor Cheatham das Angebot im Namen der Universität natürlich gerne an. Die Frage war nur, wie man Krawalle bei der Lieferung vermeiden konnte. Der Computer sollte nämlich von einem Zweieinhalbtonner der US-Army auf den Campus gebracht werden. Man schrieb das Jahr 1969, und damals, auf dem Höhepunkt des Vietnamkriegs, war die Army und alles, was mit ihr zusammenhing, bei den Studenten nicht sonderlich beliebt. In Harvard hatte man nach wiederholten Antikriegsdemonstrationen sogar schon aufgehört, die zerschlagenen Fensterscheiben durch neue zu ersetzen, und ließ es fürs erste dabei bewenden, die leeren Rahmen mit Plastikfolie zu verkleben. Mithin fürchtete die Universitätsverwaltung das Auftauchen eines Armeelastwagens auf dem Campus nicht ganz zu Unrecht. Deshalb mußte der Zweieinhalbtonner, der den PDP-10 anlieferte, eines Sonntags um vier Uhr früh vor dem Aiken Computer Center auftauchen, bevor der erste Student aufwachte.

Obwohl sich der PDP-10 nun im Besitz der Universität befand, hatte sich die Army gewisse Rechte daran bewahrt. Er wurde vom Verteidigungsministerium im Rahmen der Defense Advanced Research Projects Agency (Amt für verteidigungsrelevante wissenschaftliche Forschungsprojekte) finanziert. Diese in der Öffentlichkeit wenig bekannte Stelle, die zunächst unter der Abkürzung ARPA firmierte – das Wort »Defense« kam erst später hinzu –, war 1958 mit dem Auftrag gegründet worden, zu beobachten, welche zivilen Forschungsprojekte auf lange Sicht militärische Anwendungen zulassen mochten. Viele High-Tech-Spielzeuge des Militärs sind Ergebnis von Computerforschungsvorhaben, die von diesem Amt finanziert wurden, unter anderem der Stealth-Jäger und die sogenannten »intelligenten Waffen«, die im Krieg am Persischen Golf erprobt wurden.

Obwohl DARPA den PDP-10 in Harvard finanzierte, gab es keine Vorschriften, die seine Benutzung regelten.

»Man war hier der Meinung, daß die Jungen die Maschine ruhig auch für ihre privaten Zwecke nutzen sollten«, sagt Cheatham. »Aber nach dem Zwischenfall mit Gates wurde der Zugang strenger überwacht.«

Es ist nicht klar, ob Gates in Schwierigkeiten kam, weil er den Computer zu seiner persönlichen Bereicherung verwendet hatte, oder weil er Allen, der nicht der Universität angehörte, Zugang zum Rechner verschafft hatte. Cheatham weigert sich, über den Vorfall zu sprechen. Ein anderer Professor sagt, Gates wäre gerügt und mit Exmatrikulierung bedroht worden. Gates selbst bestreitet es.

»Es gab keine formelle Rüge, nur eine Verwarnung, weil ich Paul regelmäßig hatte daran arbeiten lassen«, sagt er. Auf die Verwarnung hin schrieb er einen Brief an die Universitätsverwaltung, in dem er sich darüber beschwerte, daß es keine Benutzerordnung für den Rechner gab. Im übrigen wollte er wissen, warum die Studenten den Computer nicht für kommerzielle Zwecke nutzen durften, während es doch den Professoren freistand, in der Universitätsbibliothek zu recherchieren und Bücher zu schreiben, die ihnen dann Honorare einbrachten. Ein Jahr später gab es eine Benutzerordnung. Wenn ein Student mit Hilfe des PDP ein kommerziell verwertbares Produkt herstellte, stand der Universität ein Anteil an allen Gewinnen zu, die daraus resultierten.

Nach diesem Flop kauften sich Gates und Allen Rechnerzeit bei einem Timesharing-Serviceunternehmen in Boston, um ihrem BASIC den letzten Schliff zu geben.

Seit er in Albuquerque war, um BASIC zu testen, hielt Allen ständig Kontakt mit Roberts. Schon bald nachdem sie sich kennengelernt hatten, bot Roberts Paul Allen eine Stellung an. Im Frühjahr 1975 wurde er Software-Direktor von MITS. Und so verschwand er aus Boston und ging nach Albuquerque. Gates aber kehrte fürs erste zu seinen Kumpeln an den Pokertisch zurück und dachte dabei ernsthafter denn je über seine Zukunft nach.

Die Microkids

Das Sundowner Motel in Albuquerque lag in einem schäbigen Viertel, das für Prostitution und Nachtlokale bekannt war, aber nicht für High-Tech-Produktionsstätten. Das Motel stand direkt an der Central Avenue, wie die Route 66 in Albuquerque heißt. Als sich Paul Allen im Frühjahr 1975 dort einmietete, erklärte er dem Verwalter, er wisse noch nicht genau, wie lange er bleiben würde, vermutlich aber einige Monate, bis sein Freund aus Harvard nachkäme. Der Mangel an Komfort und die schäbige Umgebung störten Allen nicht. Wichtig war ihm nur, daß er von hier aus in fünf Minuten zu Fuß an seinen Arbeitsplatz gelangte. Seine Aufgabe bestand überwiegend darin, BASIC für den Altair fit zu machen. »Bugs«, Programmfehler, waren zu entdecken und zu beseitigen, bevor das Programm auf den Markt gebracht werden konnte.

Wenn er seinen neuen Arbeitsplatz mit dem bei Honeywell in Boston verglich, bekam Allen das Gefühl, in ein aufgeschrecktes Wespennest geraten zu sein. Obwohl er dem Namen nach Direktor der Softwareabteilung war, war er in Wirklichkeit die ganze Softwareabteilung. Die übrigen Angestellten der Firma arbeiteten mit Feuereifer an der Hardware für den Altair. Der Erfolg des Artikels in *Popular Electronics* war phänomenal: Überall im Lande träumten Elektronikbastler und Computerfreaks davon, einen eigenen Computer zu besitzen. Hier bot sich plötzlich die Gelegenheit. Zum sehr erschwinglichen Preis von 397 Dollar.

»Man darf nicht vergessen, daß damals die Vorstellung, einen Computer zu besitzen, einen Computer ganz für sich alleine, ungefähr so verwegen war, als wollte heute einer sein eigenes Atom-U-Boot haben«, sagt Eddi Curry, der kurz nach Allens Eintritt in die Firma geschäftsführender Vizepräsident bei MITS wurde. Die beiden freundeten sich bald miteinander an. »Computer waren damals Apparate, die in großen Gebäuden mehrere Stockwerke füllten, die von einem Stab von Wartungspersonal beaufsichtigt wurden. Ein Großteil des Erfolgs, den der Altair und die Mikrocomputer, die ihm folgten, hatten, erklärt sich aus dem Wunsch der Leute, ein solches Prestigeobjekt zu besitzen. Es war dabei ganz unerheblich, ob einer mit dem Computer arbeiten konnte oder nicht. Jeder wußte, daß er zu etwas gut sein mußte, aber keiner wußte, wozu. Doch schon allein der Besitz eines Computers verlieh einem ein enormes Prestige.«

Curry, seit der Kindheit mit Roberts befreundet, stand kurz vor Abschluß seines Studiums, als Roberts ihm von seiner Idee erzählte, einen kleinen Computer für die Massen auf den Markt zu bringen. Sie führten lange Telefongespräche. Und obwohl sie sich die Rechnungen teilten, wurde der Spaß schließlich insbesondere für Curry, der ja noch studierte, zu teuer. So begannen er und Roberts, sich gegenseitig Tonbänder zuzuschicken, die nicht bloß gesprochene Briefe waren, sondern mit Hintergrundmusik, Komödienszenen und dramatischen Lesungen angereichert wurden.

»Wir diskutierten, was wir mit unserem Leben anfangen wollten«, sagt Curry. »Auf einem Band fragte ich ihn, was er mit MITS machen wollte. Und er sagte mir, er träume davon, einen Computerbausatz auf den Markt zu bringen, so daß jedermann sich seinen eigenen Computer leisten konnte.« Er und Roberts diskutierten in jedem Stadium via Tonband ausführlich die technischen Probleme, die der Bau des Altair mit sich brachte, und berieten sogar den Preis, zu dem Roberts das Gerät anbieten sollte.

Da MITS nahezu bankrott war, setzte Roberts alles auf den Altair. Er nahm einen Entwicklungskredit von 65 000 Dollar auf, weil es ihm gelungen war, seine Bank in Albuquerque davon zu überzeugen, daß es einen Markt für mehrere hundert Exemplare des zu entwickelnden Geräts gäbe. Diese Menge wurde innerhalb weniger Tage nach Erscheinen des Hefts von *Popular Electronics*, auf dem der Altair abgebildet war, bestellt. Einige Wochen später lagen schon über 4000 Bestellungen vor. Fast über Nacht wuchs der Gesellschaft, die mit 300 000 Dollar in der Kreide gestanden hatte, ein Bankguthaben von einer Viertelmillion Dollar zu. Die Aussicht, einen eigenen Computer zu besitzen, war für Tausende von Menschen so verführerisch, daß sie einer Firma Geld überwiesen, von der sie vorher nie gehört hatten. Ein paar Fanatiker flogen sogar mit dem Privatflugzeug nach Albuquerque, weil sie hofften, ihren Altair vielleicht gleich mitnehmen zu können.

Les Solomon, der kleine glatzköpfige Technikredakteur von *Popular Electronics*, der die Altair-Attrappe auf das Cover gebracht hatte, erklärte gegenüber Steven Levy die Reaktion des Publikums so:

»›Magie‹ scheint das einzige Wort zu sein, das die Sache trifft ... Die meisten Leute würden doch keine fünfzehn Cents an eine Firma schicken, die ... habe ich recht? Aber hier schicken an die zweihundert Menschen Schecks und Zahlungsanweisungen zu je drei-, vier-, fünfhundert Dollar an eine unbekannte Firma in einer relativ unbekannten Stadt. Für ein Produkt, das sie nie gesehen haben. Das waren Abenteurer auf der Suche nach Neuland. Dieselben Leute, die in den frühen Tagen Amerikas nach Westen zogen. Die Irren, die sich auf den Weg nach Kalifornien machten oder nach Oregon oder nach Gott weiß sonstwohin.«

Die Anzeigen von MITS versprachen Lieferung binnen zwei Monaten, aber die Firma war nicht auf die Nachfrage gefaßt, die ihr Angebot provozierte. Sie war vollkommen außerstande, sie in der versprochenen Frist zu befriedigen. Besorgte Kunden, die Vorkasse geleistet hatten, fragten an, weshalb man ihnen die Maschine nicht, wie versprochen, zugesandt habe – und erfuhren, daß sich die angezeigte Lieferfrist der großen Nachfrage wegen leider nicht einhalten lasse.

Sehr viel war es nicht, was diese Abenteurer schließlich für ihre 397 Dollar kriegten. Der Altair wurde als Bausatz geliefert, den der Kunde selbst zusammensetzen mußte, was nicht ganz leicht war und viele Stunden Arbeit erforderte. Die meisten verkauften Bausätze wurden nie richtig zusammengesetzt. Und selbst wenn diese Klippe umschifft war, leistete der Computer nicht sonderlich viel. Die ersten 1975 verkauften Geräte hatten keine Interface Boards (Schnittstellenplatinen), die den Anschluß eines Fernschreibers erlaubt hätten. Platinen zur Erweiterung der Speicherkapazität waren auch noch nicht erhältlich, und so war der Altair mit seiner Speicherkapazität von 256 Bytes bestenfalls als elektronisches Spatzenhirn zu bezeichnen. Grobschlächtige Programme in komplizierter binärer Maschinensprache konnten eingegeben werden, indem man die Kippschalter an der Vorderseite des Apparats Hunderte von Malen in der richtigen Reihenfolge kippte. Bei jedem Fehler mußte man von vorn anfangen.

Die 8080-Computersprache BASIC, die Gates und Allen in Harvard entwickelten, war noch nicht ausgereift, als die ersten Altair-Bausätze versandt wurden. Doch selbst wenn dies schon der Fall gewesen wäre, hätte es nichts genutzt, denn MITS hatte noch nicht die Speicherplatinen zu bieten, die nötig gewesen wären, um mit BASIC auf dem Altair zu arbeiten. Als Software-Direktor bei MITS hatte Paul Allen vor allem die Aufgabe, die ständige Verbesserung und den Versand des für Altair adaptierten BASIC zu besorgen. Ständig beriet er sich telefonisch mit Gates über die dabei auftauchenden technischen Probleme. Beiden war klar, daß der Altair einen neuen Markt für Software eröffnet hatte, und sie hofften, dort mit ihrem BASIC gute Geschäfte machen zu können. Zu diesem Zweck war es aber erforderlich, eine Firma zu gründen.

Schon seit einiger Zeit versuchte Gates seine Eltern schonend darauf vorzubereiten, daß er irgendwann sein Studium in Harvard vorzeitig abbrechen würde, um sich mit Allen selbständig zu machen. Als es soweit war, fielen seine Eltern trotzdem aus allen Wolken. Ihr Sohn wollte die Firma nämlich nicht in Seattle gründen, seiner Heimatstadt, wo er wenigstens in der Nähe der Familie geblieben wäre, sondern ausgerechnet in Albuquerque, in den fernen Wüsten von New Mexico.

Mary Gates hielt den Plan ihres Sohnes, sein Studium vorzeitig abzubrechen, sowieso für selbstmörderisch. Sie bestand darauf, daß er einen Abschluß machte. Dan Evans, der Gouverneur des Staates Washington, hatte sie erst vor kurzem in den Aufsichtsrat der University of Washington, eines der angesehensten politischen Ämter im Staate, berufen. Was würden die Leute sagen, wenn ihr Sohn sein Studium abbrach? Auch ihr Mann war dagegen, daß Bill eine Firma gründete, ohne vorher einen akademischen Grad erlangt zu haben. Aber beide mußten einsehen, daß ihnen die technischen Kenntnisse fehlten, um die wirtschaftlichen Erfolgsaussichten einer Softwarefirma, wie ihr Sohn sie gründen wollte, sachlich beurteilen zu können.

So wandte sich Mary Gates an einen neuen Bekannten, Samuel

Stroum, einen allseits geachteten, erfolgreichen Geschäftsmann, den sie während einer United-Way-Kampagne kennengelernt hatte. Sie bat ihn, mit ihrem Sohn zu sprechen, in der Hoffnung, daß er ihn davon überzeugen könnte, mit der Firmengründung bis zum Abschluß seines Studiums zu warten.

Samuel Stroum, Multimillionär, Philanthrop und von großem lokalpolitischem Einfluß, war ein Selfmademan, der keinerlei akademische Bildung hatte, doch selbst die mächtigsten Leute der Region baten ihn oft um Rat. Und er hatte es wie Mary Gates zu einem Posten im Aufsichtsrat der Universität gebracht. Nach dem Zweiten Weltkrieg hatte er in Seattle einen Elektronikgroßhandel gegründet und später mit dem Verkauf der erfolgreichsten Handelskette für Automobilersatzteile im Nordwesten der USA – Shuck's Auto Supply – ein Vermögen gemacht. 1975 war er einer der wenigen Geschäftsleute in Seattle, die nicht nur etwas von Computertechnologie verstanden, sondern auch genug Phantasie hatten, um zu erkennen, in welche Richtung die Entwicklung ging.

Während eines Besuchs bei seinen Eltern wurde Gates also von Stroum zum Lunch in den Rainier Club eingeladen. Der 1888 gegründete traditionsreiche, exklusive Club war Treffpunkt der in Seattle tonangebenden Leute. »Mir war bewußt, daß ich eine Mission zu erfüllen hatte«, sagt Stroum über das gemeinsame Mittagessen, bei dem er versuchte, sich ein Bild von den Fähigkeiten, Plänen und Aussichten des jungen Gates zu machen. »Er erklärte mir, was er machte und was er in Zukunft vorhatte. Ich selbst hatte ja schon seit früher Jugend mit diesem Gebiet zu tun. Er sprach einfach von den Dingen, die er machte . . . ich meine, jeder, der 'ne Ahnung von Elektronik hatte, mußte wissen, daß da aufregende Möglichkeiten lagen und daß eine neue Epoche angebrochen war.«

Gates sprach von seinen Plänen. Die Personalcomputer-Revolution stehe noch ganz am Anfang, erklärte er Stroum. Eines Tages würde jeder seinen eigenen PC besitzen. Man stelle sich bloß vor, wieviel Geld da zu machen sei . . . Milliarden von Maschinen, die seine Software brauchten . . .

Stroum unterließ nicht nur jeden Versuch, dem jungen Mann seine Absicht auszureden, er bestärkte ihn sogar darin. »Mary und ich machen seit Jahren unsere Witze darüber«, sagte der heute siebzigjährige Stroum. »Ich habe ihr schließlich gesagt, daß ich bei der Sache nur einen Fehler gemacht habe, nämlich den, ihm keinen Blankoscheck für seine Unternehmensgründung zu geben. Ich bin ja eigentlich für meine gute Nase bei gewinnträchtigen Investitionen bekannt – aber in diesem Fall habe ich echt versagt.«

Nach Beendigung seines zweiten Jahres in Harvard ging Gates nach Albuquerque, um dort mit Allen seine Firma zu gründen. Er brach jedoch sein Studium noch nicht endgültig ab. Die Entscheidung, nicht nach Harvard zurückzukehren, traf er erst anderthalb Jahre später.

Jedenfalls wurde Microsoft – oder vielmehr »Micro-Soft«, wie der aus »Microcomputer-Software« zusammengezogene Name anfänglich geschrieben wurde – im Sommer 1975 in Albuquerque gegründet. Der ursprüngliche Microsoft-Partnerschaftsvertrag sah eine Gewinnbeteiligung von 60/40 zugunsten Gates' vor, denn Gates erhob den Anspruch, entsprechend mehr zu der Entwicklung von BASIC für den Altair beigetragen zu haben. Später verschob sich dieses Verhältnis noch weiter zu einer Teilung von 64/36. (Als Microsoft 1986 an die Börse ging, besaß Gates mehr als 11 Millionen Anteile und Allen über sechs Millionen.)

Gates verfügte über ein beachtliches Vermögen, das ihm seine Großeltern hinterlassen hatten, war aber entschlossen, sein Erbe nicht anzutasten und die Firma aus eigenen Kräften zu finanzieren. Seine Eltern und Großeltern hatten ihn Sparsamkeit gelehrt. Bei Microsoft sollte kein unnötiger Aufwand getrieben werden. Als Gates in Albuquerque eintraf, teilte er sich ein Zimmer mit Paul Allen im Sand-and-Sage-Motel, das nur wenig komfortabler war als das Sundowner. Später zogen sie in ein billiges Apartment in der Stadtmitte um.

Zu Beginn dieses Sommers schickte MITS den Altair auf eine Reklametour durch die Vereinigten Staaten. Mehrere Hardwareingenieure der Firma begleiteten ihn in Roberts' blauem Wohnwagen von Stadt zu Stadt und führten ihn vor. Das Gerät, das in dem MITS-Mobil (der »Blauen Gans«, wie der Wagen inoffiziell genannt wurde) durch die Staaten reiste, um die frohe Botschaft vom Anbruch des Personalcomputer-Zeitalters zu verbreiten, war mit Extras ausgestattet, die den Käufern des Bausatzes nicht geboten wurden. Es war mit Fernschreiber und Lochstreifenleser verbunden und arbeitete mit der 4-KB-Version von BASIC, die Gates und Allen entwickelt hatten. Bei jeden Halt der »Blauen Gans« wurden Vorführungen des Computers organisiert und Seminare in Hotels abgehalten. Die Hobbyelektroniker, die sich dazu einfanden, wurden angeregt, Computerclubs zu gründen, von denen es bald zahlreiche gab. Die Mitglieder dieser Vereine trafen sich in Garagen, in Kellern oder wo immer sie sonst Informationen austauschen und fachsimpeln konnten. Das MITS-Mobil diente auch als mobiler Operationssaal, denn die mitreisenden Hardwareexperten nahmen darin häufig die erforderlichen Eingriffe vor, um einen Altair, der sich beim Käufer totgestellt hatte, wieder zum Leben zu erwecken. Gates begleitete das MITS-Mobil in seinem ersten Sommer in Albuquerque ein Stück übers Land. Die Reklametour diente ja auch seinen Zwecken, insofern Werbung für den Altair zwangsläufig auch sein BASIC zur Sprache brachte.

Roberts ließ nicht nur das MITS-Mobil für seinen Altair werben. Er und David Bunnell (der die technischen Texte für die Firma schrieb) gründeten einen im ganzen Land aktiven Computerclub, dem die Besitzer eines Altair kostenlos angehören durften. Bunnell gab auch ein Nachrichtenblatt mit dem Titel *Computer Notes* heraus. Roberts schrieb regelmäßig eine Kolumne für das Blatt, und häufig veröffentlichten darin auch Gates und Allen Artikel über Software. Bunnell, der als Lehrer in einem Sioux-Reservat in South-Dakota gearbeitet hatte, bevor er 1972 zu MITS kam, war bald gut mit Gates befreundet. Er entwarf das erste Firmenlogo und den Briefkopf für Microsoft. Später wurde er zu einem der führenden Verleger von Personalcomputer-Zeitschriften.

Wenn er nicht mit dem MITS-Mobil unterwegs war, saß Gates fast jede Nacht mit Allen zusammen und versuchte, BASIC noch weiter zu verbessern. Mitte des Sommers hatten sie ein 8-KB-BASIC passend zu der 4-KB-Version, und nun arbeiteten sie an einer »erweiterten« Form, die einen Speicher mit einem Fassungsvermögen von 12 KB oder 16 KB benötigte.

Am 22. Juli 1975 unterzeichneten sie einen Lizenzvertrag mit Ed Roberts betreffs ihrer Rechte an ihrem BASIC für den 8080. Der Vertrag, den Gates mit Hilfe seines Vaters und eines Anwalts in Albuquerque aufsetzte, erschloß juristisches Neuland. Der damals erst neunzehnjährige

Gates verstand nicht nur die komplexe Computertechnologie, sondern wußte auch, worauf es bei einem Software-Lizenzvertrag ankam. Der auf zehn Jahre befristete Vertrag räumte MITS das exklusive und räumlich unbeschränkte Recht ein, BASIC zu benutzen und zu lizenzieren oder Unterlizenzen an Dritte zu vergeben. MITS verpflichtete sich, keinem Dritten eine Lizenz für BASIC zu erteilen, ohne von diesem eine Geheimhaltungsverpflichtung erhalten zu haben, die die unautorisierte Weitergabe von BASIC ausdrücklich verbot. Als wichtigster Passus sollte sich aber der Paragraph erweisen, in dem es heißt: »Die Firma (MITS) erklärt sich bereit, das Programm (BASIC) nach besten Kräften zu lizenzieren und kommerziell zu verwerten. Sollte die Firma es an den entsprechenden Bemühungen fehlen lassen, soll dies als hinreichender Grund gelten, dieses Abkommen zu kündigen ...« Der Vertrag mit MITS sollte zum Mustervertrag und zur Ausbildung von Industriestandards beitragen.

Bei Unterzeichnung des Abkommens erhielten Gates und Allen die Summe von 3000 Dollar. Das Abkommen sah Tantiemen für die Lizenzierung von BASIC vor, ob diese nun im Zusammenhang mit dem Verkauf von MITS-Hardware erfolgte oder nicht. Microsoft erhielt 30 Dollar für jedes Exemplar der 4-KB-Version ihres BASIC, das MITS beim Verkauf ihrer Hardware lieferte, 35 für jedes Exemplar ihrer 8-KB-Version, 60 für jedes Exemplar der »erweiterten« Form. Wenn MITS irgendeine Version von BASIC ohne Hardware lizenzierte, standen Gates und Allen 50 Prozent des Erlöses zu. 50 Prozent sollten sie auch von dem Erlös aus der Lizenzierung des BASIC-Quellcodes erhalten. Der Quellcode würde Firmen, die BASIC in Lizenz nahmen, gestatten, es ihren speziellen Bedürfnissen entsprechend zu verändern und Anwendungssoftware zu entwickeln, die über die höhere Programmiersprache lief.

Obwohl das Lizenzabkommen gut für Microsoft war, sollten Gates und Allen daran nicht reich werden. Der Vertrag sah nämlich als Höchstsumme an Tantiemen 180 000 Dollar vor. Doch fürs erste waren die beiden Jungunternehmer noch auf MITS angewiesen, um ihr BASIC mit dem Altair zu vermarkten.

Als Microsoft größer wurde, rekrutierte Gates wiederholt alte Freunde aus Lakeside für sein Unternehmen. In jenem ersten Sommer in Albuquerque zeigte sich bald, daß er und Allen allein die beim Programmieren von BASIC zu leistenden Arbeiten nicht würden bewältigen können, und deshalb wandte er sich an Chris Larson, seinen jungen Schützling aus der Schulzeit, der inzwischen in Lakeside in die vorletzte Klasse ging. Larson war zwar noch Schüler, hatte aber die gleiche Energie, Leidenschaft und Zielstrebigkeit wie sein Mentor. Als Gates zwei Jahre zuvor nach Harvard gegangen war, hatte Larson die computergestützte Stundenplangestaltung übernommen. Unter seine Fittiche nahm er auch Bills Schwester Libby, die jetzt ebenfalls in Lakeside war. Larson, der Libby vier Jahre voraus war, sorgte dafür, daß sie genau den Stundenplan bekam, den sie wollte. Den gleichen Gefallen tat er allen seinen Freunden – und natürlich sich selbst. »Es gab da wohl ein stillschweigendes Einverständnis zwischen uns und dem Lehrkörper, daß wir keinen übermäßigen Mißbrauch treiben würden, denn sonst hätte man uns natürlich den Job weggenommen.« (Zwei Jahre später, in seinem letzten Schuljahr, plante Larson für sich selbst einen Kurs, in dem er nur mit Mädchen zusammen saß. Diese programmiererische Glanzleistung wird in der Legende fälschlicherweise Bill Gates zugeschrieben.)

Gates heuerte Larson für die Sommerferien an und holte sich auch Monte Davidoff, der das Mathematikpaket für BASIC entwickelt hatte. Larson und Davidoff wohnten mit in der kleinen Wohnung, die Gates und Allen teilten. Sie schliefen meistens im Wohnzimmer auf dem Fußboden. Alle vier gingen sie spät schlafen und schlossen mit jeder nachts offenen Pizzeria und jedem Nachtlokal des Viertels Bekanntschaft. Das Softwarebüro von MITS, in dem die Angestellten von Microsoft arbeiteten, befand sich neben einem Staubsaugerladen. Während die Hardwareingenieure von MITS an Speicherplatinen und Verfeinerungen für den Altair arbeiteten, waren Gates und sein Team mit BASIC und verschiedenen Softwareprogrammen beschäftigt, die es gestatteten, den Altair mit einem Fernschreiber, Drucker oder Lochstreifenleser zu benutzen.

Die bei MITS und Microsoft Beschäftigten waren jugendliche Computerfanatiker, religiöse Eiferer sozusagen, die die Gottheit *Maschine* anbeteten. »Wir fühlten uns irgendwie echt als Missionare in dem Sinn, daß wir den Leuten etwas brachten, von dem sie nie geglaubt hatten, daß sie's kriegen könnten«, sagt Eddie Curry. »Es gab da ein Gefühl der Seelenverwandtschaft, wie man es bei kommerziellen Unternehmen normalerweise nicht findet, nicht nur unter den Kollegen, sondern auch zwischen den Leuten in der Firma und der Kundschaft. Die Leute arbeiteten vom frühen Morgen bis in den späten Abend. Dann eilten sie nach Hause zum Essen, kamen zurück und arbeiteten weiter bis in die Nacht. Gewöhnlich traf man bei MITS zu jeder Tages- und Nachtzeit Leute bei der Arbeit, und das an sieben Tagen in der Woche.« Eines Tages bekam Curry einen Anruf von einer Führungskraft, die sagte, sie versuche schon seit einer Woche, Gates oder Allen zu erreichen. Die Führungskraft war ganz aufgeregt, weil sie glaubte, ein gutgehütetes Branchengeheimnis entdeckt zu haben – daß Softwareleute nur in der Nacht aus ihren Schlupflöchern kämen. Gates übernachtete tatsächlich manchmal im Büro. Eines Tages führte Ed Roberts eine Gruppe von Besuchern durch die Geschäftsräume von MITS. In der Softwareabteilung wäre er fast über einen Menschenleib gestolpert: Bill Gates hatte sich auf dem Fußboden zusammengerollt und war fest eingeschlafen.

»Bill und Paul arbeiteten unter Hochdruck«, sagt Curry. »Sie wußten ganz genau, was sie machten, also, was sie anstrebten. Es war nicht nur, daß sie BASIC entwickelten. Ich glaube, die meisten Leute haben das nie richtig verstanden, aber Bill jedenfalls hatte schon, als ich ihn kennenlernte, die Vision, Microsoft sollte einmal alle Mikrocomputer mit Software versorgen.«

Gates, Allen und die anderen Programmierer kamen gut mit Curry aus, seltsamerweise aber nicht mit Roberts. Die Mitarbeiter von Microsoft hatten lange Haare und einen merkwürdigen Lebensrhythmus. Sie hörten Rock 'n' Roll, während Roberts leichte Unterhaltungsmusik vorzog. »Sobald Roberts rausging«, erinnert sich David Bunnell, »stellten sie Rock 'n' Roll ein. Ich habe nie verstanden, wie sie bei dieser ätzenden Rockmusik, die da Tag und Nacht lief, überhaupt arbeiten konnten.«

Abgesehen davon, hielt Roberts Gates für einen Angeber. Beide waren außerordentlich belesen und diskutierten oft über Themen, die nichts mit Computern zu tun hatten. War es richtig, daß die Vereinigten Staaten die Atombombe auf Japan abwarfen? Ganz gleich, welche Meinung

Gates zu irgendeiner Frage vertrat, Roberts widersprach ihm ... mehr um ihn zu ärgern als aus Überzeugung, wie es schien. Der schlaksige Teenager ging ihm sichtlich auf die Nerven. Es ließ sich nicht vermeiden, daß die beiden auch in wichtigeren Fragen aneinanderrasselten, und zwar gar nicht einmal selten. Kein Mitarbeiter von MITS hat je vollkommen mit Roberts harmoniert. Der bullige Chef, der übellaunig, autoritär und einschüchternd sein konnte, war strikten Gehorsam gewöhnt. Die Angestellten machten entweder genau, was er für richtig hielt, oder es gab Krach. Gates aber ließ sich nicht einschüchtern.

»Bill konnte ganz schön stachlig sein«, sagt Nelson Winkless, der erste Herausgeber der Zeitschrift *Personal Computing*. »Er hatte seine eigenen Vorstellungen davon, was MITS machen sollte und wie das anzufangen sei. Er war seiner selbst sehr sicher.«

»Bill war sehr herausfordernd, sehr intelligent und energisch«, berichtet Bunnell. »Ich hatte nie erlebt, daß jemand Eddie die Stirn bot, bis Bill Gates kam.«

Gates war der Meinung, daß MITS ihr Potential höchstens zur Hälfte ausschöpfte, und hielt mit dieser Meinung nicht hinter dem Berg. »Die Firma wurde sehr merkwürdig geführt«, erklärte er später. »Und das war allen Mitarbeitern unangenehm ... Wir dachten: Mann, was ist das für ein Saftladen! Keinerlei Management! Obwohl ich strenggenommen der Firma gar nicht angehörte – ich habe mich nur um meine Software gekümmert –, machte ich mir natürlich Gedanken über den Betrieb. Da hockten wir dann zusammen und tauschten uns aus, und die Leute redeten mir zu, Ed die Meinung zu sagen. Wir dachten immer, wir könnten irgendwas tun, was zur Verbesserung des Managements beitragen würde.«

Die Pannen, die unter Roberts' Federführung bei MITS immer wieder vorkamen, machten Gates, der sein eigenes Geschäft dadurch geschädigt sah, fast verrückt. Sehr ärgerlich war zum Beispiel die schlechte Qualität der Speicherplatinen für den Altair. Diese High-Tech-Schaltkreisplatinen versetzten den Altair in die Lage, BASIC zu gebrauchen, und waren somit eine Voraussetzung für den Verkauf von BASIC, denn der von Gates entwickelte »Dialekt« dieser Programmiersprache setzte ja eine Speicherkapazität von mindestens 4 KB voraus. Die Platinen funktionierten aber nur selten. Gates schrieb ein Programm zur Erprobung der Platinen und fand heraus, daß nicht eines der erprobten Exemplare leistete, was die Werbung versprach.

»Es war für alle Beteiligten ärgerlich und peinlich«, sagt Curry. Insbesondere, weil viele der defekten Speicherplatten schon an die Kunden geliefert worden waren, die man vorher schon durch die lange Überziehung der versprochenen Lieferfrist für den Bausatz verärgert hatte. Andere Hardwarefirmen nahmen die Gelegenheit wahr und lieferten bald Speicherplatinen, die tadellos funktionierten. Das ärgerte und beschämte Roberts ungemein. Gates bestürmte ihn mit Vorwürfen. Er und Allen brauchten regelmäßige Einnahmen, um das Wachstum ihrer jungen Firma zu finanzieren. Aber mit was für Tantiemen konnte er rechnen, wenn die Firma, der er die Lizenz für den Vertrieb seiner Ware verkauft hatte, so miserabel geführt wurde?

Obwohl Roberts die technischen Fähigkeiten des jungen Mannes durchaus zu schätzen wußte, fand er Mißfallen an seiner Rechthaberei, sagt er. »Es kam so weit, daß wir ihn nicht mal mehr zu Sitzungen einluden, auf denen neue Softwarekonzepte diskutiert werden sollten oder so was, weil man mit ihm einfach nicht reden konnte. Er war ein verzogenes Kind. Buchstäblich ein verzogenes Kind, das war das Problem. Paul Allen war viel kreativer als Bill. Bill versuchte, die ganze Zeit nur herumzustreiten, statt sich um eine Lösung eines Problems zu bemühen. Paul war genau das Gegenteil.«

Am Ende jenes ersten Sommers in Albuquerque kehrten Larson nach Lakeside und Davidoff nach Harvard zurück. Auch Gates beschloß, wieder nach Harvard zu gehen. Er war sich noch immer nicht ganz klar über seine Zukunft, und die Eltern bedrängten ihn, wenigstens sein Studium ordnungsgemäß abzuschließen. So sollte Gates noch anderthalb Jahre lang zwischen Harvard – wo er Vorlesungen besuchte und Poker spielte – und Albuquerque – wo er Software entwickelte und Abschlüsse für seine neue Firma tätigte – hin- und herpendeln.

Nun, da Gates, Larson und Davidoff wieder studierten, blieb Allen in Albuquerque allein zurück und hatte alle Hände voll zu tun, die Belange von Microsoft gegen Roberts und MITS zu vertreten. Zwar hatte MITS den ersten erschwinglichen Mikrocomputer auf den Markt gebracht, aber die Konkurrenz schlief nicht. Ein paar neue Firmen arbeiteten an einem Mikrocomputer, der statt auf 8080 von Intel auf dem neuen Mikrochip der Firma Motorola, dem MC 6800, basierte. Roberts wollte nun einen neuen Altair ebenfalls mit dem neuen Chip von Motorola produzieren. Allen war dagegen. Dafür hätte die BASIC-Software neu geschrieben werden müssen, ganz abgesehen davon, daß der neue Altair dem alten Konkurrenz gemacht hätte. Doch Roberts setzte wie gewöhnlich seinen Willen durch. Allen beauftragte Richard Weiland, einen der Mitbegründer der Lakeside Programmers Group, eine 6800-Version von BASIC zu schreiben. Tatsächlich kam MITS später mit einem Altair 6800 auf den Markt, doch war das Gerät, wie Allen vorausgesagt hatte, nicht sehr erfolgreich.

Gegen Ende des Jahres 1975 beschloß Roberts, ein Magnetdiskettenspeicherwerk für den Altair 8800 herauszubringen. Dementsprechend wurde Allen als Leiter der Softwareabteilung angewiesen, schnellstens ein Disketten-BASIC zu entwickeln. Magnetische Disketten, die Daten speichern, waren für Großrechner und Minicomputer schon seit Jahren in Gebrauch, aber erst mit dem Altair kamen solche Disketten, die als Speichermedium gegenüber dem Lochstreifen große Vorteile haben, auch für Mikrocomputer in Gebrauch.

Schon ehe MITS die Absicht erklärt hatte, eine Diskettenversion von BASIC anzubieten, hatte Allen, der darauf gefaßt war, Gates gebeten, den neuen Softwarecode zu schreiben. Aber Gates war mit anderen Projekten beschäftigt und hatte die Zeit dazu nicht erübrigen können. Nun war höchste Eile geboten. Nach Ende des Herbstsemesters flog Gates nach Albuquerque und schloß sich dort mit einem Stapel gelben Kanzleipapiers in einem Zimmer des Hilton Hotels ein. Fünf Tage später kam er wieder zum Vorschein – der Code für die neue BASIC-Version war geschrieben. Er begab sich mit seinen gelben Papieren in das Softwarelabor von MITS, wo er sich ausbat, von niemandem gestört zu werden, und innerhalb von weiteren fünf Tagen ein einsatzfähiges DISK BASIC vorführen konnte. Wenigstens ist dies die »offizielle« Version des Vorsitzenden Bill, wie man sie in der Einleitung zur Firmenbibel, der MS-DOS-Enzyklopädie, nachlesen kann. Obwohl Gates allgemein als der Vater von Microsoft BASIC gilt, wird von manchen Fachleuten die

Meinung vertreten, Allen gebühre nicht weniger Ruhm als Gates und vielleicht sogar mehr. Ed Curry jedenfalls findet, daß Allens Anteil an der Entwicklung der Microsoft BASIC immer unterschätzt wurde.

»Was uns in Albuquerque zuerst geliefert wurde«, sagt Curry, »war die später sogenannte 4-KB-Version. Und diese Version hatte keine Dateiverwaltung und war überhaupt sehr beschränkt, so beschränkt, wie man ein Subset von BASIC formulieren kann, das noch den Namen BASIC verdient. Paul war derjenige, der Fleisch auf dieses Gerippe brachte ... Wenn ich lese, daß Bill BASIC geschrieben hat, muß ich doch ein bißchen lachen. Er gehörte einem Team an. Ich glaube, wenn einer zwei oder drei Jahre später gefragt hätte: Also schön, wer hat nun den wichtigsten Beitrag dazu geleistet?, hätte die richtige Antwort gelautet: Paul Allen. Das erste Programm war ein sehr wichtiges Stück Arbeit. Zweifellos eine echte Herausforderung und sehr schwierig, aber ... also, wissen Sie, ich will nicht, daß Sie schreiben, ich hätte gesagt, daß Bill Gates BASIC *nicht* geschrieben hätte. Das meine ich nicht. Bill hat sich in ein Team eingebracht und sehr wichtige Beiträge geleistet. Aber wenn man jemanden als Verfasser von BASIC bezeichnen möchte, bin ich der Meinung, daß dafür nur Paul in Frage kommt. Wenn gefragt wird: Wer hat die schwierigen Probleme gelöst?, ist die Antwort: Bill und Paul. Aber wenn davon die Rede ist, wer sich hingesetzt und BASIC – so, wie wir es heute kennen – geschrieben hat, kann nur gesagt werden, daß Paul die Hauptarbeit geleistet hat.«

Die Kunden, die geduldig genug waren, auf ihren Altair zu warten, geschickt genug, den Bausatz zu montieren, und vom Glück so begünstigt, daß die Maschine dann auch funktionierte, kümmerte es natürlich nicht die Bohne, wer ihr BASIC nun geschrieben hatte, Sie wollten es nur benutzen, und wenn sie es anders nicht kriegen konnten, schreckten viele von ihnen nicht davor zurück, sich die Software zu »klauen«, mit der sie ein paar Elektronikbauteile und einen 8080-Prozessor von Intel im Gesamtwert von 397 Dollar zu einem nützlichen Computer ergänzen konnten, der mehr vermochte, als zwei Reihen roter Leuchtdioden aufblinken zu lassen.

Die Computer-»Hacker« waren die ersten »Softwarepiraten«, die man sich freilich nicht als romantische High-Tech-Haudegen im Stile Errol Flynns vorstellen durfte. Jedenfalls weigerte sich Bill Gates, die Leute in diesem Licht zu sehen, und zögerte nicht, sie als gewöhnliche Diebe zu bezeichnen, zum Beispiel im Nachrichtenblatt des Altair-Clubs. Der offene Brief wurde später von anderen Computerzeitschriften nachgedruckt und erboste die Computerenthusiasten im ganzen Lande nicht wenig.

Gates verfaßte seine beißende Anklage Anfang Februar 1976, aber das Problem beschäftigte ihn schon, seit er einige Monate zuvor erfahren hatte, daß bei Computerclubtreffen überall im Lande Raubkopien seiner BASIC weggingen wie Gratislose für eine Tombola. Charakteristisch war, was eines Abends bei einer Versammlung des Homebrew Computer Clubs im nördlichen Kalifornien passierte.

Die Computerclubs waren der Nährboden der Revolution, die in Albuquerque mit dem Altair begonnen hatte und die sich nun wie ein Flächenbrand über das ganze Land verbreitete. Gates selbst hatte, wie erwähnt, während er mit dem MITS-Mobil unterwegs war, die Gründung einiger dieser Clubs mit angeregt. Wie die Pilze schossen die Clubs in Garagen, Lagerhäusern, Privatwohnungen, Schulen, Büros aus dem Boden... In diesen Clubs trafen sich Ingenieure, Techniker, Bastler, Hacker, Elektronikfans und Apparatefreaks... energische Leute, die fasziniert waren von den anscheinend unbegrenzten Möglichkeiten des Mikrocomputers. Der Homebrew Computer Club war einer der engagiertesten. Aus ihm sollten zahlreiche Industriepioniere ihren Weg durch das Silicon Valley zu Ruhm und Reichtum machen und am Aufbau einer Milliardenindustrie mitwirken.

Homebrew wurde eines regnerischen Abends Anfang März 1975 in einer Garage in Menlo Park, unweit von Palo Alto und der Stanford Universität, am Rande des Silicon Valley gegründet. Über dreißig Personen erschienen zur Gründungsversammlung, unter anderem ein elektronischer Wunderknabe namens Steve Wozniak, der damals in der Rechenmaschinenabteilung von Hewlett-Packard arbeitete. Innerhalb des nächsten Jahres sollte Wozniak zusammen mit Steve Jobs einen eigenen Personalcomputer bauen, den Apple I, der die Computerindustrie radikal umkrempelte.

Im Juni 1975 steuerte das MITS-Mobil anläßlich der National Computer Conference die Westküste an. Das Team aus Albuquerque machte dort unter anderem in Rickey's Hyatt House in Palo Alto halt. Einige Mitglieder des Homebrew-Clubs hatten damals schon einen Altair bestellt. Als das MITS-Mobil in Palo Alto Station machte, drängten sich an die zweihundert Menschen in den Edwards Room des Hyatt, um sich das Gerät anzusehen. Es hatte gegenüber dem, das zu bestellen war, verschiedene Vorteile. Es war mit einem Fernschreiber und einem Lochstreifenleser verbunden und arbeitete mit der von Gates und Allen entwickelten 4-KB-Version. Bis zu diesem Tag hatte noch kein Mitglied des Homebrew-Clubs seine BASIC erhalten. Angeblich nahm einer von ihnen den neben dem Altair am Boden liegenden Lochstreifen mit BASIC an sich. Später soll jemand anders das Band kopiert haben, und beim nächsten Treffen des Clubs wurden diese Kopien gratis an die Mitglieder verteilt. Kopien der Kopien und Kopien der Kopien der Kopien verbreiteten sich dann von Computerclub zu Computerclub wie ein Virus. Jeder konnte sich das begehrte Programm beschaffen. Und niemand brauchte dafür zu zahlen.

Als Gates das erfuhr, war er außer sich. Kein Wunder, daß unsere Einnahmen aus dem Lizenzvertrag mit MITS so gering sind, dachte er. Eines Tages kam er in Roberts' Büro gestürmt und machte seinem Vertragspartner eine der Szenen, an die man sich inzwischen bei MITS schon gewöhnt hatte. »Es steht mir noch ganz deutlich vor Augen«, erzählt Roberts. »Ja, das war in jenem ersten Sommer. Er kam in mein Büro und schrie aus Leibeskräften, daß ihm seine Software rechts und links nur geklaut und daß er selber nie was dran verdienen würde und daß er keinen Finger mehr krumm machen würde, wenn ich ihm nicht ab sofort ein festes Gehalt zahlte.«

Roberts behauptet, daß er Gates daraufhin auf die Gehaltsliste der Firma gesetzt und ihm etwa ein Jahr lang einen Stundenlohn von zirka 10 Dollar gezahlt hätte. Gates streitet allerdings ab, jemals Angestellter von MITS gewesen zu sein. Strenggenommen war er es auch tatsächlich nicht. David Bunnell zufolge galt das Gehalt, das er für die Zeit erhielt, in der er an der Vervollkommnung und am Vertrieb von BASIC arbeitete, als Vorschuß auf seine Tantiemen. Angestellter von MITS war er nie.

Gates gelangte schließlich zu der Überzeugung, daß BASIC nur deshalb so schwer abzusetzen war, weil so viele Leute gratis Raubkopien erhalten hatten. Total frustriert und demoralisiert machte er deshalb Roberts das Angebot, ihm alle Rechte an dem Programm für ungefähr 6500 Dollar zu verkaufen. Es wäre das mutmaßlich schlechteste Geschäft des Jahrhunderts gewesen. »Bill hätte sich damit echt keinen Gefallen getan, denn wenn Roberts das Angebot angenommen hätte, gäbe es heute vielleicht Microsoft gar nicht mehr«, sagt rückblickend Eddie Curry. Aber Roberts nahm das Angebot nicht an. Curry hörte ihn später sagen, daß er Gates und Allen möge und ihre jugendliche Unerfahrenheit nicht hätte ausnützen wollen. In Wirklichkeit war Roberts der Meinung, es wäre für sein Geschäft vorteilhafter, den beiden weiterhin Lizenzgebühren zu zahlen und von den Verbesserungen zu profitieren, die von ihrer fortgesetzten Arbeit an dem Programm zu erhoffen waren. Hätte nämlich Allen seine Stellung als Softwaredirektor von MITS aufgegeben, was er zweifellos getan hätte, wenn er und Gates das finanzielle Interesse an der Firma verloren hätten, hätte Roberts lange nach jemandem suchen können, der imstande gewesen wäre, die dringend nötigen Vervollkommnungen von BASIC für den Altair zu erarbeiten.

»Im Rückblick wird Ed seine Entscheidung vermutlich bedauern«, meint Curry, »aber nach unserem damaligen Kenntnisstand war sie vernünftig.«

Gates beschloß also, den Dieben seiner Software öffentlich ins Gewissen zu reden. Er bat zu diesem Zweck Bunnell, einen »Offenen Brief an Computerbastler« im Nachrichtenblatt des Altair-Clubs, den *Computer Notes*, zu veröffentlichen. Gates stellte in diesem offenen Brief einleitend fest, was Computeramateuren am meisten im Wege stünde, sei der Mangel an guter Software.

»Vor nahezu einem Jahr haben Paul Allen und ich in Erwartung einer Expansion des Hobbymarkts Monte Davidoff angestellt und Altair-BASIC entwickelt. Obwohl die erste Arbeit innerhalb von zwei Monaten getan war, haben wir drei doch den größten Teil des vergangenen Jahres für die Verbesserung und Erweiterung unserer BASIC aufgewandt. So haben wir jetzt 4 KB, 8 KB, EXTENDED, ROM und DISK-BASIC. Die Rechnerzeit, die wir verbraucht haben, hat über 40 000 Dollar gekostet.«

Weiter stellte Gates fest, daß die Computerenthusiasten seine Arbeit offenbar zu schätzen wüßten. Doch seien ihm zwei Dinge aufgefallen: »Erstens, daß die meisten Benutzer BASIC nicht käuflich erworben haben (weniger als 10 Prozent der Besitzer des Altair haben BASIC gekauft). Und zweitens, daß der Betrag, den wir an Lizenzgebühren aus Verkäufen an Computerbastler bisher erhalten haben, unsere Arbeit an der Entwicklung von Altair-BASIC nur mit einem unter zwei Dollar liegenden Stundenlohn honoriert.«

Dann beschuldigte er die Computeramateure, Softwareprogramme zu stehlen. »Ist das fair? Glauben Sie ja nicht, daß Sie sich an MITS für irgend etwas rächen können, indem Sie Software stehlen. MITS verdient nichts an der Software, die sie verkauft. Die uns gezahlten Lizenzgebühren, die Kosten des Handbuchs und des Lochstreifens, überhaupt die Herstellungskosten sind so hoch, daß bei dem Verkauf bestenfalls kein Verlust gemacht wird. Was Sie allerdings bewirken können, ist, daß zukünftig keine gute Software mehr geschrieben wird. Denn wer kann es sich leisten, umsonst qualifizierte Arbeit zu erbringen? . . . Tatsache ist, daß außer uns niemand groß Geld in die Hobbysoftware investiert hat . . . und es ist nicht zu leugnen, daß uns nichts darin bestärkt, diese Software weiterhin anzubieten.«

Dann erklärte er, daß Leute, die Raubkopien von BASIC weiterverkaufen, »die Computerbastler insgesamt in Verruf bringen« und deshalb aus jedem Club, in dem sie auftauchten, ausgeschlossen werden sollten.

»Ich bitte jeden, der uns seine Schulden zurückzahlen möchte oder uns irgendwelche Vorschläge zu machen oder Meinungen zu dieser Frage mitzuteilen hat, sich umgehend an uns zu wenden . . . Nichts würde mir mehr Spaß machen, als zehn Programmierer einzustellen und den Hobbymarkt mit guter Software zu versorgen.« Der Brief wurde am 3. Februar 1976 abgedruckt. Bunnell veröffentlichte ihn nicht nur im Nachrichtenblatt des Altair-Clubs, sondern sorgte auch dafür, daß ihn die wichtigsten Branchenpublikationen ebenfalls brachten. Sogar im Nachrichtenblatt des Homebrew Computer Clubs erschien er.

Der Brief verursachte ziemlichen Wirbel. Die Southern California Computer Society, der das MITS-Mobil im Frühjahr 1975 einen Besuch abgestattet hatte, drohte damit, Gates zu verklagen. »Es störte sie, von

Gates als Diebe bezeichnet zu werden«, sagt Bunnel. »Sie waren nicht durch die Bank Diebe . . . aber in der Mehrzahl schon.« Nur eine Handvoll Besitzer von Raubkopien überwiesen Gates das Geld, um das er sie in seinem Brief gebeten hatte. Andere reagierten mit wütenden Rechtfertigungen auf seine Anschuldigungen. Worin denn der Unterschied zwischen jemandem bestünde, der BASIC kopiert, und einem, der Radiomusik mitschneidet, statt Kassetten oder Platten im Laden zu kaufen, wollte einer wissen. Behauptet wurde auch, daß BASIC gar nicht verdiene, unter dem Schutz des Urheberrechts zu stehen, sondern frei verfügbar sein müsse. Für diese Auffassung konnte immerhin die Tatsache geltend gemacht werden, daß Gates und Allen ihre Version der Programmiersprache mit Hilfe eines vom Verteidigungsministerium, also vom Steuerzahler finanzierten Computers erarbeitet hatten.

Aber ganz gleich, welche mehr oder weniger philosophischen Rechtfertigungsgründe die Leute geltend machten, sie hatten ihre Gründe, wenn sie BASIC für den Altair nicht beim Hersteller des Bausatzes kauften. Niemand wollte nämlich die von MITS hergestellten Speicherplatinen. Deshalb hatte die Firma schon früh den Preis für den Erwerb des Codes allein auf 500 Dollar festgesetzt, was die Software also an die 100 Dollar teurer machte als die Hardware des Altair. Für nur 150 Dollar aber erhielt man eine Speicherplatine und den Code. Auf diese Weise versuchte MITS, den Kunden, die BASIC haben wollten, ihre miserablen Platinen anzudrehen.

Der offene Brief war nicht Gates' letzter Versuch, den Raubkopierern das Handwerk zu legen. Ende März desselben Jahres brachte er die Angelegenheit auf dem Altair-Computer-Weltkongreß in Albuquerque zur Sprache. Dieser Kongreß, der erste in der Geschichte des Mikrocomputers, war von Roberts und Bunnell organisiert worden. Inzwischen hatte MITS einen Jahresumsatz von über einer Million Dollar, und Roberts wollte auf diesem Kongreß, der die führenden Leute der Branche zusammenbringen sollte, PR für seine Firma machen. Mehrere hundert Leute folgten der Einladung zu der Zusammenkunft, die vom 26. bis zum 28. März 1976 in einem Hotel nahe dem Flugplatz von Albuquerque abgehalten wurde. Einige uneingeladene Mitbewerber nahmen die Gelegenheit wahr, Mäuschen zu spielen. Eine mit MITS konkurrierende

Firma, Processor Technology, die 4-KB-Speicherplatinen herstellte, welche mit dem Altair verwendbar waren, bat, einen Informationsstand aufbauen zu dürfen. Aber Roberts, dessen Mißtrauen gegen die Konkurrenz schon allmählich pathologisch wurde, ließ es nicht zu. Die von Processor Technology hergestellten Platinen waren nicht nur brauchbar, sie wurden auch gekauft, und zwar viel lieber als das in vieler Hinsicht mangelhafte MITS-Produkt. Wenn sich überhaupt Käufer für die Platinen von MITS fanden, so nur aus dem Grunde, weil im Gesamtpreis von 150 Dollar außer der Platine auch ein BASIC enthalten war.

Als Roberts dem Gründer von Processor Technology, Bob Marsh, mitteilte, daß er einen Informationsstand der Konkurrenz auf dem von MITS unterstützten Altair-Kongreß nicht sehen wollte, mietete Marsh die Penthouse-Suite des Hotels und schlug in der Hotelhalle handgeschriebene Werbezettel an, auf denen die Kongreßteilnehmer eingeladen wurden, die Ausstellung von Processor Technology zu besichtigen. Später rächte sich Roberts dafür mit einem in den *Computer Notes* veröffentlichten offenen Brief, in dem er alle Firmen, die es wagten, Platinen herzustellen, die mit dem Altair benutzt werden konnten, des »Parasitentums« bezichtigte. Womit er aber nur erreichte, daß er in der Branche noch unbeliebter wurde.

Der dreitägige Kongreß glich mehr einem Seminar als einer herkömmlichen Fachmesse. Außer im Penthouse des Hotels gab es nirgends Hardware zu sehen. Es gab Vorträge und Diskussionen. Gates ergriff die Gelegenheit, in diesem Rahmen neuerlich alle Computeramateure öffentlich anzuprangern, die sich nicht schämten, ihm seine Software zu klauen. Damals war er noch ziemlich unbekannt in der Branche. Inzwischen war er zwanzig Jahre alt, sah aber eher aus wie ein Vierzehnjähriger. Seine dicken Haare hingen ihm ungekämmt über Augenbrauen und Ohren, und die Brille mit den übergroßen, sehr dicken Gläsern hob das Kindliche an seiner Erscheinung noch hervor, zu dem auch die hohe Stimme paßte. Allerdings sprach er mit der Autorität eines viel älteren und erfahreneren Mannes. Nach seiner Ansprache drängten sich die Leute um ihn und bestürmten ihn mit Fragen. Obwohl ihn viele taktlos und arrogant fanden, ergriffen einige auch für ihn Partei. »Ich konnte seinen Ärger sehr gut nachempfinden«, sagt Winkless, der Chefredakteur der Zeitschrift *Personal Computing*. »Schließlich ging es ihm darum, seine Investitionen zu retten.«

Roberts bat später seinen Freund Eddie Curry, mit Gates zu sprechen und ihn zu überreden, einen zweiten Brief zu schreiben, in dem er den Schaden, den er mit dem ersten angerichtet hatte, wenigstens teilweise wiedergutmachen sollte. Was Roberts besonders wütend gemacht hatte, war, daß Gates das erste Schreiben mit dem Briefkopf von MITS hatte herausgehen lassen. »Das sah ja so aus, als bezichtigten wir unsere Kunden des Diebstahls... Ich war sehr, sehr bestürzt darüber«, sagt Roberts.

Gates räumte ein, daß es ein Fehler gewesen sei, den Briefkopf von MITS zu benutzen, und erklärte sich bereit, zusammen mit Curry einen zweiten Brief zu entwerfen. »Im Rückblick war klar, daß es überhaupt nichts nützte, die Leute des Diebstahls zu bezichtigen«, sagt Curry. »Bill hatte sich damit nur Feinde gemacht. Er fand zwar nicht, daß er etwas Schlimmes verbrochen hätte, aber bei nüchterner Betrachtung leuchtete ihm ein, daß es klüger gewesen wäre, auf die Vorwürfe zu verzichten.«

Das Ergebnis von Gates' verspäteter Einsicht: Im Aprilheft der *Computer Notes* erschien ein zweiter und letzter Brief:

»Seit ich am 3. Februar meinen ›Offenen Brief an Computerbastler‹ verschickte, habe ich unzählige Antworten erhalten, und auf dem Altair-Computer-Weltkongreß von MITS hatte ich Gelegenheit, direkt mit Bastlern, Redakteuren und Angestellten von MITS zu reden«, schrieb Gates. »Das große Echo hat mich überrascht, und ich hoffe, darauf schließen zu können, daß nunmehr die Zukunft der Softwareentwicklung und der Vertrieb von Software für Computerbastler ernsthaft überdacht wird...«

Gates fuhr fort: »Bedauerlicherweise richten sich die Kontroversen, die mein Brief ausgelöst hat, teilweise gegen mich persönlich oder, was noch weniger angebracht ist, gegen MITS. Ich bin kein Angestellter von MITS, und vielleicht ist kein Angehöriger dieser Firma in allen Punkten meiner Meinung. Doch glaube ich, daß alle froh waren, daß ich die fragliche Angelegenheit zur Sprache gebracht habe. Die drei negativen Briefe, die ich erhielt, wandten sich gegen meine Behauptung, ein hoher Prozentsatz der Computeramateure besitze gestohlene Software. Ich wollte damit auf die Tatsache hinweisen, daß eine nicht unbedeutende Zahl der gegenwärtig benutzten Exemplare unseres BASIC nicht rechtmäßig erworben sind. Eine pauschale Verurteilung der Computeramateure war aber keineswegs beabsichtigt. Ich finde im Gegenteil, daß es in der Mehrzahl intelligente und ehrliche Menschen sind, die meine Sorgen um die Zukunft der Softwareentwicklung teilen . . . Vielleicht ist das gegenwärtige Dilemma nur das Resultat einer ungenügenden Verbreitung der Einsicht, daß weder Microsoft noch sonst jemand umfangreiche Software entwickeln kann, ohne vernünftig für die erforderliche beträchtliche Investition an Zeit entschädigt zu werden.«

Gates schloß mit der Erklärung, daß für ihn die Angelegenheit der Raubkopien damit erledigt sei. Er prophezeite, daß BASIC die Grundlage für die Entwicklung neuer und erregender Anwendungsprogramme für Mikrocomputer sein würde.

Das BASIC, das Gates und Allen während jener acht hektischen Wochen ein Jahr zuvor in Harvard geschrieben hatten, war jetzt über das ganze Land verbreitet, nicht zuletzt dank der Aktivitäten gewisser Computeramateure, die Gates so heftig angeprangert hatte. BASIC war bereits ein *De-facto*-Standard der jungen Mikrocomputerbranche. Wenn neue Computerfirmen in die Revolution einstiegen und einen BASIC-Dialekt brauchten, kamen sie nach Albuquerque und verhandelten mit Gates und Microsoft. Und sie kamen mit Taschen voller Geld.

Ein Teil des großen Erfolges der Firma Microsoft in jenen Kinderjahren war zweifellos dem Team von Programmierern zu verdanken, das Gates und Allen vom Frühjahr 1976 an anwarb. Sie wurden als »Microkids« bekannt – junge Leute mit hohem Intelligenzquotienten, die nachts nicht schlafen konnten und beim Feldzug für den PC dabeisein wollten. Kids mit einer Leidenschaft für Computer, die alles taten, um die Entwicklung der Software voranzutreiben.

Chris Larson, der erste Programmierer, ging damals noch auf die High-School und konnte nur in den Sommerferien arbeiten. Richard Weiland kam und ging ein paar Jahre lang, ehe er sich endgültig verabschiedete. Marc McDonald aber wurde als erster Programmierer fest angestellt. McDonald, der im April in Albuquerque eintraf, hatte 1974 seine Studien im Computerraum von Lakeside erfolgreich abgeschlossen. Er und Gates kannten einander seit den Tagen von C hoch drei. Da Microsoft noch keine eigenen Büroräume hatte, arbeitete McDonald in dem Apartment, das er mit Allen teilte, oder benutzte eines der Terminals bei MITS. Nicht lange nachdem sich McDonald dem Team angeschlossen hatte, kehrte Weiland zurück. Er hatte, nachdem er BASIC für den Prozessor 6880 entwickelt hatte, Albuquerque verlassen. Weiland, der nun zu Allen und McDonald zog, übernahm die allgemeine Geschäftsführung von Microsoft. Um ihn zum Bleiben zu bewegen, boten ihm Gates und Allen später eine Teilhaberschaft an, doch er zog es dann vor, an der Stanford-Universität Betriebswirtschaft zu studieren.

Im Herbst 1976 kamen zwei weitere Programmierer: Steve Wood und Albert Chu. Wood war in Seattle aufgewachsen, ging dort aber auf öffentliche Schulen und kannte weder Gates noch Allen. Er hatte an der Stanford-Universität seinen Magister in Elektrotechnik gebaut.

Im Gegensatz zu den anderen, die schon für Microsoft arbeiteten, war Wood verheiratet. Er war ein Jahr älter als Allen und Weiland. Nachdem er die Stelle bekommen hatte, packten er und seine Frau ihre Siebensachen und machten sich auf den Weg nach Albuquerque. Die Firma Microsoft hatte soeben ihr erstes Büro gemietet. Die Räume lagen auf der achten Etage eines Bankgebäudes in der Nähe des Flughafens. Unter dieser Adresse – Two Park Central Tower – sollte Microsoft in den nächsten zweieinhalb Jahren zu finden sein.

Zwar hatte Microsoft nun also eigene Büroräume, die Firma besaß aber immer noch keinen eigenen Computer. Deshalb schloß sie einen Timesharing-Vertrag mit den städtischen Schulen, die ein DEC PDP-10-System benutzten. Die Programmierer von Microsoft arbeiteten an sogenannten »dump terminals« ohne Drucker, und deshalb mußten die Computerausdrucke täglich in der Schulverwaltung abgeholt werden.

Gates und Allen hatten beschlossen, als nächste höhere Programmiersprache einen FORTRAN-Dialekt zu entwickeln. Wood und Chu gingen deshalb sofort an die Arbeit, einen FORTRAN-Code für den 8080 zu erarbeiten. In jener Zeit war FORTRAN die nach BASIC wahrscheinlich beliebteste Computersprache. Die Strategie, immer der Nachfrage zuvorzukommen und als erste mit einem neuen Produkt auf dem Markt zu sein, sollte die Microsoft in den kommenden Jahren ständig vervollkommnen. Allen ahnte vielleicht in noch höherem Maß als Gates voraus, was in zwei, drei Jahren gefragt sein würde. Das Problem, das sich der jungen Firma ständig stellte, war, ob Microsoft in dieses oder jenes Produkt, in diesen oder jenen Satz von Software investieren sollte. Gates und Allen mußten herauszufinden versuchen, in welche Richtung der Markt gehen und wie sich die Technologie entwickeln würde. »Microsoft hat eine deutliche Zielvorstellung«, sagte Allen später. »Im Vergleich zu anderen Firmen, die ganz auf ein einziges Produkt hinarbeiten, sind die Interessen von Microsoft sehr weit gefächert. Das geht teilweise auf die Zeit zurück, in der Bill und ich in Albuquerque an neuen Sprachen arbeiteten. Immer wenn eine neue Sprache herauskam, von der wir glaubten, daß sie sich gut einführen würde, sahen wir da einen neuen Markt für unsere Softwaretechnologie.«

Ende 1976 konnte Microsoft ihre bisher größten Kunden und besten Einnahmequellen gewinnen: National Cash Register (NCR) und General Electric, beides große Firmen. Beide wollten BASIC, General Electric allerdings nur den Quellcode.

Allen blieb bis November als Softwaredirektor bei MITS, dann setzte auch er seine ganze Kraft für Microsoft ein. Die Firma wuchs rasch. Die Einkünfte des ersten vollen Geschäftsjahres beliefen sich auf über 100 000 Dollar. Es wurde erwartet, diesen Betrag im folgenden Jahr verdreifachen zu können. Alles lief ganz, wie Allen und Gates es sich in ihren kühnen Träumen ausgemalt hatten.

Im Januar 1977, zwei Monate nachdem Allen die Stellung bei MITS aufgegeben hatte, brach Gates sein Studium in Harvard ab, diesmal endgültig. Sam Znaimer, der dort zeitweilig ein Zimmer mit Gates geteilt hatte, erinnert sich, daß ihm Gates, bevor er die Universität für immer verließ, sagte, er sei nach Harvard gekommen, um Leute zu treffen, die klüger wären als er. »Er sagte, er hätte sie nicht gefunden«, sagt Znaimer. »Ich glaube, Bill hat sich in Harvard schließlich nur noch gelangweilt.«

Doch Andy Braiterman, Gates' letzter Hausgenosse in Harvard, sagt, Gates sei schließlich klargeworden, daß es selbst für ihn Grenzen gab. »Bill versuchte, zuviel auf einmal zu schaffen. Er hatte echt das Gefühl, die Kontrolle zu verlieren. Er hatte einfach nicht genug Zeit für sein

Geschäft und für sein Studium, vom Poker mal ganz abgesehen. Er war am Ende vollkommen fertig ... Das Studium nicht aufzugeben wäre ein schlimmer Fehler gewesen.«

Da Braiterman in Harvard nicht im ersten Semester angefangen hatte, machte er bereits seinen Abschluß, als Gates ausschied. Während des letzten Semesters, das sie an der Universität verbrachten, hatten sie oft von Computern und von der Zukunft gesprochen. »Bill war einer der ersten in meinem Bekanntenkreis, der echt die Vorstellung hatte, daß es überall Computer geben würde«, sagt Braiterman. »Das war für ihn die Zukunft. Ich weiß allerdings nicht, ob er alles wirklich so voraussah, wie es dann gekommen ist. Er glaubte, der Computer würde auch im Privathaushalt eingesetzt werden – nicht nur im Büro. Seine Gedanken gingen jedenfalls in die richtige Richtung. Er sprach auch von der Vorstellung, daß man alle seine Bücher und Papiere ausrangieren könnte und auf alles, was man wissen wollte, Zugriff am Computer haben würde, daß alle Kommunikation über Computer laufen würde.«

Gates' Eltern in Seattle hörten nicht gerne, daß er nun endgültig sein Studium abbrach, um seine ganze Zeit und Kraft für Microsoft einsetzen zu können. »Sie waren sehr bestürzt«, erinnert sich Reverend Dale Turner. Es hätte sie jedoch trösten können zu wissen, daß ihr Sohn den offiziellen Universitätsakten zufolge die Universität »in gutem Ansehen« verlassen hatte. Tatsächlich gilt er in den Unterlagen noch immer als beurlaubt. In Harvard scheint man sich nicht vorstellen zu können, daß jemand, der die Universität ohne Abschluß verläßt, nicht eines Tages zurückkommt, um einen ordentlichen Titel zu erwerben.

Nach seinem Abgang von der Universität steckte Bill Gates alle Energien in Microsoft. Jetzt lenkte ihn nichts mehr von der Firma ab. Während der folgenden fünf Jahre nahm er nur zweimal jeweils ein paar Tage Urlaub.

Als er im Januar 1977 nach Albuquerque zurückkehrte, bestand das größte Problem in den Beziehungen zu MITS, die er immer unbefriedigender fand. Das Geld lag auf der Straße, aber in der ständigen vertraglichen und finanziellen Bindung an MITS hatte Microsoft nicht die Bewegungsfreiheit, die man brauchte, um Kapital daraus zu schlagen.

Das Lizenzabkommen hinderte Microsoft daran, 8080 BASIC ohne

Zustimmung von MITS an andere Firmen zu verkaufen. Roberts hatte gesagt, er würde einen Verkauf unterbinden, wenn es sich um einen Mitbewerber handelte. Anfänglich konnte diese Haltung Microsoft recht sein, weil der Altair zu Beginn keine Konkurrenz hatte. Aber zwei Jahre nach Erscheinen des Artikels in *Popular Electronics* hatten sich Dutzende von Hardwareherstellern der Revolution angeschlossen. Im Frühjahr 1977 brachte Commodore den PET-Computer auf den Markt, und in Texas testete die riesige Tandy-Corporation einen Mikrocomputer, der unter dem Namen Radio Shack TRS-80 in Kürze auf dem Markt erwartet wurde. Im kalifornischen Silicon Valley schickte sich eine unlängst in einer Garage gegründete Firma an, die Früchte ihrer Mühen an den Verbraucher zu bringen – den Apple II. Die Industrie wuchs rasch, und eine Sprachenfirma wie Microsoft, deren Erzeugnisse den Benutzern von Computern gestatteten, die Maschinen wirksamer einzusetzen, durfte auf große Nachfrage hoffen. Während für Gates aber jede neue Hardwarefirma die Erweiterung seines potentiellen Marktes verhieß, hatte Roberts Angst vor der Konkurrenz. Mithin war der Krach zwischen den beiden programmiert. Tatsächlich stritten Roberts und Gates sich ja schon seit den ersten Tagen ihrer Zusammenarbeit fast unentwegt. Freilich wußte Roberts, daß er auf Gates angewiesen war. Hätte der junge Softwareschöpfer MITS verlassen und Allen mitgenommen, wäre MITS in ernste Schwierigkeiten geraten, vor allem, wenn sich Microsoft auch noch mit einer anderen Hardwarefirma zusammengetan hätte. Und so gab es Grenzen, die Roberts bei seinen Auseinandersetzungen mit Gates nicht überschritt.

Einen großen Krach hatte es 1976 gegeben, als sich Intelligent Systems Corporation mit der Bitte um eine Lizenz für BASIC an MITS gewandt hatte. Roberts, der die Konkurrenz dieser Firma fürchtete, hatte eine so hohe Gebühr verlangt, daß aus dem Deal nichts wurde. Später im gleichen Jahr gab es Lizenzverhandlungen über BASIC zwischen Microsoft und mehreren anderen Firmen, unter anderem Zilog und Rydacom. Zilog hatte jüngst den Mikroprozessor Z 80 herausgebracht, bei dem es sich um einen Klon des 8080 von Intel handelte. Doch auch diesmal sträubte sich Roberts gegen das Geschäft und weigerte sich, den Lizenzvertrag zu unterschreiben. Im Frühjahr 1977 war es Gates gelungen,

Lizenzabkommen für BASIC mit einer ganzen Reihe von Hardwareherstellern zu vereinbaren, unter anderem mit ADDS, Delta Data, Courier, Control Data, Lexar, Astro, Rand, Lawrence Livermore, Isyx und Magnavox. An dem Deal hätten Microsoft und MITS je 100 000 Dollar verdienen können. Doch abermals weigerte sich Roberts, die Vereinbarung zu unterzeichnen. Die Gründe formulierte er in einem Brief an ADDS (Applied Digital Data Systems) wie folgt:

»Während unserer Diskussionen über die Möglichkeit, ADDS eine Lizenz für Extended BASIC zu erteilen, ist es uns nicht gelungen, Bedingungen auszuhandeln, die den verkaufsstrategischen Fernzielen beider Firmen gleichermaßen gerecht würden. Nach näherer Erwägung der potentiellen Probleme sind wir nunmehr der Meinung, daß es im beiderseitigen Interesse liegt, unsere Bemühungen, zu einem Lizenzabkommen zu gelangen, nicht fortzusetzen.« Roberts fügte hinzu, ADDS möge im übrigen berücksichtigen, »daß MITS die Exklusivrechte an den von Mr. Gates und seinen Partnern entwickelten Softwareprogrammen hat und daß alle Verträge über die Rechte an dem BASIC-Programm oder an modifizierten Versionen oder Teilen desselben unwirksam sind, sofern sie nicht von MITS autorisiert werden.«

Roberts schrieb mit gleicher Post an Microsoft und unterrichtete Gates und Allen, daß er ADDS und Delta Data mitgeteilt habe, daß MITS ihnen aufgrund bestehender »Marktkonflikte« keine Lizenz für BASIC erteilen würde. Er erklärte seinen Partnern des weiteren: »Alle anderen Verhandlungen mit Dritten, also Intel, Motorola usw., scheinen aus verschiedenen Gründen gescheitert zu sein. Lassen Sie mich noch einmal betonen, daß ich nicht wünsche, daß Sie sich ohne unsere ausdrückliche Billigung an potentielle Lizenznehmer wenden.«

Microsoft sah jedoch ein viel ernsteres Problem auf sich zukommen. Roberts spielte mit dem Gedanken, MITS zu veräußern und sich in Georgia eine Farm zu kaufen. Der potentielle Käufer, Pertec, eine auf die Herstellung von Disketten- und Magnetbandlaufwerken für Mikrocomputer und Großrechner spezialisierte Firma, hatte zur Bedingung gemacht, daß das Lizenzabkommen mit Microsoft Teil des Geschäfts sei. MITS hatte 1976 13 Millionen Dollar Umsatz gemacht, aber der Altair, der als Supernova auf dem Markt erschienen war, stellte inzwischen nur noch einen ausgeglühten Stern dar. Ohne das Lizenzabkommen war MITS wenig wert. BASIC, nicht der Altair, machte MITS begehrenswert.

Als Gates von dem bevorstehenden Verkauf erfuhr, wußte er, daß er und Allen alles tun mußten, um wieder frei über BASIC verfügen zu können. Seit der Unterzeichnung des Abkommens mit MITS hatten Gates und Allen fast 180 000 Dollar Lizenzgebühren erhalten, davon ungefähr 105 000 Dollar aus den Verkäufen von BASIC zusammen mit MITS-Hardware, 10 000 aus BASIC ohne gleichzeitigen Erwerb von Hardware und 55 000 aus den Verkäufen des BASIC Quellcodes. Da das Abkommen Lizenzgebühren von insgesamt höchstens 180 000 Dollar vorsah, konnte Microsoft nicht mehr viele Einkünfte aus BASIC erwarten, wenn es nicht gelang, aus dem Vertrag mit MITS auszusteigen. Am 20. April 1977 teilten Gates und Allen – nachdem sie sich mit Gates' Vater in Seattle beraten und einen Anwalt in Albuquerque genommen hatten – Roberts mit, daß sie das Lizenzabkommen über BASIC mit einer Frist von zehn Tagen kündigten. Sie nannten für diesen Schritt mehrere Gründe: MITS hätte versäumt, über Tausende von Dollar Lizenzgebühren mit Microsoft abzurechnen; MITS hätte sich nicht »nach Kräften« für die Verbreitung und den Verkauf von BASIC eingesetzt; MITS hätte versäumt, Geheimhaltungsversprechen einzufordern bei der Weitergabe von BASIC an Dritte, in der Mehrzahl Computeramateure.

Der Lizenzvertrag sah vor, eventuelle Streitigkeiten durch ein Schiedsverfahren zu schlichten. Doch einige Wochen nach Erhalt des Briefes von Microsoft beantragte Roberts beim Bernalillo County District Court in Albuquerque eine einstweilige Verfügung. Dem Antrag wurde stattgegeben. Bis zur Schlichtung des Streits wurde Microsoft untersagt, eine Lizenz für BASIC 8080 zu vergeben. Roberts sagt, er habe das Gericht angerufen, als er erfuhr, daß Microsoft in Lizenzverhandlungen mit der Firma Texas Instruments stand, die in Kürze einen eigenen Mikrocomputer auf den Markt bringen wollte. Texas Instruments hatte MITS schon das Leben schwer gemacht, als Roberts sich noch bemühte, Rechenmaschinenbausätze unter die Leute zu bringen.

Bis zur Klärung der Angelegenheit sollten mehrere Monate vergehen, und diese Monate waren die bisher einzige Periode der Firmengeschichte, in der Microsoft finanzielle Schwierigkeiten hatte.

»Wir hatten es in dieser Zeit nicht leicht«, erinnert sich Steve Wood. »Wir hatten kaum Einnahmen. Ein wenig kam für FORTRAN herein, der Versand hatte gerade erst begonnen. Und auch für die 6800- und 6502-Versionen von BASIC kriegten wir ein bißchen. Aber diese Einnahmequellen flossen nur spärlich.«

Am 22. Mai 1977 verkaufte Roberts MITS an Pertec. Das Geschäft war im wesentlichen ein Aktientausch. Roberts erhielt Pertec-Aktien im Wert von mehreren Millionen Dollar.

Als der Anwalt von Pertec nach Albuquerque kam, um sich ein Bild von der Lage zu machen und mit Gates zu sprechen, meinte er nach einem Blick auf den langhaarigen schlaksigen Jüngling, daß er vor Gericht leichtes Spiel mit Microsoft haben würde. Roberts hatte Pertec gewarnt, aber seine Warnungen wurden in den Wind geschlagen. »Pertec gab mir zu verstehen, meine Befürchtungen seien unvernünftig, mit dem Typ würden sie schon fertig werden«, sagte er später. »Es war ein bißchen wie als Roosevelt Churchill versicherte, mit Stalin würde er schon fertig werden.«

Eddie Curry überredete Gates zu einem Treffen mit Roberts und dem Anwalt von Pertec. Sie trafen sich im Konferenzzimmer von MITS, Curry wartete draußen vor der Tür. Minuten später hörte Curry drinnen Geschrei und Gebrüll. Curry hatte Angst, die beiden anderen würden Gates das Fell über die Ohren ziehen. Aufgeregt rief er Allen bei Microsoft an und riet ihm, Gates anzurufen und ihm zu sagen, daß er ihn in einer dringenden geschäftlichen Angelegenheit sprechen müsse. Damit beabsichtigte er, Gates aus dem Konferenzzimmer zu holen. Allen rief an und kam dann eilends aus seinem Büro herüber, um vor dem Konferenzzimmer von MITS auf Gates zu warten. Als dieser endlich herauskam, sagte Bill, Curry zufolge, mit lauter Stimme zu Paul gewandt ungefähr folgendes: »Diese Brüder bilden sich ein, sie könnten mich in den Sack stecken, aber sie werden ihr blaues Wunder erleben.« Und dann ging er gleich wieder in die Konferenz. Currys Kommentar« »Von dem Augenblick an habe ich mir seinetwegen keine Sorgen mehr gemacht.«

Es lag auf der Hand, daß bei Verhandlungen nichts herauskommen würde. So ging man schließlich vor das Schiedsgericht. Pertec hatte nicht nur den Fehler gemacht, Gates zu unterschätzen, der Firma unterlief vielmehr nun noch ein zweiter, womöglich sogar noch schwerwiegenderer Fehler. Pertec schrieb einen an Deutlichkeit nicht zu überbietenden Brief an Microsoft, in dem erklärt wurde, BASIC in Zukunft nicht mehr vertreiben oder lizenzieren zu wollen, weil alle anderen Hardwarehersteller als Konkurrenten eingeschätzt wurden. Der Brief war dann das Hauptbeweisstück in dem Schlichtungsverfahren, da die erklärte Absicht ausdrücklich gegen die im Lizenzabkommen gegenüber Microsoft eingegangene Verpflichtung verstieß, den Verkauf und die Verbreitung von BASIC »nach Kräften« zu fördern.

»Mit dem Brief haben sie sich selbst keinen Gefallen getan«, sagt Wood. »Sie sind sehr arrogant aufgetreten und glaubten, uns im wesentlichen einfach sagen zu können: Wir sind diese riesige Multimillionendollarfirma, und ihr seid nur eine Handvoll grüne Jungen, und wir denken nicht daran, euch ernst zu nehmen. Das war ein schwerer Fehler.«

Die Anhörung dauerte drei Wochen, täglich von acht Uhr früh bis fünf Uhr nachmittags. »Es sah so aus, als hätte sich dieser mächtige Riese Pertec auf ein paar arme Kinder gestürzt und versuchte, ihnen ihr Spielzeug wegzunehmen«, sagte später Roberts. »Ich habe Pertec gesagt, daß sie sich verdammt Mühe geben müßten, mit Gates klarzukommen. Sie haben es nicht gemacht. Ein folgenschwerer Fehler. Am Ende hat Gates auf der ganzen Linie gesiegt.«

Es war ein komplexer und sehr technischer Fall. Hätte der Schiedsmann den Streit aufgrund seines eigenen Verständnisses der Technologie, um die es dabei ging, schlichten müssen, würde Microsoft vielleicht heute noch auf den Spruch warten. Doch er entschied nach vertragsrechtlichen Kriterien. Microsoft, befand er, sei als Eigentümerin der Rechte an BASIC berechtigt, das Produkt nach eigenem Gutdünken zu vertreiben.

»Wenn Pertec gewonnen hätte, gäbe es Microsoft heute vielleicht nicht mehr«, sagt David Bunnell. »Und ob Gates nun recht hatte oder nicht, von seinem Sieg hat die ganze Branche profitiert.«

Als die Entscheidung gegen Pertec gefallen war und die lange Schlange der Kunden, die auf BASIC warteten, bedient werden konnte, hatten Microsofts finanzielle Nöte ein Ende – für immer, wie es aussieht.

Ed Roberts blieb noch für einige Jahre bei Pertec, dann kehrte er an den Geburtsort seiner Mutter im stillen Herzen von Georgia zurück, wo er einen Teil seines neugewonnenen Vermögens in eine Farm investierte. Einige Jahre später verkaufte er sie und begann Medizin zu studieren – er hatte schon immer Arzt werden wollen. Heute praktiziert er in Cochran, einem Städtchen mit 5000 Einwohnern südlich von Macon. Wenige seiner Mitbürger wissen, daß Roberts einst einen winzigen Computer baute, den er »Altair« nannte und der den Anbruch der PC-Revolution ankündigte. Etliche Jahre nachdem sein Licht erloschen ist, reagiert der Erfinder des Altair immer noch mit Verbitterung, wenn die Rede auf Gates kommt. Vielleicht, weil die Welt nicht weiß, was Ed Roberts für die Computerindustrie getan hat, sagt sein Freund Eddie Curry.

Roberts hält noch immer an der Überzeugung fest, daß MITS die rechtmäßige Eigentümerin von BASIC war. Er bestreitet nicht, daß Gates und Allen den Code verfaßt haben. Aber, so sagt er, MITS hätte dessen Entwicklung zu einem marktgängigen Produkt finanziert und damit eine verwendbare Software für Mikrocomputer geschaffen. Nach seiner Schätzung hatten Gates und Allen während ihrer Arbeiten bei MITS Rechnerzeit im Wert von mehreren hunderttausend Dollar verbraucht. »Ich war naiv«, sagt Roberts. »Ich weiß, man wird mir das jetzt nicht glauben, aber ich habe mich wirklich bemüht, diese Jungen nicht in die Pfanne zu hauen. Bill war erst neunzehn und Allen nur ein paar Jahre älter, aber wie sich dann gezeigt hat, waren sie mir eine ganze Ecke überlegen – Bill jedenfalls. Paul ist ein total ehrenhafter Kerl.«

Was Ed Roberts wußte und Pertec erst am eigenen Leib erfahren mußte, war, daß Bill Gates' äußere Erscheinung täuschte. Obwohl er einem Laufburschen ähnlicher sah als einem Konzerndirektor, erwies er sich als überragender Geschäftsmann. Mit einundzwanzig verhandelte er ebenso selbstverständlich mit Firmenchefs, die viel älter waren, wie er bis tief in die Nacht vor einem Computerterminal beim Programmieren saß, gestärkt von Cola und kalter Pizza.

Obwohl sich der Rechtsstreit mit MITS und Pertec durch ziemlich das ganze Jahr 1977 hinzog, wurde auch in diesem Jahr bei Microsoft mit unvermindertem Tempo weitergearbeitet. Die Firma arbeitete an neuen

Sprachen, wie etwa COBOL, und vertrieb weiterhin FORTRAN sowie auch BASIC für andere als den 8080-Chip.

Gates kümmerte sich während dieser Zeit intensiv um den OEM-Markt. Als OEM (Original Manufacturer, Originalhersteller) gilt die Firma, unter deren Namen ein Produkt verkauft wird. Wenn jemand zum Beispiel einen General-Motors-Wagen mit Goodyear-Reifen kauft, kauft er ein Produkt des OEM General Motors, denn General Motors hat die Goodyear-Reifen für die Verwendung bei einem seiner Produkte erworben. Im Falle der Computerindustrie mag etwa ein OEM den Computer bei einem anderen Hersteller kaufen, diesen dann in sein eigenes Gerät einbauen und dann das ganze unter seinem Namen anbieten. Viele OEM der Computerbranche stellten High-Tech-Computergerät für Krankenhäuser her. Andere waren auf Graphik oder Robotik spezialisiert. Aber alle brauchten sie eine höhere Programmiersprache wie BASIC oder FORTRAN für ihre Maschinen. Es war ein sehr lukrativer Markt, und Microsoft erzielte in den ersten Jahren einen großen Teil ihrer Einnahmen aus OEM-Verträgen.

Während Gates die Abschlüsse mit Originalherstellern tätigte, konzentrierte sich Allen auf das Programmieren und plante die weitere Produktion.

»Ich habe mich immer auf neue Ideen und die Entwicklung neuer Technologien konzentriert«, sagt Allen. »Bill mischte sich gelegentlich ein und tat dabei mit, aber er hat sich immer mehr mit der geschäftlichen Seite und dem kommerziellen Aspekt befaßt.«

In Harvard hatte Gates Businessbücher verschlungen wie andere Kommilitonen den *Playboy*. Er wollte alles erfahren, was man wissen muß, um eine Firma erfolgreich führen zu können. Menschenführung interessierte ihn ebenso wie Marketing, und nicht einmal Fachbücher über Firmenrecht waren ihm zu trocken. Gates handelte nicht nur die Abschlüsse aus, er setzte auch die Verträge auf, wie Wood herausfand, als er sich eines Tages mit ihm traf, um ein Lizenzabkommen über die FORTRAN-Version, für die Wood den Code geschrieben hatte, mit ihm zu besprechen. Gates schüttelte im Handumdrehen den Text des Abkommens aus dem Ärmel. Wood hatte den Eindruck, daß sich Gates besser in der Materie auskannte als seine Anwälte.

»Bill machte alles«, sagt einer der Programmierer. »Er war Verkäufer, technischer Leiter, Rechtsanwalt, Geschäftsmann ... und, und, und ...« Bei einigen großen Geschäften wollte Gates allerdings nicht auf den Rat der Anwälte verzichten. In einem dieser Fälle ging es um einen Vertrag mit Tandy. In der Umgebung von Forth Worth in Texas kannte man die Tandy Corporation als die »McDonalds« der Elektronikwelt. Die 1927 als Lederhandlung gegründete Firma unterhielt Ladengeschäfte im ganzen Lande, als sie 1962 eine Kette von neun Elektronikversandhäusern namens »Radio Shack« erwarb. 1975 gab es schon Hunderte von diesen »Radio Shacks« im ganzen Lande. Als der Altair auf den Markt kam, stellte die Firma ein paar Techniker an und beauftragte sie, einen Mikrocomputer zu bauen. Der um den Z-80-Prozessor von Zilog gebaute TRS-80 wurde im August 1977 im New Yorker Warwick Hotel präsentiert. Er kostete 399 Dollar und wurde durch die »Radio-Shack«-Läden überall in den USA vertrieben. Im Monat nach der Präsentation wurden über 10 000 Exemplare des Computers verkauft. Sie gingen weg wie warme Hamburger. Der TRS-80 war kein Bausatz wie der Altair, sondern wurde betriebsfertig geliefert.

Bei den Verhandlungen mit Tandy, die BASIC für den TRS-80 brauchte, lernte Gates John Roach kennen, damals der für Marketing verantwortliche Vizepräsident der Firma. Die beiden waren einander sympathisch. Roach wurde eine Art Mentor für Gates und lehrte seinen eifrigen Schüler Business- und Marketingstrategien. Knapp vier Jahre später wurde Roach Präsident von Tandy.

Aber Microsoft verband sich 1977 nicht nur mit Tandy. Man vergab auch eine Lizenz für BASIC 6502 an Apple für den Apple II. Microsoft hatte begonnen, mit ihrer Software einen Industriestandard zu setzen. Und genau das wollte Gates, genau das hatte er auf den Besprechungen mit den Programmierern immer gefordert. »Wir setzen den Standard«, wurde das Motto der Firma in Albuquerque. In diesem Slogan drückte sich Gates' grundsätzliche Einstellung aus. Das Bemühen, als erster mit einem neuen Softwareprodukt am Markt zu sein, nur um einen Standard zu setzen, brachte die Firma freilich mitunter auch in Schwierigkeiten. Nur zu oft setzte sich Gates unrealistische Ziele. Lieferfristen wurden nicht eingehalten, die Produkte waren nicht immer ausgefeilt, und aufgrund unvorhergesehener Schwierigkeiten oder Verzögerungen mußten Verträge revidiert werden.

»Bills Bestreben, und das sieht man noch jetzt bei Sachen wie ›Windows‹, war immer, einen Standard zu setzen und sich Marktanteile zu sichern«, sagt Wood. »Er konnte es nie vertragen, ein Geschäft zu verpassen. Wenn wir mit dem Preis heruntergehen mußten, um einen Auftrag zu kriegen, ging das immer auf seine Initiative zurück.«

»In Albuquerque haben wir uns bei Preisdiskussionen immer zusammengesetzt und gefragt: Okay, was wollen sie von uns? Wie lange werden wir dazu brauchen? Die Arbeitszeiten haben wir natürlich immer unterschätzt. Und dann haben wir gesagt: Okay, also was werden uns diese Burschen unserer Meinung nach zahlen? Was können wir von denen kriegen? Wieviel können wir vernünftigerweise verlangen? Wie wichtig ist uns dieser Auftrag? Bill war immer für einen niedrigeren Preis und einen früheren Liefertermin. ›Ach, das kriegen wir in drei Monaten hin.‹ ›Berechnen wir ihnen nur fünfzigtausend, denn wir wollen diesen Auftrag doch unbedingt haben.‹ Paul sprach sich immer für einen höheren Preis aus und sagte: ›Versuchen wir doch, mehr Geld herauszuholen.‹ Meistens einigten wir uns dann irgendwo in der Mitte.«

Obwohl sich Gates bei Microsoft hauptsächlich um die Geschäfte kümmerte, mischte er immer noch gelegentlich bei den technischen Entwicklungsarbeiten mit. Das Programmieren machte ihm Spaß, und manchmal beteiligte er sich an den Wettbewerben der Microkids, die der gewann, der das knappste Programm schrieb.

Gates gibt zu, daß einige seiner Programmierer an seinem Arbeitsstil wenig Gefallen fanden. »Es tut manchmal weh, wenn man jemand anderen an einem Projekt arbeiten läßt. Ein anderer kodiert das Zeug nie genau so, wie man selbst es machen würde. Ich weiß noch, daß ich, als wir BASIC kodierten, zurückging und die von anderen Leuten kodierten Abschnitte neu kodierte . . . ohne dabei allerdings nennenswerte Verbesserungen zu erzielen. Das ärgert die Leute natürlich, aber manchmal kann man einfach nicht anders.«

Daß Gates die Codes seiner Mitarbeiter umschrieb, war eigentlich schon schlimm genug. Aber in mindestens einem Fall schmückte er sich auch mit fremden Federn. Als Microsoft die MS-DOS-Enzyklopädie veröffentlichte, las man im Vorwort zu diesem kolossalen technischen Handbuch, daß Gates das Standalone Disk BASIC entwickelt habe. Tatsächlich entwickelte, wie schon erwähnt, Marc McDonald das fragliche Programm 1977 für die Firma National Cash Register. McDonald gehörte bei Erscheinen der Enzyklopädie der Firma schon nicht mehr an, aber nach der Lektüre des Vorworts schrieb er Gates einen ätzenden Brief: »Als ich das in der DOS-Enzyklopädie sah«, sagt er, »habe ich mir gesagt: ›Was soll dieser Scheiß?‹ Bill wußte sehr gut, daß *ich* das gemacht habe.« Das von McDonald entwickelte Disk BASIC bediente sich einer revolutionären Methode der Dateiverwaltung, der FAT (»file allocation table«, Dateibelegungstabelle). McDonald versichert, daß von dem Code für Standalone Disk BASIC Gates keine Zeile geschrieben hat. Dieses Programm war viel schneller und effizienter als das Disk BASIC, das Gates während seiner fünftägigen Klausur im Albuquerquer Hilton Hotel für den Altair geschrieben hatte.

»Bill hat ein sehr gefälliges Gedächtnis«, sagt McDonald. In späteren Auflagen der Enzyklopädie wurde er übrigens als Verfasser des fraglichen Programms genannt. Ehe er Microsoft verließ, arbeitete McDonald noch mit an einer Version des Standalone Disk BASIC, das auch von japanischen Computern viel benutzt wurde.

Gates strebte schon 1977 auf den japanischen Markt und sicherte sich dort einen großen Vorsprung vor der Konkurrenz. »Ich ging schon zwei Jahre nach der Gründung von Microsoft nach Japan, denn ich wußte, daß für einen, der Geschäfte mit Hardwarefirmen macht, dort eine Menge zu holen war«, sagt er selbst. »Dort wird großartige Forschung betrieben, und außerdem war von da – abgesehen von den USA – noch am ehesten gefährliche Konkurrenz zu befürchten.«

Microsofts Mann für Japan und den Fernen Osten wurde Kuzuhiko (Kay) Nishi, ein begnadeter Verkäufer und ein hyperaktiver Computerwunderknabe in Gates' Alter. Obwohl klein und rundlich von Gestalt, war Nishi brillant und temperamentvoll. Er sollte als der »Bill Gates von Japan« bekannt werden. Zeitweilig standen er und Gates einander so nahe wie Brüder.

Sie waren von bemerkenswerter ähnlicher Herkunft. Beide hatten wohlhabende Eltern, begeisterten sich schon in zartem Alter für Computer und brachen das Studium ab, um sich selbständig zu machen. Nishi wuchs in der Hafenstadt Kobe auf, wo seine Familie eine Privatschule für Mädchen gegründet hatte. Schon als Neunjähriger schlich er sich nachts ins Arbeitszimmer seines Vaters, um mit einem alten Wang-Computer zu spielen. Als er sich an der berühmten Waseda-Universität immatrikulierte, war er genauso von Computern besessen wie Gates. Er brach sein Studium nach zwei Jahren ab, um eine Computerzeitschrift herauszugeben, verkaufte diese aber nach einem Streit mit dem Verleger. Dann begann er mit ASCII, woraus später die größte Softwarefirma Japans wurde.

Seine Freundschaft mit Gates begann im Frühjahr 1977, als Nishi von Japan aus in New Mexico anrief, um mal mit »den Leuten, die BASIC entworfen haben«, zu reden. Verschiedene japanische Firmen erwogen, ins Mikrocomputergeschäft einzusteigen, und Nishi wollte ihnen bei der Gestaltung ihrer Computer behilflich sein und ihnen die Software liefern. Er und Gates unterhielten sich eine Zeitlang, und Nishi bot Gates ein Ticket erster Klasse an, wenn er auf der Stelle nach Japan fliegen und die Geschäfte mit ihm bereden wollte. Gates erklärte ihm, daß er in Albuquerque unabkömmlich sei, sie verabredeten jedoch ein einstündiges Treffen am Rande der bevorstehenden National Computer Conference (NCC) in Dallas. Aus der angesetzten Stunde wurden dann deren acht. Gates hatte eine verwandte Seele mit gleichen Visionen und Energien gefunden. Nachher unterzeichneten sie ein nur eine Seite langes Abkommen. Nishi wurde Microsofts erster Vertreter im Fernen Osten. Binnen kurzem sollte dieses Abkommen sowohl Nishi als auch Microsoft Millionen einbringen.

Im Vorsitz der National Computer Conference des Jahres 1977 befand sich Portia Isaacson (die Jahre später auch dem Vorstand der Microsoft angehören sollte). Sie hatte die Organisatoren der Fachmesse dazu gebracht, neben »echten« Computern auch Mikrocomputer zuzulassen. Die Stände, an denen diese gezeigt wurden, befanden sich in einem schäbigen heißen Saal ohne Fenster im Erdgeschoß, während die »echten« Maschinen in der oberen Etage in einem klimatisierten Saal präsentiert wurden. Die meisten Teilnehmer an dem Kongreß interessierten sich aber mehr für die Dinge, die unten gezeigt wurden.

»Es war wirklich interessant«, sagt Nelson Winkless. »Endlich begriff das Computer-Establishment, daß diese Sachen ernst zu nehmen waren.«

Computermessen und Fachausstellungen waren für junge Firmen wie Microsoft sehr wichtig. Man hatte dabei Gelegenheit zu sehen, was sich in der Branche tat, konnte Informationen austauschen, neue Produkte vorstellen, Gespräche mit Kollegen führen und wichtige Beziehungen anknüpfen. Auch Spaß gab es genug. Bei einer Fachausstellung in Las Vegas, die er 1977 mit David Bunnell und Richard Weiland besuchte, verbrachte Gates die Nacht am Würfeltisch. Gegen vier Uhr früh, nachdem Gates ein paar tausend Dollar verspielt hatte, fanden Bunnell und Weiland es an der Zeit, ins Hotel zurückzukehren, Gates jedoch hatte die Wagenschlüssel im Kofferraum des Leihwagens eingeschlossen. Ein Schlosser mußte geholt werden, der ein Loch in den Kofferraumdeckel schnitt, um ihn aufzukriegen. Gates mußte eine zusätzliche Gebühr in Höhe von 300 Dollar berappen. »Er fand das ganze sehr komisch«, sagt Bunnell.

Für den Rückflug nach Albuquerque mieteten sie ein Privatflugzeug. Weiland flog, Bunnell navigierte. Gates legte sich auf den Rücksitz, zog sich eine Decke über den Kopf und schlief ein.

Der Charakter der Firma hat sich in den Jahren, seit Microsoft in der Suite 819, Two Park Central Tower in Albuquerque die erste eigene Adresse fand, nicht wesentlich verändert . . . Obwohl das Unternehmen seit jenen Anfangsjahren sehr gewachsen ist, hat es doch den Stil seiner Gründerzeit weitgehend beibehalten. Und diesen Stil prägten von Anfang an Arbeitsethos, Intensität, harte Gangart, Kreativität, Jugendlichkeit und Ungezwungenheit der Unternehmer und ihrer Mitarbeiter. Man kam in der Kleidung zur Arbeit, in der man sich am wohlsten fühlte, setzte seine eigenen Arbeitszeiten fest und ging neben dem Job den verschiedensten Interessen nach. Aber man gehörte einem Team an, einer Familie. Alle Angehörigen der Firma hatten ein gemeinsames Ziel, ein gemeinsames Anliegen, für das Gates sie zu begeistern verstand: hart arbeiten, immer bessere Produkte herstellen, immer eine Nasenlänge voraus sein.

»Wir haben einfach eine Menge Spaß gehabt und echt hart gearbeitet«, sagt Steve Wood, der im Herbst 1977 die allgemeine Geschäftsführung übernahm, als Rick Weiland das Unternehmen verließ. »Wenn ich daran zurückdenke, kann ich nur staunen. Damals waren wir lediglich fünf oder sechs Leute. Jetzt ist Microsoft ein Unternehmen mit fast zwei Milliarden Jahresumsatz.«

Im ersten Jahr ihres Bestehens nahm die Firma, wie schon erwähnt, rund 100 000 Dollar ein. Ende 1977 hatten sich ihre Einnahmen fast verdoppelt. Obwohl die von Ed Roberts und Pertec beantragte einstweilige Verfügung Microsoft während des größten Teils dieses Jahres daran hinderte, ihre beliebte 8080-BASIC zu lizenzieren, reichten die Einnahmen doch aus, um verschiedene neue Mitarbeiter einzustellen. Unter anderem einen weiteren Programmierer auf Ganztagsbasis, Bob Greenberg, dessen Vater Präsident von Coleco Industries war, einer an der Ostküste ansässigen Firma für elektronisches Spielzeug, die damals gerade anfing, sich für das Mikrocomputergeschäft zu interessieren. Auch Andrea Lewis, die bei MITS gemeinsam mit David Bunnell die *Computer Notes* redigiert hatte, schloß sich 1977 dem Microsoft-Team an. Ihr fiel dort die Aufgabe zu, die technischen Handbücher für die Softwareprodukte der Firma zu schreiben. Im Sommer des Jahres kamen überdies Chris Larson und Monte Davidoff wieder nach Albuquerque.

Eine der tüchtigsten Kräfte, die Microsoft in diesem Jahr einstellte, war Miriam Lubow, die von Computern keine Ahnung und von Software nie gehört hatte. Sie war 42 Jahre alt, Mutter von vier Kindern und bewarb sich auf eine Anzeige hin als Sekretärin. Sie wurde so etwas wie eine Büromutter, die alles zusammenhielt, erledigte die Schreibarbeiten und kümmerte sich um Ablage, Buchhaltung, Einkauf und Gehaltslisten, neben vielem anderen.

Gates war auf Geschäftsreise, als Wood Mrs. Lubow einstellte. Eines Morgens, kurz nachdem sie bei Microsoft angefangen hatte, stürmte die neue Sekretärin in Woods Büro, um ihm mitzuteilen, daß soeben irgendein junger Schnösel an ihrem Schreibtisch vorbei geradewegs in das Büro von Mr. Gates gelaufen sei und dort jetzt mit dem Terminal spielte. Dieser Schnösel, erklärte ihr Wood, sei Gates persönlich. Ein paar Minuten später kam Mrs. Lubow zurück und erkundigte sich: »Wie alt ist er, Steve?«

»Einundzwanzig«, erwiderte Wood.

Mrs. Lubow faßte eine besondere Zuneigung zu Gates. Sie wurde seine Ersatzmutter, erinnerte ihn gelegentlich daran, sich die Haare schneiden zu lassen, und sorgte dafür, daß er sich kämmte, wenn wichtiger Besuch kam. Mittags brachte sie ihm immer sein Lieblingsessen, Hamburger, mit und versuchte auch dafür zu sorgen, daß er seinen Flug nicht verpaßte, wenn er auf Geschäftsreisen mußte.

Gates war damals im ganzen Land unterwegs, um Geschäftsabschlüsse mit Originalherstellern zu tätigen. Er hatte die Angewohnheit, sein Büro erst unmittelbar vor Abflug zu verlassen. Für die Fahrt zum nahegelegenen Flugplatz gab er sich nie mehr als zehn Minuten, gewöhnlich kaum mehr als fünf. Oft traf er erst in dem Augenblick ein, in dem sich die Flugbegleiter anschickten, die Tür zu schließen. Dieses Spielchen spielt er noch heute. Gates treibt alles gern ins Extrem. »Das bringt meistens die besten Leistungen«, hat er einmal gesagt. »Ich verschwende nicht gerne Zeit. Ich habe ein sehr volles Programm und reise oft genug, um zu wissen, wie lange ich zum Flughafen brauche. Ich bin nicht der Typ, der eine Stunde vor Abflug aufkreuzt, sagen wir's mal so. Ich würde das für Zeitverschwendung halten.« Aber davon abgesehen, liebt er offenbar auch den Wettlauf mit dem Sekundenzeiger. Mrs. Lubow gab ihm schließlich immer eine frühere Abflugzeit an, damit sie sich keine Sorgen mehr zu machen brauchte, daß er seinen Flug verpaßte.

Oft war Gates zwei oder drei Tage auf Geschäftsreise. Wenn er abends nach Albuquerque zurückkehrte, arbeitete er oft gleich anschließend die ganze Nacht durch und ging am nächsten Morgen in eine wichtige Konferenz. Wenn Mrs. Lubow morgens zur Arbeit kam, fand sie ihn oft schlafend auf dem Fußboden vor.

»Er erholte sich immer ziemlich schnell«, erinnert sich eines der damaligen Microkids. »Er trank nur eine Tasse Kaffee oder so was und war dann voll bei der Sache. Es war gut, daß er erst einundzwanzig war.«

Die Atmosphäre bei Microsoft war äußerst zwanglos, wenn nicht gerade »Anzüge« zu einem wichtigen Treffen erwartet wurden. Alle Angestellten, einschließlich Mrs. Lubow, zogen im Büro gewöhnlich die Schuhe aus und gingen barfuß. Die Jungen trugen Jeans und Sporthemden. Immer stand ein Vorrat an kostenloser Coca Cola bereit, und an dieser Tradition hält Microsoft bis heute fest. (Die Firma stellt ihren über 8000 Angestellten Softdrinks, Milch und Säfte kostenlos zu Verfügung.) Es standen immer Personalcomputer verschiedener Fabrikate herum und Versandkisten. Die Firmen schickten Microsoft ihre Hardware, die Microsoft ihnen dann, mit der Software ausgestattet, in den gleichen Kisten, in denen sie gekommen war, zurückschickte. Gewöhnlich kamen die Programmierer irgendwann am späten Vormittag ins Büro. Weil das Timesharing-System so langsam war, schrieben sie Code auf gelbe Aktenbögen und tippten ihn erst, wenn sie ihn schon weitgehend organisiert hatten, in einen Terminal. Nur vier der Terminals waren mit dem PDP-10 im Gebäude der Schulverwaltung verbunden, zu dem Microsoft Zugang hatte. So konnten nicht alle gleichzeitig arbeiten. Ein- oder zweimal täglich suchte ein Angestellter die Schule auf, um die Computerausdrucke (»Listings«) abzuholen. Das erforderliche Programmdebugging mußte direkt an dem PDP-10 vorgenommen werden, und sobald das Programm fehlerfrei lief, wurde es auf die Computer bei Microsoft heruntergeladen.

Obwohl die Arbeitsatmosphäre sehr zwanglos war, gab es nicht selten Krach. Gates verlangte viel, und es wurde unter äußerster Anspannung gearbeitet. »Bill war immer ein Antreiber«, sagt ein Programmierer. »Wir hatten etwas gemacht, was ich für sehr schlau hielt, und alles, was er dazu zu sagen hatte, war dann: ›Warum habt ihr nicht dies getan?‹, oder: ›Warum habt ihr vor zwei Tagen nicht schon jenes gemacht?‹ Das hat einen manchmal ganz schön frustrieren können.«

Doch die Microkids *wollten* herausgefordert werden. Und sie wollten ihrerseits Gates herausfordern können. Im Grunde verlangte er sogar, daß sie ihm widersprachen. Aufgrund dieser ständigen Herausforderung aller durch alle bewahrte sich Microsoft den erforderlichen Biß und die geistige Schlagkraft. Wer für Microsoft arbeitete, mußte alles bis zur letzten Konsequenz durchdenken. So ist das noch heute. Angestellte dieser Firma können sich nicht einen Augenblick auf ihren Lorbeeren ausruhen. Gates selbst scheute sich nicht, seine Meinung zu ändern, wenn sein Gegner überzeugende Argumente vorbringen konnte. »Bill ist kein Dogmatiker, sondern sehr pragmatisch«, sagt Steve Wood. »Er kann sich sehr lautstark und auch einleuchtend für irgend etwas stark machen und dann ein oder zwei Tage später sagen, daß er sich getäuscht hat. Es gibt nicht viele Leute, die diesen Ehrgeiz, diese Dynamik, diese Zähigkeit besitzen und dabei nicht eitel werden. Das ist eine seltene Begabung.«

Da der Computer im Verwaltungsgebäude der Schule von Albuquerque nachmittags hauptsächlich von den Schulen in Anspruch genommen wurde und seine Antworten dann schrecklich lange auf sich warten ließen, arbeiteten die meisten Microkids bis spät in die Nacht. Das Arbeitsethos wurde ihnen nicht diktiert, sie unterwarfen sich ihm freiwillig. Jeder hielt es für selbstverständlich, immer solange hintereinanderweg zu arbeiten wie nötig, um die gestellte Aufgabe zu erledigen.

»Es gab Zeiten, in denen ich oft erst nach Hause kam, um ein paar Stunden zu schlafen, wenn Marla schon wieder aufstand«, sagt Wood, der, wie gesagt, damals schon verheiratet war. »Oft arbeiteten wir vierundzwanzig Stunden am Stück, um die Lieferfristen einzuhalten oder ein neues Produkt früher herausbringen zu können. Ich merkte die Überstunden, aber sie waren mir keine Last. Wir hatten viel Spaß. Wir haben das nicht gemacht, weil jemand mit der Peitsche hinter uns stand.« Aber niemand kann die ganze Nacht lang vor einem Computer sitzen, ohne hin und wieder eine Pause einzulegen. Gates und Allen gingen regelmäßig in die Nachtvorstellungen. Albuquerque war zwar nicht direkt ein kulturelles Mekka, aber Kinos gab es dort pro Kopf der Bevölkerung sogar mehr als in irgendeiner anderen Stadt der Vereinigten Staaten. Gates und Allen sahen sich jeden Film an, der neu herauskam. Am liebsten Krimis, bei denen sie um die Wette versuchten, als erster den Täter zu ermitteln.

»Wir gingen ins Kino und danach gleich wieder an die Arbeit«, sagt Allen.

Spät in der Nacht fuhr Gates auch seinen grünen Porsche 911 spazieren. Gates raste gern. Dabei konnte er sich am besten entspannen und ein Problem durchdenken. Paul Allen relaxte, indem er Gitarre spielte. Der Mustang, den Gates gefahren hatte, als er noch auf die High-School ging, hatte eine Automatikschaltung. Als sie in Albuquerque ankamen, konnten weder er noch Allen mit einem Schaltknüppel umgehen. Nachdem Allen bei einem Chevrolet-Vertragshändler einen Monza gekauft hatte, übten die beiden das Fahren mit Knüppelschaltung auf einem Parkplatz. Einen ganzen Nachmittag lang. »Es war urkomisch«, erinnert sich Allen.

Kurz nachdem er sich den Porsche gekauft hatte, brachte ihn Gates wieder zurück und beschwerte sich, daß er kaum mehr als 200 km/h fuhr, nicht annähernd die in der Bedienungsanleitung versprochene Höchstgeschwindigkeit. Gates trat gern den Gashebel durch. Strafmandate waren ständig in seiner Post.

Einem Freund hat Gates erzählt, daß er wegen zu schnellen Fahrens einmal im Gefängnis war. Allen saß bei der Gelegenheit auf dem Beifahrersitz. Als sie angehalten wurden, sprangen beide aus dem Wagen, und keiner sagte, wer am Steuer gesessen hatte. Als Eigentümer des Fahrzeugs wurde Gates ins Gefängnis gebracht. Man setzte eine Kaution in Höhe von tausend Dollar fest. Zufällig hatte Gates sogar noch mehr als diese Summe in der Tasche. Die nächsten Tage wurde er auf Schritt und Tritt von der Polizei beschattet. Man glaubte, einem Drogenhändler auf der Spur zu sein. Die Ordnungshüter vermochten sich offenbar nicht vorzustellen, daß ein so junger Mann einen Porsche fahren und die Brieftasche voller Geld haben konnte, ohne irgendwie Dreck am Stecken zu haben.

Jeder, der ihn in Albuquerque kannte, kann mindestens ein haarsträubendes Abenteuer von Gates und seinem Porsche erzählen. »Es war beängstigend«, sagt Eddie Curry. »Nie fuhr er langsamer als mit 150 km/h.«

Eines Tages holte Gates einen wichtigen japanischen Besucher vom Flugplatz ab und fuhr ihn in die Stadt. »Er war ganz weiß, einfach weiß«, erinnert sich Allen des Japaners bei der Ankunft im Büro der Microsoft. »Er fragte mich: ›Mister Gates, er immer fahren so schnell?‹«

Alles, was er tat, war für Gates irgendwie Wettkampf, und so nahm er natürlich auch jede Autofahrt als Rennen. Er und Allen fuhren um die Wette durch die Stadt, wenn sie das gleiche Ziel hatten. Da Allen einen Monza fuhr, der viel langsamer war als der Porsche, spezialisierte er sich auf Schleichwege und Abkürzungen. »Wenn sich Bill in einen Wagen setzt, versucht er immer, das letzte aus ihm herauszuholen«, sagt er. »Aber er ist ein unglaublicher Fahrer. Er ging immer bis zum Äußersten, ohne je die Kontrolle zu verlieren.«

Während des Sommers 1977 verließ Gates oft das Büro um drei Uhr früh und fuhr mit seinem Freund Chris Larson ein Stündchen spazieren. Eine seiner bevorzugten Strecken war eine kurvenreiche zweispurige Straße, die einige Meilen östlich der Stadt von der Interstate 40 abzweigte und zu einer verlassenen Zementfabrik führte. Oft hörte man hier den Porsche durch die Wüstennacht heulen, während Gates eine Kurve nach der anderen nahm. Doch bei einer dieser nächtlichen Spritztouren verlor Gates die Kontrolle über den Wagen. Er geriet ins Schleudern und krachte in einen Erdhügel am Straßenrand. Wie Larson die Sache erzählt, fuhren sie »mit ungefähr 200 Sachen vorwärts und dann plötzlich im gleichen Tempo zur Seite«. Weder Gates noch Larson wurden verletzt, und der Wagen war auch nur geringfügig beschädigt.

»Ich habe immer damit gerechnet, daß wir eines Morgens einen Anruf kriegten, wir sollen eine Kaution stellen, damit er aus dem Gefängnis entlassen würde«, sagt Wood.

Die Wüste von New Mexico mochte zwar für nächtliche Spritztouren geeignet sein, als Standort für einen schnell wachsenden Softwarehersteller wie Microsoft empfahl sie sich jedoch weniger.

1977 begannen Gates, Allen und Wood, dem inzwischen die allgemeine Geschäftsführung oblag, über einen Umzug zu sprechen. Die Frage war nur: wohin? Das Silicon Valley, südlich von San Francisco, wo erst jüngst die Halbleiterindustrie aus dem Boden gestampft worden war, kam an erster Stelle in Frage. Dort war jetzt das Zentrum der neuen Mikrocomputerindustrie. Das Tal galt als Hort fortgeschrittenster Technik. Kaum eine Woche verging, in der dort nicht eine neue Computerfirma ins Geschäft einstieg oder an die Börse ging.

»Wir haben eine ganze Weile die Frage besprochen, ob wir in die Gegend von San Francisco ziehen sollten«, sagt Wood. »Die Frage, ob wir überhaupt umziehen sollten oder bleiben, wo wir waren, ist, soweit ich mich erinnern kann, kaum diskutiert worden. Wir wußten, daß wir umziehen würden. Es war schwer, die Leute, die wir einstellen wollten, dazu zu bringen, nach Albuquerque zu ziehen. Wir waren irgendwie einfach nicht am richtigen Ort.«

Allen wollte in die Heimat zurückkehren, nach Seattle. »Wenn man so lange in der Wüste war, will man auch mal wieder Bäume und Wasser sehen«, sagt er. Auch nach seiner Familie hatte Allen Heimweh. Gates ging es nicht anders. Im Nordwesten dürfte es nicht schwer werden, geeignete Arbeitskräfte zu finden, meinte Allen. In Seattle ließ es sich leben. Da er wußte, daß Gates sehr an seiner Familie hing, bat er dessen Eltern, sich für einen Umzug der Firma nach Seattle stark zu machen.

»Wir haben mehrere Monate lang diskutiert, ob wir besser in die Umgebung von San Francisco oder nach Seattle ziehen sollten«, sagt Wood.

Wie man hört, war es Gates egal, solange nur das weitere Wachstum der Firma garantiert wäre. Beide Standorte schienen die Voraussetzungen dafür zu bieten. Schließlich einigte man sich auf Allens Vorschlag. Ende 1978 sollte die Firma in die Heimat nach Seattle umziehen. Bis dahin war zwar noch fast ein Jahr Zeit, aber inzwischen gab es noch eine Menge zu tun.

Sehr zufrieden mit dieser Entscheidung, Microsoft in Seattle anzusiedeln, war Bob Wallace. Ende 1977 wurde Wallace, der damals in einem Computerladen in Seattle arbeitete, auf ein hektographiertes Stellenangebot aufmerksam, das Paul Allen bei einem Besuch in der Heimat dort an einschlägigen Orten verteilt hatte.

»Ich dachte, alle Programmierer der Welt müßten scharf darauf sein, für Microsoft zu arbeiten, denn es war doch klar, daß die die Welt erobern würden, jedenfalls dachte ich das damals«, sagt Wallace.

Obwohl: Wallace, der damals kurz vor seinem Magistergrad in Informatik stand, wollte liebend gern für Microsoft arbeiten, Seattle verlassen und nach Albuquerque übersiedeln wollte er jedoch nicht. Als Allen ihm aber eröffnete, daß die Firma binnen eines Jahres nach Seattle ziehen würde, war Wallace sofort dabei, sehr zu Allens Zufriedenheit. Wallace sollte im späten Frühjahr 1978 mit einem Anfangsgehalt von 20 000 Dollar im Jahr bei Microsoft anfangen. Ehe Wallace in Albuquerque eintraf, hatte sich schon ein weiterer neuer Programmierer dem Microsoft-Team zugesellt, Bob O'Rear. Er war fünfunddreißig und kam aus Texas, wo er gemeinsam mit einem Freund eine eigene Firma besessen hatte, Texometrix. Die Firma baute automatisierte Maschinen für Produktionsbetriebe. Der größte Auftrag, den Texometrix hatte, war der

Bau einer Maschine, die Flaschenverschlüsse aus Polyurethan montierte. Die Maschine wurde von einem Mikrocomputer gesteuert. Bei Texometrix war man auf dem letzten Stand der Technik, und O'Rear war der Softwarezauberer schlechthin. Doch die Geschäfte stagnierten, und O'Rear bewarb sich bei Microsoft. »Wir waren großartige Techniker, aber miserable Geschäftsleute«, sagt er rückblickend. Als O'Rear im Januar 1978 bei Microsoft anfing, erhielt er den Auftrag, die Unebenheiten auszubügeln, mit denen das BASIC für den Radio Shack TRS-80 noch behaftet war.

O'Rear arbeitete nicht gern nachts. Er war zehn Jahre älter als der nächstälteste Kollege, verheiratet und Besitzer zweier Hunde und einer Katze. Er kam gewöhnlich lange vor Miriam Lubow ins Büro.

»Ich war der Typ, der gerne richtig früh zur Arbeit kam, sah, daß ich fertig wurde, um zu einer normalen Zeit nach Hause gehen zu können«, sagt O'Rear. »Ich erinnere mich an Zeiten, in denen ich viel zu tun hatte, dann kam ich schon um vier Uhr früh in die Firma und traf dann die anderen, die gerade Feierabend machten. Ich tanzte da ein bißchen aus der Reihe.«

Wallace kam im Mai und begann mit der Entwicklung eines BASIC-Dialekts für Texas Instruments. Es wurde noch ein weiterer Programmierer eingestellt. Nachdem der Prozeß gegen Pertec gewonnen war, konnte Microsoft die Lizenz für BASIC unbeschränkt erteilen, und der Firma floß jetzt das Geld nur so zu. Es kam von Commodore, Apple, Radio Shack, NCR, General Electric, Texas Instruments, Intel und verschiedenen OEM-Kunden.

»Für eine einfache Version des Disk BASIC berechneten wir 50 000 Dollar, und die kostete uns nur ein paar Stunden Arbeit«, sagt McDonald.

Alle paar Monate erhöhte sich das Bankkonto der Firma um rund 150 000 Dollar (wenn nicht mehr), und dann kaufte sich Wood einen weiteren Depotschein über 100 000 Dollar (Microsoft legte in jenen ersten Jahren alle Gewinne in Depotscheinen an). Überdies eröffnete sich nun der japanische Markt. Seit der Unterzeichnung des kurzgefaßten Abkommens mit Gates im Vorjahr schlug Nishi für sich und Microsoft in Japan die Werbetrommel. Den größten Auftrag zog er an Land, als er Kazuya Watanabe, einen Manager des Elektronikgiganten NEC, davon überzeugen konnte, daß seine Firma nur gewinnen könnte, wenn sie den ersten japanischen Personalcomputer baute, und ihm dann empfahl, die Software für diesen Computer bei Microsoft in Albuquerque zu bestellen.

Watanabe flog zu Sondierungsgesprächen mit Gates und Allen nach Albuquerque. Gates holte ihn in seinem Porsche vom Flughafen ab. Der Besuch war kurz, aber Watanabe zeigte sich beeindruckt. Als er wieder in Tokio war, empfahl er dem Vorstand von NEC, den ersten japanischen Mikrocomputer herzustellen und die Software bei Microsoft zu bestellen. Schon im folgenden Jahr konnte der NEC PC 8001 präsentiert werden. Binnen drei Jahren war praktisch jeder in Japan erhältliche Computer mit Software von Microsoft ausgestattet.

»Microsoft hat bei unseren Entscheidungen eine große Rolle gespielt«, verriet später Watanabe dem *Wall Street Journal*. »Ich war immer der Meinung, daß nur junge Leute Software für Personalcomputer entwickeln könnten, Leute, die keine Krawatte tragen und bei einer Coca und einem Hamburger arbeiten – nur solche Leute konnten einen für andere junge Leute geeigneten PC machen.«

Vierzehn Jahre später blickt Wood auf die Gründerzeiten wie folgt zurück: »Einer der Schlüssel zum Erfolg, und das gilt für Microsoft heute noch, ist gewesen, daß wir die Märkte ziemlich genau vorhersehen konnten . . . Wir waren der Nachfrage immer ein oder zwei Jahre voraus. Und mit unseren Vermutungen lagen wir meistens richtig. Das lag zum großen Teil an Bills und besonders Pauls Fähigkeit, rechtzeitig zu erkennen, was angesagt war. Das können zwar eine ganze Menge Leute, aber wir hatten zudem noch Enthusiasmus, ein echt hohes Level von Elan und Ehrgeiz. Es gab einfach nichts, was wir uns nicht zutrauten. Okay, das hat also noch nie jemand für einen PC gemacht? Na und? Wir können es. Kleine Fische. Und nie hat sich irgend jemand gefragt, ob dies oder das überhaupt machbar war oder nicht. Wir haben immer einfach gesagt: ›Na klar! Machen wir!‹ Wir haben uns dauernd übernommen.«

Da die Firma von Anfang an so erfolgreich war, war Gates zur Finanzierung nie auf das Vermögen seiner Familie oder Fremdkapital angewiesen. Microsoft war von Anfang an unabhängig. Als Gates im Sommer 1978 begann, sich in Seattle nach neuen Örtlichkeiten umzusehen, beliefen sich die jährlichen Einkünfte schon auf annähernd eine Million Dollar.

»Wir haben hart gearbeitet«, sagt O'Rear. »Aber feste amüsiert haben wir uns auch.« Ehe der letzte Sommer in Albuquerque zu Ende ging, machten alle Angehörigen des Microsoft-Teams einen mehrtägigen Betriebsausflug zum Elephant-Butte-Stausee am Rio Grande südlich der Stadt, wo man Wasserski fuhr und sich auch sonst »feste amüsierte«. Alle konnten den kurzen Urlaub gut gebrauchen. Der Umzug nach Seattle versprach sehr anstrengend zu werden. Kurz vor dem Ausflug hatte Gates Räume im Gebäude der Old National Bank in Bellevue gemietet, gegenüber von Seattle am anderen Ufer des Lake Washington. Auch dort würde man zukünftig Microsoft auf der achten Etage finden – Suite 819. Die neue Telefonnummer war leicht zu merken: 8080, der Name des Intel-Prozessors, mit dem vor nur vier Jahren alles angefangen hatte. Ausgerechnet diese Nummer zu erhalten mag der Firma dadurch leichter geworden sein, daß Mary Gates dem Vorstand der Telefongesellschaft Pacific North-West Bell angehörte.

Alle Mitarbeiter wollten mit nach Bellevue ziehen, außer Miriam Lubow, die mit Rücksicht auf das Geschäft ihres Mannes in Albuquerque blieb. Steve Woods Frau Marla, die schon seit dem Frühjahr als Schreibkraft für Microsoft tätig war, sollte ihre Nachfolge antreten. Einstweilen hatte sie noch viel zu lernen, denn nicht allein, daß sie keine Erfahrung als Sekretärin hatte, sie verstand auch nichts von Buchhaltung (die bei Microsoft tatsächlich noch in Büchern geführt wurde).

Noch vor dem großen Umzug wurde ein weiterer Programmierer eingestellt, Gordon Letwin, und zwar von Gates persönlich. Letwin hatte ein BASIC für Heath-kit entworfen. Während Gates einem Saal voller Heath-kit-Manager die MS-Variante vorführte, hatte Letwin erklärt, sein BASIC sei besser. Das imponierte Gates. Als schließlich Heath-kit die BASIC-Version von Gates in Lizenz nahm, ging Letwin zu Microsoft. Einige Jahre später sollte er der Architekt des Microsoft-Betriebssystems OS/2 werden.

Einige Wochen vor dem Umzug fand Bob Greenberg, der eine Gratissitzung beim Fotografen gewonnen hatte, es sei höchste Zeit für ein Betriebsporträt. Alle außer Greenberg (der sein Porträt gratis kriegen sollte) zahlten dem Fotografen fünfzig Cents, um mit auf das Bild zu kommen. Dieses Bild der Microsoft-Elf sollte später sehr bekannt werden und in *People, Time, Newsweek, Fortune, Money* sowie vielen anderen Zeitschriften erscheinen. Abgesehen von Gates, erinnern die jungen Männer auf dem Bild eher an Teilnehmer an studentischen Friedensmärschen in den sechziger Jahren als an Angestellte einer Softwarefirma.

Der Umzug nach Seattle erfolgte im Dezember und Januar. Microsoft erhielt nun endlich sein eigenes Computersystem, einen High-end 20 von DEC. Steve Wood überwachte seine Installierung. Microsoft hatte einige Depotscheine flüssigmachen müssen, denn Digital bestand auf sofortiger Bezahlung. Die Firma war noch zu jung, um ernst zu nehmende Sicherheiten bieten zu können, fand man bei Digital. Sobald der Computer installiert war, gingen mehrere Programmierer, unter ihnen auch McDonald und Allen, an die Arbeit, das System betriebsfertig zu machen. Gates und die anderen blieben in Albuquerque zurück, um die Geschäfte am Laufen zu halten. Im Januar war dann auch für sie der Augenblick der Abreise gekommen. Bob Wallace brach als einer der letzten auf. Auf der Route 66 in seinem Honda Civic bemerkte er einen grünen Fleck im Rückspiegel, der Augenblicke später mit einer Geschwindigkeit von rund 200 Stundenkilometern an ihm vorbeiraste. Es war Bill Gates in seinem Porsche.

»Er hatte es eilig«, sagt Wallace. »Diese ganze Fahrerei war in seinen Augen reine Zeitverschwendung. Am Steuer konnte man nicht programmieren.«

Auf der 1400-Meilen-Strecke wurde Gates zweimal genötigt, seine Fahrt zu unterbrechen. Aber auf ein Strafmandat mehr oder weniger kam es nicht mehr an.

Per Anhalter mit IBM

Es sollte die wichtigste Konferenz seiner Laufbahn werden, und Bill Gates hatte keine Krawatte.

An Bord einer Delta-Maschine von Seattle nach Miami hatte er eine schlaflose Nacht damit verbracht, sich die geschäftlichen und technischen Informationen einzuprägen, die er bei seinem Treffen mit den Direktoren von IBM brauchen würde. Er, Steve Ballmer und Bob O'Rear waren mit den Herren in der Entry-Level-Systems-Anlage von IBM in Boca Raton verabredet. Gates hatte den abschließenden Bericht bei sich, aus dem zu ersehen sein sollte, wie die Jeans- und Tennisschuhprogrammierer von Microsoft mit den Herren in den weißen Hemden und den blauen Anzügen von IBM bei dem »Project Chess« zusammenzuarbeiten gedachten; unter diesem Codenamen lief bei IBM die bisher streng geheime Entwicklung eines Personalcomputers.

Die Sitzung sollte um zehn Uhr vormittags beginnen, und dabei sollte sich entscheiden, ob IBM und Microsoft zusammenkommen würden oder nicht. Schon seit zwei Monaten standen die beiden Firmen in dieser Angelegenheit in Geheimverhandlungen. Nie zuvor hatte »Big Blue« (die Große Blaue), wie man IBM gerne nannte, auch nur in Erwägung gezogen, eine Firma, die nicht zur Familie gehörte, eine so wichtige Rolle bei der Entwicklung eines ihrer Computer spielen zu lassen. Nun war der Augenblick gekommen, da Gates den Bericht vorlegen sollte, auf den die Leute von IBM warteten. Die Zeit war knapp. Der PC, an dem IBM arbeitete, sollte in zehn Monaten fertig sein. Konnte eine kleine Softwarefirma wie Microsoft bei diesem Tempo mithalten?

Gates standen zwei Tage intensiver Befragungen durch eine Kommission von IBM bevor. Ballmer, sein Kumpel aus Harvard, war jetzt zu seiner Unterstützung mit von der Partie, ebenso O'Rear, der »alte Mann« unter den Microsoft-Programmierern. Obwohl Ballmer dem Team erst seit wenigen Monaten angehörte und er von Computertechnik nicht viel verstand, verfügte er doch über einen bemerkenswerten instinktiven Geschäftssinn und war zudem vertrauenswürdig.

Während des Nachtflugs nach Miami brüteten die drei Freunde, vor Erregung und Übermüdung äußerst angespannt, über dem Bericht, den sie dabei noch hier und da abänderten und verbesserten. Einen Teil des Berichts hatte Kay Nishi vorbereitet, und sein Beitrag bedurfte einiger redaktioneller Überarbeitung, denn er war in einem Idiom verfaßt, das man bei Microsoft »Nishi-Englisch« nannte. Vor dem Abflug hatte aber niemand die Zeit zu einer solchen redaktionellen Bearbeitung gefunden. »Wir hatten ein oder zwei Tage an dem Angebot gearbeitet. Dann haben wir es einfach aus dem Drucker gerissen und während des Fluges da runter korrigiert.« Der Bericht empfahl IBM, Microsoft mit der Entwicklung von vier höheren Programmiersprachen – BASIC, FORTRAN, COBOL und PASCAL – für ihren neuen Computer zu beauftragen. Noch bedeutender war aber das Angebot von Microsoft, das Betriebssystem (»disk operating system«, DOS) für den IBM-Personalcomputer zu entwickeln.

Ihr Flieger landete gegen acht Uhr früh auf dem Miami International Airport. Nachdem sie ihr Gepäck erhalten hatten, verschwanden die drei in einer Herrentoilette und zogen die mitgebrachten Anzüge an. Bei dieser Gelegenheit bemerkte Gates, daß er vergessen hatte, eine Krawatte einzustecken. Nun aber reichte die Zeit gerade noch, den Treffpunkt in Boca Raton pünktlich zu erreichen, wenn sie darauf verzichteten, einen Laden zu suchen und einen Schlips für Gates zu kaufen.

Normalerweise wäre ihm so etwas auch gar nicht in den Sinn gekommen. Er legte, wie wir wissen, keinen großen Wert auf korrekte Kleidung. Aber hier handelte es sich immerhin um IBM, und er wußte, daß ihn die Direktoren der IBM, die ihn in Boca Raton erwarteten, mit Fragen bombardieren würden und daß man ihn nicht nur nach seinen Antworten, sondern auch nach seiner Erscheinung und nach seinem Benehmen beurteilen würde. Er *mußte* einfach eine Krawatte haben, selbst wenn er deswegen zu spät käme. Im Ernstfall konnte er schließlich behaupten, das Flugzeug hätte Verspätung gehabt. Wenn er aber ohne Krawatte bei ihnen aufkreuzte, würden ihm diese Herren in den weißen Hemden und blauen Anzügen das nie verzeihen.

Auf der Interstate 94 nach Norden bemerkte Gates ein kleines Kaufhaus am Straßenrand. Er stellte den Wagen, den er in Miami gemietet hatte, ab und wartete, bis um zehn geöffnet wurde. Minuten später band er sich schon eine konservative Krawatte um, und weiter ging die Reise nach Boca Raton, wo die Sitzung vermutlich schon begonnen hatte.

Auf dem Rücksitz saß Bob O'Rear und schaute aus dem Fenster. Er sollte gegebenenfalls das Betriebssystem des neuen Rechners von IBM entwickeln. Wie schnell das alles geht, dachte er, genau wie die Bilder, die am Fenster des Wagens vorübersausten. Erst vor anderthalb Jahren war er mit seiner Familie von Albuquerque nach Seattle gezogen. Jetzt war Microsoft, eine Firma mit einem jährlichen Umsatz von sieben Millionen Dollar und nicht einmal vierzig Angestellten, im Begriff, eine Geschäftsverbindung mit IBM einzugehen – einer in der ganzen Welt tätigen Firma mit nahezu dreißig Milliarden Umsatz pro Jahr, für die zahlenmäßig mehr als die Hälfte der Bevölkerung Seattles arbeitete.

Die Tatsache, daß Bill Gates an jenem Herbstmorgen des Jahres 1980 an der Küste Südfloridas einem Rendezvous mit dem Schicksal entgegenfuhr, haben Branchenkenner später häufig als das Ergebnis einer Verkettung glücklicher Umstände bezeichnet. Und selbst Gates mußte zugeben, es hätte auch alles ganz anders ausgehen können, wäre ihm nicht hier und da das Glück zu Hilfe gekommen. Aber er und Allen können jedenfalls für sich in Anspruch nehmen, dem Glück ausgeklügelte Fallen gestellt zu haben. Beide hatten Microsoft strategisch so in Stellung gebracht, daß sie präsent waren, als IBM mit allen Traditionen brach und sich für das Debüt auf dem PC-Markt einen Softwareanbieter suchte.

Gelegenheit zu einem klugen strategischen Manöver hatten sie schon Anfang 1979, bald nachdem Microsoft im achten Stock der Old National Bank in Bellevue die neuen Geschäftsräume bezogen hatte. Intel hatte kürzlich einen neuen Chip mit der Kennzeichnung 8086 herausgebracht. Obwohl viele in der Branche die Auffassung vertraten, im Gegensatz zum 8080 würde es der 8086 nie zur Industrienorm bringen, waren Gates und Allen überzeugt, die nächste Generation von Personalcomputern werde auf diesem Chip beruhen. Folglich beauftragten sie Bob O'Rear, sofort mit der Arbeit an einer BASIC-Version für den 8086 zu beginnen.

Vier Jahre waren vergangen, seit der Altair auf dem Cover von *Popular Electronics* zu sehen war. Der 8080 war tatsächlich zur Norm geworden, und die Industrie hatte viel in Programme investiert, die ausschließlich über diesen Chip liefen. Aber es war nie vorgesehen, ihn mit der Intelligenz zu versehen, die die gesteigerten Bedürfnisse des Mikrocomputers erforderlich machten. Was ihm allenfalls zugetraut wurde, war die Bewältigung von Aufgaben wie etwa die Steuerung von Ampelschaltungen. Den 8086 dagegen hatten die Techniker von Intel als Mikroprozessor speziell für den Personalcomputer entworfen. Technisch ausgedrückt handelt es sich bei dem 8086-Chip um 16-Bit-Architektur, bei dem 8080 nur um 8-Bit-Architektur. Das heißt, daß der 8086 Informationspakete von bis zu einer Million Zeichen gleichzeitig verarbeiten konnte, während der 8080 auf eine Fassungskraft von 64 000 Zeichen beschränkt war. Der neue Chip von Intel stellte also den alten in vieler Hinsicht in den Schatten. Nicht nur, daß er viel schneller war als der alte, er konnte auch viel weiter verfeinerte Softwareprogramme laufen lassen.

Als O'Rear begann, für Microsoft eine BASIC-Version für den 8086 zu entwickeln, hatte noch kein Hersteller einen mit dem neuen Chip ausgerüsteten Mikrocomputer gebaut. O'Rear nahm sich ein Beispiel an Gates und Allen, die im Aiken Computer Center in Harvard BASIC für den Altair seinerzeit ja auch entwickelt hatten, ehe der Apparat zur Verfügung stand. O'Rear simulierte den 8086 auf einem DEC-Computer. Einige Monate später, im Frühjahr 1979, lief O'Rears simuliertes BASIC. Allerdings hatte er noch immer keinen 8086-Rechner.

Doch nur ein paar Autobahnkilometer weiter in Tukwila, Washington, gab es einen kleinen Herstellungsbetrieb, der als »Seattle Computer Products« firmierte. Dort war ein Mann beschäftigt, der soeben einen solchen Computer gebaut hatte. Er hieß Tim Paterson. Paterson, ein Liebhaber ausgebleichter Jeans, dünn, bärtig, beredsam und Elektronikbastler seit seiner frühesten Jugend, hatte zum erstenmal auf einem Mikrocomputer herumgehackt, als sich sein Zimmernachbar an der Universität von Washington 1976 einen IMSAI 8080 mit einem 4-KB-Speicher kaufte. Wie der Altair, dem er nachgeahmt war, war auch der IMSAI hauptsächlich für Spaß und Spiel gedacht. Im selben Jahr wurde

Paterson Verkäufer im Retail Computer Store in Seattle. Ein häufiger Kunde in diesem Laden war Rod Brock, der Eigentümer von Seattle Computer Products. Als Paterson im Frühjahr 1978 sein Studium abschloß, stellte Brock ihn als leitenden Techniker und Programmierer ein. Damals baute Seattle Computer Products Speicherplatten für Mikrocomputer, doch nachdem Paterson im Spätsommer 1978 an einem Seminar über den soeben erschienenen 8086 von Intel teilgenommen hatte, konnte er Brock davon überzeugen, eine Zentraleinheit (CPU) um den neuen Chip herum zu entwerfen. Die CPU ist das Herz des Rechners.

Als Paterson im Mai 1979 einen funktionstüchtigen Prototyp einer 8086-Zentraleinheit vorstellen konnte, begab er sich damit zu Microsoft. »Wir haben ihnen geholfen, denn Seattle Computer brauchte BASIC für 8086, und Microsoft war gerade dabei, dies zu entwickeln«, sagt Paterson. »Es war ein bemerkenswertes Zusammentreffen, daß wir zu ungefähr der gleichen Zeit die Hardware in Gang kriegten, zu der sie einen BASIC-Simulator hatten. Aber sie wußten nicht, ob ihr BASIC funktionieren würde, deshalb brachten wir ihnen den Computer in die Firma und probierten es aus.«

Doch anders als 8080-BASIC, das sofort funktionierte, als Allen es zum ersten Mal bei MITS in Albuquerque in den Altair lud, machte das 8086-BASIC, in Patersons Maschine geladen, zunächst Schwierigkeiten. Aber es gelang, die Bugs aufzuspüren und zu eliminieren. Noch vor Ende Mai hatte Microsoft ein funktionierendes 8086-BASIC – gerade rechtzeitig, um es auf der bevorstehenden National Computer Conference in New York, der jährlichen Fachmesse der Computerindustrie, vorzuführen. Ein Software-Großhandelsgeschäft, LifeBoat Associates, hatte Microsoft eingeladen, einen Stand mit ihr zu teilen, und Paul Allen hatte Paterson aufgefordert, Microsoft 8086-BASIC auf der Maschine der Seattle Computer Products vorzuführen.

»Unsere Platinen machten sich prima«, sagt Paterson. »Wir hatten einen Terminal mit 8086-BASIC. Man konnte darauf tippen und es alle Operationen ausführen lassen, die man wollte.«

Wie gewöhnlich bei solchen Gelegenheiten war Microsoft auf der NCC gut vertreten. Gates und Allen waren da, ebenso O'Rear, Kay Nishi, Steve Wood und seine Frau Marla. Auch Chris Larson hatte die

Reise nach New York gemacht. Er war damals noch in Princeton immatrikuliert, arbeitete aber während der Sommerferien bei Microsoft.

Paterson hatte ein billiges Hotelzimmer am anderen Ende der Stadt, doch Gates quartierte sein Team im Plaza-Hotel am Central Park ein, wo Könige und Präsidenten absteigen, wenn sie New York besuchen. Gates' und Allens Zimmer lagen nebeneinander. Dort bewirteten sie Geschäftsfreunde. »Das war damals in der Branche noch nicht üblich«, sagt Wood. »Wir haben in unserer Hotelsuite eine Cocktailparty gegeben.«

So gegen zwei Uhr früh, als, wie Wood sich ausdrückt, »keiner von uns Schmerzen hatte und die Gäste weg waren«, packten die Microkids eine Tüte Feuerwerksraketen aus, die Larson mitgebracht hatte, öffneten ein Fenster und brachten eine leere Schnapsflasche als Abschußrampe in Stellung. Dann schossen sie ungefähr eine Stunde lang aus einem Fenster des Plaza-Hotels Raketen über den Central Park.

Während Gates und Allen Gäste empfingen, brachte ihnen Nishi eines Abends Leute, denen mit Cocktails allein nicht gedient war. Es handelte sich um ein rundes Dutzend japanischer Hardwarehersteller, die mit Microsoft ins Geschäft kommen wollten. »Sie hatten keine Unterkunft, da haben wir ihnen angeboten, in unserer Suite zu übernachten«, sagt Wood. »Wir haben ungefähr zehn Campingliegen bestellt.«

Microsofts 8086-BASIC erregte viel Aufmerksamkeit auf der New Yorker National Computer Conference im Juni 1979, doch nicht annähernd so viel, wie das auf einem Apple-II-Computer enthüllte griffige elektronische Tabellenkalkulationsprogramm. VisiCalc, eine Erfindung des sechsundzwanzigjährigen Dan Bricklin, wurde auf dieser Fachmesse vorgestellt, kam allerdings erst einige Monate später auf den Markt.

VisiCalc, kurz für »visible calculator«, war ein Softwareprogramm, das komplexe »was, wenn«-Finanzplanungsprobleme löste, indem es Zahlen in mathematische Beziehungen setzte. Wenn der Wert einer Zahl geändert wurde, kalkulierte das Programm die Auswirkung auf andere Zahlen. Die Möglichkeiten eines solchen Anwendungsprogrammes waren unerschöpflich. Man konnte mit Hilfe von VisiCalc etwa feststellen, inwiefern das Ansteigen der Produktionszahlen oder der Lohnkosten die Gewinne des eigenen kleinen Unternehmens steigern oder beeinträchtigen würde oder wie sich eine winzige Änderung in der Notierung einer Aktie auf den Wert des Portefeuilles auswirken mochte.

Bricklin hatte die Idee für dieses Programm 1978 während seines ersten Studienjahres an der Harvard Business School. Als Bricklin sie einem seiner Professoren vortrug, riet er ihm, sich damit an einen seiner ehemaligen Schüler zu wenden, einen gewissen Dan Fylstra, der kürzlich eine Softwarevertriebsgesellschaft, Personal Software, gegründet hatte. Bricklins Idee gefiel Fylstra, und er lieh ihm für das Projekt einen Apple-II-Computer. Bricklin konnte Bob Frankston, einen Programmierer, mit dem er sich während seines Studiums am MIT angefreundet hatte, für die Mitarbeit an der Verwirklichung seiner Idee gewinnen. Während des Winters 1978 entwickelten die beiden das später unter dem Namen VisiCalc auf den Markt gebrachte Programm, und im Januar 1979 gründete Bricklin seine eigene Firma, Software Arts, in einer umgebauten ehemaligen Schokoladenfabrik in Wellesley, einem Vorort von Boston. Dann schlossen er und Frankston einen Vertrag mit Personal Software, in dem der Firma der Vertrieb von VisiCalc anvertraut wurde. Obwohl das Programm am Anfang nicht leicht abzusetzen war, wurde es schließlich ein Bestseller.

Ungefähr in der Zeit, als VisiCalc auf den Markt kam, brachte eine Firma, die sich MicroPro nannte, ein Textverarbeitungsprogramm unter der Bezeichnung WordStar heraus. Produkte wie VisiCalc und WordStar eröffneten Softwareentwicklern einen potentiell riesigen gewinnträchtigen neuen Markt, was der Aufmerksamkeit von Bill Gates natürlich nicht entging. Als er während der Computermesse in New York den ersten Blick auf VisiCalc warf, war Microsoft noch ausschließlich auf Sprachen spezialisiert. Nützliche Anwendungsprogramme, das wußte er, würden das große Publikum für Computer interessieren, wie der Altair die Elektronikbastler begeistert hatte. Der sogenannte Endverbraucher benötigte Anwendungsprogramme.

Einige Monate nach dem Feuerwerk im Plaza verkündete Microsoft die Gründung einer neuen Verbraucher-Produktabteilung. Mit der Leitung dieser neuen Abteilung betraute Gates einen Freund, Vern Raburn.

Gates und Raburn hatten einander in Albuquerque kennengelernt. Raburn und ein Partner hatten 1978 eine kleine Softwarefirma gegründet, die eine Version von BASIC für Mikrocomputer verkaufte. Eines Tages erhielten sie einen Brief von einem Anwalt der Microsoft, in dem sie darauf hingewiesen wurden, daß sie dazu nicht berechtigt wären. Man drohte an, sie zu verklagen, wenn sie es nicht sofort unterließen. Raburn flog nach Albuquerque zu einem »Showdown« mit Gates. »Ich traf mich mit Bill und fragte ihn: ›Was soll das bedeuten?‹ Er erklärte es mir. Ich sagte: ›Wissen Sie, Sie haben recht.‹« Also flog Raburn zurück und löste die Partnerschaft. Dann nahm er eine Stellung bei einer Firma in Sunnyvale mitten im Silicon Valley an, die Firma nannte sich GRT.

»Zuerst hatte ich den Eindruck«, sagt Raburn, »daß er nicht mehr als ein gewöhnlicher Computertyp wäre. Aber wir hatten einiges gemeinsam. Wir fuhren beide gern schnelle Autos.«

Sie wurden bald Freunde. Wenn Gates in Kalifornien zu tun hatte, fuhren er und Raburn Go-Kart-Rennen. Raburn kam bald dahinter, daß Gates überall den Wettkampf suchte. »Bills Kampfgeist ist sagenhaft«, sagt er. »Rennfahrer haben einen Ausdruck dafür: Roter Nebel. Sie bringen sich derartig auf Touren, daß ihnen das Blut in die Augen steigt. Bill kriegt den roten Nebel.«

Raburn kam kurz bevor VisiCalc auf den Markt gelangte zu Microsoft. Ihm übertrug Gates die Aufgabe, die Entwicklung von Anwendungssoftware wie VisiCalc für Microsoft zu planen und zu koordinieren. Damit war ein zweites Fundament für den zukünftigen Ausbau der Firma gelegt.

Bis zu diesem Augenblick hatte Microsoft nur Sprachen hergestellt. Als Leiter der Verbraucher-Produktabteilung brachte dann Raburn so erfolgreiche Microsoft-Anwendungsprogramme wie den »Typing Tutor« und das Spiel »Adventure« auf den Markt.

»Wir wollten echt Sieger werden, und bei einer Vielzahl von Produkten hat man bessere Chancen«, sagt Steve Smith, der erste Marketingdirektor und richtige Verkaufsleiter der Firma. Smith war im Juli 1979 zu Microsoft gekommen, kurz vor Raburn.

»Ich will Ihnen sagen, was Bill sich vermutlich gedacht hat: Da standen wir mit einem Haufen von Produkten (Sprachen) und verkauften die und waren irgendwie nicht imstande, viel größer zu werden als Digital Research oder MicroPro... Was uns in diesem Augenblick aufging, war, daß wir eine Menge Produkte hatten, daß wir den Sprachenmarkt beherrschten, daß aber das einzige Produkt, an dem wir echt eine Menge Geld verdienten, BASIC war, und das, weil man ein Exemplar von BASIC in jedem Computer braucht, um die Anwendungsprogramme laufen lassen zu können. Dann sahen wir WordStar und erfuhren, daß MicroPro eine Einproduktfirma war. Und dann sahen wir VisiCalc. Nun hatten wir nicht die Absicht, eine Einproduktfirma zu werden. Aber was wir begriffen, war, daß wir in diese Märkte rein mußten.«

Smith hatte einen akademischen Titel in Marketing und einen M.B.A. in Finanzwissenschaft. Während seiner Militärdienstzeit hatte er in Colorado annähernd zehn Jahre Elektronik unterrichtet. Im Januar 1977 nahm er eine Stelle bei Tektronix an, einer Firma in Oregon mit Aktiva in Höhe von 1,2 Milliarden Dollar, die auf die Herstellung technischen Geräts spezialisiert war. Smith sollte beim Aufbau einer Entwicklungsabteilung für Mikrocomputer mitwirken. Wegen der benötigten Programmiersprachen riet Adam Osborne den Leuten bei Tektronix, sich vertrauensvoll an Gates und Microsoft zu wenden. Smith flog nach Albuquerque, um eine Lizenz für die damals gerade von Steve Wood entwickelte FORTRAN-Version auszuhandeln. Später verhandelte Smith mit Microsoft über PASCAL (benannt nach Blaise Pascal, dem berühmten Mathematiker aus dem 17. Jahrhundert) für Tektronix. PASCAL verarbeitet komplexe Programme schneller als BASIC und wird deshalb im Wirtschaftsbereich von vielen Programmierern bevorzugt.

Bei Tektronix stand Smith in dem Ruf, ein Außenseiter zu sein. Ende 1978 gab er Wood zu verstehen, daß er sich in einem halben Jahr beruflich zu verändern gedachte. Und er sagte auch, daß Microsoft die Sorte Firma wäre, für die er gern arbeiten würde.

»Ich merkte«, erklärte Smith, »daß die Jungs bei Microsoft alles hatten, was sie zum Erfolg brauchten, das aber vielleicht selber gar nicht so recht wußten. Diesen Eindruck hatte ich jedenfalls. Da hatten sie ihre Verträge mit Apple oder Radio Shack, aber niemand wußte, was dabei genau für sie rausspringen würde... Ich staunte, *wie* erfolgreich sie waren, ohne anscheinend eine richtige Geschäftsleitung zu haben.«

Smith erkannte, daß es bei Microsoft an unternehmerischer Begabung nicht fehlte. Wenn nun noch ein qualifizierter Manager wie er die

Geschäftsleitung übernehmen würde, könnte Microsoft noch erfolgreicher werden. »Aus meiner Sicht sah es so aus, als hätten sie bisher nur Glück gehabt«, sagt Smith, »und ich fand, daß ihnen ein bißchen mehr Disziplin im Geschäftlichen nichts schaden könnte. Ich habe dann sehr schnell begriffen, daß nicht Glück allein sie so weit gebracht hatte. Gates wußte genau, was er tat.«

Smith bekam es zu spüren, als gleich während seiner ersten Wochen bei Microsoft Gates zu ihm ins Büro gestürzt kam und ihn anschrie: »Wie können Sie bloß so lange für diesen Vertrag brauchen? Machen Sie ihn endlich fertig!«

Heute sagt Smith: »Ich glaube, in diesem Moment habe ich begriffen, daß der persönliche Einsatz zählte. Das Geld und die Möglichkeiten waren da. Also habe ich meine theoretischen Kenntnisse beiseite gelassen und mich ganz persönlich eingebracht.«

Andererseits hatte Gates Smith eingestellt, weil er hoffte, daß der neue Mitarbeiter der Firma am Verhandlungstisch zu einem gesetzteren Image verhelfen würde. Smith war damals vierunddreißig Jahre alt, zehn Jahre älter als die Mehrzahl seiner Kollegen. Nur Bob O'Rear war in seinem Alter. Gates war inzwischen dreiundzwanzig, sah aber noch immer aus wie siebzehn, was sich, wie er bemerken mußte, im Geschäftsleben oft als Handikap erwies. Als Smith sich um die Stelle bewarb, sagte ihm Gates, er würde in erster Linie jemanden suchen, der älter aussah.

Smith war der erste rein kaufmännische Angestellte der Firma, der die OEM-Abschlüsse tätigte, um die sich früher gewöhnlich Gates persönlich gekümmert hatte. Smith war erst seit ein paar Wochen in seiner neuen Stellung, als er den Kontostand der Firma überprüfen wollte und dabei zehn Depotscheine zu je hunderttausend Dollar entdeckte. Von dem Tage an machte er sich seines Marketingetats wegen nie wieder Sorgen.

Bei Geschäftsabschlüssen für Microsoft ersetzte Gates das, was ihm an Alter und Erfahrung fehlte, durch Selbstvertrauen und angeborenen Geschäftssinn. Wenn OEM-Kunden die Firma besuchten, wurden sie gewöhnlich zuerst in Smiths Büro geführt. Etwas später tauchte dann auch Gates auf. Smith trug einen Anzug, Gates hatte nach einer im Büro verbrachten Nacht häufig noch die Jeans und das Sporthemd vom Vortag am Leibe.

»Sie hielten Bill immer für einen von meinen technischen Assistenten, bis ich ihn vorstellte«, sagt Smith. »Ich glaube, seine Jugendlichkeit und sein technisches Wissen machten Eindruck, und sobald er anfing zu reden, war er ein glaubwürdiger Firmenchef. Diese Glaubwürdigkeit stellte sich aber immer erst ein, wenn er anfing zu erläutern, was Microsoft und BASIC zu bieten hatten.«

Im Herbst 1979 besuchten Gates und Smith eine Niederlassung der Xerox Corporation in Dallas, um ein Lizenzabkommen über ein selbständiges Disketten-BASIC auszuhandeln. Dieses BASIC übernahm viele der Funktionen, die gewöhnlich das Betriebssystem eines Computers erledigt, und genau das interessierte Xerox.

Xerox arbeitete damals am »Project Surf«, einem Joint-venture mit Convergent Technologies zur Entwicklung eines Personalcomputers. Es ging um ein großes Geschäft, das größte, das Microsoft je versucht hatte, an Land zu ziehen. Selbst Gates fand den Pomp des Sitzungssaals, den er da betrat, einigermaßen einschüchternd. Rings um einen riesigen Konferenztisch saßen über ein Dutzend Direktoren und Techniker der Firma, die alle teure Anzüge und Krawatten trugen. Gates flüsterte Smith zu: »Das ist der größte Konferenztisch, den ich je gesehen habe.« Smith flüsterte zurück, daß sie bei Tektronix sogar noch einen größeren hätten.

Dieses Treffen war so etwas wie eine Offenbarung für Gates. Bisher hatte er meistens mit kleineren Firmen zu tun gehabt und mit Visionären seines eigenen Schlages, mit Leuten, die mehr oder weniger auf der gleichen Wellenlänge schwammen wie er. Hier nun kam er mit einem der größten Konzerne des Landes ins Geschäft.

Aber wenn ihm das Herzklopfen verursachte, ließ er es sich jedenfalls nicht anmerken. Kaum hatte er mit seiner Präsentation begonnen, hatte er schon die ungeteilte Aufmerksamkeit der Anwesenden und verzauberte sie vollkommen mit seiner profunden Kenntnis des vorgestellten Produkts und der Sicherheit seines Urteils in allen Fragen, die damit zusammenhingen. Jahre später sagte jemand, der seinerzeit als Vertreter der Firma Xerox an der Sitzung teilgenommen hatte, Gates hätte bei dieser Gelegenheit »kühl wie eine Salatgurke« gewirkt: »Ich hätte gedacht, er macht so was jeden Tag.«

Das Geschäft unter Dach und Fach zu bringen erwies sich dann als ein Kinderspiel, obwohl am Ende bei dem »Project Surf« für Xerox nichts herauskam, jedenfalls kein verkäuflicher Computer. Doch am Abend jener Konferenz hatten Microsoft und Xerox einen Vertrag über ein Geschäft von 150 000 Dollar abgeschlossen – mehr als doppelt soviel wie beim bisher größten Einzelauftrag.

Gates konnte es nicht ertragen, wenn ihm ein Geschäft durch die Lappen ging. In so einem Fall ist man zweimal der Dumme, erklärte er Smith. Einmal, weil man das Geld nicht kriegt, und dann, weil jemand anders den Reibach macht. Wenn also ein Abschluß 5000 Dollar wert war, verlor man eigentlich 10 000, denn das war der Unterschied zwischen dem, was man hätte kriegen können, und dem, was ein anderer einem vor der Nase weggeschnappt hatte. »Wir einigten uns auf eine Regel«, sagt Smith. »Wir durften uns kein Geschäft entgehen lassen.«

Trotz seiner angeborenen Geschäftstüchtigkeit war Gates anfänglich noch kein geschickter Verhandlungspartner und stieß so manchen potentiellen Kunden vor den Kopf. Ein ehemaliger leitender Angestellter von Microsoft sagt, dieses Drängen auf einen Abschluß sei mitunter »fast bösartig« gewesen. »Ich habe erlebt, daß Gates deshalb Geschäfte durch die Lappen gegangen sind«, sagt er. »Die meisten Verkäufer werden sanfter, wenn sie Widerstand spüren. Er hingegen wird wütend auf den Kunden.«

Nachdem sie eine Zeitlang zusammengearbeitet hatten, entwickelten Gates und Smith eine Verhandlungsstrategie, die es ihnen erlaubte, ihre Stärken voll einzusetzen und aus ihren Schwächen das Beste zu machen. Gates mußte die Rolle des Bösen übernehmen, der letzten Endes die Entscheidung trifft. Der erfahrenere Smith spielte den Guten. Ihm oblag die Gesprächsführung. Wenn die Verhandlungen an einem Penny mehr oder weniger zu scheitern drohten, bedauerte er, nicht höher gehen oder nicht weniger verlangen zu können – aber leider habe eben doch Gates das letzte Wort.

Diese Strategie erwies sich alles in allem als sehr förderlich. Einmal entging den beiden Strategen ein Geschäft, weil das Zusammenspiel nicht richtig geklappt hatte. Smith und Gates waren, jeder in seinem

Büro, in einer Konferenzschaltung mit Intel verbunden. Während der Unterhaltung ereiferte sich Gates über ein böses Gerücht, das eine Abteilung von Intel verbreitet hatte: Microsoft könne die vereinbarten Lieferfristen nie einhalten. Normalerweise hätte Smith den Temperamentsausbruch seines Chefs unterbunden, die Wogen geglättet, und die Verhandlung hätte weitergehen können. Doch war diesmal Smith ohne Wissen seines Chefs aus dem Büro gerufen worden, und so erhielt Gates Gelegenheit, sich gehen und seinem Zorn die Zügel schießen zu lassen. Mit dem Ergebnis, daß sich sein Verhandlungspartner am Ende entschloß, woanders einzukaufen. Die Lektion wäre für Microsoft ziemlich kostspielig geworden, hätte man die betreffende Abteilung von Intel nicht aufgelöst. Nach sechs Monaten angestrengter Bemühungen um die Wiederherstellung des guten Einvernehmens gelang es, die Kontakte zu erneuern. Schließlich nahm Intel alle Sprachen, die Microsoft anbot, in Lizenz.

Trotz seiner gelegentlichen unkontrollierten Zornesausbrüche war Gates ein fabelhafter Verkäufer. Microsoft übernahm sich und setzte sich Termine, die kaum einzuhalten waren, aber nach Gates' Dafürhalten kam es zunächst einmal nur darauf an, Aufträge zu kriegen. Über alles Weitere konnte man sich dann zu gegebener Zeit noch Sorgen machen, meinte er.

In den frühen Jahren der Firma ließen die Leistungen des kleinen Stabs von Programmierern, die für Microsoft tätig waren, manches zu wünschen übrig: Die Produkte waren häufig nicht ganz ausgereift, und Verträge mußten wegen unvorhergesehener Schwierigkeiten oder Verzögerungen revidiert werden. Was die Firma am Laufen hielt, war nicht Gates' Fähigkeit, Programme zu schreiben, »Code herunterzuleiern«, es war nicht sein berühmtes Gespür für das Seelenleben der Computer und die Befindlichkeit der Schaltkreise. Gates hielt Microsoft vielmehr durch seinen unermüdlichen Einsatz als Verkäufer am Leben. Mehrere Jahre lang belagerte und bestürmte er die Hersteller von Hardware für die entstehende Computerindustrie fast im Alleingang, und immer wieder gelang es ihm, sie dazu zu bringen, die Dienstleistungen und Erzeugnisse von Microsoft zu kaufen. Er war der perfekte Vertreter. Er kannte das Produkt, das er vertrat, und glaubte daran.

Leitende Angestellte japanischer und europäischer Computerhersteller suchten die schlichten Büros von Microsoft in Bellevue auf, oft in der Absicht, ein ernstes Wort mit Gates zu reden, weil seine Programmierer die vertraglich festgesetzten Lieferfristen nicht eingehalten hatten. Gates empfing sie gewöhnlich mit schmutzblinder Brille, unrasiert nach einer im Büro verbrachten Nacht, Pizzaflecken auf dem durchgeschwitzten T-Shirt und der unschuldigen Miene eines Siebzehnjährigen.

Bevor sie die Erscheinung des jungen Mannes, dem sie kürzlich erst einen Teil der Zukunft ihrer Firma anvertraut hatten, verkraftet hatten, war Gates gewöhnlich schon zum Gegenangriff übergegangen.

»Bill malte ihnen ein Bild des gegenwärtigen Stands der Dinge bei Microsoft und was augenblicklich von vordringlicher Wichtigkeit wäre. Davon leitete er dann über zu den neuen Entwicklungen, zu denen das alles führen würde«, sagt ein ehemaliger Programmierer von Microsoft. »Er sagte etwa: ›Die Verspätung tut uns echt leid, und wir bedauern, das und das nicht gemacht zu haben. Was wir für Sie tun können, ist folgendes‹, und dann malte er ein grandioses Bild von dem, was Microsoft machen könnte, die Gatessche Vision.«

»All das lief dann darauf hinaus, daß er ihnen noch mehr Zeug verkaufte. ›Tut uns echt leid, daß wir mit dieser kleinen Lieferung nicht fertig geworden sind, aber sehen Sie mal, mit uns nehmen Sie teil an dieser irren Zukunft, und damit stehen Sie total gut da.« Was als Beschwerde über ein kleineres Geschäft anfing, endete mit einem bedeutend größeren Abschluß.« Er war selbstsicher, manchmal unverschämt. Man konnte ihn beeindrucken. Plattwalzen aber ließ er sich von niemandem.

Ende der siebziger Jahre waren Softwareentwicklungswerkzeuge wie BASIC die Quelle der regelmäßigen Einkünfte von Microsoft. Alle paar Wochen flog Kay Nishi erster Klasse von Tokio nach Seattle und brachte neue Aufträge. Gates, der immer Business- oder Touristenklasse flog, bedauerte zwar, daß Nishi so rücksichtslos Spesen machte, sah aber angesichts der Aufträge, die er hereinbrachte, ein, daß Beschwerden deswegen kleinlich wären.

»Wir haben den Japanern BASIC verkauft wie verrückt«, sagt Marc McDonalds. »Wir verkauften Disk BASIC für japanische Maschinen, und das brachte uns gewöhnlich jedesmal so zwischen 150 000 und 200 000 Dollar.«

Am Ende des Geschäftsjahres 1979 hatte Microsoft rund vier Millionen Dollar Umsatz gemacht, den größten Teil davon mit BASIC. Aber BASIC entsprach nur einer Schicht der unabdingbaren Software, die jeder Personalcomputer braucht. Ganz oben stehen Anwendungsprogramme wie Textverarbeitung, die den Computer für das große Publikum erst interessant machten. Sprachen wie BASIC sind die mittlere Schicht, denn sie bieten den Programmierern das Werkzeug, dessen sie zur Entwicklung von Software bedürfen. Die unterste Schicht der Software, ohne die der Computer unbrauchbar wäre, ist das sogenannte Betriebssystem. Dies ist eine maschinenorientierte Programmiersprache, die den Computer überhaupt in Betrieb setzt und die elementaren Aufgaben, die dem Mikroprozessor abverlangt werden, in der geheimnisvollen Welt der Maschinensprache erledigt. Wenn zum Beispiel der Benutzer Daten auf der Magnetplatte aufzeichnen will, findet das Betriebssystem die freie Stelle auf der Platte, die er braucht.

Während der frühen Jahre der Personalcomputerrevolution gab es kein Standardbetriebssystem. Fast jede neue Maschine, die auf den Markt kam, hatte ein anderes System zur Kontrolle des Mikroprozessors. Allmählich wurde aber ein Betriebssystem, das »Control Program for Microcomputers« (CP/M), so vorherrschend, daß es 1979 als Norm gelten konnte. Entwickelt hatte dieses System Gary Kildall für die Firma Digital Research.

Im Februar 1980 trat Microsoft auch auf dem Betriebssystemmarkt an. Gates handelte mit AT&T einen Lizenzvertrag aus, der ihm gestattete, die Standardversion des UNIX-Betriebssystems dieser Firma unter dem Microsoft-Markennamen XENIX anzubieten. Dieses Mehrbenutzerbetriebssystem war schon in den sechziger Jahren beliebt geworden, als die Bell Labs es auf Universitätscomputersystemen verfügbar machten. Microsoft paßte seine Fassung den neuen 16-Bit-Mikrocomputern an. »Tatsächlich haben wir XENIX schon herausgebracht, als wir noch über den Vertrag verhandelten«, erinnert sich ein Manager bei Microsoft. »Aber wir waren zuversichtlich, ihn zu kriegen.

Jeder Personalcomputer braucht Anwendungsprogramme, eine

höhere Programmiersprache wie BASIC und ein Betriebssystem. Microsoft hatte nun die Finger in allen drei Schichten der Personalcomputersoftware. Bisher hatten sich als Norm nur die Sprachen durchgesetzt, aber Gates setzte große Hoffnungen in XENIX. Tatsächlich sollte dann ein Betriebssystem von Microsoft sehr allgemein gebräuchlich werden, doch XENIX war es noch nicht.

Mit der Vertriebslizenz für UNIX hatte sich Microsoft Zugriff auf ein Betriebssystem verschafft, dessen Entwicklung schon von einer anderen Firma finanziert worden war. Jede Computerfirma konnte eine Lizenz für UNIX von AT&T erwerben, und viele hatten es bereits getan. Aber Microsoft war die erste, die in erster Linie Mikrocomputer damit bediente, und tat dies unter einem allgemeinen Vertriebsabkommen. Gates bekam einen Staffelrabatt von AT&T eingeräumt, so daß Microsoft von allen Firmen, denen sie XENIX in Unterlizenz überließ, Gebühren kassieren konnte. Microsoft brauchte nicht einmal viel Geld oder Zeit für die Anpassung des Codes an andere Computer zu investieren. Dies tat vielmehr in ihrem Auftrag die Santa Cruz Operation, eine kleine kalifornische Firma, gegen einen Teil der von Microsoft eingenommenen Lizenzgebühren. Dabei machte Santa Cruz Operation ein gutes Geschäft, AT&T ein besseres, und das beste machte die Firma Microsoft, die derart über ein Betriebssystem verfügte, das sie wenig kostete und ihr eine Menge Geld einbrachte.

Eines der ersten Unternehmen, die XENIX von Microsoft in Lizenz nahmen, war »3Com Corporation«, eine kleine Softwarefirma, die 1979 von Bob Metcalfe im kalifornischen Santa Clara gegründet worden war. Metcalfe wollte XENIX für das erste Erzeugnis seiner Firma verwenden, TCP/IP, netzwerkbildende Software zur Herstellung eines Verbunds von Personalcomputern.

Gates und Metcalfe hatten Bekanntschaft miteinander geschlossen, als sie Ende 1979 beide zu einer Abendveranstaltung für die Direktoren der Firma Sears Roebuck & Co. nach Chicago eingeladen waren, um den Herren ihre Vorstellungen von der Zukunft des Personalcomputers vorzutragen. Organisiert hatte diese Veranstaltung ein fanatischer Vorkämpfer des PC, den Gates aus Harvard kannte: Blair Newman.

Newman war hochtalentiert, aber ungeduldig und ein labiler Charakter. Er führte ein tragisches, vom Rauschgift gezeichnetes Leben und brachte sich 1990 um. Er war 1975 als Achtundzwanzigjähriger zum Studium an der Harvard Business School zugelassen worden, nachdem er bei der Aufnahmeprüfung die höchste Punktzahl, die jemals erzielt wurde, für sich hatte verbuchen können. Wenn nicht gerade Gates den PDP-10 der Schule mit Beschlag belegte, bediente sich Newman des Computers, um ein Hotel zu studieren, das Hughes in Las Vegas besaß. Aufgrund dieser Studien erhielt er später eine Anstellung bei Hughes' Dachgesellschaft, Summa Corporation. Nachdem er vorübergehend als Berater für Apple Computer tätig war, gründete Newman 1979 Microtype, eine Firma, die computerisierte Schreibmaschinen herstellen sollte. Newman gewann Gates und andere dazu, etwa eine Viertelmillion Dollar in diese Firma zu investieren. Gates und Steve Ballmer traten in den Vorstand des Unternehmens ein, und Gates zu Gefallen folgte Metcalfe ihrem Beispiel. Doch Microtype, deren Geschäftsräume sich in der Nähe von Metcalfes 3Com befanden, verschwand bald wieder in der Versenkung. Kurz zuvor hatte Ballmer bei Metcalfe angerufen und ihm dringend geraten, sofort aus dem Vorstand auszuscheiden. Warum? fragte Metcalfe. Weil ihm, erläuterte Ballmer, Newman soeben erklärt habe, man könne Kokain als Geschäftskosten von der Steuer absetzen. »Wir machten, daß wir wegkamen, ehe die Sache hochging und die Firma verschwand«, sagt Metcalfe in Erinnerung dieses Gesprächs.

Nachdem Microsoft 3Com das Betriebssystem XENIX in Lizenz überlassen hatte, wurde Metcalfe Berater von General Electric und arrangierte ein geheimes Treffen zwischen Gates und einem seiner Direktoren, bei dem die Möglichkeit der Beteiligung der General Electric am Personalcomputermarkt erörtert werden sollte. Obwohl General Electric 1976 BASIC von Microsoft in Lizenz genommen hatte, produzierte GE selbst bisher keinen Personalcomputer, sondern wollte die Sprache in einem Minicomputer verwenden. Das Treffen zwischen Gates und dem Direktor von GE fand in einem Raum statt, den Metcalfe im Flughafen von San Francisco für sie hatte reservieren lassen. Gates flog von Bellevue an die Westküste, der große Mann von General Electric von Stanford/Connecticut quer über den Kontinent. Nach einer nur zweistündigen Unterredung flogen beide wieder zurück.

»Gates fand, GE hätte nicht die richtige Mentalität für PC, und damit hatte er recht«, sagt Metcalfe. »GE fand Bill unseriös. Er sah aus wie siebzehn und trug keinen Nadelstreifenanzug. Es war wie Öl und Wasser.«

Während Gates unterwegs war und mit AT&T, Xerox und anderen Unternehmen dieser Art verhandelte, auch gelegentlich öffentliche Vorträge hielt, warb Paul Allen in aller Stille weitere Programmierer an und leitete die technischen Arbeiten. Anfang 1980 gelang ihm ein Beitrag zur Angebotspalette von Microsoft, an dem die Firma nicht weniger verdiente als an den Geschäften, die Gates aushandelte. Die Verkaufsziffern des Apple II waren in schwindelnde Höhe gestiegen, insbesondere weil es der einzige Computer war, der für das äußerst beliebte VisiCalc-Anwendungsprogramm lizenziert war. Doch hatte der Apple II seinen eigenen Chip, den 6502, sowie ein eigenes Betriebssystem. Apple wollte verhindern, daß irgend jemand ihren Computer »klonte«. Microsoft befand sich in einem Dilemma. Die Mehrzahl ihrer Programme und Sprachen, insgesamt über eine Viertelmillion Bytes Code umfassend, hatte sie für den 8080-Chip von Intel und das CP/M-Betriebssystem von Digital Research entwickelt. Programme und Anwendungen für CP/M, das sich als Standardbetriebssystem durchgesetzt hatte, nahm das Apple-Betriebssystem nicht an. Andere Softwarehersteller mit CP/M-Erzeugnissen hatten in dieser Hinsicht das gleiche Problem wie Microsoft.

Gates wollte unbedingt auf dem schnell wachsenden Apple-Markt konkurrieren. Doch die Übersetzung des gesamten 8080-Code auf den 6502 hätte erhebliche Kraftanstrengungen erfordert. Eines Tages, als Gates und Allen auf der Ladefläche eines vor ihrem Firmensitz geparkten Pick-up saßen und darüber diskutierten, hatte Allen die Erleuchtung. Warum das Softwareproblem nicht via Hardware lösen? Er schlug vor, eine Erweiterungsplatine zu entwerfen, die in den Apple eingestöpselt werden könnte, um diesen zu befähigen, mit für CP/M geschriebenen Programmen und Anwendungen zu arbeiten. Mit dieser Platine müßten Apple-II-Benutzer ohne weiteres imstande sein, die für den 8080 und Gary Kildalls Betriebssystem geschriebenen Programme der Microsoft laufen zu lassen.

Allen forderte Tim Paterson von Seattle Computer Products auf, sich an der Entwicklung einer solchen Platine zu versuchen, die SoftCard heißen sollte. Paterson baute einen Prototyp, der jedoch nicht einwandfrei funktionierte. Allen stellte einen weiteren Programmierer an, mit dessen Hilfe schließlich ein befriedigendes Ergebnis erzielt wurde. Die SoftCard wurde im Sommer 1986 ausgeliefert. Allen hatte gehofft, 5000 Stück verkaufen zu können. So viel gingen jedoch schon in den ersten paar Monaten weg. Gegen Ende des Jahres waren bereits 25 000 Stück abgesetzt. Insgesamt wurden 100 000 Exemplare der SoftCard verkauft, die Apple-II-Benutzer in die Lage versetzte, mit Microsoft-Programmen zu arbeiten.

Die SoftCard mit dem Mikroprozessor Z80 von Zilog (ein schnellerer Klon des 8080) wurde mit CP/M, worauf Microsoft die Lizenz von Digital Research hatte, zusammengespannt und mit Microsoft-BASIC geliefert.

Die SoftCard war das erste Stück Hardware von Microsoft und wurde in der neuen Verbraucher-Produktabteilung der Firma unter der Leitung von Vern Raburn hergestellt. »Erst als der Apple II herauskam, wurde den Leuten klar, wie riesig der Markt für Software wirklich war«, sagte Allen.

Während Gates mehr in der Öffentlichkeit wirkte, war Allen zufrieden, hinter den Kulissen tätig zu werden und an technischen Neuerungen wie der SoftCard zu arbeiten. Die Fähigkeiten und Persönlichkeiten der beiden ergänzten einander, und das konnte der Firma nur zugute kommen.

Steve Wood, der um die Zeit, als die SoftCard herauskam, bei Microsoft kündigte, weist darauf hin, daß Gates und Allen bei aller Verschiedenheit wesentliche Charakterzüge gemeinsam hatte: »Um unter Bill zu arbeiten, brauchte man eine Menge Selbstvertrauen. Aber was viele Leute nicht verstehen, ist, daß ihm Paul bis zu einem gewissen Grade ähnlich war. Auch er war sehr ehrgeizig und konkurrenzbetont, aber sehr viel geduldiger. Das war natürlich sehr angenehm.«

Allen hatte verschiedene Freizeitinteressen. Gern besuchte er mit Vater, Mutter und Schwester die Basketballspiele der Seattle SuperSonics oder machte daheim mit Kollegen Musik. Er und einige Programmierer hatten nämlich eine Band auf die Beine gestellt. Gates dagegen war viel ausschließlicher auf die Arbeit konzentriert.

Immerhin entspannte sich Gates gelegentlich auf Microsoft-Partys, die ziemlich oft stattfanden, gewöhnlich an den Wochenenden und im Hause oder der Wohnung eines Firmenangehörigen. Ein Programmierer charakterisiert diese Partys, zu denen sich das Team 1980 noch zusammenfand, bevor dann, nach dem Abschluß mit IBM, für ungefähr ein Jahr nur noch Arbeit auf dem Programm stand, wie folgt: »Da wurde getrunken und ein bißchen Gras geraucht. Anwesend waren meistens nur Firmenangehörige. Die Männer waren schwer in der Mehrzahl, wie in der Firma auch. Was da lief, war ziemlich typisch für diese Altersgruppe zu dieser Zeit. Manchmal ging die Kontrolle verloren, aber meistens nur ein bißchen. Ich erinnere mich, daß Bill einmal stolperte und die Treppe herunterfiel. Als er darauf angesprochen wurde, sagte er sinngemäß, daß er Kopfsprung übt, und damit ging er wieder nach oben und stürzte sich noch mal runter.«

Auf diesen Partys wurden auch Wettkampfspiele veranstaltet. Insbesondere ein Spiel, das »Löffel« genannt wurde. Die Spieler saßen im Kreis um einen Kreis von Löffeln, die so gelegt waren, daß ihre Stiele nach außen auf die Spieler wiesen. Es lag immer ein Löffel weniger im inneren Kreis, als Spieler im äußeren saßen. Dann wurden Karten ausgegeben wie beim Poker, und wenn einer der Spieler ein bestimmtes Blatt hatte, konnte er nach einem Löffel greifen. Danach griff jeder nach einem Löffel. Wer nicht schnell genug reagierte, kriegte keinen und schied aus. Aber wie beim Poker auch spielte Bluff eine große Rolle, und wer irrtümlich nach einem Löffel griff und ihn berührte, mußte ebenfalls ausscheiden.

»Sooft ich dieses Spiel gespielt habe, und es verging kein Monat, in dem wir es nicht ein paarmal gespielt hätten, habe ich, soweit ich mich erinnere, nicht ein einziges Mal erlebt, daß Bill nicht gewonnen hätte«, sagt Michael Orr, ein Manager des COBOL-Sprachentwicklungsprojekts von Microsoft, der Ende 1979 angestellt wurde. »Sie können mir glauben, daß eine Menge Leute sich sagten: ›Verdammt noch mal, diesmal werde ich es ihm zeigen, koste es, was es wolle!‹ Aber ich glaube, er hat nie verloren.«

Wettstreit war alles, in der Freizeit und bei der Arbeit. Gates mußte alles bis zum Äußersten treiben. Das Arbeitsethos war seit dem Umzug nach Bellevue womöglich noch strenger geworden. Überstunden wurden wie selbstverständlich vorausgesetzt. Jeder wußte, daß er bis spät in die Nacht und auch an den Wochenenden im Büro sein mußte, egal, wieviel Arbeit konkret anlag. Keiner wollte als erster nach Hause gehen.

Die langen Bürostunden und die anspruchsvolle Persönlichkeit von Gates wurden Marla Wood schließlich zuviel, die seit dem Umzug die Buchhaltung besorgte und andere Büroarbeiten erledigen half. Oft mußte sie auch den Programmierern, die mittags nie das Büro verließen, Hamburger und Milkshakes holen, die sie zur Reproduktion ihrer Arbeitskraft benötigten. Eine Zeitlang war Marla die einzige Büroangestellte, doch nach und nach wurden eine Sekretärin, eine Empfangsdame und verschiedene Schreibkräfte eingestellt. Dann fing Gates ein Verhältnis mit der Sekretärin an, was Spannungen im Büro erzeugte. Die junge Frau kam spät zur Arbeit und ging früh, was dem bei Microsoft herrschenden Arbeitsethos entschieden widersprach.

Die fünf oder sechs anderen Frauen, die in seinem Büro arbeiteten und von denen keine viel Ahnung von Technik hatte, behandelte Gates oft mit verletzender Herablassung, wenn er sie nicht gerade anblaffte, was auf alle, die sich noch nicht an die bei Microsoft herrschende Streitkultur gewöhnt hatten, befremdlich wirkte.

»Für Paul zu arbeiten war viel leichter«, sagt Marla. »Der ging zwar auch manchmal in die Luft, aber fünf Minuten später war es, als wäre nichts passiert. Von den beiden würde ich für Paul immer lieber arbeiten. Sie sind persönlich sehr unterschiedlich . . . Wir waren immer richtig erleichtert, wenn Bill außerhalb zu tun hatte.«

1980 kauften sich Steve und Marla Wood ein Haus und hätten es gern nach ihrem Geschmack eingerichtet und sich um den Garten gekümmert. Aber aufgrund der ausgedehnten Arbeitszeiten bei Microsoft kamen sie immer erst lange nach Einbruch der Dunkelheit nach Hause. Gewöhnlich schliefen sie nur ein paar Stunden, bevor sie gleich wieder ins Büro mußten. So blieben ihnen für die Arbeit an ihrem Haus nur die Wochenenden, und selbst dann war Steve oft in der Firma.

»Ich wurde mit der Zeit sehr unzufrieden«, sagt Marla, »und äußerst hektisch.«

Schließlich ging sie eines Tages zu Steve, der nicht nur ihr Mann, sondern als Geschäftsführer von Microsoft auch ihr Vorgesetzter war, und eröffnete ihm, daß die Frauen im Büro für die Überstunden, die von ihnen verlangt wurden, bezahlt werden wollten. Denn im Gegensatz zu den Männern, die ein festes Gehalt erhielten, arbeiteten die Frauen auf Stundenbasis. Steve Wood trug Gates die Beschwerde vor, und Gates erklärte sich bereit, zukünftige Überstunden zu entlohnen, weigerte sich aber, eine Nachzahlung für bereits geleistete zu gewähren.

Marla hatte Steve angekündigt, daß die Frauen aller Wahrscheinlichkeit nach Beschwerde beim Arbeitsministerium einlegen würden, falls man ihre Forderungen nicht erfüllte. »Sollen sie ruhig«, sagte Gates zu Steve, »von mir aus ...« Die Frauen taten ihm den Gefallen.

»Bill stürmte in mein Büro, puterrot vor Wut, und schrie«, erinnert sich Marla, »daß wir den Ruf seiner Firma ruiniert hätten.« In Tränen aufgelöst lief sie zu Steve und sagte, jetzt habe sie es satt. Daraufhin eröffnete ihr Steve, daß er selbst am nächsten Tag eine Verabredung mit einem Personalberater hätte. Erst da erfuhr sie, daß auch ihr Mann die Nase voll hatte.

Gates' Wutausbruch über die Lohnforderungen der Frauen schien angesichts der Tatsache, daß es dabei nur um ein paar lumpige hundert Dollar ging, maßlos übertrieben. Sie wurden schließlich erfüllt.

Als Marla Wood ging, stellte Microsoft einen ausgebildeten Buchhalter an. Er war entsetzt, als er herausfand, daß eine Firma mit jährlich annähernd acht Millionen Dollar Umsatz ihre Buchhaltung noch per Hand machte. Bald wurde sie deshalb auf Computer umgestellt, wozu man sich allerdings mit einem kleinen Radio Shack TRS-80 begnügte.

Steve Wood verließ die Firma und trat bei dem jungen texanischen Unternehmen Datapoint ein. Im Unterschied zu seiner Frau hatte ihn nicht Überlastung zur Kündigung bewogen, sondern etwas anderes: Microsoft war eine Partnerschaft zwischen Gates und Allen, und für die Angestellten war keinerlei Gewinnbeteiligung vorgesehen. Es gab deshalb wenig finanziellen Anreiz für Wood, in einer Stellung zu bleiben, in der er so hart arbeiten mußte.

Kurz bevor Wood Microsoft verließ, besetzte Gates wieder eine Schlüsselstellung im Management mit einem Freund: Im Juni 1980 machte er Steve Ballmer zum Assistenten des Vorsitzenden. In einem Interview sagte Gates später: »Als wir so an die dreißig Angestellte hatten, handelte es sich dabei noch immer nur um mich, eine Sekretärin und 28 Programmierer. Ich schrieb alle Schecks aus, beantwortete die Post, nahm Anrufe entgegen – es war eine große Forschungs- und Entwicklungsgruppe, weiter nichts, was wir da hatten. Dann habe ich Steve Ballmer eingestellt, der eine Menge vom Geschäft verstand und nicht viel von Computern.«

Ballmer, Sohn schweizerischer Einwanderer, wuchs in Detroit auf, wo sein Vater bei Ford arbeitete. Nachdem er in Harvard angewandte Mathematik studiert hatte, arbeitete er einige Jahre lang als Assistent Product Manager bei Procter & Gamble, bevor er an die Business School der Stanford Universität ging. Dort war er etwa ein Jahr, als Gates ihn rief.

Bei Procter & Gamble hatte Ballmer Aufsehen erregt, als er für einen Kunden eine neue Verpackung seiner Backmischungen entwarf, die breiter als hoch war und so auf den Regalen der Supermärkte mehr Platz beanspruchte. Das wollte er, wie er später sagte, gern auch für Microsoft tun: die Konkurrenz verdrängen.

Ballmer ist, seit er bei Microsoft anfing, auf die verschiedenste Weise charakterisiert worden: als Gates' Alter ego, als erster Cheerleader seiner Firma, auch als hervorragendster Marketingexperte des Universums. Was immer von diesen Charakterisierungen zu halten sein mag, seine Bedeutung für die Firma – und für Gates persönlich – ist kaum zu überschätzen.

»Wenn Sie über Bill schreiben«, sagt einer der gegenwärtig führenden Köpfe von Microsoft, »müssen Sie unbedingt Steve Ballmer berücksichtigen. Er ist viel mehr als nur Bills Stellvertreter. Zwischen den beiden besteht ein sehr hoher Grad von Vertrauen und gegenseitigem Verständnis. Jeder verläßt sich auf den IQ des anderen. Sie sind beide gleich hoch motiviert.«

Ballmer brauchte etwas Zeit, bis er seinen Platz bei Microsoft gefunden hatte. Zunächst tat er einfach, was die Bezeichnung seiner Stellung vorschrieb: Er assistierte dem Präsidenten. Und er war ein sehr tüchtiger und erfahrener Assistent. Während seines letzten Jahres in Harvard hatte er die Ausstattung des Footballteams der Universität unter sich.

»Steve sprach oft davon, wie wichtig diese Erfahrung mit dem Footballteam für ihn war«, sagt der zitierte Direktor von Microsoft. »Ich glaube, er sah sich selbst nicht als Mitspieler, sondern als den Mann, der dafür sorgte, daß der Wassereimer zur Stelle war, den das Team brauchte, wenn es siegen wollte. Bill sollte der Quarterback sein, und Steve der Typ fürs Grobe.«

Ballmer konnte sich schon bald nach seinem Eintritt in die Firma sehr nützlich machen. Im Juli 1980 war Gates damit beschäftigt, eine BASIC-Version für den Atari entwickeln zu helfen. Die Videospielfirma wollte in das Personalcomputergeschäft einsteigen, und Gates hatte sich schon mehrmals mit dem Vorsitzenden der Gesellschaft, Ray Kassar, getroffen.

Eines Morgens, Ende Juli, während er sich auf ein neuerliches Treffen mit Kassar vorbereitete, hatte Gates einen Mann am Apparat, der sich als Jack Sams von IBM vorstellte. Sams sagte, er würde gern bald einmal nach Seattle fliegen, um gewisse Dinge mit ihm zu besprechen. Gates blickte auf seinen Terminkalender. »Ist Ihnen nächste Woche recht?« Sams erwiderte: »Können Sie morgen?« Nachdem Gates den Hörer aufgelegt hatte, rief er Kassar in Kalifornien an und sagt das für den nächsten Tag vereinbarte Treffen ab. Gates ging dann in Ballmers Büro. IBM kommt, erklärte er dem Freund. Zeit, die Anzüge aus dem Schrank zu holen, sagte Ballmer.

Ein seltsames Paar tat sich da zusammen. Die Vorstellung, daß die saloppe Microsoft mit einem so steifleinenen Unternehmen wie IBM gehen könne, war indessen nicht kurioser als die Tatsache, daß der größte Computerhersteller der Welt 1980 noch nicht auf dem PC-Markt war.

In den fünf Jahren seit der Entwicklung des Altair waren nahezu 200 verschiedene Mikrocomputermarken auf den Markt gekommen. Die von IBM waren stets innerhalb kürzester Zeit wieder in der Versenkung verschwunden. Thomas J. Watson sen. hätte sich im Grabe herumgedreht, wenn er erfahren hätte, daß im Juli 1980 den Direktoren der Firma nichts anderes einfiel, als vorzuschlagen, IBM solle einen Personalcomputer von einem Unternehmen wie Atari kaufen und dann einfach den erlauchten Namen IBM daran anbringen.

Watson hatte 1924 den Namen der Computing-Tabulating-Recording Co. in International Business Machines geändert und ein Buchungsmaschinenmonopol geschaffen. Seitdem hatte die Firma Erfolge über Erfolge. Obwohl der erste kommerzielle Computer in den fünfziger Jahren von Sperry-Rand herausgebracht wurde, gelang es IBM bald, sich mit ihren hochkarätigen Lochkarten-Großrechnern über 90 Prozent des Markts zu sichern. Die 360er Serie ihrer Großrechner, die 1964 anlief, eroberte 70 Prozent des Markts und setzte eine Norm, die noch heute gültig ist. Die Initialen IBM standen synonym für Computer schlechthin. IBM war eine der erfolgreichsten und meistbewunderten Firmen der Welt, ihre Aktien waren an der Wall Street mit die begehrtesten. Aber irgendwie war der gigantische Konzern auch verknöchert und engstirnig geworden, eine bürokratische Institution, in der individuelle Initiative und Kreativität erstickt und gelähmt wurden. Seit Jahren trugen alle leitenden Angestellten im Dienst stets weiße Hemden und konservativ geschnittene blaue Anzüge, weshalb die Firma den Spitznamen »Big Blue«, die Große Blaue, erhielt. Die Angestellten hatten Schilder mit der Aufschrift »Think!« an den Wänden und sangen die Firmenhymne, »Hoch IBM«, die mit einem Trinkspruch endete. »Auf ewig – IBM.«

Aber die Regierung gönnte IBM kein ewiges Leben, jedenfalls nicht in der Form, die der Konzern mit der Zeit angenommen hatte. Im Januar 1969 erhob das Kabinett Präsident Johnsons an seinem letzten Amtstag Anklage gegen IBM wegen Monopolisierung der US-Computerindustrie. Die drei folgenden Regierungen sollten versuchen, die marktbeherrschende Stellung des Konzerns zu erschüttern und eine Aufteilung der Big Blue in viele Baby Blues durchzusetzen, ähnlich wie später Ma Bell in viele Baby Bells zerlegt wurde. Das Leben des Konzerns stand auf dem Spiel. Als die Regierung Präsident Reagans die Antitrustklage fallenließ, füllten die Prozeßakten schon 200 000 Seiten, und eine ganze Anwaltsfirma war aufgebaut worden, um IBM zu retten.

Die Klage hing noch wie ein Damoklesschwert über der Firma, als Paul Allen 1975 den Altair mit BASIC fütterte und damit den Beginn der Mikrocomputerrevolution signalisierte. Zum Teil aufgrund der Wagenburgmentalität, die nach Beginn des Prozesses bei den Führungskräften des Konzerns aufgekommen war, verlor IBM ständig auf dem Computermarkt an Boden. 1980 war ihr Marktanteil auf 40 Prozent gesunken, und diese wurden ausschließlich mit dem Verkauf von Großrechnern und Minicomputern erzielt. Bei dem ersten Versuch, auf dem Markt für Mikrocomputer zu konkurrieren, hatte sich IBM gegen Ende der siebziger Jahre mit der Serie 5100 schwer blamiert. Die Maschinen waren bald wieder vom Markt genommen worden.

Die Anstrengungen der Gesellschaft, einen verkäuflichen Mikrocomputer zustande zu bringen, fanden in der Niederlassung des Konzerns in Boca Raton in Florida statt, die als Entry Level Systems Unit bezeichnet wurde. Dort arbeitete man an mehreren Projekten. Ein Team von Technikern unter Leitung von Bill Sydnes arbeitete an dem System 23 Datamaster, bei dem es sich um eine Fortentwicklung der unglücklichen Serie 5100 handelte. Die System-23-Maschine war aus IBM- und Nicht-IBM-Elementen konstruiert. Eine andere Gruppe in Boca Raton wollte einen Computer gänzlich aus von anderen Firmen hergestellten Teilen fertigen.

Die Mehrzahl der in Boca Raton arbeitenden Techniker hielt IBM nicht für fähig, einen eigenen, erfolgreichen Personalcomputer zu entwickeln, und zwar aufgrund der verkrusteten Strukturen des Konzerns. Der PC entsprang einem Unternehmungsgeist, der bei IBM fehlte. Die Protagonisten der PC-Revolution waren Hacker und Freaks, junge Radikale mit langen Haaren, die verwaschene Jeans trugen und laut Rock 'n' Roll hörten. Der Geburtsort des führenden Personalcomputers, des Apple, war nicht umsonst eine Garage und kein gigantischer Konzern, der seine eigene bürokratische Trägheit nicht überwinden konnte.

Jedenfalls war das die Botschaft, die Bill Lowe Anfang Juli 1980 im Hauptquartier des Konzerns in Armonk im Staate New York, etwa eine Autostunde flußaufwärts der Stadt am Hudson River gelegen, seinen Chefs übermittelte. Bei diesem Treffen mit dem Corporate Management Committee (CMC) schlug Lowe vor, IBM täte am besten daran, einen Computer bei Atari zu kaufen.

Lowe, Direktor der Werkstätten in Boca Raton, kam damit schlecht an: »Das Dümmste, was wir je gehört haben«, meinten die Herren von der Konzernspitze zu seinem Vorschlag. Lowe wurde mit dem Auftrag nach Florida zurückgeschickt, alles Erforderliche zu unternehmen, um einen eigenen Personalcomputer für IBM zu entwickeln. Er sollte ein ausgesuchtes Team an diese Aufgabe setzen und in 30 Tagen mit dem Prototyp eines IBM-»Apple« wieder vorsprechen.

James Chposky und Ted Leonsis, die Autoren des Buches *Blue Magic*, das faszinierenden Einblick in die Entwicklung des PC von IBM gewährt, behaupten, Lowe habe genau auf dieses Ergebnis hingearbeitet, denn ihm sei von vornherein klar gewesen, daß man ihm freie Hand geben würde, bei der Entwicklung eines Personalcomputers für IBM unbürokratisch nach Gutdünken schalten und walten zu dürfen.

Lowe kehrte nach Boca Raton zurück und suchte sich sein Team zusammen, 13 Techniker, die sich ihre Phantasie durch die ständige Behinderung seitens der bürokratischen Strukturen des Konzerns noch nicht hatten nehmen lassen.

»Wenn man mit Leuten konkurrieren will, die in einer Garage angefangen haben, muß man selbst in einer Garage anfangen«, sagt Don Estridge, der Mann, den Lowe mit der Leitung des Projekts und des Teams beauftragte. Von allen an dem PC-Projekt Beteiligten sollte Estridge der bekannteste werden.

Die mit der Ausführung beauftragten Techniker hielten es übereinstimmend für das Beste, den neuen Computer als »offene Architektur« zu konzipieren. Demnach sollten wesentliche Komponenten der Maschine, wie der Mikroprozessor, auf dem Markt eingekauft und nicht eigens für den IBM-Computer entwickelt werden. Der Branchenguru Adam Osborne sagt, er sei einer von zwei unabhängigen Beratern gewesen, die der IBM eine offene Architektur empfohlen hatten. Den gleichen Rat gab Portia Isaacson. »Ich wußte damals gar nicht, daß wir beide IBM rieten: Baut nicht erst eure eigene Hardware und Software ...«

So wurde beschlossen, daß die Software der Maschine einschließlich des lebenswichtigen Betriebssystems ebenfalls auf dem Markt eingekauft werden sollte. Sie zu beschaffen wurde Jack Sams (ein Angehöriger des dreizehnköpfigen Expertenteams) beauftragt, und so rief dieser eines Morgens bei Microsoft an und fragte nach Bill Gates.

Sams hatte bereits eine gewisse Vorstellung von Microsoft. Er war Experte für Software und speziell Betriebssysteme. Er hatte dem Entwicklungsteam angehört, das die Großrechner der berühmten Serie 360 konstruierte. Neuerdings war er mit Bill Sydnes an dem System-23-Projekt in Boca Raton beteiligt gewesen. Und er hatte Lowe empfohlen, Microsoft mit der Entwicklung einer BASIC-Version für dieses Projekt zu beauftragen, allerdings vergeblich. IBM hat seine eigene Software für die System-23-Maschine entwickelt. »Es hat nur länger gedauert und mehr gekostet«, sagt Sams.

Im Juli, als sich Sams telefonisch bei Gates anmeldete, stand dem Expertenteam nur noch wenig Zeit zur Verfügung. In wenigen Wochen galt es, einen Prototyp auf die Beine zu stellen und die Informationen zu sammeln, die Lowe für seinen Bericht an das CMC im August brauchte. Der Vorstand des Konzerns hatte bisher das PC-Projekt noch nicht gebilligt. Sams beabsichtigte, als er sich bei Gates anmeldete, zunächst nichts weiter, als sich die Firma Microsoft einmal aus der Nähe anzusehen, um dem Expertenteam darüber berichten zu können. Von den Plänen der IBM sollte Gates einstweilen nichts erfahren. Es sollten ihm nur sehr allgemein gehaltene Fragen gestellt werden. Allerdings würde man ihn bitten, die berühmte Geheimhaltungsverpflichtung von IBM zu unterschreiben. Das Projekt wurde sogar innerhalb des Konzerns geheimgehalten, und so war IBM sehr daran gelegen, daß niemand von Sams' Erkundigungen in Bellevue erfuhr.

»Bei diesem ersten Treffen haben wir nur auf den Busch geklopft. Wir wollten uns eine Meinung darüber bilden, ob sie imstande wären, zu den Terminen zu liefern, die wir einhalten mußten«, sagt Sams. »Wenn wir da draußen festgestellt hätten, daß die nur mit drei Figuren arbeiteten, hätten wir uns ernstlich fragen müssen, ob wir uns auf solche Partner verlassen können.«

Sams machte seinen Besuch bei Microsoft in Begleitung zweier anderer Angehöriger der Firma, eines Direktors der Einkaufsabteilung und eines weiteren aus der Abteilung für Corporate Relations (Firmenbeziehungen). Die beiden begleiteten ihn, wie er sagt, mehr oder weniger als »Zeugen«. IBMs Sicherheitsvorkehrungen schienen gelegentlich von reinem Verfolgungswahn diktiert. Als sie im achten Obergeschoß des Old-National-Bank-Gebäudes in Bellevue aus dem Aufzug traten, gab die Empfangsdame Gates Bescheid. Er hielt sich in seinem Büro auf.

»Ich wußte, daß Bill jung war, aber ich hatte ihn noch nie gesehen«, sagt Sams. »Als jemand herauskam, um uns in sein Büro zu führen, hielt ich ihn für einen Laufburschen. Es war Bill. Und ich will Ihnen sagen, was ich damals den Direktoren von IBM auch gesagt habe und jederzeit jedem sagen würde: Hat man erst einmal fünfzehn Minuten mit Bill geredet, fällt einem gar nicht mehr auf, wie er aussieht oder wie alt er ist. Er hat den brillantesten Verstand, mit dem ich es je zu tun hatte.«

Gates sagte später, die Leute von IBM hätten ihm bei jenem ersten Treffen »eine Menge verrückter Fragen« gestellt. Am nächsten Tag tippte Steve Ballmer einen Brief, den er Gates zur Unterschrift vorlegte: Darin dankte Microsoft den Herren von IBM für ihren Besuch.

In Boca Raton schilderte Sams Microsoft und den jungen Präsidenten der Gesellschaft in sehr günstigem Licht. »Ich empfahl, die Zusammenarbeit mit Microsoft in unseren Plan einzubeziehen«, sagt Sams. »Nach unserem ersten Treffen hatten wir das Gefühl, daß wir von ihnen kriegen könnten, was wir brauchten. Ich spürte, daß sie offen antworteten, und fand richtig, was sie sagten.«

Einige Wochen später, während der Hundstage im August, flog Bill Lowe abermals nach Armonk, begleitet von Bill Sydnes, Lewis Eggebrecht und dem Prototyp der Maschine, die als der IBM-PC bekannt werden sollte. Sydnes war der technische Leiter des Projekts, Eggebrecht hatte als einer der Techniker zusammen mit ihm an dem Prototypen gearbeitet. Nach der Präsentation und dem Bericht von Lowe billigten die Herren des CMC das Projekt. Es sollte unter der Codebezeichnung »Chess« (Schach) weitergeführt werden. Lowe erhielt eine Frist von einem Jahr, die neue Maschine auf den Markt zu bringen.

Das Expertenteam sollte in Boca Raton als Independent Business Unit (unabhängige Geschäftseinheit) oder IBU auf dieses Ziel hinarbeiten. Der frühere IBM-Vorsitzende Frank Cary hat in einem vielzitierten Bonmot erklärt, die IBU sei, »was IBM einfällt, wenn sich die Frage stellt: ›Wie bringt man einem Elefanten Steptanzen bei?‹«

Auch als technische Kommandoeinheit hätte man die Einsatzgruppe bezeichnen können, die in Boca Raton jenen Handstreich für IBM organisierte, der der Großen Blauen einen PC verschaffen sollte.

Nicht lange nachdem das Projekt »Schach« im Hauptquartier des Konzerns abgesegnet wurde, fand ein zweites Treffen zwischen Microsoft und IBM statt. Sams teilte Gates am Telefon mit, daß er diesmal vier andere Angehörige von IBM mitbringen würde, unter anderem einen Juristen. Bei ihrer Ankunft im Büro von Microsoft wurden die fünf »Anzugträger« von der gleichen Anzahl von Firmenrepräsentanten empfangen. Gates hatte diesmal Allen, Ballmer, Nishi und einen Anwalt aus der Kanzlei seines Vaters hinzugezogen.

Auch diesmal wurde Gates und sein Team zuerst gebeten, das Geheimhaltungsabkommen zu unterzeichnen. Nach dieser Formalität erfuhren sie, was sie schon vermutet hatten: daß IBM ein streng geheimes Projekt verfolgte, einen Personalcomputer zu entwickeln.

Inzwischen liegen zahlreiche Berichte vor, denen zu entnehmen ist, daß es Gates war, der den Leuten von IBM empfahl, ihren projektierten Mikrocomputer um den 16-Bit-Chip von Intel herum zu bauen, statt um den alten 8-Bit 8080. Gates wußte, daß der weiterentwickelte Chip Microsoft die Möglichkeit geben würde, stärkere Software für den neuen Computer zu schreiben. Im Vorwort zu der von Microsoft herausgegebenen MS-DOS-Enzyklopädie wird behauptet, daß Gates und Microsoft IBM überzeugt hätten, den neueren und schnelleren Chip für ihre Maschine zu verwenden. »Doch kannte sich IBM in der Mikrocomputertechnik und auf dem Mikrocomputermarkt nicht sehr gut aus . . .«, heißt es da. »Eine der erwogenen Lösungen, die uns Sams' Gruppe skizzierte, war die Produktion der neuen Maschine aus Fertigteilen, die von anderen Herstellern geliefert wurden. Die erforderliche Hardware war durchweg erhältlich, doch von der Software ließ sich das nicht sagen. Daher der Besuch bei Microsoft mit der Frage: Wäre Microsoft, gesetzt den Fall, sie erhielt alle erforderlichen Angaben über einen 8-Bit-Computer, in der Lage, bis April nächsten Jahres ein ROM BASIC (Festspeicher) dafür zu schreiben? Microsoft erklärte sich dazu imstande, stellte aber Gegenfragen: Weshalb einen 8-Bit-Computer herausbringen? Warum nicht lieber eine 16-Bit-Maschine auf der Basis des 8086 von Intel? Nach diesem Treffen – dem ersten von vielen – kehrten Sams und seine Gruppe nach Boca Raton zurück mit dem Vorschlag für einen Einstieg-16-Bit-Büroarbeitsplatz. Das Unternehmen erhielt die Bezeichnung »Project Chess«.«

Doch die offizielle Geschichtsschreibung von Microsoft ist nach

Aussagen von Leuten, die in Schlüsselstellungen am »Project Chess« mitwirkten, mindestens in diesem Punkt nicht ganz verläßlich. Alle erklärten, daß die Techniker von IBM in Boca Raton beschlossen hatten, 16-Bit-Architektur zu benutzen, lange bevor Gates etwas von ihrem Vorhaben erfuhr. Bill Sydnes, der technische Leiter des Projekts, den Lowe als ersten für sein dreizehnköpfiges Expertenteam auswählte, erklärte zu der zitierten Darstellung: »Das ist Quatsch, sogar absoluter Quatsch. Wir hatten das System 23 mit einer 8-Bit-Architektur gemacht, die Hardware war vollkommen versandfertig, und das Betriebssystem war ungefähr ein Jahr oder anderthalb Jahre weit weg, als wir mit dem PC-Programm anfingen. Also wandte ich mich dem zu, und wir waren uns einig, daß wir in Anbetracht der Aufgaben, die wir dieser Maschine zudachen, diesmal eine 16-Bit-Architektur benutzen sollten.«

Sydnes zufolge wurden für den IBM-PC verschiedene Chips in Erwägung gezogen, unter anderem der 68000 von Motorola. Doch hatte dieser 32-Bit-Chip einige technische Unzulänglichkeiten. »Im Grunde war Motorola noch nicht fertig«, sagt Sydnes. »Sie waren noch sechs bis neun Monate hinter dem Stand zurück, den wir brauchten.« Das Expertenteam beschloß schließlich, den 8088 von Intel zu benutzen, nicht den 8086. Der 8088 war ein 16-Bit-Chip mit einigen Eigenschaften der 8-Bit-Technologie. Der Hauptgrund, weshalb sie diesen Chip wählten, war, daß er nicht so schnell war wie der 8086, der, wie Sydnes sagt, für die Maschine, die ihnen vorschwebte, zunächst ein bißchen zu stark gewesen wäre. Außerdem wären bei der Erweiterung eines auf dem 8088-Chip basierenden Geräts zu einem mit dem 8086 operierenden keine großen technischen Schwierigkeiten zu überwinden gewesen.

Sams bestätigte, daß die Boca-Raton-Gruppe sich schon für einen 16-Bit-Chip entschieden hatte, bevor Gates angesprochen wurde. Doch sagt er, daß aufgrund der Geheimhaltungspolitik von IBM Gates bei dem zweiten Treffen, in dem das Projekt erstmals zur Sprache gebracht wurde, über diesen Umstand nicht unterrichtet wurde, so daß er wohl geglaubt haben möge, IBM wäre seinem Rat gefolgt.

»Wir hatten uns aus guten Gründen für den 8088 entschieden, aber davon haben wir Bill nichts erzählt«, sagt Sams. »Wir haben uns im wesentlichen darauf beschränkt, ihn um Rat zu bitten, und er empfahl uns die 16-Bit-Architektur. Ich bin überzeugt, daß er der Meinung ist, wir seien seiner Empfehlung gefolgt. Aber tatsächlich wären wir nicht auf die Idee gekommen, noch einmal die 8-Bit-Zentraleinheit zu verwenden.«

Gates empfahl auch, daß der IBM-Computer Farbkapazität haben sollte, sagt Sams, und machte mehrere Vorschläge für die Tastatur.

Microsoft sollte IBM Softwareentwicklungswerkzeuge – wie etwa BASIC – für den neuen Personalcomputer liefern, und bei seinem zweiten Treffen mit Sams, Ende August 1980, nahm Gates diesen Auftrag an. Don Estridge, der Leiter des »Project Chess«-Teams nannte später der Zeitschrift *Byte* den Grund, der IBM bewog, nicht ihre eigene BASIC-Version zu verwenden: »IBM hat ein ausgezeichnetes BASIC, gut eingeführt, außerdem läuft es schnell auf Großrechnern und ist viel funktionaler, als Mikrocomputer-BASICs im Jahre 1980 waren. Aber die Zahl seiner Benutzer war gegenüber derjenigen des Microsoft BASIC verschwindend gering. Microsoft BASIC wurde von Hunderttausenden überall auf der Welt benutzt. Und das ist ein Argument, das man nicht widerlegen kann.«

Schon in Albuquerque hatte Microsoft den Anspruch formuliert: »Wir setzen den Standard.« Dieser Ehrgeiz sollte sich jetzt auszahlen.

Da IBM nicht genügend Zeit hatte, für »Project Chess« eigene Software zu entwickeln, mußte der Konzern nicht nur BASIC, sondern auch das noch viel wesentlichere Betriebssystem anderswo fertig kaufen. Das damals beliebteste Betriebssystem war das von Gary Kildall für Digital Research entwickelte CP/M. Sams sagt, er sei davon ausgegangen, daß Microsoft die Rechte am CP/M-Quellcode habe, als er sich im Juli zum erstenmal an Gates wandte. Microsoft hatte erst kürzlich die SoftCard herausgebracht, mit deren Hilfe für CP/M geschriebene Programme auf dem Apple II verwendet werden konnten. »Unser Zielmarkt war die Apple-Software«, sagte Sams. »Die Leute erwarben Apple für geschäftliche Zwecke, und wir wußten, daß die Produkte gut gekauft werden würden. Viele dieser Produkte basierten auf CP/M, es war uns deshalb klar, daß wir eine CP/M- oder CP/M-kompatible Maschine brauchten. Unser Vorschlag, den wir Microsoft ursprünglich vortrugen, lautete, den Quellcode für die SoftCard zu benutzen, die sie damals für den Apple herausgebracht hatten . . . Ich nahm an, sie wären imstande, uns eine 16-Bit-Version des Betriebssystems anzubieten. Daß das aber nicht der Fall war, haben wir erst beim zweiten oder dritten Treffen entdeckt, denn bei unserer ersten Zusammenkunft konnten wir mit unseren Fragen ja noch nicht sehr in die Einzelheiten gehen.«

Nicht nur hatte Microsoft nicht die Rechte, den CP/M-Quellcode an IBM zu verkaufen oder zu lizenzieren, Digital Research, die Eigentümerin von CP/M, hatte damals auch noch gar keine 16-Bit-Version dieser Software entwickelt. Offensichtlich waren also Sams und das IBM-Team nicht ganz auf dem laufenden.

Sams flog im Laufe des Monats September noch mehrmals zu Besprechungen mit Gates nach Bellevue. Beim dritten oder vierten Treffen sprachen sie ausführlich über das Betriebssystem für den neuen PC. IBM wollte, daß Microsoft es nicht nur mit BASIC lieferte, sondern überdies noch mit Sprachen wie FORTRAN, COBOL und Pascal. Standalone BASIC funktionierte noch ohne Betriebssystem, die anderen Sprachen von Microsoft aber nicht. IBM müsse sich darüber klarwerden, wie die Frage des Betriebssystems gelöst werden solle, sagte Gates. Die Zeit war kurz. »Bill sagte uns, daß wir, wenn wir ein 16-Bit-CP/M wollten, zunächst einmal Kildall darauf ansprechen müßten«, sagt Sams. »›Oh‹, sagten wir. ›Eigentlich hatten wir nur mit einer Person verhandeln wollen.‹ Und nun mußten wir mit Kildall reden. Ich fragte Bill, ob er uns einen Termin bei ihm machen würde.«

Gates wählte sofort die Nummer von Digital Research und ließ sich mit Kildall verbinden. Er werde ihm ein paar wichtige Kunden schicken, erklärte er dem Mann am anderen Ende der Leitung: »Behandeln Sie die Leute also anständig.«

Die erste Begegnung von Gary Kildall und Bill Gates lag damals schon lange zurück. Als einer der jungen Computerfreaks von Lakeside, denen die Computer Center Corporation ermöglichte, auszuprobieren, wie man ihren Computer zum Zusammenbruch bringen konnte, hatte Gates damals gerade erst am Anfang der Laufbahn gestanden, auf der er inzwischen schon ein recht beachtliches Stück weitergekommen war. Damals war Kildall Doktorand der Informatik.

Kildall, aus Seattle gebürtig, wo sein Vater eine Navigationsschule besaß, hatte Mathematiklehrer werden wollen, als er sich an der University of Washington immatrikulierte. Doch als ihm dann ein Freund ein FORTRAN-Programm zeigte, fühlte er sich mit einemmal zur Informatik berufen. Bald schrieb er ein Programm, mit dem sein Vater die Gezeitentabellen kalkulieren konnte, was er früher per Hand hatte tun müssen.

Nachdem er sein Informatikstudium abgeschlossen hatte, zog Kildall nach Kalifornien und ließ sich in Pacific Grove Monterey nieder. Er unterrichtete Informatik an der nahegelegenen US Naval Postgraduate School (dem Institut für fortgeschrittene Studien der Marine der Vereinigten Staaten). Kildall kaufte einen der ersten 4004-Mikroprozessor-Chips von Intel und schrieb eine einfache Programmiersprache dafür, was ihm einen Beratervertrag mit Intel einbrachte. Als die Intel den 8-Bit-8008-Chip herausbrachte, den Mikroprozessor, mit dem Gates und Allen in Seattle ihre Traf-O-Data-Maschine bauten, entwickelte Kildall auch für diesen eine Programmiersprache. Als Gegenleistung erhielt er einen kleinen Computer, den er in seinem Unterrichtsraum in der Naval Postgraduate School aufstellte. Da es ihm selbst an dem erforderlichen Sachverstand für die Hardware fehlte, tat sich Kildall mit seinem Studienfreund John Torode zusammen, um ein Plattenlaufwerk für den inzwischen mit dem 8008-Chip von Intel zu höherer Leistungsfähigkeit gesteigerten Computer zu bauen. Unterdessen arbeitete Kildall an einem einfachen Betriebssystem, das er Control Program for Micros nannte. 1974 hatten sie einen primitiven Mikrocomputer mit einem Betriebssystem und verkauften zwei derartige Maschinen an eine Computerfirma in der Gegend von San Francisco, und zwar mehrere Monate bevor der Altair auf dem Cover von *Popular Electronics* erschien. Später gründete Kildall zum Vertrieb seiner Software und des CP/M-Betriebssystems gemeinsam mit seiner Frau, Dorothy McEwen, die Firma Intergalactic Digital Research. Den intergalaktischen Anspruch ließ die Firma zwar bald fallen, aber auf Erden war Digital Research, wie sie dann hieß, recht erfolgreich. 1977 zahlte Seymour Rubinstein, Marketingdirektor von IMSAI Manufacturing in San Leandro in Kalifornien, für das Recht, CP/M auf IMSAI-8080-Mikrocomputern zu verwenden,

25 000 Dollar an Kildall. IMSAI hatte nicht lange nach dem Erscheinen des Altair im Jahre 1975 angefangen und bald die Führung auf dem Markt für Mikrocomputer übernommen.

Unterdessen tat Gates in Albuquerque, was er irgend konnte, um das CP/M-Betriebssystem als Standard für die ganze Industrie durchzusetzen.

Für eine Sprachenfirma wie Microsoft war ein Markt, auf dem unterschiedliche Betriebssysteme miteinander konkurrierten, natürlich ein Alptraum. Bei jedem neuen Betriebssystem waren ein unterschiedliches Verfahren, etwa Information zu speichern, oder das Dateiverwaltungssystem zu berücksichtigen. Hätten hingegen alle das gleiche Betriebssystem, brauchten die Programmierer jeden einmal entwickelten Code nur geringfügig abzuändern, um ihn auch für andere Benutzer brauchbar zu machen.

»Jedesmal, wenn wir mit einem neuen OEM, einem Hardwarekunden, ins Gespräch kamen, der BASIC oder ein anderes unserer Erzeugnisse für seine Maschine wollte, haben wir ihm empfohlen, erst einmal zu Digital zu gehen und sich eine Lizenz für CP/M zu besorgen, denn das hat uns die Arbeit sehr erleichtert«, sagt Steve Wood. »Wenn wir Spezialanfertigungen machen mußten, wie für General Electric oder NCR, haben wir uns immer mächtig gequält. Es machte uns das Leben viel leichter, wenn der Kunde eine Lizenz für CP/M hatte, denn dann konnten wir ihm unser Zeug gewöhnlich ohne große Änderungen verkaufen. Wann immer möglich, schickten wir deshalb unsere Kunden zu Gary Kildall. Und Gary schickte uns seine. Wenn jemand wegen einer Lizenz für CP/M zu ihm kam und Sprachen brauchte, hat er immer uns empfohlen. Unsere Beziehung beruhte total auf Gegenseitigkeit.«

Tatsächlich soll es, wie man aus der Branche hört, zwischen Gates und Kildall eine ungeschriebene Vereinbarung gegeben haben, daß Microsoft kein Betriebssystem, Digital Research keine Sprachen auf den Markt bringen würde.

Allerdings hört man auch, daß bei Microsoft schon früh erwogen wurde, auch ein eigenes Betriebssystem anzubieten. »Wir haben schon früh, noch in New Mexico, daran gedacht«, sagt Wood. »Wir haben uns gefragt, warum wir eigentlich Gary das ganze Geschäft damit machen lassen sollten. Aber dann haben wir es immer bleiben lassen, weil wir einfach zuviel anderes zu tun hatten.«

Irgendwann, wahrscheinlich gegen Ende 1978, erwog Gates eine Fusion mit Digital, die zweifellos erhebliche Folgen für die Branche gehabt hätte. Gates flog nach Monterey und besprach die Angelegenheit bei einem Essen mit Kildall. »Es war eine ziemlich ernste Unterhaltung«, sagt Kildall. »Damals plante Microsoft den Umzug, aber sie wußten noch nicht, ob zurück nach Seattle oder nach Kalifornien. Wir haben uns schließlich doch nicht zu einer Vereinbarung durchringen können. Ich weiß nicht, wie wir persönlich miteinander zurechtgekommen wären. Ich bin immer prima mit ihm ausgekommen, aber wir hätten die Sache noch näher untersuchen müssen . . .«

Microsoft war nicht die einzige Firma, die sich bemühte, CP/M zur Norm zu machen. Auch LifeBoat Associates, ein New Yorker Softwarevertrieb, der als Club für CP/M-Benutzer angefangen hatte, war in diesem Sinne tätig und veröffentlichte einen Katalog mit Digital-Software. Auch Microsoft bot in diesem Katalog ihre auf CP/M basierenden Sprachen an, unter anderem FORTRAN. Später nahm LifeBoat Associates CP/M-Implementationen vor. OEM-Kunden erwarben eine Lizenz für das Betriebssystem von Digital, und LifeBoat Associates übertrug dann das Programm auf ihre Computer. In dem Bemühen, CP/M durchzusetzen, arbeitete Microsoft eng mit LifeBoat zusammen. »Man hat nach Kräften versucht, alle Computerhersteller dazu zu bringen, dieses Betriebssystem und dazu die Sprachen von Microsoft zu unterstützen«, sagt ein Programmierer von Microsoft. »Bill und Tony Gold von LifeBoat Associates haben den Herstellern der Hardware die Türen deswegen eingerannt. Für die Entwicklung der Mikrocomputerindustrie ist vielleicht nichts von so entscheidender Bedeutung gewesen wie die Tatsache, daß alle diese Hardwarehersteller keine Ahnung hatten, was aus der Industrie im ganzen werden sollte, und man hat ihnen allen feste zugesetzt, ein allgemein verbindliches Betriebssystem zu unterstützen und so zu helfen, einen Markt für Anwendungen zu finden.«

Doch Ende 1979 fing sich die Beziehung zwischen Microsoft und Digital an zu lockern, als Kildall sein Betriebssystem mit BASIC zu vertreiben begann, die Gordon Eubanks, einer seiner Studenten an der

Naval Postgraduate School, entwickelt hatte. Eubanks CBASIC war seit zwei Jahren auf dem Markt und die einzige echte Alternative zu der von Microsoft angebotenen BASIC-Version.

»Es war keine wirklich starke Konkurrenz, aber es *war* Konkurrenz«, sagt Wood über CBASIC. »Als Digital anfing, das zu vertreiben, hat uns das doch ein bißchen beunruhigt. Und wir haben wieder angefangen, uns zu fragen, ob wir nicht unsererseits in Betriebssystemen machen sollten. Der Markt war schließlich groß, und CP/M keineswegs perfekt. Sollten wir also nicht versuchen, etwas Besseres herauszubringen?«

Kildall sagt, daß er seinerseits sich nie verpflichtet habe, keine Sprachen anzubieten. Tatsächlich hatte Digital verschiedene Sprachen, wie BASIC und FORTRAN, entwickelt und auch im Markt eingeführt. »Es gab eine prinzipielle Übereinkunft, daß Microsoft in Programmiersprachen und wir in Betriebssystemen machen würden. Aber da war nur, weil wir zu dieser Zeit tatsächlich in Betriebssystemen machten und sie in Sprachen. Es war nicht so, als hätten wir uns ein für allemal den Markt geteilt. Ich selber war schließlich Spezialist für Sprachen, hätte also nie daran gedacht, das ganz aufzugeben.«

CBASIC war also keine gefährliche Konkurrenz für Microsoft, wie Kildall sagt. Dessenungeachtet reagierte Gates darauf, indem er zu AT&T ging und das UNIX-Betriebssystem in Lizenz nahm, das dann bei Microsoft verbilligt unter dem Namen XENIX zu beziehen war. »Bill war sauer«, sagt Steve Smith, der 1979 als Marketing-Manager in die Firma eingetreten war. »Digital machte uns nun auf dem Sprachenmarkt Konkurrenz, und ein, höchstens zwei Monate später brachten wir XENIX heraus. So einfach war das. Als sie in unseren Markt einbrachen, sind wir auf ihren gegangen ... Wir wußten, daß wir eines Tages mit allen Softwarefirmen würden konkurrieren müssen. Aber wenn die anderen aggressiv in unsere Märkte einbrachen, sahen wir uns gezwungen, aggressiv darauf zu reagieren.«

Kildall sagt, die Nachricht, Gates habe ein Betriebssystem in Lizenz genommen, hätte ihm keine schlaflosen Nächte verursacht. »Mich hat das überhaupt nicht gekratzt. Ich meine, ich habe gedacht: Na und! UNIX war keine echte Konkurrenz auf unserem Markt. Es wurde vor allem für wissenschaftliche Workstations verwendet, wie heute auch noch. Unsere Kunden in der Geschäftswelt hätten damit gar nichts anfangen können.«

Dies war der Stand der Dinge zwischen Microsoft und Digital im September 1980, als Gates zum Telefon griff und Kildall anrief. Noch einmal schickte er ihm einen Kunden. Er hatte jedoch keine andere Wahl, denn IBM wollte CP/M als Betriebssystem für seinen ersten Personalcomputer.

Was an dem Tag passierte, als sich IBM in das unweit des landschaftsschönen Highway 1 gelegene Städtchen Pacific Grove begab, um dort um die Gunst von Digital Research zu buhlen, gehört längst dem reichen Sagenschatz der Branche an. Wann immer die Rede auf Microsoft und seine Goldgrube MS-DOS kommt, wird es immer jemanden geben, der sagt: Gary Kildall hat das Geschäft des Jahrhunderts verpatzt. Es heißt, Kildall hätte seine zweimotorige Maschine spazierengeflogen und die Herren von IBM in ihren blauen Anzügen am Boden auf sich warten lassen.

In den Jahren, die seit jenem schicksalsschweren Tag vergangen sind, sind viele unterschiedliche Fassungen der Geschichte in Büchern, Fachzeitschriften, Illustrierten und Tageszeitungen erschienen. Keine gleicht der anderen in allen Einzelheiten, und einige weichen ganz erheblich voneinander ab.

Die beiden Hauptpersonen der Geschichte, Gary Kildall und Jack Sams, haben sehr unterschiedliche Erinnerungen an diesen Tag. Sams sagt, er selbst und zwei oder drei andere von IBM wären einen Tag nach Gates' Anruf bei Kildall nach Pacific Grove geflogen. Sie wurden von Kildalls Frau Dorothy McEwen empfangen, die die Geschäfte führte, während er selbst sich mehr um die technischen Arbeiten kümmerte. Anwesend war auch ein Anwalt von Digital Research. Gary selbst jedoch zeigte sich nicht.

»Das Treffen war ein Fiasko«, sagt Sams.

Als allererstes sollten Mrs. McEwen und der Anwalt die Geheimhaltungsverpflichtung von IBM, die auch Gates zur Unterschrift vorgelegt worden war, unterzeichnen. Sie weigerten sich. Auf Außenstehende, die mit den Gepflogenheiten von IBM nicht vertraut waren, wirkte das Verfahren leicht als Einschüchterungsmanöver, aber die Firma schützte sich damit von vornherein vor eventuellen Prozessen. Das Abkommen besagte, daß ein Verkäufer (in diesem Falle Digital) gegenüber IBM keine vertraulichen Informationen verlauten lassen würde. Käme seitens des Verkäufers dennoch etwas Vertrauliches zur Sprache, könne IBM nicht verklagt werden. Falls hingegen Digital eventuelle vertrauliche Informationen von IBM weitergeben oder verwenden würde, mußte Digital mit einer Klage rechnen.

»Wir versuchten, die Unterzeichnung dieses Geheimhaltungsabkommens so schnell wie möglich abzuhaken, um gleich zur Sache kommen zu können«, sagt Sams. »Es war drei Uhr nachmittags, ehe wir sie so weit hatten, daß sie sich bereit fanden, eine Erklärung zu unterzeichnen, mit der sie sich verpflichteten, die Tatsache unseres Besuchs für sich zu behalten. Ich war vollkommen frustriert. Wir kehrten am nächsten Tag nach Seattle zurück. Ich erzählte Bill, daß wir bei Gary keinen Erfolg gehabt hätten, und bat ihn, daß er selbst versuchen möge, Kildall zur Lieferung eines 16-Bit-Betriebssystems zu verpflichten.«

Sams sagt, Gary Kildall hätte sich während des Aufenthalts der IBM-Unterhändler in Pacific Grove nicht sehen lassen.

Ein Geschäftsfreund Kildalls, der ungenannt bleiben möchte, erinnert sich einer Unterhaltung mit einem der IBM-Repräsentanten, die Sams nach Pacific Grove begleitet hatten. »Dieser IBM-Typ erklärte mir, so was Unhöfliches und Arrogantes wie diese beiden (Kildalls Frau und seinen Anwalt) hätten sie bis zu diesem Tag noch nie erlebt.«

Kildall gibt an, zur Zeit der Besprechung geschäftlich mit seinem Flugzeug unterwegs gewesen zu sein. »Wie die Leute davon reden, hört's sich an, als hätte ich da zu meinem Vergnügen Loopings gedreht. Ich wußte natürlich, daß an dem Tag Besuch von IBM kommen würde.« Kildall behauptet, er sei schon am frühen Nachmittag in die Firma zurückgekehrt und habe deshalb noch reichlich Zeit gehabt, die IBM-Leute zu treffen.

»Meine Frau hatte, ehe ich kam, ein paar Bedenken, natürlich. Wer dieses Abkommen unterzeichnet, erklärt sich damit einverstanden, daß sie all seine Ideen nach Gutdünken verwenden können. Da kann man es schließlich schon mit der Angst zu tun kriegen. Meine Frau hatte so was noch nie gesehen. Ich sagte ihr, daß die Jungen keine Bösewichter wären und die Erklärung nur verlangten, um sich vor eventuellen Klagen zu schützen. Mir hat das Geheimhaltungsabkommen überhaupt keine Schwierigkeiten gemacht.«

Kildall sagt, gegen Ende des Treffens sei er der Meinung gewesen, man habe sich darauf geeinigt, daß Digital sein Betriebssystem an IBM liefern werde. Am Abend, so erzählt Kildall weiter, seien seine Frau und er zufällig mit der gleichen Linienmaschine wie die IBM-Unterhändler nach Miami geflogen, und man habe die Gelegenheit genutzt, die Gespräche fortzusetzen. Für die Kildalls war dieser Flug der Beginn eines lang erwarteten Karibikurlaubs. Kildall sagt, er habe sich nach seiner Rückkehr bei Sams melden sollen. »Ich bin aber nie zu ihm durchgekommen. Anscheinend hatte man ihn versetzt. Es war, als sei er von diesem Planeten verschwunden.« Und dann habe er erfahren, IBM hätte bei Microsoft ein Betriebssystem bestellt.

Sams hingegen sagt, es sei nicht ausgeschlossen, daß ein Angehöriger seines Teams am Abend statt nach Seattle zurück nach Boca Raton geflogen sei. Erinnern könne er sich dessen allerdings nicht. Ganz sicher aber wisse er, daß er Gary Kildall persönlich nicht getroffen habe, »es sei denn, er hätte sich verkleidet«.

Sams bekam später tatsächlich einen anderen Aufgabenbereich innerhalb von IBM zugewiesen und war damit für das »Project Chess« nicht mehr zuständig, doch geschah das erst Mitte Oktober, also über einen Monat später.

Kildall behauptet, es wäre Gates gewesen, der nach der offiziellen Präsentation des IBM-PC im August 1981 in einem Interview mit der Londoner *Times* als erster das Gerücht verbreitet hätte, daß er, Kildall, spazierengeflogen sei, als IBM mit ihm ins Geschäft kommen wollte. »Das ist die Microsoft-Fassung«, sagt Kildall. »Inzwischen die allgemein anerkannte Legende. Denn die Sieger schreiben die Geschichte, nicht die Verlierer. Er ärgert sich seit Jahren über die Geschichte. Der Vorwurf, er hätte das Geschäft selbst vermasselt, macht ihm sichtlich zu schaffen.

»Mich würde es zweifellos verrückt machen, wenn ich mich selbst oder andere in meinem Namen so dumm angestellt hätten«, sagt John Torode, Kildalls Freund, der das Plattensystem für den Mikrocomputer von Digital entwarf. Er betreibt jetzt ein Computergeschäft in Seattle. »Aber wie gut war Digital vorbereitet? Wußten sie, daß es sich bei dem angekündigten Besuch um IBM handelte? Hatten sie überhaupt die Zeit, sich ordentlich vorzubereiten? Oder haben einfach die Menschen, die sich da trafen, persönlich nicht harmoniert? Ich habe mit Gary nie darüber gesprochen. Es kann ihm ja keine Freude machen, wenn man ihm diese ärgerliche Sache auch noch unter die Nase reibt.«

Was immer auch an jenem Tage wirklich geschehen sein mag, in der Branche sind jedenfalls die meisten der Überzeugung, Kildalls Verhalten habe nicht wenig dazu beigetragen, daß Microsoft zu dem Softwaregiganten wurde, der die Firma heute ist.

Sams sagt, daß er nach dem mißglückten Besuch bei Digital Research mehrfach bei Kildall angerufen habe. »Ich sagte ihm, daß wir ernstlich interessiert wären. Daß ich annehmen wollte, daß da anfänglich irgendwas schiefgelaufen sei. Oder ob er irgendwelche religiösen Vorbehalte gegen uns hätte. Er sagte: ›Nein, nein, wir wollen wirklich gern mit Ihnen reden.‹« Doch sagt Sams weiter, er und andere Angehörige von IBM seien nicht imstande gewesen, Kildall dazu zu bewegen, das Geld für die Entwicklung einer 16-Bit-Version von CP/M innerhalb der knappen Frist, auf der IBM bestehen mußte, aufzubringen.

»Wir haben uns sehr bemüht, eine Zusage von Gary zu erhalten«, sagt Sams. »Als uns das nicht gelang, habe ich ihm schließlich erklärt: ›Sehen Sie, wir können einfach nicht mit Ihnen arbeiten. Wir brauchen einen festen Zeitplan und eine feste Zusage. Von Gates können wir die kriegen.‹«

Nach dem Scheitern der Verhandlungen mit Digital Research traf sich Sams wiederholt mit Gates und übertrug ihm schließlich das Problem mit dem Betriebssystem. »Das war unsere Verhandlungstaktik«, sagt Sams. »Wir wollten, daß sie ihrerseits sich darum kümmerten, uns das richtige Betriebssystem zu besorgen, eines, das wir erfolgreich in unseren Plan integrieren konnten.«

Noch einmal sollte Bill Gates das Glück gewogen sein. Tim Paterson bei Seattle Computer Products, nur zwanzig Autominuten von den Microsoft-Büros entfernt, hatte gerade ein Betriebssystem für den 16-Bit-Chip von Intel entwickelt.

Tim Paterson hatte von jeher den Ehrgeiz, einmal ein Betriebssystem für einen Mikrocomputer zu entwickeln. Doch wenn der »Vater von DOS« geahnt hätte, wieviel Wirbel er mit seinem Erzeugnis auslösen sollte, wäre er vielleicht bei seinen Rennwagen geblieben, die ihm fast soviel Spaß machten wie das Programmieren.

Nachdem er auf der National Computer Conference im Frühjahr 1979 die 8086-CPU-Platinen von Seattle Computer vorgestellt hatte, war Paterson nach Seattle zurückgekehrt, um die Platinen so weit zu vervollkommnen, daß sie auf den Markt gebracht werden könnten. Unterdessen wandte sich Digital Research mit der Bitte um eine CPU-Platine an ihn, die für die Entwicklung einer 16-Bit-Version von CP/M verwendet werden konnte. Doch Seattle Computer konnte von den bisher hergestellten Platinen keine entbehren. Paterson fragte, wann Digital beabsichtige, die neue Version von CP/M fertig zu haben. Spätestens im Dezember, teilte man ihm mit.

Mit der Auslieferung der ersten 8086-CPU-Platinen an die Kundschaft begann Seattle Computer im November 1979. Das Standalone BASIC von Microsoft wurde als Option angeboten. Die ersten Abnehmer der Platine waren größtenteils Softwareentwickler. Im April 1980 hatte Digital Research noch immer kein CP/M-86 anzubieten. Paterson beschloß, nicht länger zu warten und ein eigenes Betriebssystem zu entwickeln. »Da hatten wir etwas, das prima gehen würde, aber wir warteten und warteten vergeblich darauf, daß Digital mit ihrer Version des Betriebssystems für den 8086 herauskäme«, sagte Rod Brock, der Eigentümer von Seattle Computer Products. »Sie vertrösteten uns von einem Tag auf den anderen. Dieser Verzögerungen wegen entgingen uns gute Geschäfte. Es ist schwer, ein Produkt ohne Betriebssystem zu verkaufen. Wir verkauften wahrscheinlich fünf bis zehn Platinen im Monat, waren aber überzeugt, daß es viel mehr Interessenten gab. Nur brauchten wir ein Betriebssystem, um die zum Kauf zu bewegen.«

Fünf Monate später, im September, ungefähr zu der Zeit, da Jack Sams bei Digital Research vergeblich versuchte, Dorothy McEwen und den Anwalt der Firma für seine Vorschläge zu interessieren, hatte Paterson sein Betriebssystem zusammen. Er nannte es 86-QDOS (»quick and dirty operating system«).

Seattle Computer begann, Patersons 86-QDOS auszuliefern. »Es war ein echtes Produkt«, sagt Paterson. »Die Leute sagen immer, daß IBM es zuerst auf den Markt gebracht hätte. Das ist aber Quatsch. Wir haben unsere Kunden schon ein Jahr vorher damit beliefert. Es wurde in unserem Rechner benutzt. Wir verkauften einen Computer, der mehr als doppelt so schnell war wie der, den IBM in der Mache hatte.« (Grund dieses Geschwindigkeitsunterschieds war, daß der IBM-PC den langsameren 8088-Chip benutzte.)

Wie Gary Kildall nun jahrein, jahraus lesen muß, daß ihm das IBM-Geschäft entgangen war, weil er im entscheidenden Augenblick in den Wolken herumflog, so hat Paterson wieder und wieder lesen müssen, er hätte sich CP/M unter den Nagel gerissen, als er das Betriebssystem entwickelte, das sich dann durchsetzte. Typisch ist der Kommentar eines nicht näher bekannten Angestellten von Digital Research, der 1990 in einem Artikel der Zeitschrift *Business Month* zitiert wird: »Wir haben nie versucht, CP/M patentieren zu lassen. Damals ließ niemand Software patentieren. Das galt fast als unethisch. Hätten wir's aber gemacht, hätte Microsoft wahrscheinlich MS-DOS nicht entwickeln können, denn Teile des ursprünglichen Quellcodes sahen dem von CP/M verdammt ähnlich. Wie hätten sonst Paterson und Gates dieses nette neue Betriebssystem so über Nacht auf die Beine stellen können?«

Irgendwann rief Kildall bei Paterson an und beschuldigte ihn rundheraus, CP/M abgekupfert zu haben.

»Damals habe ich ihm gesagt«, sagt Paterson, »daß ich nichts kopiert habe. Ich habe nur seine gedruckte Dokumentation genommen und was gemacht, was dasselbe machte. Damit habe ich auch bei strengster Auslegung der Gesetze zum Schutze des geistigen Eigentums nichts irgendwie Gesetzwidriges getan. Wenn einer dem Rezept folgt, das in einem Buch steht, verletzt er das Copyright des Rezepts in keiner Weise. Ich bin gern bereit, diesen Standpunkt vor jedem beliebigen Gericht zu vertreten.«

Obwohl Patersons Betriebssystem tatsächlich einige Funktionen des CP/M imitierte, wies es ihm gegenüber doch bemerkenswerte Verbesserungen auf. QDOS speicherte die Daten anders und organisierte auch Dateien auf völlig neue Art. Paterson wollte es den Softwareentwicklern so leicht wie möglich machen, die inzwischen schon sehr zahlreichen 8080-Programme, die auf dem beliebten CP/M basierten, für die Verwendung mit seinem neuen Betriebssystem zu übersetzen. Er beschaffte sich das Handbuch von Intel für deren 8086, das die Regeln enthielt, die bei der Übersetzung der 8080-Befehle in 8086-Befehle zu befolgen waren. Paterson schrieb ein Übersetzerprogramm, das dem Führer der Intel folgte. Dann besorgte er sich das CP/M-Handbuch von Digital und schrieb für jede 8080-Funktion eine entsprechende 8086-Funktion.

»Wenn man diese Programme einmal übersetzt hatte, konnte mein Betriebssystem die CP/M-Funktion nehmen und dann auf die gleiche Weise antworten«, sagt Paterson. »Dazu brauchte man CP/M überhaupt nicht. Erforderlich waren nur das Handbuch von Digital und mein Betriebssystem. Mein Betriebssystem aber habe ich geschrieben, ohne auch nur einen Blick auf Kildalls Code zu werfen, allein mit Hilfe seines Handbuchs.«

Als Paterson sein 86-QDOS so weit hatte, daß es funktionierte, wandte er sich an Paul Allen und fragte ihn, ob Microsoft daran interessiert wäre, ihre Software für das neue Betriebssystem von Seattle Computer zu adaptieren. »Auf diese Weise haben sie erfahren, daß wir es hatten«, sagt Paterson.

Bis zu diesem Zeitpunkt war man bei Microsoft noch im Zweifel, wie man sich ein Betriebssystem verschaffen könnte. Von Digital Research war Kooperation nicht mehr zu erwarten. Bei IBM hatte man, da die Konzernleitung den Entwicklern des PC eine Frist von nur einem Jahr gesetzt hatte, nicht die Zeit, ein Betriebssystem zu entwickeln. Bei Microsoft auch nicht, jedenfalls nicht genügend, um eines von Grund auf neu zu verfassen. Daher schien das ganze PC-Projekt ernstlich gefährdet. »Wir hatten das Gefühl, wenn wir dieses Problem nicht lösen könnten, wäre das ganze Projekt im Eimer«, sagt Bob O'Rear, Programmierer bei Microsoft, der dann mit der technischen Leitung der Arbeiten am Betriebssystem betraut wurde. »Wir hätten in dem Fall ja keine Sprache für den IBM-PC verkaufen können. Es war also von höchster Dringlichkeit, das Betriebssystemproblem zu lösen ... Wir mußten uns irgendwas einfallen lassen, damit das Projekt nicht scheiterte.«

Ende September ließ Allen Rod Brock wissen, daß Microsoft einen potentiellen OEM-Kunden habe, der an dem neuen Betriebssystem von Seattle Computer interessiert sein könnte. Allen, der die Identität seines Kunden nicht preisgeben konnte, wollte wissen, ob Microsoft dem Kunden eine Lizenz für das System anbieten dürfe. Brock bejahte das.

Gates sagte später immer, die Übernahme des Betriebssystems von Seattle Computer hätte Microsoft rund ein Jahr Arbeit erspart.

IBM erwartete Microsofts endgültiges Angebot im Oktober, und die Zeit wurde knapp. Gates mußte eine schwierige Entscheidung treffen. Konnte Microsoft Sprachen und Betriebssystem in der knappen Frist liefern, die durch den Termin gesetzt war, zu dem IBM den PC herausbringen wollte? Wenn der Computer übers Jahr auf dem Markt sein sollte, mußte die Software dafür in sieben oder sogar schon sechs Monaten fertig sein. Die vier Sprachen, die IBM wollte – BASIC, COBOL, FORTRAN und PASCAL – erforderten ungefähr 40 000 Bytes Code. Für das Betriebssystem wären zusätzlich etwa 2000 Bytes Code zu schreiben. Der offiziellen Microsoft-Geschichtsschreibung zufolge trafen am Abend des 28. September 1980, einem Sonntag, Gates, Allen und Nishi bei Gates im Büro zusammen, um die Fragen des Termins zu erörtern. Man sei unschlüssig gewesen. Plötzlich aber sei Nishi aufgesprungen, habe mit den Armen in der Luft herumgefuchtelt und geschrien: »Gotta do it! Gotta do it!«

Und da sei Gates klargeworden, daß weitere 2000 Bytes Code ein Klacks wären. Natürlich mußten sie es tun. »Kay ist eine echt feurige Type, und wenn er an was glaubt, ist er nicht davon abzubringen«, sagte Gates später. »Er stand auf, hielt sein Plädoyer, und wir haben nur noch ja, na klar, gesagt.« Nicht lange nach diesem Abend ging Gates eines Nachts nervös in seinem Büro auf und ab und wartete ungeduldig auf die letzten Seiten eines langen Computerausdrucks. Als die Maschine endlich verstummte, ergriff er den Stapel Papier, den sie ausgespien hatte, stopfte ihn in seine Aktentasche und rannte aus dem Haus, gefolgt von Ballmer und O'Rear – schon unterwegs zum Flughafen. Der abschließende Bericht an IBM war fertig. Der Augenblick für die entscheidenden Verhandlungen mit den blauen Anzügen in Boca Raton war gekommen.

Die bisher veröffentlichten Berichte über dieses entscheidende Treffen zwischen Microsoft und IBM behaupten übereinstimmend, daß Gates, Ballmer *und* Allen nach Boca Raton fuhren. Tatsächlich aber war Allen nicht mit von der Partie. »Geflogen sind Bill, Steve und ich«, sagt O'Rear. »Ich weiß nicht genau, weshalb Paul nicht mit war. Vielleicht war er in irgendeiner anderen Sache unterwegs. Jedenfalls war die Situation so, daß wir irgendwie das Angebot an IBM fertigkriegten, es aus dem Drucker rissen, zum Flugplatz rasten, den Flug gerade noch eben erreichten, die ganze Nacht flogen, ankamen, einen Schlips für Bill kauften und bei IBM unser Zeug anpriesen.«

Der Bericht, den Gates mitbrachte, erörterte Hunderte von technischen Fragen und gab Empfehlungen nicht nur für die Software, sondern auch für die Hardware des geplanten PC. Gates ging darin jedoch auch detailliert aufs Finanzielle ein. Zu Beginn ihrer Verhandlungen hatte Sams ihm vorgeschlagen, alle Lizenzen zu einem Pauschalpreis abzunehmen. Aber je länger Gates über diesen Vorschlag nachdachte, desto klarer wurde ihm, daß das für ihn kein gutes Geschäft wäre. Microsoft würde eine Menge Geld in das Projekt investieren müssen, und bei einer einmaligen Zahlung würde sich diese Investition auf Dauer nicht auszahlen. Als Gates die Maschine nach Miami betrat, hatte er beschlossen, statt einer einmaligen Abgeltung für die IBM zu überlassende Software Lizenzgebühren zu verlangen.

Sams hatte schon während der ersten Gespräche mit Gates klargestellt, daß die Rechte an der eventuell für IBM entwickelten Software im Besitz von Microsoft bleiben sollten. Daß überhaupt IBM sich an der Arbeit von Microsoft direkt in keiner Weise zu beteiligen gedenke. »Man hat immer wieder die Frage aufgeworfen, warum wir Microsoft die Eigentumsrechte gelassen haben und so weiter«, sagt Sams. »Das hatte interne Gründe. Wir wurden immer wieder von Leuten verklagt, weil wir angeblich deren Zeug gestohlen hatten. Es konnte grauenhaft teuer für uns werden, wenn unsere Programmierer sich mal einen Code ansahen, der jemand anderem gehörte. Die kamen dann her und behaupteten, wir hätten ihnen den Code geklaut und den Reibach damit gemacht. Wir hatten schon eine Reihe derartiger Prozesse verloren und wollten deshalb nicht, daß IBM-Leute an einem Produkt mitarbeiteten, das ursprünglich von anderen entwickelt wurde. Wir gingen also zu Microsoft mit dem Vorschlag, daß, was immer sie für uns machten, jedenfalls ihr Produkt bleiben sollte... und ich bin immer noch überzeugt, daß unsere Entscheidung richtig war.«

Als der Leihwagen mit Gates, Ballmer und O'Rear vor IBM in Boca Raton hielt, war es halb zehn. Sie hatten sich eine halbe Stunde verspätet. Aber Gates hatte eine neue Krawatte um und schritt zuversichtlich in den großen Konferenzraum, wo ihn sieben oder acht Angestellte der IBM erwarteten, unter anderem auch zwei Juristen.

Gates wollte die Präsentation persönlich vornehmen. Ballmer und O'Rear sollten, wenn nötig, zu einzelnen Punkten Stellung nehmen und Fragen beantworten. »Bill war am Ball«, sagte Ballmer später.

Wenn Gates nervös war, ließ er es sich jedenfalls nicht anmerken. Wie gewöhnlich hatte er sein Thema und sein Publikum vollkommen im Griff. Die viel älteren Direktoren stellten eine Frage nach der anderen und machten sich Notizen. Viele Fragen betrafen das Betriebssystem. Gates antwortete selbstsicher und erwachsen. Alle Anwesenden wollten die Zusammenarbeit. Beide Parteien waren interessiert, bei diesem Treffen alle etwa auftretenden Meinungsverschiedenheiten sofort beizulegen. IBM stand im Begriff, ein Bündnis zu schließen, das in der Geschichte des Konzerns ohne Beispiel war. Denn Microsoft sollte für den geplanten Personalcomputer der IBM nicht Schrauben und Muttern liefern, sondern die eigentliche Seele des Geräts, das Betriebssystem.

»Die IBM-Leute haben uns eine Menge Tips gegeben, sie waren wirklich scharf auf die Sache«, sagte O'Rear. »Wir erzählten ihnen, was wir machen wollten und wie, und dann sagten sie etwa, nun ja, uns würde es besser passen, wenn Sie dies oder das machen würden ... Alle waren auf Einigung bedacht. Jeder, der da am Tisch saß, wollte das Projekt durchziehen. Sie wollten nur alle Eventualitäten erörtern.«

Am Abend dieses Tages trafen sich Gates, Ballmer und O'Rear zum Dinner mit Jack Sams. Während des Essens erklärte Sams Gates, wie er sein Angebot durch die Änderung gewisser Punkte für die Konzernleitung akzeptabler machen könne. Dann endlich zogen sich die drei Vertreter von Microsoft todmüde auf ihre Zimmer im nahegelegenen Holiday Inn zurück. Während der letzten beiden Tage hatte keiner von ihnen ein Auge zugetan.

Nach dem Ende der Besprechungen am folgenden Tag flogen Gates und Ballmer sofort nach Seattle zurück. O'Rear, der Freunde in Miami hatte, blieb noch zwei Tage dort. Es sollten für die nächsten zehn Monate die letzten beiden aufeinanderfolgenden freien Tage für ihn sein.

Die Verhandlungen in Boca Raton waren gut gelaufen. Gates und sein Team hatten einen guten Eindruck gemacht. Während des zweitägigen Treffens hatte Gates auch Don Estridge kennengelernt, den späteren Leiter des »Project Chess«-Teams, einen brillanten, eigenwilligen Mann. Obwohl Estridge fast zwanzig Jahre älter war, sollten die beiden enge Freunde werden. Wenn es um Computer ging, waren sie seelenverwandt. Estridge erzählte Gates, der Generaldirektor von IBM, John Opel, der in der Firma »Hirn« genannt wurde, habe ihm gegenüber erwähnt, er kenne Mary Gates und habe mit ihr im Bundesvorstand von United Way gesessen. Inwiefern diese United-Way-Connection Gates bei IBM den Weg geebnet hat, ist schwer zu ermitteln. Opel, inzwischen im Ruhestand, äußert sich nicht darüber. Sams sagt, auch ihm habe Estridge von der Unterhaltung mit Opel berichtet. Sams will nicht ausschließen, daß Opel Gates vertraute, weil er seine Mutter kannte. Schließlich war Bill damals erst 24 Jahre alt, und IBM hatte einen Namen zu verlieren.

Kurz nach dem Treffen zwischen Microsoft und IBM in Boca Raton gab Sams die Leitung des »Project Chess«-Teams an Estridge ab. Doch Sams, der auch in den kommenden Jahren noch hin und wieder mit Gates zu tun hatte, war schon damals beeindruckt von der jungen Unternehmerpersönlichkeit. »Er war außerordentlich kompetent«, sagt Sams. »Mehr als irgend jemand sonst, den ich kenne, war Bill auf die Zukunft orientiert.«

Anfang November 1980 unterschrieb das ungleiche Firmenpaar den Ehevertrag. Microsoft verpflichtete sich, die Software für den ersten Personalcomputer von IBM zu entwickeln und das für deren Verwendbarkeit erforderliche »disk operating system« (DOS) zu liefern. Termine waren festgelegt, detaillierte Zeitpläne aufgestellt, Verpflichtungen übernommen und Versprechungen gemacht. Der Zeitdruck war brutal. IBM wollte schon Mitte Januar eine funktionierende Grobfassung des

Betriebssystems und von BASIC. »Sie demonstrierten uns, daß wir schon drei Monate hinter dem Plan zurück waren, bevor wir überhaupt angefangen hatten«, sagte Gates später.

An den Sonntagabenden gab sich Gates gewöhnlich frei und besuchte seine Eltern zum Essen. Aber jetzt sagte er seiner Mutter, sie würde ihn vermutlich während der nächsten sechs Monate nicht zu sehen kriegen.

Einige Tage nach Thanksgiving lieferte Dave Bradley, ein IBM-Techniker, der an dem PC-Projekt in Boca Raton mitarbeitete, zwei Prototypen des streng geheimen »Acorn« (Eichel) bei Microsoft ab. »Acorn« war der Codename, den die Konzernoberen in Armonk dem Gerät gegeben hatten, von dem sie hofften, daß es als neuestes und kleinstes Mitglied der IBM-Computerfamilie Ehre einlegen würde. Das Projekt im ganzen hieß immer noch »Chess«. Codenamen und Geheimhaltung waren eine Leidenschaft der »Großen Blauen«. Als Bradley mit den »Acorns« im Gepäck eines Morgens in aller Frühe auf dem Seattle Tacoma International Airport landete, mußte er sich für die Fahrt nach Bellevue einen Kombi leihen. In einem normalen Pkw hätte er die neun Kästen mit Maschinenteilen, die er bei sich hatte, nicht unterbringen können.

Bei Microsoft wurde er von Steve Ballmer in Empfang genommen, der ihn in ein Hinterzimmer führte, das von der Versandabteilung der Firma benutzt wurde. Große Plastiktüten und Kartons lagen überall am Boden. Hier würde man die Prototypen aufbewahren, sagte Ballmer, und alle Dokumente über das Geheimprojekt auch.

Während des Treffens in Boca Raton hatten die Direktoren von IBM keinen Zweifel daran gelassen, daß Geheimhaltung oberstes Gebot der Zusammenarbeit sei. Erst bei der offiziellen Präsentation – nach den Vorstellungen der Verantwortlichen irgendwann im Sommer 1981 – sollte der Schleier des Geheimnisses gelüftet werden. Jeder Verstoß gegen die Sicherheitsvorkehrungen würde das Projekt gefährden, hatten sie betont. Der Computer mußte hinter Schloß und Riegel. Die Programmierer, die an ihm arbeiteten, sollten sich mit ihm einschließen. Im gleichen Raum mit dem Gerät sollten auch alle Handbücher und sonstigen Dokumente über das Projekt in Aktenschränken und Safes aufbewahrt werden. IBM ließ an den Aktenschränken besondere Schlösser anbringen. Erst als IBM Maschendraht an der Decke des Raums, in dem sich der Acorn befand, verlangte (um den Raum auch gegen einen Einbruch von oben zu sichern), wurde es Gates zuviel.

Alle Arbeiten an dem Computer mußten in diesem ungelüfteten, fensterlosen Raum ausgeführt werden, der nur zehn mal sechs Fuß maß und in dem die von dem elektronischen Gerät abgesonderte Hitze schnell unerträglich wurde. Die hohen Temperaturen schufen nicht nur eine ungemütliche Arbeitsatmosphäre, sondern vergrößerten auch die Probleme, die die von IBM gelieferte Hardware mit sich brachte, noch erheblich. Oft suchten die Programmierer stundenlang Fehlerquellen in ihrer Software, ehe sie schließlich entdeckten, daß der Hase bei der Hardware im Pfeffer saß.

Mitunter schickte IBM Inspektoren vorbei, um die Sicherheitsvorkehrungen zu überprüfen. Bei einem solchen Besuch fand man einen Teil des Acorn im Korridor vor der Tür zu dem geheimen Raum. Und die Tür war angelehnt, um dem drinnen schwitzenden Programmierer ein bißchen frische Luft zu gönnen. Ballmer wurde von IBM gerüffelt. »Danach wurde es echt ernst«, sagt Gates.

Ein Programmierer erinnert sich, daß eines Tages Ballmer den Korridor entlanggerannt kam und rief: »Macht die Tür zu und schließt den Safe ab! Sie sind hier!« Wie man dann hörte, hatte Ballmer gerade einen Anruf von einem IBM-Direktor erhalten und auf die Frage, wie in Boca Raton das Wetter sei, die Antwort bekommen, er wisse es nicht. Er sei in Bellevue und auf dem Weg zu einer Inspektion bei Microsoft.

Zwischen den Geschäftsräumen von Microsoft in Bellevue und IBM in Boca Raton wurde ein kompliziertes Kommunikationssystem eingerichtet. Computer der beiden Firmen konnten mittels elektronischer Post (»E-Mail«) Botschaften in Sekunden übermitteln. Pakete und Hardware wurden mit einem Expreßgutservice von Delta Air Lines transportiert. Gates flog häufig mit der Nachtmaschine nach Boca Raton zu kurzen Besprechungen, von denen er noch am gleichen Tag nach Seattle zurückkehrte.

Vermutlich jedoch hat kein Angehöriger einer der beiden Firmen die 4000 Meilen weite Reise häufiger gemacht als Bradley, der Microsoft die ersten beiden PC-Prototypen brachte. Seine Aufgabe bei dem Projekt war die Entwicklung des Systemprogramms BIOS (»basic input/output system«), das Microsoft IBM zu schreiben half. Jedesmal, wenn Bradley nach Seattle kam, regnete es. Gates, dessen Bürofenster Aussicht auf die Cascade Mountains bot, erzählte ihm jedesmal, wenn er nicht gerade an einem so bewölkten Tag gekommen wäre, hätte er vom Fenster aus den majestätischen Mount Rainier sehen können. Einige Jahre später hat Bradley dann einmal Urlaub in Seattle gemacht, nur um sich mit eigenen Augen von der tatsächlichen Existenz dieses Mount Rainier zu überzeugen.

Etwa um die Zeit, da die Acorns bei Microsoft eintrafen, fand sich auch Miriam Lubow wieder dort ein. Die frühere »Büromutter« war mit ihrer ganzen Familie nach Seattle gezogen, um nun auch in Bellevue wieder bei Microsoft nach dem Rechten sehen zu können. Eines Morgens, nicht lange nach ihrer Rückkehr, verblüffte Gates sie, indem er mit Schlips und Kragen zur Arbeit kam. Am Vormittag trafen drei ihr unbekannte Besucher ein, die Jeans, Tennisschuhe und Freizeithemden trugen. Sie kämen von IBM, sagten sie. Kopfschüttelnd führte sie die Besucher in Gates' Büro. Die IBM-Leute warfen einen Blick auf den geschniegelten Gates und dieser einen Blick auf sie, und dann brachen alle in Gelächter aus.

Tatsächlich hatten die Techniker von IBM viel mehr mit den Angestellten von Microsoft gemein als mit etlichen der leitenden Angestellten der eigenen Firma. »Von den Leuten in unserem Team waren viele nicht gerade typische IBM-Angestellte«, sagt Bill Sydnes, der technische Leiter des »Project Chess«. »Wir haben für die Arbeit an dem PC-Projekt keine in der Wolle IBM-Blau gefärbten Typen rekrutiert. Es waren alles außergewöhnliche Persönlichkeiten.«

Zwischen den an dem Projekt beteiligten Teams von IBM und Microsoft entwickelte sich eine enge Kameradschaft. Täglich wechselten sie auch private E-Mail, und wenn eine der Gruppen hinter dem Plan zurückblieb – was oft vorkam –, machte ihr die andere freundschaftlich Dampf. Über diese Kameradschaft hat Gates in einem Interview mit *PC Magazine* später gesagt:

»Dieses IBM-Projekt war ein super aufregendes, lustiges Projekt. Wir hatten, selbst für eine kleine Firma, unglaublich viel Freiheiten, den Gang der Dinge zu beeinflussen, während das Projekt seinen Lauf nahm ... Und wir hatten eine echte Spitzenschnittfläche mit den Leuten von der Kundschaft (IBM), obwohl die so weit weg waren, wie sie nur sein konnten ... Wir haben uns immer gern über ihren Sicherheitsfimmel lustig gemacht, darüber, daß wir Schlösser haben, Wachbücher führen, Codenamen benutzen mußten und so weiter ... Aber das Team, das sie auf die Beine gestellt haben, hat mich schwer beeindruckt ... Wir waren der einzige Zulieferer, der wußte, worum es bei dem Projekt ging. Bis zur offiziellen Vorstellung ließ man die meisten Zulieferer im dunkeln über den Umfang und die allgemeine Richtung der Sache. Und so hatten wir ein wirklich einzigartiges Verhältnis miteinander.«

Das oberste Anliegen von Microsoft war, das Betriebssystem so weit zu bringen, daß es im Acorn funktionierte. Die Verantwortung dafür trug Bob O'Rear. Die andere für den PC entwickelte Software war auf das Betriebssystem angewiesen, und wenn es O'Rear nicht gelang, das 86-DOS von Seattle Computer für den Prototyp zu adaptieren, drohte das Scheitern des gesamten Projekts.

»Wann immer ich nicht gerade schlief, dachte ich an das Projekt«, sagt O'Rear, der den ganzen Dezember hindurch daran arbeitete, ohne sich auch nur zu Weihnachten oder Neujahr freizunehmen – wie viele andere Angehörige von Microsoft, die an dem Projekt beteiligt waren.

Obwohl Seattle Computer Microsoft schon im September ein Exemplar von 86-DOS zur Verfügung gestellt hatte (als Microsoft der Firma mitteilte, daß es einen potentiellen Abnehmer für das Betriebssystem gäbe), war Ende 1980 immer noch kein Lizenzabkommen unterzeichnet. Das schien niemanden zu beunruhigen. »Wir hatten nichts dagegen, daß sie es ausprobierten«, sagt Tim Paterson. Erst am 6. Januar 1981 unterzeichneten Microsoft und Seattle Computer ein Abkommen, das aber Microsoft nicht exklusiv berechtigte, 86-DOS zu vertreiben. Demzufolge behielt sich Seattle Computer das Recht vor, sein Betriebssystem auch anderen Kunden in Lizenz zu überlassen. Die Verhandlungen wurden von Paul Allen und Rod Brock geführt, dem Eigentümer von Seattle Computer. Obwohl Gates das Abkommen unterzeichnete, hat er Brock nie gesehen, ja nicht einmal gesprochen. Für jede Sublizenz versprach Microsoft Seattle Computer 10 000 Dollar und 5000 Dollar zusätzlich, wenn der Quellcode Teil der Sublizenz war. Überdies erhielt Seattle Computer bei Unterzeichnung 10 000 Dollar.

»Wir einigten uns ziemlich leicht«, sagt Paterson, Vizepräsident von Seattle Computer. »Wir haben sogar Digital Research angerufen und uns erkundigt, was die für ihr Zeug nehmen. Wir haben uns über die Preise informiert.«

Natürlich wußte niemand bei Seattle Computer, daß Microsoft ungenannter Interessent an dem Betriebssystem IBM war, ein Konzern mit Einnahmen in Höhe von annähernd dreißig Milliarden Dollar. In einer wichtigen Klausel des Abkommens hieß es: »Nichts in diesem Lizenzabkommen soll Microsoft verpflichten, Seattle Computer Products gegenüber ihren Kunden preiszugeben.«

»Das kam uns zwar komisch vor, aber wir haben eingewilligt«, sagt Brock.

Microsoft zahlte dem Abkommen entsprechend schließlich nur die Summe von 25 000 Dollar an Seattle Computer, denn eine Sublizenz für 86-DOS und den Quellcode wurde schließlich nur an einen einzigen Kunden vergeben: IBM.

Ein Informant bei Microsoft, der in die Verhandlungen mit IBM über das Betriebssystem eingeweiht war, behauptet, Microsoft hätte der »Big Blue« die erste Fassung von DOS für nur 15 000 Dollar in Lizenz überlassen. Microsoft erhielt jedoch auch Tantiemen, obwohl die Einzelheiten der Vereinbarungen mit IBM ein von beiden Firmen streng gehütetes Geheimnis sind. »Wir waren eine aggressive Firma«, sagt der zitierte Angestellte von Microsoft. »Unsere Strategie lief darauf hinaus, das große Geld mit unseren Sprachen zu verdienen. Bedenken Sie, wir waren schon im Geschäft für alle Sprachen, und Digital Research sollte das Geschäft mit CP/M machen. Und als es aussah, als würde uns das Geschäft mit den Sprachen durch die Lappen gehen, weil IBM kein Betriebssystem hatte, war uns einfach klar, daß wir das Problem lösen mußten. Und wir lösten das Problem für rund 15 000 Dollar. Aber ich kann Ihnen versichern, daß wir mehr als diese Summe investieren mußten, um den Vertrag zu erfüllen. Und ich kann Ihnen auch versichern, daß wir an dem BASIC Geld verdient haben. Wir verdienten an den Lizenzen, die wir schon hatten, und sorgten dafür, daß wir das Betriebssystemgeschäft kriegten. Nicht sosehr um Geld zu verdienen oder um den Weltstandard zu setzen, sondern einfach weil wir unsere Sprachenabschlüsse anders nicht mehr machen konnten.«

Eine Zeitlang war sich O'Rear gar nicht sicher, daß er 86-DOS je so weit bringen würde, in der Hardware zu laufen, mit der er in jenem kleinen, fensterlosen, stickigen Abstellraum bei Microsoft arbeitete. Die technischen Probleme schienen kein Ende nehmen zu wollen. Die Ende November 1980 gelieferten Prototypen waren kaum mehr als Rohentwürfe und funktionierten nicht sehr gut. O'Rear bombardierte seine Kollegen in Boca Raton mit Berichten über Ausfälle des Geräts und klagte, wie schwer es sein würde, den auf den 12. Januar festgehaltenen Liefertermin angesichts der häufigen Zusammenbrüche der Hardware einzuhalten.

Tatsächlich hielt Microsoft den fraglichen Termin nicht ein. Erst im Februar gelang es O'Rear, das 86-DOS auf dem Prototyp zum Laufen zu bringen. Der Augenblick ist ihm noch gut erinnerlich. »Es war irgendwann mitten in der Nacht. Es war einer der schönsten Momente meines Lebens, wie da endlich nach all der Vorbereitung und Arbeit und all dem Hin und Her das Betriebssystem Haltung annahm. Ein erregender Augenblick war das.« Das IBM-Team in Boca Raton verlangte noch verschiedene Änderungen am Betriebssystem, und Allen bat Paterson, daran mitzuarbeiten. Die Änderungen waren alle ziemlich geringfügig. Zum Beispiel verlangte IBM eine Datums- und Zeitangabe, die noch heute charakteristisch ist für DOS. Geändert haben wollte IBM auch das Bereitschaftszeichen (»prompt«). Der von Paterson entworfene Bedienerhinweis bestand aus dem Treiberbuchstaben, gefolgt von einem Doppelpunkt. Klar und einfach. Aber IBM wollte den CP/M-prompt, bei dem dem Treiberbuchstaben und dem Doppelpunkt noch das mathematische »Größer als«-Zeichen folgte.

»Ich fand das echt zum Kotzen«, sagt Paterson. Aber er erfüllte den Wunsch. Paterson mußte an diesen Veränderungen des Betriebssystems übrigens blind arbeiten. Er hatte keinen Prototyp-Computer. Er wußte nicht einmal, daß es einen gab.

Doch kriegte man schließlich bei Seattle Computer trotzdem Wind davon, daß der ungenannte Kunde von Microsoft die große IBM sein könnte. Eines Tages im Frühjahr 1981 rief jemand bei Brock an, sagte, er sei bei IBM und habe eine Frage über das Betriebssystem. Brock wußte, daß seine Firma IBM keine Lizenz für sein Betriebssystem gegeben hatte, und fragte zurück, von wo aus er anrufe. Es wurde sofort aufgelegt. Später erwähnte Brock im Gespräch mit einem Handelsvertreter, der Seattle Computer von Zeit zu Zeit besuchte, daß Microsoft mit einem OEM im Geschäft sei, dessen Identität geheimgehalten werde. Der Vertreter erzählte Brock, daß er von einem Freund bei Intel eine ähnliche Geschichte gehört habe. Auch der Chiphersteller hätte ein Abkommen mit einem OEM, der anonym bleiben wollte.

Angesichts des Umfangs des PC-Projekts und der Anzahl der Leute bei IBM, die entweder an dem Computer arbeiteten oder von dem Projekt wußten, sollte man eigentlich annehmen, daß nicht lange geheim bleiben konnte, was bei Microsoft und in Boca Raton ausgebrütet wurde. Aber von vagen Gerüchten abgesehen, wurden konkrete Einzelheiten nicht bekannt oder doch erst kurz vor der offiziellen Präsentation.

Die ursprünglich 13köpfige Gruppe von Technikern, die IBM auf das »Project Chess« angesetzt hatte, wuchs bald auf mehr als hundert. Die Programmierer bei Microsoft sagten oft im Spaß, es sei das kleinste Projekt von IBM und das größte von Microsoft, und doch schrieben bei IBM mehr Leute Anforderungen an den Computer, als bei Microsoft zur Verfügung standen, um den verlangten Code zu schreiben. O'Rear fühlte sich oft überwältigt von der Anzahl der Leute, mit denen er es in Boca Raton zu tun hatte. Er hatte die Befugnis, zu allem, was das IBM-Team von Microsoft verlangte, ja zu sagen. Aber nur Gates persönlich durfte nein sagen.

»Wenn sie sagten, wir müssen dies oder das haben, konnte ich das auf der Stelle billigen«, sagt O'Rear. »Anderenfalls mußte es über Bill laufen. Ich hatte mit einer Menge Leute bei IBM zu tun. Ich kriegte Anrufe von Leuten, die mit den verschiedensten Sachen befaßt waren, von der Vertragsverwaltung bis zur Prüfung technischer Einzelheiten und Erkundigungen, wie weit wir hinter dem Plan zurück seien. Und alle diese Anrufe kamen von verschiedenen Leuten. Und da saß ich dann und versuchte, all dieses Zeug zu schreiben und es auf dem Computer auszuprobieren. Allein zwei oder drei oder vier solche Anrufe am Tag und all dieses Zeug machen und die Nachforschungen, die viele von diesen Anrufern verlangten, jeden kleinen Aspekt berücksichtigen ... es war ein Haufen Arbeit und ein Haufen Streß.«

Jeder, der bei Microsoft mit dem Projekt beschäftigt war, stand unter unglaublicher Anspannung. Die Termine für die verschiedenen Abschnitte wurden wegen technischer Probleme einer nach dem anderen überschritten. Die meisten Programmierer, die Code für den PC schrieben, arbeiteten sieben Tage in der Woche, häufig auch noch die Nächte durch. Gates blieb tagelang im Büro, wenn er nicht zu Besprechungen mit Estridge oder anderen nach Boca Raton fliegen mußte.

Obwohl er selbst nicht viel Code schrieb, überprüfte Gates doch den größten Teil des von seinen Programmierern für den PC geschriebenen Codes. Er half auch – wie Allen – bei technischen Problemen.

Bradley, der Softwaretechniker von IBM, erinnert sich einer Reise zu Microsoft, bei der er einen neuen Netzanschluß für einen der Prototypen abliefern mußte, der kaputtgegangen war. Der Schaden wurde an einem Sonnabend behoben, aber Bradley hatte Anweisung, bis Montag in Bellevue zu bleiben, um gleich eine neue Version von BASIC mitzunehmen, die Microsoft für diesen Termin zugesagt hatte. Doch am Montag teilte Gates ihm mit, das Programm sei noch nicht fertig, und er solle am Dienstag wiederkommen. Gegen fünf Uhr früh fand Bradley Gates in einem Hinterzimmer auf dem Fußboden damit beschäftigt, einen ellenlangen Computerausdruck mit Rotstift zu korrigieren. Er hatte die ganze Nacht damit zugebracht, BASIC zu »debuggen«.

Obwohl das Arbeitstempo während des Frühjahrs 1981 den Mitarbeitern von Microsoft eine Verschnaufpause eigentlich nicht gestattete, flogen Allen und ein paar Programmierer Mitte April nach Florida, um beim Stapellauf der ersten Space Shuttle dabeizusein. »Das war die erste Mission, und es war eine große Sache«, sagt Charles Simonyi, der den erschöpften Paul Allen zu diesem Ausflug überredete. Fast wäre trotzdem nichts daraus geworden. Gates hatte nämlich für Freitag, den 11. April, an dem Columbia starten sollte, eine Sitzung anberaumt. Doch eine Softwarepanne bei der NASA machte eine Verschiebung des

Abschußtermins auf den Sonntag erforderlich, und so flogen Simonyi, Allen und Marc McDonald am Sonnabend nach Florida. In Miami nahmen sie einen Leihwagen und fuhren die ganze Nacht hindurch an der Küste Floridas entlang nordwärts bis nach Cape Kennedy. Die Columbia, mit den Astronauten John Young und Robert Crippen an Bord, wurde um sieben Uhr früh Ortszeit in die Umlaufbahn geschossen. Danach fuhren unsere drei Raumfahrtfans von Microsoft nach Miami zurück und von dort nach Hause.

Simonyi arbeitete nicht am »Project Chess« mit. Er war damals erst kurz bei Microsoft und befaßte sich mit der Entwicklung von Anwendungsprogrammen. Obwohl das IBM-Projekt zu dieser Zeit das Hauptanliegen der Firma war, durften die anderen Geschäfte natürlich nicht vernachlässigt werden. OEM-Kunden in den Vereinigten Staaten und in Japan mußten weiterhin bedient werden. Ein Manager, der damals für Microsoft tätig war, erklärt, daß Microsoft bei der Beratung dieser anderen Kunden von der Kenntnis des IBM-Plans, einen auf dem 8088 von Intel basierenden PC herauszubringen, profitierte. »Einigen unserer Kunden haben wir dringend empfohlen, sich für den 16-Bit-Prozessor zu entscheiden«, sagt er. »Niemand hat jedoch gewußt, daß wir an dem IBM-Auftrag arbeiteten.«

Am 1. Mai fing Tim Paterson bei Microsoft an und erfuhr, wer der Kunde seines Betriebssystems war. Bei Seattle Computer hatte er gekündigt, weil Brock sich nicht entscheiden konnte, ob er seine Erzeugnisse durch den Versandhandel oder in Ladengeschäften vertreiben sollte. Brock erwog, sich ganz auf den Versandhandel zu beschränken, und Paterson wollte nicht länger für eine Firma arbeiten, die seines Erachtens bald zu einer kleinen Klitsche verkommen würde. Bei Microsoft arbeitete Paterson dann mit O'Rear zusammen an dem Betriebssystem, das Ende Juni im wesentlichen fertig war.

Die Firma wuchs rasch, teilweise, weil aufgrund des IBM-Projekts viele neue Arbeitskräfte eingestellt wurden. Im Juni war die Belegschaft doppelt so groß wie noch ein Jahr zuvor. Microsoft hatte jetzt an die 70 Mitarbeiter.

Ein im Juni neu eingestellter Programmierer, Richard Leeds, erfuhr erst an seinem ersten Arbeitstag, als er die Geheimhaltungsverpflichtung unterzeichnen sollte, daß man ihn für das »Project Chess« brauchte. Jeder Microsoft-Angestellte, der mit dem Projekt befaßt war, mußte das Abkommen unterzeichnen. Leeds war überrascht, als er den PC, an dessen Vervollkommnung er mitarbeiten sollte, zum ersten Mal sah. Die Tastatur bestand aus durchsichtigem Kunststoff, so daß man die Innereien der Maschine sehen konnte. »Wir haben IBM immer ›Schreibmaschinenfirma‹ genannt«, sagt Leeds. »Aber der Witz war, daß diese Schreibmaschinenfirma keine brauchbare Tastatur zustande brachte.«

Leeds wurde als Projektmanager für COBOL eingesetzt, eine der Sprachen, die Microsoft an IBM zu liefern versprochen hatte. Seine Aufgabe war, die 8-Bit-Version, die Microsoft schon auf Lager hatte, so zu übersetzen, daß sie auf einem 16-Bit-Chip laufen würde.

»Es war sehr hektisch hier«, berichtet Leeds. »Jeder war fanatisch bei der Arbeit, jeder stolz darauf, zu den Jungen zu gehören, die die nächste Maschine von IBM bauten . . . Man arbeitete nonstop. Ich malochte über 65 Stunden die Woche, und dabei hatte ich eine Freundin. Und dann gab's auch noch Klagen, daß ich nicht hart genug arbeiten würde. Sie wollten 80! Und tatsächlich gab's Zeiten, wo ich 80 Stunden malocht habe.«

Als die Arbeiten an COBOL fertig waren, erhielt Leeds statt des versprochenen fünfzehnprozentigen Bonus nur vierzehn Prozent.

Leeds sammelte die Kugelschreiber, auf denen Gates herumgekaut hatte. In nur wenigen Monaten wurde seine Sammlung sehr umfangreich. Gates machte sich große Sorgen um das Projekt, denn er wußte, daß IBM oft riesige Summen in Entwicklungsprojekte steckte, aus denen am Ende nichts wurde. Die Konzernspitze brauchte nur zu der Einsicht zu gelangen, daß ein Produkt keinen guten Absatz versprach, um es auf immer und ewig in der Versenkung verschwinden zu lassen. So war Gates noch wenige Tage vor der offiziellen Präsentation des PC von der Befürchtung geplagt, IBM könnte das Projekt abblasen. Wäre dieser Alptraum wahr geworden, hätte Microsoft tatsächlich beträchtlichen Schaden erlitten, denn Gates hatte einen sehr großen Teil der Ressourcen der Firma in das Projekt investiert.

»Es gab immer die Furcht, daß IBM beschließen könnte, das Ding gar nicht erst herauszubringen; daß irgend jemand sagen würde: ›Nett habt ihr das gemacht, Jungs, aber wir wollen lieber doch nicht in das PC-Geschäft einsteigen‹«, meint O'Rear.

Einen besonderen Schrecken jagte Gates ein Bericht ein, der am 8. Juni im Branchenjournal *InfoWorld* erschien. Denn da war in beängstigend konkreten Details über das streng geheime PC-Projekt zu lesen, an dem IBM in Boca Raton arbeitete. Gates fürchtete, der Konzern könne diesen Bruch der Geheimhaltung zum Anlaß nehmen, das Projekt fallenzulassen.

Der Artikel erschien unter dem Titel »IBM geht auf den Mikro-Markt«. Der Korrespondent berichtete aus Boca Raton. »Eine zuverlässige Quelle der Entry-Level-Systems-Gruppe in Boca Raton hat *InfoWorld* exklusiv Einzelheiten über den neuen Personalcomputer der IBM mitgeteilt«, hieß es da. »Das System soll Mitte Juli 1981 in New York vorgestellt werden. Der zentrale Prozessor für dieses neue System wird der 16-Bit-8088 von Intel sein.«

Weiterhin fand man in dem Artikel Speicherkapazität, Bildschirm und Tastatur des Computers beschrieben. Sogar von dem Betriebssystem war die Rede. »IBM erwog die Verwendung des CP/M als Antriebssystem für den neuen Personalcomputer, aber das wäre eine unerhörte Abweichung von den normalen Produktentwicklungsstrategien von IBM gewesen«, berichtete *InfoWorld*. »Allerdings wird das Betriebssystem dieses neuen Computers dem CP/M in vieler Hinsicht ähneln. Die Gestalter strebten nicht nach Kompatibilität, nur nach Ähnlichkeit.«

Der Artikel endete mit einem entschiedenen Dementi eines Sprechers von IBM. »Wir fragten Harry Smith von IBM in Boca Raton, ob er uns etwas über die für die Maschine geplante Anwendungssoftware sagen könnte. Er erwiderte: ›Soweit ich weiß, bringen wir kein derartiges Produkt heraus.‹«

Gates war durch den Bericht in *InfoWorld* so verstört, daß er die Redaktion anrief und sie im Namen der Branche beschimpfte, weil sie haltlose Gerüchte veröffentlicht hatte. In Wirklichkeit war das Datum der offiziellen Präsentation die einzige Ente, die der Artikel enthielt. Zwar stellte IBM im Juli tatsächlich einen neuen Computer vor, doch handelte es sich um den System 23 Datamaster, an dem Bill Sydnes und andere Angehörige des »Project Chess«-Teams gearbeitet hatten, bevor sie zur Entwicklung des PC abkommandiert wurden. Der Datamaster, der 9830 Dollar kostete, war ein kleiner Bürocomputer, der mit ähnlichen Modellen der Firma Data General und DEC konkurrieren sollte.

Die Vorstellung der System-23-Maschine hat die Branchenpresse offenbar überrascht. Man glaubte den Gerüchten, IBM arbeite an einem Personalcomputer. In der Zeitschrift *Business Week* hieß es in einem kurzen Bericht über die Vorstellung des Datamaster am 28. Juli: »Die Fähigkeit der International Business Machines Corp., ihre Konkurrenten und andere Beobachter zu überraschen, bleibt ungeschmälert. Hatte man doch erwartet, daß IBM einen Personalcomputer niedrigerer Preislage herausbringen würde, der imstande wäre, mit den von der Apple Computer Inc. und der Radio Shack Division der Tandy Corp. hergestellten beliebten Modellen zu konkurrieren.«

Am Tag, bevor IBM die Presse mit der Vorstellung des Datamasters so klug in die Irre führte, unterzeichnete Gates einen Kaufvertrag, der ihn zum Milliardär und viele seiner Mitarbeiter zu Millionären machen sollte.

Für nur 50 000 Dollar kaufte Gates alle zuvor bei Seattle Computer Products liegenden Rechte an 86-DOS. Es war das Geschäft des Jahrhunderts. Wieder einmal hatte Gates bewiesen, daß er ein meisterhafter Kaufmann war.

Daß die Zeit für dieses Geschäft reif war, hatte Gates von einem alten Freund aus den Tagen bei MITS in Albuquerque, von Eddie Curry, erfahren.

Nachdem MITS 1977 von der Pertec aufgekauft worden war, arbeitete Curry noch fast vier Jahre lang für die neuen Eigentümer, um die ihm großzügig zugestandenen Aktienbezugsrechte wahrnehmen zu können. Im Juni 1981 trat er in die Dienste der Softwarevertriebsfirma LifeBoat Associates. Jüngst hatte sich Datapoint (die Firma, bei der inzwischen Steve Wood beschäftigt war) an LifeBoat mit der Frage gewandt, ob LifeBoat ihr eine für ihren neuen 16-Bit-Computer brauchbare Version von CP/M beschaffen könnte. Currys erste Aufgabe bei LifeBoat bestand also darin, zu versuchen, mit Digital Research eine Lizenz für die 16-Bit-Version von CP/M auszuhandeln, die für die Maschine von

Datapoint verwendbar wäre. Da er mit diesem Versuch in Pacific Grove scheiterte, reiste Curry nach Norden und wandte sich an Seattle Computer, wo ein als 86-DOS bezeichnetes Betriebssystem erhältlich war, wie er wußte. Curry bot Brock eine Viertelmillion Dollar für die Rechte an DOS.

Während seines Aufenthalts in Seattle besuchte Curry auch Bill Gates und erzählte ihm den Grund seiner Reise.

»Ich hatte keinen Grund, ihm das zu verheimlichen, denn wenn ich das Geschäft mit Brock gemacht hätte, hätte Bill es sowieso erfahren, und das wäre mir unangenehm gewesen«, sagt Curry. »LifeBoat hatte Geschäftsbeziehungen mit Bill, und ich hätte ihm was vorlügen müssen. Außerdem hatte ich eine persönliche Beziehung zu ihm. Also erzählte ich ihm von unserem Angebot.«

Allen, der auch die bisherigen Verhandlungen mit Seattle Computer geführt hatte, schrieb Brock einen Brief, in dem er ihn um eine Exklusivlizenz zum Verkauf von 86-DOS bat. Allen schrieb, daß Microsoft nun direkt mit Digital Research konkurrieren wolle.

»Ich habe am Telefon mit Paul verhandelt, und wir kamen zu einer halbwegs anständigen Vereinbarung, dachte ich«, sagt Brock. »Sie boten uns fünfzig Riesen und Vorzugspreise für alle höheren Programmiersprachen, die Microsoft anbot.«

Doch als Brock den von den Anwälten der Microsoft aufgesetzten Vertragsentwurf erhielt, war davon nicht mehr die Rede. Es handelte sich vielmehr um einen Kaufvertrag. Microsoft wollte das Eigentum an dem Betriebssystem erwerben und es dann seinerseits Seattle Computer in Lizenz überlassen.

Ein Anwalt, der den Originaltext gesehen hatte, berichtet, daß Gates ihn handschriftlich verändert hatte, so daß nun nicht länger von einer exklusiven Lizenz, sondern vom Erwerb der Eigentumsrechte die Rede war. »Das war ein absolut genialer Schachzug«, sagt dieser Anwalt. »So würde DOS in Zukunft nicht mehr Seattle Computer, sondern Microsoft gehören.«

Brock sagt: »Ich habe Paul deswegen angerufen. Er sagte, der Anwalt von Microsoft sei der Meinung, so würde das besser laufen. Na, ich war nicht vollkommen überzeugt, aber andererseits waren da die fünfzigtausend. Und wir brauchten damals dringend Kapital.«

Brock nahm Currys fünfmal höheres Angebot nicht an, weil Microsoft versprach, Seattle Computer künftig erweiterte und verbesserte Versionen von DOS zur Verfügung zu stellen. Brock war der Meinung, Seattle Computer könne davon profitieren, da Tim Paterson nun nicht mehr der Firma angehörte, von ihm also keine Verbesserungen an seinem Betriebssystem mehr zu erwarten waren.

»Microsoft muß es mit der Angst zu tun gekriegt haben«, sagt Brock. »Denn sie schickten Steve Ballmer herüber. Er versuchte, uns zur Einwilligung in den Vertragsentwurf zu überreden und unsere Unterschrift zu kriegen. Ich selbst habe mit ihm gesprochen. Im wesentlichen sagte er, daß wir da ein gutes Geschäft machen würden. Daß sich, auch wenn sie die Eigentümer wären, für uns nichts ändern würde, da wir unbeschränkt das Recht haben sollten, DOS weiterhin zu verwenden. Er wird mich wohl überzeugt haben, denn ein paar Tage später rief Paul an und sagte: Kommen Sie rüber nach Bellevue. Wir wollen die Papiere unterschreiben.«

Als Brock am 27. Juli bei Microsoft aufkreuzte, rief Allen Paterson heran und bat ihn, sich den Vertragstext durchzulesen. Paterson sagte Brock, seines Erachtens handele es sich um ein faires Angebot.

»Wir konnten uns nicht vorstellen, daß IBM viele von diesen Computern verkaufen würde«, sagt Paterson. »Sie waren neu in dem Geschäft. Irgendwie scheinen die Leute zu glauben, daß wir diesen riesigen Erfolg kommen sahen. Für mich jedenfalls gilt das nicht. Als also Microsoft das DOS für fünfzigtausend Dollar kaufte, hat die Firma einen Haufen Geld auf eine Fifty-fifty-Chance gesetzt.«

Ehe Brock den Vertrag unterzeichnete, ging Allen noch mit dem Dokument zu Gates. Brock hörte die beiden miteinander sprechen. Aber Gates bemühte sich nicht herüber, um ihm persönlich guten Tag zu sagen. Einige Minuten später kam Allen mit dem Vertrag zurück, und Brock veräußerte durch seine Unterschrift 86-DOS an Microsoft.

Brock begegnete Gates einige Jahre später zum ersten Mal in einem beliebten Restaurant in Bellevue. Das Restaurant hieß »Jonah and the Whale«. Der Name des Lokals paßte zu der Begegnung. Der große Fisch hatte den kleinen Jonas verschluckt. Inzwischen war das Betriebssystem, das einst Seattle Computer gehört hatte, ein Standardartikel. 1991 verdiente Microsoft über 200 Millionen Dollar allein am Verkauf von MS-DOS.

Am 12. August 1981, zwei Wochen und zwei Tage nachdem Microsoft Eigentümerin des Betriebssystems von Seattle Computer geworden war, präsentierte IBM im Waldorf Astoria Hotel in New York der Presse triumphierend den neuen Personalcomputer.

Dieses Datum hatte weitreichende Folgen für die ganze Branche. Insbesondere für Microsoft. »Die International Business Machines Corp. hat sich kühn auf den Personalcomputermarkt begeben. Experten glauben, daß der Computergigant innerhalb von zwei Jahren die Führung in dieser jungen Branche übernehmen könnte«, schrieb ein Reporter des *Wall Street Journal* in seinem Bericht über die Präsentation. Die an jenem Tage vorgestellte Maschine hatte als Grundausrüstung ein Diskettenlaufwerk und sechzehn Kilobytes Direktzugriffsspeicher, und sie kostete 1565 Dollar. Verschiedene Extras brachten freilich diesen Preis schnell auf 6000 Dollar. IBM, die den Computer im Verein mit Sears Roebuck & Co. und der Computerland Corp. vermarktete, bot dem Kunden eine Kombination von Software und Anwendungsprodukten für das Gerät, von denen sie keines selbst hergestellt hatte.

Zu der von Microsoft gelieferten Software gehörte außer BASIC auch das Spiel Adventure (Abenteuer), das erste Erzeugnis der Firma, das keine Sprache und kein Betriebssystem war. »Microsoft-Adventure bringt die Spieler in eine Phantasiewelt von Höhlen und Schätzen«, heißt es in der Presseverlautbarung von IBM. Es handelte sich um eine Mikrocomputerversion eines Spiels, das Computerbastler und Hacker auf größeren Minicomputern schon seit Jahren spielten. Geschrieben worden war es auf einem Mainframe-Computer, einem Großrechner des MIT, Massachusetts Institute of Technology. Der Spieler wirkte am Verlauf des Spiels mit, indem er Befehle wie »Geh nach Norden« oder »Öffne die Tür« eintippte. Unterwegs fand der Reisende vergrabene Schätze, mußte Rätsel lösen und Konkurrenten austricksen.

IBM bot für den PC verschiedene Anwendungsprogramme an, unter anderem das beliebte Tabellenkalkulationsprogramm VisiCalc und ein Textverarbeitungsprogramm namens Easy Writer, für das die Rechte bei

Information Unlimited Software lagen. Was »Big Blue« nicht wußte, war, daß der berüchtigte Fernsprecherfuchs Captain Crunch dieses Programm verfaßt hatte, angeblich während der Haftstrafe, die er verbüßen mußte, weil man ihm auf die Schliche gekommen war: Er hatte herausgefunden, daß der Ton der Spielzeugpfeifen, die den blauen Schachteln der Crunch-Frühstücksflocken beilagen, genau die Frequenz trafen, die die Schaltstellen der Telefongesellschaft dazu brachte, die Fernleitungen freizugeben.

Obwohl der PC von IBM anfänglich nur mit dem DOS-Betriebssystem geliefert wurde, kam IBM schließlich doch zu einer Vereinbarung mit Gary Kildall über eine Lizenz auch für eine 16-Bit-Version von CP/M. Aber das Betriebssystem von Digital sollte erst sechs Monate später zur Verfügung stehen. Und als es endlich herauskam, war es wesentlich teurer als DOS. IBM entschied sich denn auch, für die Zukunft ganz auf DOS zu setzen.

Bei Microsoft wurde der große Tag, an dem endlich der Schleier der Geheimhaltung gelüftet wurde, kaum gefeiert. Steve Ballmer riß das Telex vom Dow-Jones-Börsennachrichten-Fernschreiber und heftete es an die Eingangstür. Man lächelte, schüttelte einander die Hand und klopfte sich gegenseitig auf die Schulter. Aber es knallten nicht einmal die Champagnerkorken. Noch war ja auch viel zu tun. Eine neue Fassung von DOS war bereits in Arbeit.

Keiner wußte genau, was passieren würde. »Wir dachten uns schon, daß es wichtig sein würde. Schließlich war es IBM«, sagt O'Rear. »Aber ich glaube, von den Ausmaßen hatte ich keine Ahnung. Ich denke mehr an die Hardware als solche. An die Verzweigungen des Betriebssystems und die Folgen, die das haben sollte, habe ich damals kaum gedacht. Ich meinte zu der Zeit noch, daß das 86-CP/M äußerst wichtig werden würde und daß IBM-DOS nur für den PC in Frage käme.«

Der Begriff »Klon« hatte damals in der Branche noch keine Bedeutung.

Ungefähr eine Woche nach der offiziellen Präsentation des PC erhielt Microsoft einen Formbrief von IBM. »Lieber Zulieferer«, hieß es darin. »Sie haben ausgezeichnete Arbeit geleistet.« Viel ehrliche Zärtlichkeit sprach aus dieser Danksagung nicht. Und obwohl sich IBM später angemessen häufig für diesen kalten Formbrief entschuldigte, warnte er Microsoft doch vor der Zukunft. Wenn IBM mit einer anderen Gesellschaft ins Bett ging, fand sich diese im allgemeinen vor die Tür gesetzt, sobald die Flitterwochen vorbei waren.

Wachstumsschmerzen

Wie gewöhnlich zu dieser Jahreszeit nieselte es am Freitag, dem 13. November 1982, in der Gegend von Seattle. Doch weder das unfreundliche Wetter noch das wenig glückverheißende Datum vermochte die laute Fröhlichkeit der Gesellschaft zu dämpfen, die sich im Seahawks Room des Ramada Inn an der Interstate 520, gegenüber von Seattle am anderen Ufer des Lake Washington, versammelt hatte. Zeitweilig hörte es sich an, als stimme sich eine Versammlung von Collegestudenten auf ein wichtiges Footballspiel ihrer Schulmannschaft ein. Tatsächlich jedoch hielt Microsoft die zweite Betriebsversammlung ab.

Die Atmosphäre war berauschend. Bill Gates und sein Knappe Steve Ballmer rissen mit ihren optimistischen Zukunftsvisionen die inzwischen über hundert Angestellten zu Begeisterungsstürmen hin.

An diesem regnerischen Novembertag begründeten Gates und Ballmer eine neue Firmentradition: Von Jahr zu Jahr wurden die Betriebsversammlungen aufwendiger gestaltet. 1991 zum Beispiel kam Bill Gates, gefolgt von einem ganzen Troß auf Motorrädern, auf einer Harley Davidson in die Versammlung gefahren. Mehr als 7000 Mitarbeiter tobten vor Begeisterung.

1981 war sein Auftritt noch nicht so dramatisch. Man kann sogar sagen, daß ihm Charles Simonyi, einer der neueren Programmierer der Firma, die Schau stahl.

Der aus Ungarn stammende Simonyi war der mit der Entwicklung von Anwendungsprogrammen betraute Starprogrammierer von Microsoft. An jenem regnerischen Novembertag erklärte er den Mitarbeitern der Firma, daß Microsoft demnächst in großem Stil in Anwendungen investieren würde. Der Markt für Personalcomputer war noch immer sehr zersplittert. Der IBM-PC mit dem neuen Betriebssystem von Microsoft war noch kein Industriestandard. Simonyi sagte, er verfolge das Ziel, so viele verschiedene Microsoft-Anwendungen für so viele verschiedene

Computer wie irgend möglich unter die Leute zu bringen. Auf einer großen Tafel hatte er seine Strategie graphisch dargestellt. Alle Kurven begannen ziemlich flach und strebten dann steil in die Höhe. In ungefähr 15 Jahren würde demzufolge jeder Einwohner des Staates Washington bei Microsoft beschäftigt sein.

»Charles war der Hit der Versammlung«, sagt Jeff Raikes, der damals gerade erst ein paar Tage bei Microsoft war, von Apple kam und im Marketing für die damals noch in der Entwicklung begriffenen Anwendungsprogramme eingesetzt wurde.

Die etwa hundert im Seahawks Room versammelten Angestellten, die Microsoft damals schon hatte, tobten vor Begeisterung, als sie Simonyis prophetische Zahlen sahen. Tatsächlich hatten sich die Einkünfte der Firma seit der Gründung im Jahre 1975 jedes Jahr mindestens verdoppelt. 1981 lagen sie bei 16 Millionen Dollar. Aber die wirkliche Expansion der Firma stand erst noch bevor.

»Es war aufregend, einer so schnell wachsenden Firma anzugehören«, sagt der Programmierer Bob Wallace. »Ich weiß nicht mehr, ob sich damals die Zahl der Angestellten Jahr für Jahr verdoppelte und die Einkünfte sich verdreifachten oder umgekehrt ...«

Kurz nach dem Umzug hatte Gates auf einer Party einem seiner Programmierer anvertraut, er verfolge zwei Ziele: eine Software zu entwerfen, die den Gebrauch eines Computers so einfach macht, daß auch seine Mutter ihn benutzen könnte, und eine Firma aufzubauen, die größer sein sollte als die Anwaltskanzlei seines Vaters. Eines dieser Ziele war im November 1981 bereits erreicht. Microsoft hatte mehr Angestellte und machte mehr Geld als die Kanzlei Shidler McBroom Gates & Lucas. Tatsächlich war Microsoft so schnell gewachsen, daß die Firma in neue Büros im Northup Building am Stadtrand von Bellevue umzog, nur ungefähr hundert Schritte vom Ramada Inn an der Interstate 520 entfernt.

Gegenüber dem Northup Building befand sich ein Fast-food-Restaurant mit dem Namen »The Burgermaster«, und bald hatte Gates' Sekretärin die Nummer des Lokals im Telefonspeicher, so daß es nur eines Knopfdrucks bedurfte, ihm sein Leibgericht zu bestellen: Hamburger, Pommes und dazu einen Schokoladenshake. Nicht lange nach dem Umzug ging Miriam Lubow mit Gates und anderen einmal zum Lunch in eines der vornehmeren Restaurants von Bellevue. Gates bestellte einen teuren Wein für alle, Hamburger für sich selbst.

Doch machte das Wachstum von Microsoft nicht nur den Umzug in ein geräumigeres Gebäude erforderlich, sondern auch die Umwandlung in eine private Aktiengesellschaft. Gates wurde Präsident des Vorstands, Allen Direktor der Gesellschaft. Dann verkaufte Bill in einem schon seit geraumer Zeit sorgfältig geplanten Manöver fünf Prozent von Microsoft für eine Million Dollar an Technology Venture Investors, eine Risikokapitalgesellschaft in Menlo Park, mitten im Silicon Valley. David Marquardt, einer der Teilhaber von TVI, wurde in den neuen Vorstand von Microsoft aufgenommen.

Das Risikokapital brauchte Microsoft nicht. Gates war aber am Know-how von TVI in Sachen Umwandlung in eine AG interessiert, nicht zuletzt weil zu erwarten war, daß Microsoft bald an die Börse gehen würde, wie es Apple Computer schon im Dezember 1980 getan hatte. Ballmer war es, der Gates dazu bewegte, als langfristige Investition in die Zukunft einen kleinen Teil der Firma zu verkaufen.

»Wir haben diese Million Dollar einfach auf der Bank neben all unseren anderen Millionen deponiert«, sagt Steve Smith, der erste Geschäftsführer von Microsoft.

Als private Aktiengesellschaft konnte Microsoft jetzt den Angestellten auch ein Aktienbezugsrecht einräumen. Obwohl bisher das Fehlen eines Beteiligungsplans für die Angestellten eine gewisse Unzufriedenheit verursacht hatte, wären die meisten technischen Angestellten vermutlich der Firma treu geblieben, auch wenn sie keine Anteile an derselben hätten erwerben können. Aber die Möglichkeit der Beteiligung machte es leichter, gute Kräfte neu zu gewinnen. Angestellte konnten Anteile zum Preis von einem Dollar kaufen. Der Besitz von Firmenanteilen entschädigte für harte Arbeit bei geringem Lohn. Im Vergleich zu anderen Unternehmen der Branche zahlte Microsoft ziemlich niedrige Gehälter, doch war sie im Vergeben von Aktienbezugsrechten großzügig. (Als die Gesellschaft 1986 an die Börse ging, wurden viele Angestellte, die schon länger dabei waren, Wertpapiermillionäre.)

»Die Bezahlung war immer okay, aber mehr auch nicht«, sagt ein Programmierer, der 1981 bei Microsoft war. »Niemand hat echt gut verdient, bevor die Aktien kamen. Sie haben nämlich nicht gerade gut bezahlt, besonders wenn man die Überstunden bedenkt, die von einem erwartet wurden. Was einen dafür entschädigte, war das Wissen, bei einer Firma zu sein, wo man mehr als irgendwo sonst von dem erfuhr, was in der Branche gemacht wurde. Obwohl die übrige Welt eine ganze Weile gebraucht hat, dahinterzukommen, hat bei uns jeder ziemlich früh die Bedeutung von Microsoft erkannt. Praktisch vom Tag meiner Einstellung an war ich überzeugt, daß Microsoft einmal die wichtigste Firma in der Personalcomputerbranche werden würde.«

Natürlich versäumte Gates keine Gelegenheit, seine Programmierer in dieser Überzeugung zu bestärken.

Eines Tages im Spätherbst 1981 begegnete Richard Leeds, der Projektmanager für COBOL, seinem Chef. Gates erklärte ihm bei dieser Gelegenheit, das wichtigste Anliegen bestünde gegenwärtig in der Durchsetzung des Betriebssystems, das Microsoft erworben und weiterentwickelt hatte. »Wir werden Digital Research aus dem Geschäft vertreiben«, erklärte er Leeds und schlug sich mit der Faust in die offene Hand.

Ähnliches hörte Leeds im Laufe des folgenden Jahres noch zweimal von seinem Chef. Gates versprach, MicroPro und Lotus aus dem Geschäft zu vertreiben, und bekräftigte auch diese Entschlüsse mit einem Faustschlag in die hohle Hand.

Damals hatte MicroPro in dem Textverarbeitungsprogramm WordStar einen ausgesprochenen Renner, und Lotus präsentierte Ende 1982 unter der Bezeichnung »1-2-3« ein Tabellenkalkulationsprogramm, das das beliebte VisiCalc in der Gunst der Verbraucher überholte.

Offensichtlich war es Microsoft nicht damit getan, die Konkurrenz zu schlagen. Gates wollte seine Gegner ein für allemal vom Spielfeld vertreiben. »Bill hat früh verstanden, daß man die Konkurrenz killen muß, wenn man Erfolg haben will«, sagt ein leitender Angestellter, der schon in den frühen achtziger Jahren bei Microsoft war. »Je weniger Gegner, desto besser. Der Spieltheorie zufolge hat man bessere Gewinnchancen, je weniger Gegner man hat.«

Als Gates seine Drohungen ausstieß, arbeitete Digital Research an einer 16-Bit-Version ihres CP/M für den Personalcomputer. Als im

Frühling 1982 endlich das CP/M für den PC auf den Markt kam, kostete es 240 Dollar oder viermal so viel wie DOS. Später setzte Digital Research den Preis herab, um besser mit Microsoft konkurrieren zu können.

Gates wollte Digital Research aus dem Felde schlagen, bevor CP/M für den IBM-PC zur Verfügung stand und unmittelbar mit MS-DOS konkurrieren konnte. Nicht lange nach dem Debüt des IBM-PC verblüffte Gates seinen Freund Eddie Curry von LifeBoat Associates mit der Bemerkung, es wäre vielleicht das Beste, die Rechte an DOS freizugeben, weil man damit wenigstens CP/M ein für allemal los wäre. Curry meinte, es könnte Gates damit wohl nicht ganz ernst gewesen sein, aber immerhin zeigt die Bemerkung, wie dringend es Gates darum zu tun war, jegliche Konkurrenz auf dem PC-Betriebssystemmarkt zu eliminieren.

»Bill war felsenfest entschlossen, Digital Research vom Markt zu vertreiben«, sagt Curry. »Das gehört zu seiner Strategie: Man zerschmettert die Leute. Entweder sie tanzen nach deiner Pfeife, oder du zerschmetterst sie, das waren immer seine Alternativen.«

Gates umgab sich mit Leuten seines Vertrauens, die seinen Raubtierappetit teilten. Zwei von ihnen, Kay Nishi und Steve Ballmer, waren – einem ehemaligen Microsoft-Direktor zufolge – in den frühen achtziger Jahren an jeder strategischen Bewegung beteiligt, die Gates für geboten hielt. »Kay war genauso scharf darauf wie Bill, Digital Research zu schlagen«, sagt er. »Und Ballmer nicht weniger. Diese drei waren echte Fanatiker. Digital war aber für uns alle ein wichtiger Gegner.«

Gates' Strategie sah vor, DOS so in der Branche durchzusetzen, daß CP/M gar nicht erst zum Zuge käme. Er machte also bei allen Hardwareherstellern Propaganda für DOS. Dabei scheute er vor Praktiken nicht zurück, die manch einer als unethisch bezeichnen würde. In einem dieser Fälle ging es um den 1982 von Digital Equipment Corporation herausgebrachten Rainbow-Computer. DEC dominierte in jener Zeit den Minicomputermarkt mit den Maschinen der berühmten PDP-Serie, und Rainbow war ihr erster Personalcomputer. Er war insofern einzigartig, als er mit zwei Prozessoren ausgerüstet war, was ihm die Verwendung sowohl von 8-Bit- als auch von 16-Bit-Software gestattete. Einem gutunterrichteten Informanten aus der Branche zufolge sollte der Rainbow ursprünglich nur mit CP/M laufen. Aber Gates »überredete« DEC schließlich, wahlweise auch DOS anzubieten. Der gleichen Quelle zufolge wollte DEC mit dem Rainbow Microsoft-Word anbieten können. Dieses textverarbeitende Anwendungsprogramm wurde 1982 entwickelt, aber erst im folgenden Jahr herausgebracht. Obwohl Word für CP/M ebenso existierte wie für DOS, bestand Gates gegenüber Digital Equipment darauf, daß der Kunde mit dem Anwendungsprogramm das Betriebssystem DOS bestellte.

»Ich erinnere mich, wie die Leute von DEC mir erzählten, daß sie nicht dem Beispiel von IBM mit DOS folgen wollten«, sagt der Informant. »Und das schmeckte Bill überhaupt nicht, denn er legte es darauf an, alle Originalhersteller auf DOS festzulegen, damit Digital Research kaputtging und, was noch wichtiger war, DOS in eine unangreifbare Position käme. Daß sich DEC für ein anderes Betriebssystem entschieden hatte, war Bill ein Dorn im Auge . . . Aber als sich dann der Pulverdampf verzog, bot DEC wahlweise auch MS-DOS an. Ich habe nicht den geringsten Zweifel daran, daß Bill ihnen gesagt hat, wenn sie Microsoft-Word wollten, müßten sie MS-DOS mindestens auch anbieten.«

Curry jedenfalls ist der Meinung, daß es auf lange Sicht für die ganze Branche segensreich war, daß bei dem Kampf um die Durchsetzung eines Standardbetriebssystems für Personalcomputer Microsoft Digital Research aus dem Felde schlagen konnte. »Auf Leute wie Gary Kildall wäre kein Verlaß gewesen«, sagt Curry. »Er hatte keinen Sinn für die Zukunft, kein Problembewußtsein . . . Wenn man mit Bill über irgendeine Software- oder Hardwarefirma redet, kann er einem höchstwahrscheinlich erzählen, wer da das Sagen hat, wieviel Umsatz sie im letzten Jahr gemacht haben, woran sie gegenwärtig arbeiten, welche Probleme es mit ihren Produkten gibt. Er ist sehr, sehr gut unterrichtet und stolz darauf, sich in der Branche auszukennen. Kildall war nie so.«

Wie sich zeigen sollte, brauchte sich Microsoft keine Sorgen wegen CP/M zu machen, obwohl es noch ein Weilchen dauern sollte, bis sich die Mehrzahl aller Computerhersteller auf DOS festlegte. Der IBM-PC war vom ersten Tag an ein Verkaufsschlager, und da er während der ersten sechs Monate nach der Präsentation in New York nur mit DOS zu haben war, konnte Microsoft ungehindert in Führung gehen.

Man kann mit Fug und Recht behaupten, daß der riesige Erfolg des PC zur Durchsetzung von MS-DOS als Standardbetriebssystem ebensoviel beitrug wie die persönlichen Anstrengungen Bill Gates'. Je beliebter der IBM-PC wurde, desto mehr Programmierer schrieben Software für das Gerät und für das von Gates erworbene Betriebssystem.

Vor der Präsentation des IBM-PC im August 1981 waren Commodore, Apple und Radio Shack von Tandy mit 75 Prozent der Marktanteile die großen Drei der Personalcomputerindustrie. Es scheint, daß sie den IBM-PC nicht als ernst zu nehmende Bedrohung erkannt haben, weil das Gerät keine bemerkenswerten Innovationen mit sich brachte, bestand es doch aus längst vorhandener Hardware und Software.

Aber gerade das hatte das Team in Boca Raton ja beabsichtigt. »Als wir 1980 auf die Idee gekommen sind, einen Personalcomputer zu bauen, haben wir darüber gesprochen, IBM müsse in der Lage sein, einen neuen Standard zu schaffen. Aber dann haben wir uns überlegt, daß wir gar keinen neuen Standard einführen wollten«, erklärte der Leiter des »Project Chess«, Don Estridge, in einem Interview, das er zwei Jahre nach der Präsentation des Computers der Zeitschrift *Byte* gab. »Wir erkannten, daß etwas Neues zu bringen das Falscheste wäre, was wir machen könnten, weil wir fest daran glaubten, daß sich der PC viel allgemeiner durchsetzen würde, als damals, 1980, absehbar war. Unser Vorteil war, daß kein einzelner Softwarelieferant oder einzelner Hardwareergänzungshersteller imstande sein würde, alle die Funktionen bereitzustellen, die der Kunde verlangen würde. Wir wollten keine Standards setzen. Wir versuchten zu analysieren, was vorhanden war, und dann eine Maschine, eine Marketingstrategie und einen Vertriebsplan zu entwerfen, die zu dem, was andere schon an Maschinen, Software und Marketingkanälen entwickelt und eingeführt hatten, paßten.«

Nicht lange nach der offiziellen Präsentation des PC in New York veröffentlichte Apple Computer eine ganzseitige Anzeige im *Wall Street Journal*: »Willkommen IBM«, hieß es da. »Willkommen auf dem spannendsten und wichtigsten Markt seit Beginn der Computerrevolution vor 35 Jahren. Wir freuen uns auf einen verantwortungsbewußten Wettstreit im gemeinsamen Bestreben, diese amerikanische Technologie der ganzen Welt zur Verfügung zu stellen.«

Der Vorsitzende von Apple, John Sculley, räumte später in einem Interview mit dem *Playboy* ein, die Anzeige wäre in der Sache darauf hinausgelaufen, daß Rotkäppchen den bösen Wolf im Hause der Großmutter willkommen hieß. »Zwischen Selbstvertrauen und Größenwahn besteht ein feiner Unterschied«, vertraute Sculley dem Interviewer an. »Wir alle haben eine Menge gelernt.«

Der IBM-PC stellte bald den Apple II und alle anderen Geräte in den Schatten – nicht zuletzt aufgrund einer gekonnten Fernsehwerbung, in der man Charlie Chaplins »Tramp« auf so einer elfenbeinfarbenen Maschine tippen sah. Mit seiner Rose wies der Tramp den PC als menschenfreundliche, leicht zu handhabende Maschine aus. Dabei rechnete IBM weniger mit privaten Benutzern als mit einem großflächigen Einsatz im Büro. Auf diesem Gebiet hatte IBM seit langem einen guten Ruf. Tatsächlich unterschätzte IBM die Vorbestellungen um ganze 800 Prozent. Die Anlagen in Boca Raton kamen mit der Produktion nicht nach. Von August bis Dezember 1981 verkaufte IBM 13 533 PC und erzielte damit Einkünfte in Höhe von 43 Millionen Dollar. Ende 1983 waren über eine halbe Million PC verkauft.

Gegen Ende 1981 begann Microsoft mit der Arbeit an einer Neufassung des Betriebssystems. Tim Paterson schrieb den Code für diese erste Erweiterung, die DOS 1.1 genannt wurde. In dieser Neufassung gestattete das Betriebssystem die Speicherung von Informationen auf beiden Seiten der Diskette und steigerte so die Speicherkapazität der IBM-Maschine von 160 auf 320 KB.

Als DOS 1.1 im März 1982 betriebsfertig war, unternahmen Gates und Paterson PR-Reisen, auf denen sie, gewöhnlich in Hotelzimmern, Firmenvertretern und interessierten Einzelpersonen das Funktionieren ihres Betriebssystems auf dem PC vorführten. Das Unternehmen mag Gates an die Reklametour erinnert haben, bei der er sieben Jahre zuvor den Kunden demonstriert hatte, wie sein BASIC auf dem Altair lief.

Obwohl auch die neuerliche Werbefahrt erfolgreich war, verließ Paterson gleichwohl Microsoft und kehrte an seinen früheren Arbeitsplatz in Rod Brocks Firma Seattle Computer Products zurück. Dank dem Geschäft mit Gates, das Brock gestattete, seine Hardware mit DOS und den Programmiersprachen von Microsoft zu liefern, war 1982 das beste

Jahr der Firma, die bei Einnahmen von etwa vier Millionen Dollar über eine Million Dollar Profit machte.

Später begann man bei Microsoft an DOS 2.0 zu arbeiten, der nächsten Version des hauseigenen Betriebssystems, die für den IBM PC/XT (die Buchstaben XT standen für »Extended Technology«, »erweiterte Technologie« also) gebraucht wurde, den ersten Personalcomputer, der Daten statt auf flexiblen Floppy-Disketten auf Hartplatten speicherte. DOS 2.0 war gegenüber DOS 1.0 sehr verfeinert. Hatten für die erste Fassung des Betriebssystems noch etwa 4000 Zeilen Code ausgereicht, waren für DOS 2.0 20 000 Zeilen nötig.

Der PC/XT wurde im März 1983 offiziell in New York vorgestellt. Zum Preis von 4995 Dollar erhielt der Kunde ein Gerät, das ebenso mit einer 10-Megabyte-Festplatte wie mit einem 360-KB-Diskettenlaufwerk ausgestattet war. Überdies hatte der technologisch erweiterte Computer 128 KB Direktzugriffsspeicher, doppelt soviel wie das ursprüngliche Modell.

Joe Sarubbi, der das IBM-XT-Team in Boca Raton leitete, arbeitete während des größten Teil des Jahres 1982 eng mit Gates und Microsoft zusammen. »Bill war arrogant, aber technisch gewitzt«, sagt Sarubbi, der jetzt als Pensionär in Florida lebt. »Es machte ihm Spaß, einem mit kniffligen technischen Fragen zu kommen. Er hat sich auch oft genug über mich geärgert, weil ich wegen der erforderlichen Korrekturen seinen Leuten ziemlich zusetzte. Er sagte dann etwa: ›Na, am Freitag sehe ich Don Estridge‹, und darauf ich: ›Bill, mir ist scheißegal, wen oder was Sie wo am Freitag sehen. Ich bin der Programmanager, und Sie werden diesen Job mit mir deichseln oder überhaupt nicht.‹« Über 500 Korrekturen waren erforderlich, ehe DOS 2.0 auf dem PC/XT lief.

Bei seinem zähen Kampf um die Vorherrschaft in der Branche war Gates stets bestrebt, einen Industriestandard durchzusetzen. »Wir setzen den Standard«, war schon seit langem die Devise der Firma, und Gates predigte sie wie das Evangelium. Mit dieser Strategie gewann Microsoft die Kontrolle über den Sprachen- und Betriebssystemmarkt. Aber BASIC und MS-DOS wurden zugleich Einnahmequellen, die den steten Geldfluß sicherten, den das rasante Wachstum der Firma erforderlich

Bill Gates in seinem Büro in Redmond, Washington. (Foto: *Seattle Post-Intelligencer*)

Gates als Schüler der achten Klasse.

Mary Gates mit ihrem dreieinhalbjährigen Sohn Bill. (Foto: *Seattle Post-Intelligencer*)

Bill Gates im Computerraum der Lakeside School. Das Foto wurde im Jahrbuch der Schule veröffentlicht.

Das berühmte Pokerzimmer im Currier House auf dem Campus der Harvard University. (Foto: *Seattle Post-Intelligencer)*

Ed Roberts, der den ersten PC der Welt entwarf. Er lebt heute als Landarzt in einer Kleinstadt in Georgia. (Foto: *Seattle Post-Intelligencer*)

Microsoft hatte 1978, als diese Aufnahme gemacht wurde, nicht einmal ein Dutzend Mitarbeiter. *Obere Reihe, von links:* Steve Wood, Bob Wallace und Jim Lane. *Mittlere Reihe:* Bob O'Rear, Bob Greenberg, Marc McDonald und Gordon Letwin. *Untere Reihe:* Bill Gates, Andrea Lewis, Marla Wood und Paul Allen. (Foto: Bob O'Rear)

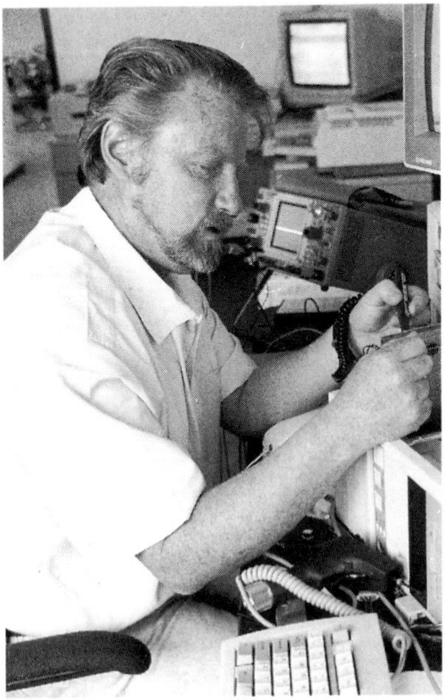

Oben links: Gary Kildall, Präsident von Digital Research. (Foto: *Seattle Post-Intelligencer*)

Oben rechts: Tim Paterson, der Mann, der das Betriebssystem entwickelte, das unter der Bezeichnung DOS weltberühmt wurde. (Foto: *Seattle Post-Intelligencer)*

Bill Gates und Paul Allen im Juli 1981, einen Monat, bevor der erste PC von IBM angekündigt wurde. (Foto: *Seattle Post-Intelligencer*)

Charles Simonyi, einer der führenden Programmierer von Microsoft. (Foto: *Seattle Post-Intelligencer*)

Jon Shirley, 1983 bis 1990 Präsident von Microsoft. (Foto: *Seattle Post-Intelligencer*)

Mike Hallman, Shirleys Nachfolger. Er verließ Microsoft im März 1992. (Foto: *Seattle Post-Intelligencer*)

Bill Gates mit seiner Freundin Jill Bennett, 1984.

Ann Winblad, mit der Bill Gates Mitte der achtziger Jahre befreundet war. (Foto: *Seattle Post-Intelligencer*)

Bill Gates in seinem Büro, Anfang 1984. (Foto: *Seattle Post-Intelligencer*)

Bill Gates' Vater, ein angesehener Anwalt. (Foto: *Seattle Post-Intelligencer*)

Bill Gates' Mutter, 1991. (Foto: *Seattle Post-Intelligencer*)

Paul Allen verließ Microsoft, als er 1983 schwer erkrankte. Mit Vermögenswerten von mehr als zwei Milliarden Dollar ist er heute einer der reichsten Männer Amerikas. (Foto: *Seattle Post-Intelligencer*)

Bill Gates im März 1991. (Foto: *Seattle Post-Intelligencer*)

machte. Als Gates 1982 endlich seine Aufmerksamkeit dem wachsenden Einzelhandelsmarkt für Anwendungssoftware zuwandte, wollte er auch in diesem Bereich Standards setzen. Er plante, den lukrativen Verbrauchermarkt im Sturm zu erobern, doch der Kampf sollte härter werden, als er erwartet hatte.

Als Neuling im Anwendungsgeschäft bekam es Microsoft mit der scharfen Konkurrenz der Veteranen wie MicroPro und VisiCorp zu tun. Gates mußte später zugeben, daß es »dumm« war, nicht schon früher in das Anwendungsgeschäft einzusteigen.

1982 war VisiCorps altes Schlachtroß VisiCalc noch das meistverkaufte Tabellenkalkulationsprogramm überhaupt. Es lag, praktisch ohne ernsthafte Konkurrenz, in Führung, seit es drei Jahre zuvor auf der National Computer Conference in New York vorgestellt worden war. Gates beschloß VisiCorp als erstes ins Visier zu nehmen. VisiCorp hatte er schon im Auge, seit er 1979 zusammen mit Vern Raburn vergebens versucht hatte, Dan Fylstra die Hälfte der Firma abzukaufen.

Gates plante, VisiCorp mit dem ersten Anwendungsprogramm von Microsoft zu überflügeln, einem Tabellenkalkulationsprogramm (Spreadsheet) mit dem Namen Multiplan. Im Frühjahr 1982 bekam Multiplan unter Leitung von Charles Simonyi den letzten Schliff. Multiplan, dessen Entwicklung ziemlich zwei Jahre beansprucht hatte, sollte die erste von vielleicht einem Dutzend sogenannter Multi-Tool-Applications werden, die Gates innerhalb der nächsten zwei Jahre von Simonyi und seinem Team erwartete.

Simonyi hatte eine Stellung bei Xerox PARC, einem der führenden Computerforschungszentren des Landes, verlassen, um für Gates zu arbeiten. Beide träumten davon, eine Software zu entwickeln, die die Bedienung eines Computers kinderleicht machte. Gates wollte den Anwendungsprogrammen mehr Bedeutung zukommen lassen als dem Betriebssystem, und Simonyi war es, den er mit dieser Verlagerung des Schwerpunkts betraute. Er wurde schließlich einer von Gates' treuesten Getreuen, ein Mitglied des engsten Kreises im Zentrum der Macht, der stets das Ohr des Vorsitzenden hatte. Die beiden waren einander sehr ähnlich, wenn auch höchst unterschiedlicher Herkunft. Charles Simonyi verkörperte wie kaum ein anderer den amerikanischen Traum: ein

Junge, der mit nichts angefangen hatte und am Ende sein eigenes Privatflugzeug besaß.

In Ungarn, wo er drei Jahre nach Ende des Zweiten Weltkrieges geboren wurde, hatte er als Sechzehnjähriger seinen ersten Computer gesehen, Ural II, eine sowjetische Maschine mit ein paar tausend Elektronenröhren, die ein ganzes Zimmer füllte. Dieser Computer war einer der ersten, die es in Ungarn gab. Simonyis Vater, Professor für Elektrotechnik, hatte dafür gesorgt, daß sein Sohn dem Ingenieur, der an diesem Computer arbeitete, assistieren durfte. Der Ural II hatte eine Speicherkapazität von 4 KB, also ungefähr soviel wie später der Altair.

»Die Erregung, die ich 1964 mit dem Ural II erlebte, war von der gleichen Art wie die, die Bill Gates 1974 mit dem Altair erlebte«, erzählte Simonyi Susan Lammers, als sie für ihr Buch über Programmierer bei der Arbeit recherchierte (wobei ihm ein Irrtum unterlief: Bill Gates erlebte das mit dem Altair erst 1975).

Bei dem ersten von Simonyi professionell entwickelten Programm handelte es sich um eine höhere Programmiersprache, die er dem Staat verkaufte. Während einer Handelsmesse in Budapest präsentierte er ein von ihm verfaßtes Demonstrationsprogramm einer dänischen Handelsdelegation und bat sie, es irgend jemanden in Dänemark zu zeigen, »der was zu sagen« hatte. Tatsächlich bekam er eine Stelle angeboten.

Simonyi arbeitete ungefähr ein Jahr in Dänemark und legte genug Geld zurück, um sich an der University of California in Berkeley zu immatrikulieren. 1972 warb man ihn für die Mitarbeit beim PARC, dem damals gerade erst gegründeten Computer-Forschungszentrum von Xerox in Palo Alto, nahe der Stanford Universität, wo Simonyi damals an seiner Dissertation arbeitete. Simonyi arbeitete schon für Xerox, während er noch an seiner Doktorarbeit über eine eigene Programmiermethode schrieb. (Als er zu Microsoft ging, wurde sein Programmierstil als »ungarische Methode« bekannt.)

Mit finanzieller Unterstützung durch Xerox wurde das PARC schnell eine der führenden Forschungs- und Entwicklungsstätten der USA. Dort wurde der experimentelle Alto-Computer entworfen, der den Altair weit in den Schatten stellte. PARC sollte Steve Jobs später inspirieren, den Macintosh für Apple Computer zu entwickeln, und Bill Gates die Anregung für Windows geben. Im PARC entwickelte man, anknüpfend an im Stanford Research Center geleistete Arbeiten, die Technologie der graphischen Benutzeroberfläche (GUI) sowie eine revolutionär fortschrittliche Programmiersprache für den Alto namens Smalltalk, die in vieler Hinsicht als Vorläufer von Windows gelten kann. Smalltalk zeigte Menüs auf dem Bildschirm und funktionierte mit einer seither als »Maus« bezeichneten technischen Neuerung, die im Stanford Research Institute entwickelt wurde.

1981 brachte Xerox den Star heraus, einen im PARC entwickelten Computer, der die GUI-Software-Technologie einen Schritt vorantrieb. Wenn er irgendeine bestimmte Aufgabe erledigen wollte, klickte der Benutzer, statt komplizierte Befehle einzutippen, nur Icons an, kleine Bildsymbole auf dem Bildschirm. Um zum Beispiel Daten zu löschen, zeigte man mit der Maus auf das Bild eines Mülleimers. Dann genügte ein einfacher Knopfdruck, und die entsprechenden Daten wurden gelöscht.

Der Star hätte viel früher herausgebracht werden können. Aber entweder interessierte man sich bei Xerox nicht allzusehr für das kommerzielle Potential der im PARC geleisteten Arbeit, oder man beobachtete den Markt nicht aufmerksam genug. PARC verlor deshalb einige seiner besten Mitarbeiter an weniger träge Firmen wie Apple und Microsoft.

»Ich verlor den Glauben an Xerox«, sagt Simonyi. »Die schienen ja vollkommen unfähig, irgendwas auf die Beine zu stellen.«

Kurz nachdem er angefangen hatte, einen neuen Job zu suchen, traf sich Simonyi zum Lunch mit einem früheren Kollegen, Bob Metcalfe, der nach seinem Ausscheiden aus dem PARC eine eigene Softwarefirma gegründet hatte, die 3Com. Metcalfe nannte Simonyi einige Leute, bei denen er sich um einen Job bewerben sollte. Ganz oben auf der Liste stand Bill Gates.

»Ich rief Bill und Steve Ballmer an und sagte ihnen, sie sollten sich die Chance, Simonyi zu kriegen, nicht entgehen lassen«, sagt Metcalfe. »Und natürlich haben sie meinen Rat befolgt.«

»Unsere Begegnung war phantastisch«, sagt Charles Simonyi über seinen ersten Besuch bei Microsoft. »Bill hatte unglaubliche Zukunftsvisionen. Ich hatte das nicht erwartet in einem Laden, der schließlich im Vergleich zu Xerox nur eine kleine Klitsche war. Wir waren ziemlich snobistisch bei Xerox. Für uns war der Apple II ein besserer Scherzartikel.«

Sehr beeindruckt war Simonyi auch von Gates' Kenntnissen im Programmieren. »Die Leute reden davon, daß Bill immer Glück hat und daß er furchtbar nette Eltern hat. Aber als ich herkam, habe ich nicht auf seine nette Familie gesetzt, sondern auf seinen Geschäftssinn und seine Einschätzung der Zukunft, die sich als richtig erwiesen hat.«

Nachdem er Simonyi eingestellt hatte, wendete Gates 100 000 Dollar für die Anschaffung eines Xerox-Star und -Laserdruckers auf und wurde damit einer der ersten Besitzer des neuen Computers. Er schuf bereits die Voraussetzungen für die Entwicklung von Windows sowie für Anwendungssoftware für den Macintosh-Computer der Apple, die eine graphische Benutzerschnittstelle verfügbar machte.

»Der Star war nicht gerade eine anwenderfreundliche Maschine, aber man konnte damit herumspielen, wenn man was über Benutzerschnittstellen lernen wollte«, sagt der Programmierer Bob Wallace.

Obwohl Apple den Macintosh offiziell erst Anfang 1984 präsentierte, hatten in aller Stille die Arbeiten 1981 schon begonnen. Tatsächlich hatte man Gates im geheimen einen Blick schon auf den ersten Prototyp werfen lassen, und als im Frühjahr 1982 weitere Prototypen zur Verfügung standen, lieferte Apple diese Microsoft vertraulich ins Haus. Apple hatte Microsoft mit der Entwicklung von Software für den neuen Computer beauftragt, die mit der Hardware zusammen versandfertig vorliegen sollte. Bei Microsoft arbeiteten nicht weniger Leute an der Software, als Steve Jobs bei Apple auf das Projekt angesetzt hatte.

Es standen bei Microsoft auch Prototypen von anderen Herstellern herum, zumeist hinter verglasten Wänden, die mit Papier verklebt waren, um die Objekte vor den neugierigen Blicken Unbefugter zu verbergen. Obwohl die Atmosphäre bei Microsoft noch immer sehr zwanglos war und die Programmierer immer noch in Jeans und T-Shirt arbeiteten, wurden doch jetzt schon erheblich mehr Sicherheitsvorkehrungen getroffen als seinerzeit in Albuquerque.

»Bevor die Zusammenarbeit mit IBM ernstlich begann, lag alles offen herum«, sagt Wallace, der Microsoft 1983 verließ, um seine eigene Softwarefirma zu gründen. »In Albuquerque hatten wir einen großen Tisch, und da standen manchmal zwanzig verschiedene Personalcomputer drauf, die im nächsten Jahr an die Öffentlichkeit sollten. Alles, was in der PC-Welt dräute, stand einmal auf diesem Tisch. Es gab keine echte Geheimhaltung, und niemand dachte groß daran. Aber dann nötigte uns IBM einen Haufen Sicherheitsvorkehrungen auf. Und bei der Arbeit für den Macintosh war es genauso. Das ging so weit, daß man schließlich nur noch wußte, daß jemand beabsichtigte, einen neuen Computer vorzustellen ... Manche Büros waren von innen mit Computerpapier verklebt, so daß man nicht hineinsehen konnte, und man wußte, daß es da um irgendein geheimes Projekt ging. Dann las man etwa in der Zeitung, daß ein neuer Computer vorgestellt worden sei, und ging man dann den Korridor entlang, entdeckte man, daß irgendwo das Papier abgerissen wurde, und drinnen sah man den neuen Computer stehen.«

Fast die einzigen Programmierer bei Microsoft, die nicht von den strengen Geheimhaltungsmaßnahmen betroffen waren, auf denen sowohl IBM als auch Apple und andere Hersteller bestanden, waren die, die an Multiplan arbeiteten.

Das Multiplan-Projekt war schon über ein Jahr in Arbeit, als Charles Simonyi mit seiner Leitung betraut wurde. Es begann damit, daß Gates 1980 einen außenstehenden Berater beauftragte, VisiCalc gründlich zu untersuchen und über die Möglichkeiten, das Programm zu verbessern, Bericht zu erstatten. Gates mochte die Funktionsweise dieses Tabellenkalkulationsprogramms nicht und beabsichtigte, außer der Leistungsfähigkeit auch das äußere Erscheinungsbild zu verbessern. Ein »Spreadsheet« – das Arbeitsblatt eines Tabellenkalkulationsprogramms – besteht aus vielen verschiedenen »Zellen«, und bei VisiCalc wurden diese Zellen durch ein Koordinatensystem identifiziert, wie zum Beispiel »A 10«. Gates wünschte sich für die Zellen seiner Version von Multiplan richtige Wörter wie etwa »Umsatz, Juni«. Simonyi brachte noch weitere Verbesserungen an. Aufgrund der Erkenntnisse, die er bei seiner Arbeit für PARC gewonnen hatte, stattete er das Produkt mit benutzerfreundlichen Menüs aus.

Multiplan wurde 1981 fertiggestellt, doch verzögerte eine lange Beta-Testperiode die Herausgabe des Programms. (Bei einem Beta-Test wird das Produkt einer Anzahl ausgewählter Kunden gratis zur Verfügung gestellt, die es für eine gewisse Zeit benutzen. Auf diese Weise werden Fehlerquellen aufgespürt und können eliminiert werden, bevor das Produkt auf den Markt kommt.) Das Erscheinen von Multiplan wurde weiter verzögert, weil Microsoft Softwaretools vervollkommnete, mit deren Hilfe das neue Tabellenkalkulationsprogramm auch für andere Computer tauglich gemacht werden könnte. Obwohl Microsoft das Betriebssystem für den IBM-Personalcomputer entwickelt hatte, glaubte nicht einmal Gates, daß die Maschine oder auch sein DOS so viel Erfolg haben würden, wie ihnen dann tatsächlich beschieden war – bis hin zur Beherrschung des Markts. Deshalb legte Gates größten Wert auf die Übertragbarkeit von Multiplan. Multiplan sollte auf den verschiedensten Maschinen und auf der Basis verschiedener Betriebssysteme angewendet werden können. Tatsächlich konnten dann 80 verschiedene Computermodelle mit diesem Tabellenkalkulationsprogramm arbeiten.

»Jeder hat sich seine Gedanken gemacht über die mutmaßliche weitere Entwicklung auf dem PC-Markt«, sagt Jeff Raikes. »Wenn ich ehrlich sein soll, muß ich zugeben, daß wir ganz danebenlagen. Wir dachten, es würde auf lange Sicht Dutzende und Dutzende, vielleicht Hunderte von verschiedenen Modellen geben.«

Multiplan wurde offiziell im Sommer 1982 herausgebracht und in der Branche allgemein sehr positiv aufgenommen. In der Zeitschrift *Software Revue* hieß es, Multiplan sei leicht zu handhaben, und sie stufte die Qualität des Programms in jeder getesteten Kategorie als »ausgezeichnet« ein. Der Gutachter fügte hinzu: »Multiplan scheint in der einzigen Absicht entworfen worden zu sein, VisiCalc aus der führenden Position am Markt zu verdrängen.« In jenem Sommer 1982 hatte man seit der Einführung des Programms vor drei Jahren 400 000 Exemplare von VisiCalc abgesetzt.

Gates glaubte, daß Microsoft nun ein Tabellenkalkulationsprogramm hätte, das sich als Standard durchsetzen würde. Es sollte sich zeigen, daß er sich täuschte. Zwar sollte VisiCalc schließlich k. o. gehen, aber der Schlag, dem das Konkurrenzprogramm erlag, kam nicht von Microsoft-Multiplan.

Die ersten Versionen von Multiplan wurden sowohl für den Apple II als auch für den IBM-PC geschrieben. Eine Version für Maschinen, die unter CP/M liefen, folgte. Bald lief Multiplan auf Dutzenden von verschiedenen Computern, von dem bei der DEC hergestellten Minicomputer PDP-11 bis zum Osborne I, dem kleinsten Computer auf dem Markt.

Bei dem zum Preis von 1795 Dollar erhältlichen Osborne I handelte es sich um das Werk von Adam Osborne, einem Mann, der immer für eine Überraschung gut war. Mit dem Osborne I brachte er den ersten tragbaren Bürocomputer auf den Markt, der wirtschaftlich erfolgreich wurde.

Als Osborne seinen neuen Computer entwickelte, nahm er das CP/M-Betriebssystem von Gary Kildall in Lizenz und besorgte sich von Gordon Eubanks und Gates die BASIC-Sprachen. Als er seine Firma 1981 in eine Aktiengesellschaft umwandelte, bot er Gates und Kildall Anteile an. Osborne hielt sehr viel von Gates und hätte den jungen Mann gern im Vorstand seiner Gesellschaft gesehen. Gates nahm die angebotenen Aktien, lehnte aber den Posten im Vorstand ab.

»Er ist einer der wenigen in der Branche, die ein enormes technisches Verständnis haben«, sagt Osborne über Gates. »Er ist der einzige Unternehmer, der auch einen Code kritisch beurteilen kann. Er braucht nur einen Blick darauf zu werfen, um zu erkennen, was der Programmierer richtig und was er falsch gemacht hat.«

Osborne sollte jedoch Gelegenheit erhalten, die Urteilskraft des Bewunderten zu bezweifeln – allerdings einen außertechnischen Gegenstand betreffend, die Frauen. Denn 1982 soll Gates eine Affäre mit der Frau des Leiters einer überseeischen Niederlassung der Osborne Computer gehabt haben. Die Frau war vierzig Jahre alt und hatte bereits mehrere Ehen hinter sich.

»Bill fühlte sich damals echt zu älteren Frauen hingezogen«, sagt ein leitender Angestellter von Osborne Computer, der ebenfalls von der Affäre wußte. Ihm zufolge war Gates von der Dame verführt worden. »Sie hatte beschlossen, mit ihm ins Bett zu gehen.« Als Osborne die Geschichte zu Ohren kam, redete er Gates ins Gewissen. Er sei auf dem besten Wege, eine Ehe zu zerstören. Gates erwiderte, man möge sich gefälligst um die eigenen Angelegenheiten kümmern.

Das Techtelmechtel war nicht von langer Dauer. Osborne Computer auch nicht. 1983, als gerade Anstalten getroffen wurden, an die Börse zu gehen, mußte die Firma den Bankrott erklären. Innerhalb von zwei Jahren waren die Umsätze von Null auf 100 Millionen Dollar gestiegen. Aber es war ein unkontrolliertes Wachstum. Die Firma brach unter dem Schuldenberg zusammen, den sie sich mit einer zweifelhaften Strategie aufgebürdet hatte.

Mit dem Osborne I hatte Osborne einen großen, lukrativen Markt angezapft. Auch Microsoft erwog, in einen kleinen Computer zu investieren. Während des ganzen Jahres 1982 unterstützte die Softwarefirma die Entwicklung des dann unter der Bezeichnung Radio Shack Model 100 herausgebrachten Modells eines Computers, der so klein war, daß man ihn auf dem Schoß halten konnte. Der Modell 100 Laptop war dem fruchtbaren Geiste Kay Nishis entsprungen, des temperamentvollen Repräsentanten Microsofts im Fernen Osten. Das Projekt wurde in der ersten Klasse eines Boeing-747-Jumbo-Jets, 38 000 Fuß über dem Stillen Ozean, ausgeheckt.

Nishi flog nach einer seiner häufigen geschäftlichen Besprechungen mit Gates nach Tokio zurück. Sein Sitznachbar war Kazuo Inamori, der Präsident der großen japanischen Industriekeramikfirma Kyocera Corporation. Nishi, der einen Saal mit Skeptikern in Gläubige verwandeln konnte, fing an, seinem Nachbarn einen tragbaren Computer mit einer Flüssigkristallanzeige zu skizzieren. Nishi sagte, der Computer könnte so klein werden, daß er in einen Aktenkoffer passe.

Der eifrige, langhaarige Nishi mit dem Kindergesicht, der Trainingshosen und Turnschuhe trug, muß seinen Nachbarn in Erstaunen versetzt haben. Er war offensichtlich nicht der typische japanische Geschäftsmann. Aber er überzeugte. Der Kyocera Corporation würde es eine Ehre sein, sagte Inamori, bei der Herstellung dieses Computers mitwirken zu dürfen.

Bald darauf gewann Nishi weitere Mitstreiter. Die Firma Hitachi erklärte sich bereit, die Massenproduktion der achtzeiligen LCD-Bildschirme zu übernehmen.

Einige Monate später war Nishi wieder unterwegs, diesmal in umgekehrter Richtung nach Forth Worth in Texas, wo er Radio Shack immerhin schon eine Attrappe seines Computers vorführen konnte. Gates wollte, daß die Radio Shack Nishis Computer in den Vereinigten Staaten auf den Markt brachte, und hatte deshalb ein Treffen zwischen Jon Shirley, dem damaligen Vizepräsidenten der Computer-Marketingabteilung der Tandy Corporation, und seinem Freund Nishi arrangiert. Nishi überzeugte Shirley, und damit war die Marketingkampagne eröffnet. NEC übernahm es später, den Computer in Japan zu verkaufen.

»Ich weiß noch, wie Nishi mit diesem nur taschenrechnergroßen Computer herumlief, ihm jeden zeigte und sagte: ›Das ist die Zukunft, alles wird klein werden‹«, erzählt Raymond Bily, der 1982 als Softwareentwickler zu Microsoft kam.

Obwohl das Model 100 nicht so gut ging, wie Tandy erwartet hatte, wird es heute noch als Marketing- und technischer Erfolg bewertet und leistete seinerzeit Tausenden von Handelsvertretern und Journalisten treue Dienste.

Während er einerseits auf den Anwendungsmarkt und in den Einzelhandel drängte, war Gates andererseits bestrebt, die Marketingbasis von Microsoft außerhalb der Vereinigten Staaten zu verbreitern. Er war vor seinen Konkurrenten nach Japan gegangen und hatte mit Hilfe seines dynamischen Generalvertreters Kay Nishi den Löwenanteil des dortigen Sprachenmarkts erobert. Das bescherte Microsoft Einnahmen in Millionenhöhe, nur unwesentlich weniger als auf dem amerikanischen Markt selbst. Doch Europa und andere Märkte in Übersee waren größtenteils noch unerschlossen.

Anfang 1982 gelangte Gates zu der Überzeugung, Microsoft brauche eine Internationale Abteilung. Mit deren Organisation betraute er Scott Oki, den er jüngst von der Sequoia Gruppe abgeworben hatte, einer Firma, die schlüsselfertige Computersysteme für Ärzte baute.

Oki überraschte dieser Auftrag. Er hatte Europa bisher nur ein einziges Mal besucht. Als er wenig später Gates mitteilte, er habe einen Geschäftsplan für die Internationale Abteilung ausgearbeitet, fragte Gates: »Was ist das denn?« Der Vorsitzende von Microsoft hatte noch nie von einem Geschäftsplan gehört.

Okis Plan sah die offizielle Präsentation der Internationalen Abteilung für April 1982 vor. Microsoft würde in Europa und anderswo Tochtergesellschaften gründen und Einheimische mit der Vertretung ihrer dortigen Interessen betrauen. Jahrelang arbeitete Oki fast 20 Stunden täglich. »Manchmal wochenlang hintereinanderweg«, sagt er.

Zunächst war der Erfolg der Bemühungen, die auswärtigen Märkte zu erobern, nur mäßig. Bis 1983 beherrschte Digital Research in Europa den Betriebssystemmarkt. Es dauerte eine Zeit, bis der IBM-PC und kompatible Maschinen, die auf der Basis von MS-DOS funktionierten, die gleiche Beliebtheit erfuhren wie in den Vereinigten Staaten. Innerhalb weniger Jahre jedoch baute Microsoft Tochtergesellschaften in Italien, Schweden, Australien, Kanada, Japan, Mexiko und in den Niederlanden auf.

Es war eine bewegte Zeit für Microsoft – beiderseits des Atlantiks. Ein leitender Angestellter der Firma sagt über Aktivitäten während des Spätsommers 1982: »Wir brachten auf verschiedenen Märkten neue Produkte heraus. Wir eröffneten Büros in Europa. Wir pumpten überall DOS rein, versuchten CP/M zu schlagen. Wir versuchten, Multiplan durchzusetzen. Wir redeten schon von Word. Wir waren noch immer bemüht, XENIX zu verhökern. Wir machten ein neues COBOL. Es war irre.«

Noch leitete Gates die Firma ziemlich allein. Aber einen großen Teil seiner Zeit beanspruchten technische Angelegenheiten. Er wollte in allem das letzte Wort haben. Allen andererseits kümmerte sich zunehmend auch um das Management. Er hatte die Verantwortung für Betriebssysteme und die Multi-Tool-Serie der Anwendungsprodukte übernommen. Während der zwei Jahre, die er inzwischen schon bei Microsoft war, hatte Steve Ballmer Bill Gates in allen Bereichen als Ausputzer und Friedensstifter gedient, als Generalmanager der Verbraucher-Produktabteilung, Vizepräsident der Gesellschaft und schließlich als deren leitender Finanzbeauftragter. Auch war er zuständig für die Anwerbung und Einstellung neuer Mitarbeiter.

Indem Microsoft die Schlüsselstellungen ihres Managements mit Leuten wie Raikes, Oki und Simonyi besetzte, stellte die Firma unter Beweis, wieviel Wert sie auf technische Kompetenz legte, denn keiner von diesen drei war studierter Betriebswirt, alle aber glänzend begabte Techniker. Bei Microsoft war es wichtiger, einen Code schreiben zu können, als einen Geschäftsplan zu verfassen.

Doch Ballmer sah schließlich ein, daß Microsoft einen professionellen Manager brauchte. Die Gesellschaft mußte die unvermeidlichen Managementprobleme lösen, die ihre rapide Expansion und ihr schnelles Wachstum mit sich brachten. Im Sommer 1982 konnte Ballmer Gates von der Notwendigkeit überzeugen, einen kaufmännischen Leiter einzustellen, der ihm einen Teil seiner Arbeit würde abnehmen können.

Obwohl Microsoft sich in der Branche schon einen großen Ruf erworben hatte, war die Firma damals noch verhältnismäßig klein. Sie beschäftigte weniger als 200 Mitarbeiter. Das explosive Wachstum der PC-Industrie fand größtenteils im kalifornischen Silicon Valley statt, und es war nicht leicht, Topmanager von dort zum Umzug nach Oregon oder Washington zu bewegen. Mehrere Kandidaten für den neuen Präsidentenposten lehnten Ballmers Avancen deshalb dankend ab. Schließlich wandte er sich enttäuscht an James Towne, einen alten Freund von der Stanford Business School, der für Tektronix arbeitete, einen auf 1,2 Milliarden Dollar geschätzten Hersteller technischer Geräte.

Towne hatte bei Tektronix klein angefangen und innerhalb von zwölf Jahren den Aufstieg vom unbedeutenden Angestellten zum Vizepräsidenten der Firma geschafft, deren größter Abteilung mit 700 Millionen Jahresumsatz und an die 7000 Angestellten im In- und Ausland er persönlich vorstand. Aber er war nicht abgeneigt, sich zu verändern. Und Towne war aus Portland in Oregon gebürtig. Die Tektronix hatte ihr Hauptquartier in Beaverton, nur 180 Meilen südlich von Seattle.

Nach kurzem Werben wurde Microsoft erhört. Towne nahm den Job, der ihm angeboten wurde, an.

Towne paßte äußerlich kaum zu den »Microkids«, deren Vorgesetzter er nun wurde. Er war fast vierzig, an die fünfzehn Jahre älter als der durchschnittliche Microsoft-Angestellte, verheiratet und Vater zweier Kinder. Technische Kenntnisse hatte er nicht. Was er hatte, war eine glänzende Intelligenz und so viel Energie, wie Ballmer und Gates sie von jedem verlangten, der in der Firma eine Rolle spielen wollte. Towne war ein umgänglicher Mensch, der es verstand, Verantwortung zu delegieren und mit sanfter Hand zu lenken. Damit unterschied er sich erheblich von Ballmer und Gates, die eher einen unsanften Stil bevorzugten. Trotz des überwältigenden finanziellen Erfolgs konnte Microsoft, wie Towne schnell herausfand, ein solides Management dringend brauchen. Die Buchhaltung der Multimillionendollarfirma wurde noch immer auf einem kleinen Radio-Shack-Computer gemacht. Die Leute in der Marketingabteilung hatten keine Ahnung, wieviel sie von dem oder jenem Produkt würden absetzen können. Es gab kein Finanzierungssystem und keine Gehaltsstruktur. So waren zum Beispiel die Unterschiede in der Gewährung von Aktienbezugsrechten für Programmierer, die dieselbe Arbeit leisteten, erheblich. Towne vermutete, bei Microsoft glaube man, kreativ könne nur sein, wer alles unkontrolliert laufen lasse.

»Dies ist eine kritische Zeit für die Firma«, sagte Towne in einem Interview mit *Softalk*, der Branchenzeitschrift für Benutzer des IBM-Personalcomputers. »Ich habe die Aufgabe, sie auf dem Wege von zwanzig zu sechzig Millionen Dollar Umsatz zu führen . . . Ich bin kein Softwareexperte, aber die Gesellschaft macht mir Spaß . . . Es macht mir Spaß, ihre Probleme lösen zu helfen. In größeren Firmen ändern sich alle Strukturen, aber wir müssen uns darüber klar sein, daß für intelligente Leute groß nicht gleichbedeutend ist mit schön.«

Einer von Gates' Managern überlebte das explosive Wachstum der Firma nicht. Vern Raburn, Präsident der VerbraucherProduktabteilung, war für die Entwicklung der Einzelhandelsmärkte verantwortlich, auf denen die neuen Anwendungssoftwareprodukte der Firma verkauft werden sollten. Microsoft hatte mit dem riskanten Einzelhandelsgeschäft kaum Erfahrung. Die bisherigen Kunden der Firma waren in der Mehrzahl Computerhersteller, die Sprachen oder ein Betriebssystem brauchten. Um sich auf dem Verbrauchereinzelhandelsmarkt durchzusetzen, brauchte man mehr als technischen Sachverstand. Hierfür waren auch starke Marketing- und Verkaufsabteilungen erforderlich.

Raburns große Stärke waren seine Beziehungen zu den frühesten Pionieren der Branche. Er kannte jeden und machte Geschäfte, indem er eine Nummer wählte und einen Freund anrief. In seiner Frühzeit bei Microsoft hatte er mit dieser Methode fabelhafte Resultate erzielt. Aber irgendwann war sie der wachsenden Firma nicht mehr angemessen. Ein formelleres und professionelleres Marketing wurde benötigt.

»Wir mußten eine weitere Stufe in der Verfeinerung unserer Vertriebsmethoden nehmen«, sagt ein leitender Angestellter von Microsoft. »Wir brauchten breitere und aggressivere Verkaufstaktiken von der Art, wie sie eher eine kleine Firma als ein riesiger Konzern wie IBM einsetzt.«

Gates traf die schmerzliche Entscheidung, Raburn sei zwar ein guter Freund, jedoch nicht der richtige Mann, um diese nächste Stufe nehmen zu können. Raburn bestreitet, daß er gefeuert wurde oder man ihm die Kündigung nahegelegt hatte. »Es gab eine Reihe von Krächen. Wäre ich nicht gegangen, hätte Bill mich wahrscheinlich rausgeschmissen«, sagt Raburn. »Ich war da nicht mehr am rechten Platz . . . Ich bin von Microsoft weg, weil es mir keinen Spaß mehr gemacht hat, da zu arbeiten. In dieser Umgebung habe ich dann auch nichts Anständiges mehr geleistet, sondern der Firma eher geschadet.«

Seine Freundschaft mit Gates hat die schwierige Trennung überstanden. So fungierte Gates einige Jahre später als Brautführer bei Raburns Hochzeit.

Übrigens erhielt Raburn, als er Ende 1982 bei Microsoft kündigte, den Posten eines Generalmanagers bei der Lotus Development Corporation. Bei Microsoft hatte sich Raburn bemüht, neue Märkte für das Tabellenkalkulationsprogramm Multiplan, die erste Anwendungssoftware der Firma, zu erschließen. Als er bei Lotus eintrat, war man eben im Begriff, ein eigenes elektronisches Spreadsheet herauszubringen. Es war dann so erfolgreich, daß Lotus Microsoft an dieser Front überflügelte und zur umsatzstärksten Softwarefirma auf dem Markt wurde. Erst nach jahrelangem erbittertem Kampf gelang es Microsoft, neuerlich an die Spitze vorzustoßen.

Lotus präsentierte das Tabellenkalkulationsprogramm 1-2-3 erstmals auf der Herbst-Computermesse Comdex, die im November 1982 in dem höhlenartigen Convention Center in Las Vegas abgehalten wurde. Über 1000 Computerfirmen einschließlich Microsoft zeigten auf dieser Messe über 50 000 interessierten Kunden ihre neuesten Produkte. Microsoft hatte sich von dieser Messe viel versprochen. Aber als Charles Simonyi das 1-2-3 von Lotus auf einem IBM-PC in rasendem Tempo mit Zahlen jonglieren sah, wußte er, daß das viel langsamere Multiplan von Microsoft auf ernste Schwierigkeiten stoßen würde.

Ende 1982 hatten sich die Umsätze von Microsoft auf 34 Millionen Dollar mehr als verdoppelt, und die Zahl ihrer Mitarbeiter hatte die Zweihundertmarke überschritten. Doch Microsoft war nicht die einzige Computerfirma, die damals derart expandierte. Die gesamte Personalcomputerindustrie wuchs in rasantem Tempo.

Im Januar 1983 brach *Time* mit einer 55jährigen Tradition und setzte statt eines »Mannes des Jahres« eine »Maschine des Jahres« aufs Cover: einen Personalcomputer.

In der Titelgeschichte schrieb Otto Friedrich: »Es kommt vor, daß sich als bedeutsamste Kraft in einem Jahr kein einzelnes Individuum erweist, sondern ein Prozeß und die Einsicht, daß dieser Prozeß die Richtung aller anderen verändert. Deshalb ist nach Abwägung aller Ereignisse – der ›Mann des Jahres‹ 1982 für *Time* . . . überhaupt kein Mann. Vielmehr ist es eine Maschine: der Computer.«

Die lange prophezeite Revolution in der Informationsverarbeitung war ausgebrochen, und sie sollte weder Amerika noch die Welt unverändert lassen.

Eine von *Time* in Auftrag gegebene Umfrage ergab, annähernd 80 Prozent der Amerikaner rechneten damit, daß der Personalcomputer in naher Zukunft ebenso selbstverständlich in jedem Haushalt stehen würde wie ein Fernsehgerät. Bis zum Ende des Jahrhunderts sollten einer Schätzung nach auf der Erde nicht weniger als 80 Millionen Personalcomputer in Gebrauch sein. Tatsächlich blieb diese Prophezeiung weit hinter der Wirklichkeit zurück. Schon Ende 1991 wurde allein das Betriebssystem von Microsoft weltweit auf nahezu 80 Millionen IBM-beziehungsweise kompatiblen Computern benutzt.

Der Artikel klagte darüber, daß einstweilen noch kaum gute Software im Einzelhandel erhältlich wäre. Alan Kay, der wissenschaftliche Leiter bei Atari, wurde mit dem Bekenntnis zitiert: »Dieser Software muß man sich allmählich schämen.«

In einer Titelgeschichte für die Novemberausgabe von *Money* im Jahr 1982 hatte Gates etwas ganz Ähnliches geäußert. Bei dieser Gelegenheit war zum ersten Mal sein Bild auf dem Cover einer im ganzen Lande verbreiteten Zeitschrift erschienen, das ihm übrigens gar nicht gefiel, da es ihn, wie er gegenüber Miriam Lubow klagte, viel zu jung machte. Tatsächlich sah der siebenundzwanzigjährige Firmenchef noch aus wie ein Neunzehnjähriger.

»Die Technologie ist außer Kontrolle geraten«, hörte *Money* von Gates. »Software wird tonnenweise angeboten. Eine Menge davon ist miserabel. Ich habe Programme gekauft, die nicht funktionieren, und bei manchen komme ich gar nicht erst über das Handbuch hinaus.« Aber Gates sagte, daß sich das in Zukunft bessern würde. »Binnen der nächsten zwei Jahre werden wir Software herausbringen, die in jeder Hinsicht den Bedürfnissen der Verbraucher gerecht wird. Heute ist noch eine Menge Software entweder schlecht oder schwer zu verwenden. Aber diese Barrieren werden verschwinden.«

Das Multiplan-Tabellenkalkulationsprogramm von Microsoft wurde zweifellos den Bedürfnissen von Leuten gerecht, die ein besseres Spreadsheet wollten, um sich die Buchhaltung zu erleichtern. Noch Ende 1982 hatte *InfoWorld* Multiplan als »Software des Jahres« bezeichnet. Zu allem Unglück war Lotus 1-2-3 aber noch besser. Schon wenige Monate nach Jahresbeginn hatte es im Einzelhandel – auf den es letztlich ankam – sowohl Multiplan als auch VisiCalc in der Gunst des Publikums verdrängt.

»Als Lotus mit dem 1-2-3 herauskam, war Bill mächtig wütend«, erinnert sich Jonathan Prusky, ein Softwareentwickler, der 1983 bei Microsoft anfing. »Bill wußte, daß mit Anwendungen das meiste Geld zu verdienen war.«

Gates hatte Respekt vor den Leistungen des Gründers von Lotus, Mitch Kapor, der 1-2-3 herausgebracht hatte. Der zweiunddreißigjährige Kapor, ein ehemaliger Diskjockey mit einer Vorliebe für psychodelischen Rock und transzendentale Meditation, hatte Lotus 1982 mit mehreren Millionen Fremdkapital sowie mit eigenen Ersparnissen in Höhe von zwei Millionen gegründet. Sein Vermögen hatte er mit zwei Finanzsoftwarepaketen gemacht, die er für die damals noch als Personal Software firmierende VisiCorp schrieb und deren Rechte er später verkaufte.

Kapors Strategie bei der Entwicklung seines Spreadsheets war derjenigen, die Gates bei der Entwicklung von Multiplan anwandte, genau entgegengesetzt. Lotus 1-2-3 war nur auf einer einzigen Maschine zu verwenden, dem IBM-PC. Das Programm schöpfte die erweiterte Kapazität der neueren Modelle dieses PC aus, die ja 256 KB speicherten. Multiplan dagegen setzte auf Wunsch von IBM die beschränkte Fähigkeit von nur 64 KB voraus, mit der die erste Fassung des IBM-PC ausgestattet war, zu deren Zeit Multiplan entworfen wurde. Es war also kein Wunder, daß die Leistungen von 1-2-3 die von Multiplan übertrafen. Und so hatte den Standard für Tabellenkalkulationsprogramme Lotus gesetzt, nicht Microsoft.

Was die Vermarktung von Multiplan erleichterte, war die Tatsache, daß das Programm auf allen Computern laufen konnte. Während seiner Entwicklung hatte Gates Abmachungen mit Dutzenden von Computerherstellern getroffen. Obwohl Microsoft die Rechte an dem Betriebssystem des IBM-PC hatte, war doch einstweilen nicht einmal Gates klar, daß dieser PC einmal das einzige bedeutende Modell auf dem Markt sein würde. Kapor andererseits war überzeugt, wenn er nur für den IBM-PC Programme entwürfe, wäre der Markt für seine Software schon groß genug. Und der Erfolg gab ihm recht. Multiplan war in vieler Hinsicht besser als 1-2-3, aber langsam. Lotus 1-2-3 lief zehnmal schneller als jedes andere Tabellenkalkulationsprogramm, das am Markt vorlag.

»Das war eine große, große Schlappe«, sagt einer, der es wissen muß, aber nicht genannt werden will. »Da entgleiste nicht nur Multiplan. Da entgleisten auch Bills weitere Pläne (hinsichtlich der Multi-Tool-Produkte, die im Anschluß an Multiplan entwickelt werden sollten). Sie sollten alle nach dem Muster von Multiplan gebaut werden, und nun schienen Anwendungen dieser Art plötzlich überholt zu sein. Lotus hat Microsoft unbestreitbar aus den Gleisen geworfen und vom Weg abgelenkt.«

Aber niemand, nicht einmal Lotus, wußte 1982 (als 1-2-3 entwickelt wurde) schon, daß der IBM-PC Standard werden würde. Jeff Raikes, der Multiplan-Marketingmanager, meint, daß Kapor nur zufällig den richtigen Riecher hatte. »Ich glaube nicht mal, daß sie die Schlüsselelemente ihres Erfolgs überhaupt selbst verstanden haben.«

Dennoch erfreute sich Multiplan für kurze Zeit Anfang 1983 eines Vorteils gegenüber 1-2-3. Microsoft brachte DOS 2.0 – ein erweitertes Betriebssystem für den IBM-PC/X – heraus, auf das 1-2-3 nicht gefaßt war.

Ein Programmierer von Microsoft verbürgt sich sogar dafür, daß bei der Überarbeitung von DOS besonderes Augenmerk darauf gelegt worden sei, Lotus die Tour zu vermasseln. »DOS isn't done until Lotus won't run«, habe man damals bei Microsoft gesagt, sinngemäß, daß man mit der Revision des Betriebssystems erst fertig sein würde, wenn man damit Lotus aus dem Verkehr gezogen hätte. Die Programmierer versteckten ein paar Bugs in DOS 2.0, die jedesmal, wenn 1-2-3 geladen wurde, den Zusammenbruch des Programms verursachten. »Nur drei oder vier Leute wußten davon«, sagt er. Es wird den Leser nicht überraschen zu erfahren, daß einer von ihnen Bill Gates hieß.

Mit der Zeit leistete dann Lotus 1-2-3 dem IBM-PC den gleichen Dienst, den VisiCalc dem Apple II geleistet hatte. Früher hatten sich viele Verbraucher für Apple entschieden, weil sie ein gutes Tabellenkalkulationsprogramm wollten, und ursprünglich lief VisiCalc nur auf dem Apple II. Als Lotus 1-2-3 herausbrachte, kauften Verbraucher, die sich sonst vielleicht für einen anderen Computer entschieden hätten, den IBM-PC, um das Lotus-Spreadsheet zu kriegen.

Die Durchsetzung des IBM-PC als Standard wurde von den Klonen (identische Kopien) des Geräts unterstützt, die 1983 den Markt zu überschwemmen begannen. IBM hatte natürlich nicht beabsichtigt, ein Gerät zu bauen, das leicht zu kopieren sein würde. Aber genau das hatte man getan, als der PC zu über 80 Prozent aus von anderen Herstellern bezogenen Fertigteilen gebaut wurde. Bei IBM entschied man sich für diese »offene Architektur«, weil in der Zeit, die den Technikern, die mit dem Projekt befaßt waren, als Frist gesetzt worden war, ein von Grund auf neues Gerät nicht zu entwickeln gewesen wäre. Und weil wohl der Vorstand der »Big Blue« es nicht für möglich hielt, daß ein Spielzeug wie ein PC so bedeutend werden könnte, daß es Investitionen in ein eigenes System rechtfertigen würde.

Die in Houston in Texas niedergelassene Compaq Computer Corporation brachte im Januar 1983 als erste einen IBM-PC-kompatiblen Rechner heraus. Die Firma machte in ihrem ersten Jahr einen Umsatz von über 100 Millionen Dollar. Drei Jahre nach ihrer Gründung rückte die Firma in die von der Zeitschrift *Fortune* alljährlich veröffentlichte Liste der 500 erfolgreichsten amerikanischen Firmen auf, womit sie den zuvor von der Apple Computer, die den Aufstieg in fünf Jahren geschafft hatte, gehaltenen Rekord brach.

Die Klone schadeten IBM, sie nutzten aber Microsoft. »IBM-Kompatibilität« nötigte die Hersteller, Microsoft um eine Lizenz für DOS anzugehen.

Zudem konnte jede für den IBM-PC entwickelte Anwendung auch auf diese billigeren Nachahmungen geladen werden. Ende 1983 hatte Microsoft allein aus dem Verkauf von MS-DOS über 16 Millionen Dollar eingenommen.

»Mit dem Compaq Computer kam die wahre Macht der IBM-Kompatibilität zum Vorschein«, sagt Raikes, der das Marketing von Multiplan für Microsoft managte. »Bisher hatte jeder, der Computer baute, gesagt: ›Wir sind anders als die anderen.‹ Compaq kam und sagte: ›Wir sind nicht anders. Wir können jede für einen IBM-kompatiblen-Computer geschriebene Software laufen lassen.‹ Das war der Anfang der PC-Kompatibilität.«

Damit begann man auch bei Microsoft, wo die Programmierer bisher viel Mühe darauf verwandt hatten, Software für nichtkompatible Maschinen umzuschreiben, die Strategie zu wechseln. »Es zeigte sich, daß wir eine Menge Arbeit umsonst gemacht hatten, als der IBM-PC sich als Standard durchsetzte und die kompatiblen Klone herauskamen«, sagt Bily, ein Softwareentwickler, der nach Abschluß seines Studiums am MIT 1982 bei Microsoft anfing.

Bily arbeitete dort zunächst mit Paul Allen an der Entwicklung einer BASIC-Version, die in wenigen Stunden für jeden beliebigen Computer verwendbar gemacht werden könnte. Man war bei Microsoft der Meinung, daß dieses Projekt enorme Gewinne verspräche, für die weitere Investitionen kaum noch erforderlich sein würden. Das Projekt war bis zum Beta-Test gediehen, als es plötzlich fallengelassen wurde. Ebenso wurden im Zuge des Wandels der Strategie mehrere andere Projekte, die die bisher übliche Inkompatibilität der Hardware verschiedener Hersteller zur Voraussetzung hatten, ad acta gelegt.

»Da hängt man sein Herz an ein Projekt, und plötzlich ist alles anders«, sagt Bily. »Das Softwareschreiben war für uns kein Job, sondern eine Leidenschaft ... eine Menge Potential ging verloren, weil sich die Industrie veränderte und niemand es für nötig hielt, die Techniker darüber zu informieren.«

Es ist nicht überraschend, daß die Softwareentwickler bei Microsoft nicht bemerkten, was in der Industrie vorging. Sie saßen gewöhnlich, wie Mönche im Kloster, isoliert in ihren Büros und verließen sie immer erst spät abends, um ins Bett zu fallen oder bestenfalls noch vor dem Schlafengehen in der Mustard Seed Tavern in Bellevue ein Bier zu trinken. Manchmal übernachteten sie auch im Büro. Bily beschreibt die Arbeitsatmosphäre bei Microsoft in den Jahren 1982/83, in denen er mit Allen an dem BASIC-Projekt arbeitete: »Es gab nur Jungs . . . ich fing mit einundzwanzig an, und ungefähr ein Jahr später war ich einer von den ältesten in der Gruppe. Jeder war irgendwo anders hergekommen und kannte hier niemanden . . . So vergrub man sich in seine Arbeit und schaffte eine Menge.«

Jeden Donnerstagabend ginge viele dieser jungen Programmierer zusammen auf ein Bier in eine Kneipe, flipperten ein Weilchen und unterhielten sich über Science-fiction, bevor sie nach Hause oder an die Arbeit zurückgingen. Paul Allen ging manchmal mit ihnen, Gates nahm sich nie die Zeit dafür.

Gates war mit der Leitung seiner Firma so beschäftigt, daß er nicht einmal für seinen Jugendfreund Carl Edmark mehr Zeit hatte. Anfang 1983 wurde ihre Freundschaft unerklärlicherweise durch einen scheinbar belanglosen Zwischenfall zerstört. Die beiden hatten sich fürs Kino verabredet. Edmark sollte Gates abholen und kam zu spät. »Von da an war unsere Beziehung voller Spannungen«, berichtet Edmark. »Ich habe das nie so ganz verstanden. Wir wuchsen schließlich vollkommen auseinander. Nach diesem Abend hatte er einfach keine Zeit für Freundschaft mehr.« Edmark glaubt, daß Gates ihn fallenließ, weil er seinen Terminplan an jenem Abend durcheinandergebracht hatte. Das Zeitbudget des Chefs von Microsoft war zu eng geworden, als daß er es sich noch hätte leisten können, ein wenig davon zu verschwenden.

Das BASIC-Projekt, an dem er zusammen mit Raymond Bily arbeitete, sollte das letzte sein, das Paul Allen bei Microsoft leitete. Ende 1982 hatte Allen entdeckt, daß er schwer krank war. Während einer

Geschäftsreise nach Paris mit James Towne, Scott Oki und einigen anderen Microsoft-Leuten mußte er eine Sitzung verlassen und sich ins Bett legen, weil er plötzlich Fieber bekam. Und dann sagte er, es würde ihn nicht wundern, wenn es etwas Ernsteres wäre als eine Grippe. Als sich sein Zustand nach einigen Tagen nicht gebessert hatte, konsultierte er einen französischen Arzt. Doch war ihm unbehaglich zumute, so fern der Heimat und in einem Lande, dessen Sprache er nicht verstand. Deshalb setzte er sich trotz seines hohen Fiebers in Orly in eine Concorde und flog – die anderen blieben noch in Paris – nach Seattle zurück. Die Diagnose ließ eine Zeitlang auf sich warten. Aber nach umfangreichen Laboruntersuchungen kamen die Ärzte zu dem Schluß, Allen leide an der Hodgkinschen Krankheit, einer krebsartigen Erkrankung der Lymphknoten. Um sein Leben zu retten, sagten sie, müsse er sich sofort einer Behandlung unterziehen, einer Kombination von Strahlen- und Chemotherapie.

Kollegen sagen, daß die Beziehung zwischen Gates und Allen schon angespannt war, bevor die Erkrankung ausbrach, und das mag Allen den Entschluß, die Firma zu verlassen, erleichtert haben. Nach so vielen Jahren gemeinsamer Arbeit gab es zweifellos Reibungspunkte zwischen den beiden. Kollegen weisen darauf hin, daß die Zusammenarbeit mit einem Mann von Gates' Temperament selbst über kürzere Fristen schon schwierig genug sei.

»Es ist fast unvermeidlich, wenn Leute so eng zusammenarbeiten«, sagt David Bunnell, der die technischen Texte für die MITS schrieb und Gates und Allen in Albuquerque kennenlernte. »Das ist wie eine Ehe.« Als Verleger eines überregionalen Computermagazins hielt Bunnell, auch nachdem Microsoft nach Bellevue gezogen war, Kontakt zu den beiden Firmengründern.

»Es sind sehr unterschiedliche Persönlichkeiten«, sagt er. »Paul war gelassener. Und ich habe immer gedacht, daß Paul viel mehr daran lag, die Früchte seines Erfolgs zu genießen, als Bill. Bill trieb immer weiter und weiter. Ich glaube, Paul wollte eigentlich nie so hart arbeiten. Ich weiß, er hatte 'ne Rock-'n'-Roll-Band. Er interessierte sich viel mehr dafür, einfach das Leben zu genießen.«

Ein Manager von Microsoft sagt, ihm wurde Mitte 1982 klar, daß es zwischen Allen und Gates Spannungen gab. »Sie kamen nicht miteinander aus . . . Es kam zu einer Art Konfrontation. Das passierte, bevor ich in die Firma kam. Paul wollte schließlich viel lieber Science-fiction-Romane lesen, Gitarre spielen oder Musik hören als in der Firma herumsitzen.« Allen nahm sich gelegentlich frei, was Gates nie getan hatte und was gegen das strenge Arbeitsethos der Firma verstieß, zumal in einer Zeit, da alle anderen Mitarbeiter vierzehn Stunden am Tag arbeiteten.

Statt sich über ihre Meinungsverschiedenheiten auszusprechen, kommunizierten Gates und Allen hauptsächlich via E-Mail. Die Angestellten sahen Allen fast nie in Gates' Büro, während Steve Ballmer oft dort anzutreffen war.

Als man ihn fragte, was von dem Gerücht zu halten sei, daß es zwischen ihm und Gates nicht mehr viel Verbindendes gäbe, erwiderte Allen: »Das ist Quatsch.« Tatsache ist, daß er während seiner Bestrahlungs- und Chemotherapie weiterarbeitete, aber dieser Behandlung wegen seinem Arbeitsplatz gelegentlich fernbleiben mußte. Freunden in der Firma gegenüber machte er Witze über den durch die Chemotherapie verursachten Haarausfall, aber manche Mitarbeiter von Microsoft wußten nicht einmal von seiner Erkrankung. Allen war zwar ein gewinnender Plauderer, aber ein zurückhaltender Mann, der seine Gefühle nicht gern zur Schau stellte.

Über sein Verhältnis zu Gates in dieser Zeit sagt Allen heute: »Natürlich gab es gelegentlich Meinungsverschiedenheiten zwischen Bill und mir. Natürlich war er eigenwillig. Wir waren nicht immer der gleichen Ansicht. Aber was am Ende dabei herauskam, war immer produktiv.«

Allen gibt zu, daß die Krankheit seine Lebensauffassung verändert hat und daß er sich deshalb entschloß, aus der Firma auszuscheiden. »Ich mußte mich einfach für eine Zeitlang aus der Arbeit zurückziehen . . . Man muß das richtige Verhältnis zwischen Arbeit und anderen Dingen des Lebens finden.« Das zu versuchen aber wäre Gates nie eingefallen. Für ihn war die Arbeit das ganze Leben.

Zu Beginn des Jahres 1983 schied Allen nach achtjähriger harter Aufbauarbeit aus der Firma aus, die er mitbegründet hatte, um sich gegen seine Krankheit behandeln zu lassen und sich eines Lebens zu erfreuen, dessen Kostbarkeit er nun besser zu schätzen wußte als jemals zuvor. Indessen blieb er der Firma auch nach seinem Abschied verbunden, insofern er zwar das Amt des Vizepräsidenten der Gesellschaft abgab, aber im Vorstand verblieb. Nach dem Abschied von Microsoft unternahm Allen Europareisen und widmete sich seiner Familie und seinen Freunden. Die Behandlung schlug an (bis auf den heutigen Tag hat die Krankheit keine weiteren Fortschritte gemacht). Dennoch stand ihm noch im selben Jahr ein anderer Schicksalsschlag bevor. Im November starb sein Vater nach einer im Grunde harmlosen Operation am Knie. Fünf Tage nach der Operation brach er plötzlich in seinem Haus in Seattle zusammen und starb mit nur 62 Jahren. Allen hatte seinem Vater sehr nahegestanden, sein Tod traf ihn sehr.

Sechs Monate nachdem Lotus das Spreadsheet 1-2-3 herausgebracht hatte, holte Microsoft auf der Frühjahrs-Comdex 1983 in Atlanta zum zweiten Angriff auf den Einzelhandelsmarkt aus. Am Microsoft-Stand wurde ein neues Textverarbeitungsprogramm gezeigt: Microsoft Word. Wie ein stolzer Vater führte es Charles Simonyi auf einem IBM-PC vor.

Microsoft Word war das Produkt etwa einjähriger Entwicklungsarbeiten. Viele der fortgeschrittensten Ideen von einer graphischen Benutzeroberfläche, mit denen Simonyi im Xerox-PARC gespielt hatte, kamen dabei zum Tragen. Besonderes Aufsehen erregte die sogenannte »Maus«, das Abrollgerät, das der Benutzer nur über eine waagerechte Fläche bewegen mußte, um einen Zeiger auf dem Bildschirm in Stellung zu bringen. Die meisten, die Simonyis Demonstrationen auf der diesjährigen Comdex zusahen, hatten von einer solchen »Maus« noch nie gehört. Zudem konnten bis zu acht verschiedene Dokumente gleichzeitig auf den Bildschirm gerufen und dort bearbeitet werden – dank einer Aufteilung des Bildschirms in verschiedene kleinere Bildflächen, sogenannte Windows (Fenster). Das Word-Programm bot überdies verschiedene Schriftarten an und funktionierte auch mit den modernsten Laserdruckern.

Simonyi und sein Team hatten Microsoft Word speziell für den IBM-PC und kompatible Geräte entwickelt. Doch war das Programm auch für andere Computer brauchbar. Für Gates und Simonyi gehörten die graphischen Benutzeroberflächen, die in dem ersten Textverarbeitungsprogramm von Microsoft schon Verwendung fanden, bereits der nächsten Generation von Computersoftware an. Auf der Grundlage dieser Ideen entstand denn auch ein neues Produkt, das die Microsoft noch im gleichen Jahr ankündigen sollte – Windows.

Mit Multiplan hatte Gates das VisiCalc von VisiCorp aus dem Markt verdrängen wollen. Mit Microsoft Word zielte Gates auf MicroPro. Nur wenige Monate zuvor hatte er dem Programmierer Richard Leeds prophezeit, Microsoft würde MicroPro das Geschäft verderben.

Einstweilen stand MicroPro mit dem Programm WordStar, das 50 Prozent des Textverarbeitungsmarktes für sich hatte, noch glänzend da. Seit der Einführung des Programms im Jahre 1979 hielt sich dieser Stern unangefochten im Zenit. 1983 nahm MicroPro 25 Millionen Dollar damit ein. Der Gründer der Firma, Seymour Rubinstein, war mit Gates gut bekannt. Ihr erstes Geschäft hatten sie miteinander gemacht, als Rubinstein 1978 für IMSAI Manufacturing arbeitete, die einen Personalcomputer herstellte, der dem Altair Konkurrenz machte. Rubinstein verhandelte damals mit Gates über FORTRAN von Microsoft sowie über einen sogenannten »overlay editor«, ein Programm, mit dessen Hilfe Sprache in Modulen zerlegt werden konnte, die nach Bedarf speicherbar waren. Ein sehr nützliches Programm bei der sehr beschränkten Speicherkapazität der frühen Mikrocomputer. Gates war an dem Geschäft sehr interessiert gewesen – wie an jedem Geschäft –, obwohl Microsoft bis zu diesem Zeitpunkt noch nie einen »overlay editor« hergestellt hatte. Da er seine Zweifel an Gates' Fähigkeiten hatte, die Software innerhalb der vereinbarten Frist zu liefern, schrieb Rubinstein eine Konventionalstrafe in den Vertrag für den Fall, daß Microsoft den Termin nicht einhielt. Das geschah dann zwar – »Bill hat nie geliefert«, sagt Rubinstein –, aber IMSAI machte pleite und war damit außerstande, die Konventionalstrafe von Microsoft einzutreiben.

Nach der Veröffentlichung von WordStar durch seine neue Firma traf Rubinstein Gates gelegentlich auf Fachmessen oder in Europa. Damals war Gates mit dem Aufbau der Internationalen Abteilung seiner Firma und mit der Verbreitung von MS-DOS beschäftigt. Rubinstein hat keine allzu große Ehrfurcht vor ihm. Im Grunde fand er, konnte sein Konkurrent von Glück sagen, das Betriebssystem für den IBM-PC an Land gezogen zu haben.

»Er war in der Lage, eine Reihe von guten Chancen und glücklichen Zufällen für sich auszubeuten«, sagt Rubinstein. »Er war fähig, eine Menge Fehler zu machen und sich davon zu erholen. Er hatte kein Betriebssystem, als er anfing, aber weil Gary Kildall Scheiße gebaut hat, ist ihm der Auftrag von IBM zugefallen. Das war reines Glück. Keine Planung, keine kreative Phantasie, kein glänzendes Manöver, nur ein glücklicher Zufall, eine günstige Gelegenheit, die daraus resultierte, daß Digital Research Mist gemacht hatte und Seattle Computer Products über etwas verfügte, was nicht sehr gut war und für IBM modifiziert werden konnte.«

Nichtsdestoweniger hat Rubinstein Gates von Anfang an respektiert. Er wußte, daß es nur eine Frage der Zeit war, bis auch Microsoft ein eigenes Textverarbeitungsprogramm auf den Markt bringen und WordStar Konkurrenz machen würde. »Ich habe mich oft mit Bill unterhalten«, sagt Rubinstein. »Er ist ein sehr ehrgeiziger Typ.«

Beide Firmen tauschten ihre Produkte aus. Microsoft brauchte die von MicroPro hergestellten Hilfsprogramme, und MicroPro brauchte die Sprachen von Microsoft. Nicht lange bevor Microsoft im Jahre 1983 Word auf den Markt brachte, traf Gates eine geschäftliche Verabredung mit Rubinstein, deren dieser sich nicht zuletzt deshalb lebhaft erinnert, weil das Gespräch an einem ziemlich ungewöhnlichen Ort stattfand. Gates hatte für die Zeit der Verabredung nämlich eine Vorladung vor das Verkehrsgericht, und da ihm bei Nichterscheinen die Inhaftierung drohte, bat er Rubinstein, ihn dorthin zu begleiten.

Gates hatte sich damals binnen kurzem eine Menge Anzeigen wegen Überschreitung der zulässigen Höchstgeschwindigkeit zugezogen, seit er jüngst den grünen Porsche 911 gegen einen viel schnelleren Porsche 930 eingetauscht hatte. Bei einigen der Anzeigen konnten ihn seine guten Anwälte zwar vor einer Verurteilung bewahren, doch war er trotzdem inzwischen so hinreichend als Verkehrssünder ausgewiesen, daß ihm der Führerscheinentzug drohte.

Auf dem Weg zum Gericht erklärte Gates seinem Geschäftsfreund und Konkurrenten, daß er einen Radardetektor in seinem Wagen habe. Er war überzeugt, daß der Polizist ihn nur deshalb wegen Überschreitung der Höchstgeschwindigkeit angezeigt habe, weil er dieses Gerät bemerkt hätte. Gates beabsichtigte, sich auf das Recht eines jeden Bürgers zu berufen, einen Radardetektor in seinem Wagen installieren zu lassen.

»Ich habe zu Bill gesagt: ›Es mag Ihr gutes Recht sein, einen Radardetektor in Ihrem Porsche zu haben. Aber passen wird denen das trotzdem nicht, weil sie denken werden, daß Sie sich das Ding nur haben einbauen lassen, damit Sie dem Gesetz ein Schnippchen schlagen können. Deshalb wäre es für Sie das Beste, wenn Sie denen erzählen, daß Sie den Radardetektor wegschmeißen wollen, daß Ihnen echt leid tut, was Sie gemacht haben, und daß Sie nie wieder schneller als erlaubt fahren werden. Denn sonst schleifen die Ihnen die Eier.‹«

Gates folgte vor Gericht Rubinsteins Rat und kam so mit einer Geldstrafe davon.

Nicht lange nach diesem Gerichtstermin kaufte sich Gates, weil er fürchtete, am Steuer des Porsche seinen guten Vorsätzen nicht treu bleiben zu können, eine träge Mercedes-Diesel-Limousine. Er sagte, der neue Wagen stelle seine Disziplin auf die Probe, weil er so langsam sei. Auch habe er da kein Radio, das seine Gedanken ablenken könnte. Tatsächlich natürlich brauchte der Mercedes nur wenig länger als der Porsche, um hohe Geschwindigkeiten zu erreichen. Gates war denn auch mit ihm imstande, die zulässige Höchstgeschwindigkeit zu überschreiten und noch mehrmals angezeigt zu werden. Dennoch wurde ihm nie der Führerschein entzogen.

Der braune Mercedes sorgte beim zehnjährigen Abiturtreffen von Gates' Klasse in Lakeside für Gesprächsstoff, weil er anscheinend vergessen hatte, Öl nachzufüllen, und damit den Motor zugrunde gerichtet hatte.

Zwar war der Mercedes bald repariert, doch wenn er nachts einmal richtig ernsthaft über irgend etwas nachdenken wollte, setzte sich Gates auch in Zukunft lieber ans Steuer seines Porsche. John Prusky, der 1983 bei Microsoft angestellt wurde und an Word mitarbeitete, erinnert sich, Bill habe ihm damals einmal erzählt, daß er oft spät nachts auf den Expreßspuren der Interstate 5 hinausführe. Am Anfang hielte er sich streng an die Geschwindigkeitsbegrenzung. Wenn keine Polizei zu sehen war, donnere er dann in einem Tempo von über 200 Stundenkilometern nach Seattle zurück.

Zweifellos wünschte sich Gates für Microsoft Word genau so ein Tempo. Das Textverarbeitungsprogramm war in der Beta-Erprobung, als klarwurde, daß es viel zu langsam lief. Richard Brodie, der das Programm zusammen mit Simonyi codiert hatte, arbeitete wochenlang an der Beschleunigung, aber was er dabei erreichte, war Gates nicht genug. Am folgenden Wochenende gelang es dann, wie Prusky erinnerlich ist, die Geschwindigkeit zu verdoppeln oder sogar zu verdreifachen. Sonderlich schnell war es damit leider immer noch nicht.

»Mit dem Entwurf des Produkts hatte Bill eigentlich gar nichts zu tun, obwohl man hin und wieder das Gegenteil liest«, sagt Brodie. »Zunächst mal habe ich den ganzen Code ziemlich alleine geschrieben. Bill kriegte ihn erst zu sehen, als er fast fertig war, und hat ihn dann ausprobiert, wie er das immer macht. Ich kriegte danach E-Mail von ihm, in der er siebzehn Punkte bemängelte, die ihm nicht gefielen. Also nahm ich die elektronische Post, und weil ich es nicht besser wußte, machte ich mich daran, seine Punkte zu berücksichtigen. Als ich ihm dann das nächste Mal begegnete, war er echt überrascht. Offensichtlich war das das erste Mal, daß jemand so auf ein Stück E-Post von ihm reagiert hat.

Als Word einige Monate nach der Comdex-Ausstellung in Atlanta auf den Markt kam, wurde die neue Software mit einer 3,5-Millionen-Dollar-Werbekampagne eingeführt, zu der auch Musterdisketten als Beilage zu einer Zeitschrift herausgebracht wurden. Microsoft plante, 450 000 Exemplare dieser Musterdisketten zu verteilen. Zu diesem Zweck schloß die Firma für 350 000 Dollar eine Vereinbarung mit dem Verleger David Bunnell, der es übernahm, 100 000 Gratisdisketten einer Sonderausgabe von *PC World* für die Abonnenten beizulegen. Den im freien Verkauf angebotenen Exemplaren der Zeitschrift lag Abonnementswerbung bei, die jedem, der *PC World* für vierzehn Wochen abonnierte, eine Gratis-Musterdiskette von MS Word versprach. Auf diese Weise wurden die restlichen Disketten unter die Leute gebracht.

Organisiert hatte die Werbekampagne für Word Rowland Hanson, das neueste Mitglied des Microsoft-Managementteams. Bevor er Anfang 1983 zu Microsoft kam, war Hanson als Vizepräsident im Marketing der

Neutrogena Corporation tätig, die unter anderem Seife herstellte. Zuvor war er Marketingmanager bei General Mills. Warum sollte man für Software nicht genauso werben wie für Seife – mit Gratismustern? Hanson hatte von Computern keine Ahnung, aber von Seife und Marketing verstand er einiges.

Daß Gates seinen Posten mit einem in der Computerindustrie nicht speziell erfahrenen Werbefachmann besetzte, zeigt, daß für den Chef von Microsoft das Marketing inzwischen zu einer der wichtigsten Aufgaben seines Unternehmens geworden war. Microsoft, eingeführt als Spezialist für Sprachen und Betriebssysteme, war im Begriff, sich mit Anwendungsprogrammen an einen neuen Kundenkreis zu wenden. Und da wurde offenbar, daß es nicht genügte, gute Software zu entwickeln, sondern es galt, die Kunden auch für die neuen Waren zu interessieren, die man anbot.

»Wenn man's recht bedenkt«, sagt Hanson, »wer versteht mehr von Markenartikeln als die Kosmetikindustrie? Sehen Sie sich doch mal den magischen Glanz von Markennamen wie Linique an. Diese Firmen leben von ihren Markennamen. Wenn ihre Marke nicht stark genug ist, gehen sie baden, denn Kosmetika sind ja nichts Reales. Seife ist Seife.«

Bei Microsoft war Hanson für Öffentlichkeitsarbeit zuständig, also für Public Relations, Werbung, Marketing, Merchandising und Vertrieb.

Word sollte ursprünglich unter der Bezeichnung »Multi-Tool-Word« herausgebracht werden, als Fortsetzung der mit Multiplan begonnenen Serie von Multi-Tool-Anwendungsprogrammen. Hanson empfahl eine andere Produktbezeichnung. Es war ihm wichtig, ein Produkt durch einen Markennamen zu identifizieren. Wie der Name Neutrogena müsse der Name Microsoft mit jedem Erzeugnis der Firma verbunden sein.

Später erläuterte Hanson sein Konzept wie folgt: »Wenn man sich die alten Artikel in der Fachpresse ansieht, findet man, daß da von Multiplan die Rede ist, ohne daß dazu jedesmal auch Microsoft genannt wäre. Der Name Multiplan stand für sich und nahm allmählich seine eigene Bedeutung an, unabhängig von Microsoft, genauso wie WordStar. Leute, die ein Textverarbeitungsprogramm wollten, kannten WordStar, hätten einem aber nicht sagen können, daß das Programm von MicroPro kam.«

»Die Marke ist der Held«, sagt Hanson. »Die Leute verbinden gewisse Vorstellungen mit der Marke, und das wird viel wichtiger als irgendein bestimmtes Produkt. Schon vor Jahren hat die Verbrauchsgüterindustrie begriffen, daß Produkte kommen und gehen. Da bringt man ein Produkt heraus, es macht seinen Weg und verschwindet wieder. Wenn man aber einen Markennamen mit einer Aura umgeben und einer Marke ihren Eigenwert geben kann, wird es viel leichter, ein neues Produkt herauszubringen. Also entschieden wir uns, Microsoft in den Mittelpunkt zu stellen.«

Gates leuchteten Hansons Argumente sofort ein. Multi-Tool-Namen verschwanden also in der Versenkung. Dafür gab es zukünftig Microsoft Word, Microsoft Plan, Microsoft Chart und Microsoft File.

Die Strategie zeigte die erhoffte Wirkung. Word wurde als Microsoft-Produkt bekannt. Unglücklicherweise war die erste Version von Word für den PC ziemlich mittelmäßig, und die Kritiken waren dementsprechend gemischt. Word wurde besonders insofern kritisiert, als man es zu technisch und zu schwer erlernbar fand. Der Absatz reichte zwar, Word auf die Liste der 100 bestverkauften Softwareprodukte zu bringen, blieb aber hinter den Erwartungen zurück.

Simonyi ist der Meinung, Microsoft Word wäre seiner Zeit viel zu weit voraus gewesen. Dabei denkt er zum Beispiel an die Maus und andere Innovationen, mit denen Benutzer damals noch wenig anfangen konnten. Simonyi wirft sich auch vor, bei Word auf der Verwendung von Fachausdrücken aus dem Verlagswesen bestanden zu haben, was die Durchsetzung des Programms auf dem Markt zusätzlich erschwert haben mag, wie er später erkannte. »Es ist keine Frage, daß die erste Version von Word und die erste Version von Multiplan nicht so unglaublich erfolgreich waren wie andere vergleichbare Programme«, sagt Simonyi. »Taktisch waren sie eine Enttäuschung, aber ich glaube, zugleich phantastische strategische Erfolge.«

Microsoft hat Word schließlich allen Ansprüchen gerecht gemacht, aber dazu waren mehrere tiefgreifende Überarbeitungen des Programms erforderlich. Ähnlich war der Werdegang der meisten Anwendungsprogramme für den IBM-PC und kompatible Computer. Vern Raburn, der ehemalige Präsident der Verbraucherproduktabteilung von Microsoft, hat sich in diesem Sinne in einem Beitrag für die Zeitschrift *Fortune* geäußert: »Mit wenigen Ausnahmen haben die ersten Versionen der Produkte nie viel getaugt. Aber bei Microsoft gab man nie auf, und deshalb haben sie die Sachen schließlich doch hingekriegt. Bill macht am Anfang immer zu viele Kompromisse, nur um überhaupt ins Geschäft zu kommen.«

In gewissem Sinn entsprach das alles dem Generalplan des Strategen Gates, denn wie General George S. Patton gerne sagte: »Ein guter Plan, den man sofort mit aller Gewalt ausführen kann, ist immer besser als ein perfekter Plan für die nächste Woche.«

Als Gates Roland Hanson einstellte und damit eine Schlüsselposition mit einem branchenfremden Spezialisten besetzte, ging er ein gewisses Risiko ein. Ähnlich riskant war es, James Towne zum Präsidenten zu machen, und in diesem Fall wurden seine Hoffnungen enttäuscht.

In einem Interview, das er im Mai 1983 der Zeitschrift *Business Week* gab, bestritt Towne Gerüchte, die wissen wollten, daß es zwischen ihm und Gates ernsthafte Spannungen gab. »Wir befinden uns in einem Wandlungsprozeß. Ein ehemals zentralistisch organisiertes Unternehmen hat sich dahingehend verändert, daß mehr Verantwortung delegiert wird.« Doch nicht lange nach diesem Interview war Towne weg. Der erste Präsident von Microsoft konnte sich nur elf Monate auf seinem Posten halten. Gates pflegte später zu sagen, Towne wäre »sort of random«, also irgendwie unberechenbar gewesen. Towne hat sich zu den Gründen seines Ausscheidens nicht äußern wollen. Gates seinerseits hat dazu auch nur wenig gesagt. Aber aus den Äußerungen anderer Manager der Firma gewinnt man den Eindruck, daß Gates und sein erster Präsident einander mit der Zeit zutiefst unsympathisch wurden. Ihre Trennung war offenbar sehr viel weniger freundschaftlich, als aus Verlautbarungen hervorgeht.

Das Verhältnis krankte daran, daß sich Towne bei Gates keinen Respekt verschaffen konnte. Ihm fehlten die technischen Kenntnisse, sich mit Gates über Bytes und Bits zu unterhalten, und Gates nahm nur Gesprächspartner ernst, die die seltsam esoterische Sprache der Computer beherrschten.

»Ich kam ungefähr zur gleichen Zeit an Bord wie Towne«, sagt Raymond Bily. »Jim stammte aus dem Milieu einer großen Firma, Tektronix, und hatte die Aufgabe, Microsoft durch eine schwierige Wachstumsphase zu führen. Er war der Meinung, Managementposten sollten mit ausgebildeten Managern besetzt werden. Bill dagegen war ebenso entschieden der Meinung, daß Techniker nur von Technikern geführt werden könnten. Es ging letztlich um die Frage, ob Techniker oder Manager in der Firma den Ton angeben sollten.

Andere sagen, daß Towne herkömmliche Managementpraktiken nur bei der Geschäftsführung anwenden wollte, nicht in dem kreativen Softwareentwicklungsbereich, der Gates speziell unterstand. »Der Teil der Firma, für den kreative Organisation erforderlich war, war die Softwareentwicklung«, sagt ein Manager. »Die Programmierer waren immer schwierig zu lenken. Das war immer Bills Sache. Er konnte diese Jungen motivieren. Aber die andere Seite der Firma, die Finanzorganisation, erforderte wirklich nicht sonderlich viel Kreativität.«

Es gab jedoch auch tiefer liegende Probleme. Towne erhielt keinen Zugang zum inneren Kreis der Macht, der zu dieser Zeit aus Gates und Steve Ballmer bestand. Obwohl Ballmer offiziell Towne unterstellt war, traf Gates mit ihm zusammen oft Entscheidungen, von denen Towne nachträglich unterrichtet wurde. Manchmal erfuhr er erst Wochen später, daß Gates und Ballmer eines Nachts um drei dies oder jenes beschlossen hatte. Ein Teil der Probleme zwischen Gates und Towne resultierte aus ihren unterschiedlichen Lebensgewohnheiten.

Towne war 40 Jahre alt, und da er eine Frau und zwei Kinder hatte, wollte er verständlicherweise einen Teil seiner Zeit mit seiner Familie verbringen. Gates hatte keine derartigen Wünsche und Verpflichtungen. Er drehte spät abends immer erst richtig auf, wenn Towne sich schon auf den Heimweg machte.

»Bill sagte immer, daß er sich am wohlsten fühlt, wenn er um zwei Uhr früh im Büro sitzt«, sagt ein Microsoft-Manager, der mit Towne zusammengearbeitet hat. »Towne aber war zu dieser Stunde meistens bei seiner Familie.«

Da er sich meist die Nächte um die Ohren schlug, kam Gates bei wichtigen Verabredungen am Vormittag häufig zu spät, was wiederum Towne ärgerte. Er beklagte sich einmal bei einem Kollegen über Bills Unreife.

Zeitweilig komme er sich wie ein Babysitter vor, sagte er. Einmal bei der Abreise von einer Fachmesse bat Gates Towne, ihm seine Koffer aus dem Hotelzimmer zu holen. Als Towne das Zimmer betrat, lag dort Gates' schmutzige Unterwäsche am Boden, und die Kleidungsstücke waren überall verstreut. Er mußte Unterwäsche, Hemden und Hosen zusammensuchen und in den Koffer packen. »So was dürfte nicht vorkommen«, sagte Towne einem Freund gegenüber.

»Bill hat oft genug zugegeben, daß es Zeit wäre, erwachsen zu werden, aber er wüßte nicht, wie das geht«, sagt ein leitender Angestellter, der Townes Ausscheiden miterlebte. »Ich finde, er brauchte weniger einen Präsidenten als einen großen Bruder.«

Nach einer Weile gingen sich die beiden soweit wie irgend möglich aus dem Wege. Towne fand, Besprechungen mit anderen Angehörigen der Firma liefen viel besser, wenn Gates nicht dabei war. Aber natürlich war die Lage hoffnungslos verfahren. Beide Männer wußten, daß es auf Dauer nicht so weitergehen konnte. Eines Freitagmorgens rief Gates Towne in sein Büro und teilte ihm mit, daß er neun Monate Zeit habe, sich einen neuen Job zu suchen. Schon am folgenden Montag hatte Towne eine neue Stellung. Er wurde später vom Staat Oregon zum »Manager des Jahres« ernannt.

Nach Townes fungierte Gates wieder höchstpersönlich als Präsident. Aber er hatte begriffen, was er mit der Einstellung Townes falsch gemacht hatte. Von Anfang an waren die beiden nicht auf der gleichen Wellenlänge. Jetzt mußte Gates jemanden finden, den er schon kannte, den er mochte und mit dem er gern zusammen war. Darauf kam es ebenso an wie auf Geschäftstüchtigkeit und technischen Sachverstand. In Jon Shirley, einem Vizepräsidenten der Tandy Corporation in Texas, fand Gates schließlich Freund und Fachmann in einer Person.

Anders als manche Direktoren großer Unternehmen vermochte Gates Selbstkritik zu üben und aus seinen Fehlern zu lernen. Er wußte, daß es falsch war, Towne einzustellen. Denselben Fehler würde er nicht ein zweites Mal machen.

»Wenn man sich die Entwicklung von Microsoft ansieht, fällt auf, daß Gates immer im voraus wußte, was er persönlich nicht besonders gut können würde, und daß er sich für solche Aufgaben immer den richtigen

Mann suchte«, sagt Stewart Alsop, ein Kenner der Branche und Herausgeber eines überregionalen Fachblatts. »Das ist so selten. Seit Jahren beobachte ich den Werdegang neugegründeter Firmen. Sie würden es nicht für möglich halten, wie selten das ist. Sehen Sie sich nur an, was mit James Towne passiert ist: Man sagte Gates, er brauche einen Managementspezialisten. Also nahm er Towne. Aber er begriff schnell, daß Towne keine Rücksicht auf Geschichte und Kultur von Microsoft nahm. Er organisierte Microsoft nach klassischem Muster, nicht so, wie es erforderlich gewesen wäre. Bill begriff, daß Towne zwar nicht schlecht war, daß er aber nicht auf den Posten paßte. Also ging Gates hin und stellte Jon Shirley ein. Und das war absolut die richtige Entscheidung. Fehlerquellen finden und beseitigen, das ist es, was bei Bill Gates besser läuft als bei den meisten. Ich habe das schon zigmal beobachtet.«

Shirley traf im August 1983 ein, nach 25 Jahren bei der Tandy Corporation, wo er sich den Ruf eines tüchtigen, zähen und erfolgreichen Organisators erworben hatte. Zuletzt war er Vizepräsident der Computer-Merchandising-Abteilung gewesen. Zuvor hatte er bei der Verkaufsabteilung, in der Abteilung für internationale Unternehmungen und in der Produktion gearbeitet. Shirley war damals 45, fünf Jahre älter noch als Towne, aber er und Gates kannten einander seit Jahren und hatten schon oft geschäftlich miteinander zu tun gehabt. Während des vergangenen Jahres hatten sie eng an dem tragbaren Computer Modell 100 zusammengearbeit. Sie waren einander sympathisch, obwohl Shirley, noch einige Monate bevor er bei Microsoft anfing, über Gates gesagt hatte: »Die Zusammenarbeit mit ihm ist nicht immer ganz leicht.« Gates kannte und schätzte Shirley genug, um ihm die selbständige Leitung einiger Bereiche der Firma zu überlassen. Auf diese Weise weitgehend von der Führung des Alltagsgeschäfts entlastet, konnte er sich wieder mehr auf die Entwicklungsarbeiten konzentrieren. Die Männer waren sehr unterschiedliche Charaktere. Gates war angespannt und energisch wie ein nimmermüder Haifisch. Der wortkarge Pfeifenraucher Shirley dagegen hatte die Ruhe weg und ging die Probleme stets mit kalter Logik an. Geschäftliche Entscheidungen traf er nur nach sachlichen Kriterien.

»Wenn man Jon irgendwas vortrug, blieb die Emotion immer draußen«, sagt einer der ersten Manager, die Shirley einstellte. »Viele Leute fanden das sehr kalt und mochten ihn deshalb nicht. Mir aber hat es immer gefallen.«

Shirley führte einen ruhigeren, reiferen Führungsstil ein. Er wirkte ausgleichend. »Mit Shirley konnte man gut zusammenarbeiten, gut reden«, sagt Raymond Bily. »Er hat das Team mit abgerundet. Er war nicht wie Bill oder Steve Ballmer. Er faßte jeden mit Glacéhandschuhen an. Er half einem, eine falsche Entscheidung zu verschmerzen und die Aufgabe beim nächsten Mal richtig anzupacken.«

Als er zu Microsoft kam, wandte sich Shirley sofort den zahlreichen Schwachstellen in der Organisation und im Management zu. Er strukturierte die Einzelhandelsabteilung um und übertrug Ballmer als Vizepräsidenten die Leitung der Marketingabteilung, wofür er sich schon bei Procter & Gamble hinreichend qualifiziert hatte.

Shirley verpflichtete neue Zulieferer und senkte so die Herstellungskosten um zwanzig Prozent. Wie schon Towne herausgefunden hatte, fehlte es den Marketingleuten bei Microsoft tatsächlich an genauen Vorstellungen von den Absatzmöglichkeiten. Shirley plante auf jeweils 90 Tage, anstatt, wie früher, aufs ganze Jahr. So gelang es ihm, den großen Auftragsüberhang abzubauen. Schließlich änderte Shirley auch das steinzeitliche Computersystem der Buchhaltung.

Nun, da die Firma einen Präsidenten hatte, dem er vertraute, konnte sich Gates einem Unternehmen zuwenden, das sich als das bislang ehrgeizigste und schwierigste von Microsoft erweisen sollte: der Entwicklung eines Softwareprogramms, das die Benutzung des Computers so erleichtern sollte, daß man keine besonderen technischen Vorkenntnisse mehr brauchte: Windows.

Was Gates 1983 nicht voraussehen konnte, war, daß nicht weniger als 30 seiner besten Programmierer zwei Jahre lang rund um die Uhr an der Verwirklichung dieser Vision würden arbeiten müssen. Bis zur Fertigstellung der ersten Version von Windows sollten diese Programmierer 80 Mannjahre lang das Programm entwerfen, schreiben und testen – statt sechs, wie Ballmer veranschlagt und bewilligt hatte. Das Unternehmen stellte Gates' Fähigkeit, komplizierte Entwicklungsvorhaben zu leiten, auf eine schwere Probe – und dementsprechend wurden seine Beziehungen zu den engsten Beratern strapaziert. Mehrere seiner besten Manager gaben auf, weil sie die Zornesausbrüche nicht mehr ertragen konnten, mit denen er und Ballmer jede weitere Verzögerung des Projekts quittierten. Ein Jahr nach Beginn der Arbeiten an dem Projekt wurde die Firma umorganisiert, aber das Ansehen von Microsoft bei der Presse und in der Öffentlichkeit begann trotzdem zu leiden. Etliche Computerkritiker vertraten sogar die Meinung, Gates hätte mit dem Versuch, die graphische Benutzeroberfläche zu entwickeln, einen schweren Fehler begangen. Am Ende behielt er recht. Doch erst zu Beginn des folgenden Jahrzehnts sollten die »Fenster«, von denen Gates 1983 träumte, so weit sein, daß sie hielten, was er sich davon versprach.

Die Technologie, mit der er diese Windows glaubte verwirklichen zu können, wurde in den frühen siebziger Jahren am Palo Alto Research Center (PARC) entwickelt, aus dem auch die Computer Alto und Star hervorgegangen waren.

Im Sommer 1981 hatte Steve Jobs Gates den Prototyp eines neuen Computers gezeigt, an dessen Entwicklung Apple damals arbeitete – den Macintosh –, bei dem erstmals GUI (»Graphic User Interface«, graphische Benutzeroberflächen), wie sie im Xerox-Forschungszentrum entwickelt worden waren, eine wichtige Rolle spielen sollten. Im gleichen Jahr noch startete Microsoft ein eigenes GUI-Projekt unter der Bezeichnung »Interface Manager«. Diesem Programm hatte Gates eine wichtige Aufgabe zugedacht. Die beliebten Anwendungssoftwareprogramme der verschiedenen Hersteller funktionierten im Computer alle ganz verschieden. Benutzer konnten nicht leicht von WordStar zu VisiCalc wechseln, weil sich die Befehle, eine Datei auszudrucken oder einen Text zu bewegen, jeweils unterschieden. Interface Manager sollte zwischen MS-DOS und den Anwendungen vermitteln. Als Dolmetscher sollte es Interface Manager dem Benutzer ermöglichen, die unterschiedlichsten Anwendungsprogramme auf annähernd gleiche Weise zu benutzen. Dazu sollte der Bildschirm in verschiedene Fenster unterteilt werden, in denen man jeweils verschiedene Anwendungen gleichzeitig sah.

Während des ganzen Jahres 1982 arbeitete man bei Microsoft insgeheim an der Entwicklung von Interface Manager. Mitte des Jahres wurde jedoch offenbar, daß inzwischen auch andere Softwarehersteller mit der Entwicklung von GUI-Programmen für den IBM-PC beschäftigt waren. Auf der Comdex im Herbst 1982 kündigte VisiCorp ein neues, als »VisiOn« bezeichnetes Programm an. Wie das neue schnelle Lotus-1-2-3-Tabellenkalkulationsprogramm, das Charles Simonyi auf ebendieser Ausstellung hatte zur Kenntnis nehmen müssen, war auch diese Ankündigung für Microsoft keine gute Nachricht. Denn als sich Simonyi VisiOn ansah, schien es ihm auf genau das gleiche hinauszulaufen, was man bei Microsoft mit Interface Manager beabsichtigte. Wenig später, Anfang 1983, brachte Apple Lisa heraus, den ersten Personalcomputer mit graphischer Benutzeroberfläche und Maus. Das Projekt war schon seit 1979 in der Entwicklung. Jobs hatte die Spitzenkräfte des PARC dafür abgeworben. Lisa erregte erhebliches Aufsehen in Fachkreisen, obwohl das Gerät mit 10 000 Dollar nicht gerade billig war.

Gates, der um jeden Preis verhindern wollte, daß VisiCorp ihm zuvorkam, ließ im Januar 1983 in Interviews durchblicken, Microsoft würde ein neues Produkt liefern, bevor VisiCorp mit VisiOn herauskam. Als er diese Äußerungen machte, war noch nicht einmal der Prototyp von Interface Manager auf einem IBM-PC gelaufen.

Eine graphische Benutzeroberfläche spielte in Gates' Strategie, Lotus im Anwendungsgeschäft zu überholen, eine zentrale Rolle. Einerseits war zu hoffen, daß Microsoft, indem man bereits an Programmen für den noch in geheimer Entwicklung befindlichen Macintosh arbeitete, bei der Entwicklung von Anwendungen für das graphische Umfeld anderen Softwareentwicklern gegenüber einen Vorsprung gewinnen würde. Andererseits konnte man, wenn es gelang, das Interface-Manager-Programm von Microsoft zum Standard für den IBM-PC zu machen, wohl hoffen, Millionen von DOS-Benutzern für die Anwendungsprogramme von Microsoft zu gewinnen. Um einen Interface-Standard zu setzen, mußte Gates andere Softwareproduzenten dazu bewegen, Anwendungsprogramme herauszubringen, die im graphischen Umfeld Microsoft unterstützen würden. Desgleichen mußte er erreichen, daß die großen Personalcomputerhersteller ihre Geräte mit dem Interface Manager von Microsoft anboten.

Mit dem ihm eigenen heiligen Eifer predigte Gates monatelang Computerherstellern und Softwareentwicklern seine Vision der graphischen Benutzeroberfläche (GUI). Ein Direktor einer Softwarefirma erinnert sich, daß Gates ihm und einem Kollegen im Frühjahr 1983 den Flug nach Seattle bezahlte, um sie dort dafür zu gewinnen, statt bei der Entwicklung von Werkzeugen (tools) für 1-2-3 von Lotus mitzuarbeiten, Programmentwicklungswerkzeuge für das Interface-Manager-Programm zu schreiben. »Er führte uns in ganz Seattle herum und erläuterte uns seine großen Pläne«, sagt der dergestalt Umworbene. »Er machte damals Multiplan, Multifile und dann eben diese graphische Benutzeroberfläche. Er sagte, innerhalb eines Jahres wäre er damit fertig.«

Rowland Hanson schlug dann vor, das unter der Bezeichnung »Interface Manager« projektierte Programm einfach »Windows« zu nennen. In Fachzeitschriften wurden graphische Benutzeroberflächen damals häufig als »Fenstersysteme« bezeichnet. Auch VisiOn kündigte sich als solches an. »Es sah ganz so aus, als würden mehrere derartige Systeme auf den Markt kommen«, sagt Hanson. »Wir wollten mit dem neuen Namen erreichen, daß er sich als Begriff für die ganze Gattung durchsetzte.«

Aber mit einem eingängigen Namen allein war noch kein Geschäft zu machen. An mehreren Fronten wurde Microsoft von Konkurrenten abgeschlagen, die mit der Entwicklung einer graphischen Benutzeroberfläche schon weiter waren. Schlimmer noch, Gates hatte die größte Mühe, sein geplantes Programm IBM schmackhaft zu machen. Mehr als zwanzig Computerhersteller, unter anderen Compaq und Radio Shack, hatten sich bereit erklärt, Windows zu unterstützen. Aber in diesem Windows-Bündnis glänzte der Name IBM durch Abwesenheit. »Big Blue« wollte von Gates' Windows nichts wissen. Die Direktoren des Konzerns waren nicht länger bereit, die Softwareentwicklung anderen zu überlassen, und beschlossen die Herstellung einer hauseigenen graphischen Benutzeroberfläche, die TopView heißen sollte.

Es lag auf der Hand, daß Microsoft stärkere Bataillone auffahren mußte, um die wachsende Bedrohung abzuwehren. Wie Steve Jobs vor ihm, bemühte sich nun auch Gates, Softwareentwickler bei Xerox-PARC abzuwerben, die Erfahrung mit GUI hatten und mithin das Windows-Projekt auf Trab bringen konnten. Schon Charles Simonyi war ja von

PARC zu Microsoft gekommen. Im Sommer 1983 bemühte sich Gates um Scott MacGregor.

»Microsoft suchte jemanden, der so etwas schon einmal gemacht hatte«, sagt MacGregor heute. »Sie wollten das Rad nicht ein zweites Mal erfinden müssen. Deshalb gingen sie bei Xerox einkaufen.«

Der Bauchtänzerin, die Bill Gates umschlängelte, gelang es nicht, seine Aufmerksamkeit auf sich zu ziehen. Am Morgen dieses Augusttages 1983 war er von Seattle nach San Francisco geflogen, um die Anwerbung MacGregors für das Windows-Team persönlich perfekt zu machen. Jetzt saß er mit ihm in einem marokkanischen Restaurant in Palo Alto und ließ sich weder von der Musik noch von der Tänzerin ablenken.

MacGregor, 26, war ein Freund von Charles Simonyi. Vor einigen Wochen hatte Charles Gates wissen lassen, MacGregor könne eventuell bewogen werden, PARC zu verlassen. MacGregor, der, trotz seiner jungen Jahre schon kahlköpfig, aussah wie ein in sich gekehrter Gelehrter, leitete bei Xerox ein kleines Softwareentwicklungsteam, das an einem Fenstersystem für den Star von Xerox arbeitete. Bei einem Telefonat mit Gates hatte er sich zu einem persönlichen Gespräch bereit erklärt.

Sie kamen bald zur Sache. MacGregor erinnert sich: »Es gibt verhältnismäßig wenige Leute in der Branche, die schnell von Begriff sind. Und was ich mag, ist, wenn jemand echt schlau ist und sofort versteht, was man meint. Dann kann jeder die Sätze des anderen zu Ende führen. Man wirft sich dann die Bälle nur so zu . . . Bill und ich haben uns auf Anhieb verstanden. Ich glaube, er kam zu dem Ergebnis, daß ich was von Windows verstünde, und ich fand, daß er was von der PC-Industrie verstand und gewisse Vorstellungen und Ziele hatte, die er in die Tat umgesetzt haben wollte.«

Der Star konnte bereits alle Requisiten eines gewöhnlichen Büros elektronisch simulieren. Piktogramme (icons), Menüs, verschiedene Fenster symbolisierten die Schreibtischplatte, den Aktenschrank, das Telefon, Eingangs- und Ausgangskörbe sowie den Papierkorb. Mit der Maus konnten dem Computer Daten beigebracht und entlockt werden. Die Software verband Text und Graphik zu einem Dokument, und das System war so eingerichtet, daß das, was der Benutzer auf dem Bildschirm sah, dem entsprach, was ausgedruckt wurde, sobald man den entsprechenden Befehl erteilte. All das schien dem, was Gates von seinem Windows-Programm erwartete, ziemlich genau zu entsprechen.

»Wir sprachen über Windows und wie wir die Welt umkrempeln würden, während wir die Bauchtänzerin bei der Arbeit beobachteten«, sagt MacGregor. »Ich glaube, Bill hat irgendwie begriffen, daß GUI etwas Wichtiges war, von dem er noch nicht genug verstand. Er dachte jedenfalls, er müßte schnell irgendwas rausbringen, weil das alle seine Konkurrenten auch machten. Apple machte Druck mit seinem Macintosh, und ein paar andere Konkurrenten, wie VisiCorp und Digital Research, waren auch nicht faul. Ich glaube, so richtig verstanden hatte er es noch nicht, aber er wollte sich nicht an die Wand spielen lassen.«

MacGregor stattete Microsoft mehrere Besuche ab, ehe er die Leitung des neuen Entwicklungsteams für das Windows-Projekt übernahm. An seinem ersten Arbeitstag erörterten Gates und er die Frage, unter welchem Namen das Team arbeiten sollte. Schließlich einigten sie sich auf die Bezeichnung »Interactive Systems Group«.

Während seiner Bemühungen um MacGregor war es Gates gelungen, zwei weitere ehemalige Mitarbeiter von Xerox für sein Unternehmen zu gewinnen: Dan Lipkie, einen talentierten Programmierer, und Leo Nikora, einen ehemaligen Manager des Star-Projekts, der auf eine siebzehnjährige Berufserfahrung als Programmierer zurückblickte.

Bei Xerox gute Leute abzuwerben war nicht sonderlich schwer. MacGregor und Nikora hatten, wie schon vor ihnen Simonyi, die Lust verloren, für Xerox zu arbeiten, als sie bemerkten, daß die im PARC entwickelten guten Ideen nie realisiert oder jedenfalls nicht mit dem richtigen Nachdruck auf dem Markt vertreten wurden.

»Xerox war der Inbegriff eines Konzerns«, sagt Nikora. »Alles wurde von Ausschüssen entschieden. Auf Individualität wurde keinerlei Wert gelegt, und dabei spreche ich noch von der kreativen Seite von Xerox. Microsoft hingegen bestand aus einem Haufen von Individualisten, und Bill Gates managte die ganze Chose, und zwar höchstpersönlich. Er hat von oben nach unten in allem mitgemischt.«

Nikora entschied sich, Xerox zu verlassen, nachdem er erlebt hatte, wie der in Jahren mühseliger Entwicklungsarbeit perfektionierte Star nach kurzem Glanz abstürzte und ausbrannte. Er war überzeugt, das Produkt hätte ein besseres Schicksal verdient und wäre nur auf dem Markt gescheitert, weil es der Hersteller an adäquatem Marketing hätte fehlen lassen. Nikora wandte sich als erstes an Gates.

Als er im August 1983 bei Gates vorsprach und erwähnte, er hätte Lust, sich im Marketing zu engagieren, war Gates begeistert. »Ich bringe viel lieber einem Techniker das Marketing bei als einem Marketing-Experten die Technologie«, sagte er. Er betraute Nikora mit der Leitung des Marketings für Windows und versprach, ihn selbst einzuarbeiten.

An seinem ersten Arbeitstag wurde Nikora angewiesen, sich bei IBM in Boca Raton zu melden. Gates und Ballmer waren bereits dort, um an einer geplanten Konferenz teilzunehmen. Nikora durfte die beiden begleiten, ohne auch nur eine Ahnung zu haben, worum es ging.

»Man stellte mich als Marketing-Manager für Windows vor«, sagt Nikora, »und dann redeten wir mit IBM. Mir wurde nicht gesagt, was los war, warum ich da war, was ich tun sollte, und ich hatte keinen Schimmer, was an dem Tag eigentlich lief. Alles ging echt über meinen Horizont.«

Das änderte sich auch während des Rückflugs nach Seattle nicht. Gates und Ballmer vertieften sich in eine engagierte Unterhaltung über DOS, ohne gegenüber Nikora auch nur anzudeuten, wovon die Rede war. Die beiden diskutierten das Bereitschaftszeichen von DOS – »A:>«. Nikora hatte keine Ahnung, was sie meinten. »Ich hatte in meinem ganzen Leben noch niemals DOS benutzt. Ich war bei Xerox. Da saßen wir in einem Elfenbeinturm. Wir bauten alles selbst. So hatte ich DOS noch nie zu sehen gekriegt.«

Im Oktober 1983 erklärte VisiCorp, VisiOn sei nun lieferbar. Gates, der neun Monate zuvor geprahlt hatte, Microsoft würde die erste graphische Benutzeroberfläche auf den Markt bringen, stand dumm da. Es blieb nicht bei dieser unangenehmen Überraschung, denn alsbald erklärte Quarterdeck, ein neuer Softwareverleger, in Kürze werde auch er eine graphische Benutzeroberfläche – DESQ – herausbringen. Die Anbieter begannen, mit Macht auf den Markt zu drängen, und Microsoft mußte fürchten, zu spät zu kommen.

Gates war außer sich. Um VisiCorp und Quarterdeck das Feld wenigstens nicht kampflos zu überlassen, verlangte er eine offizielle Verlautbarung über die bevorstehende Vollendung des Microsoft-Programms Windows. Knapp zwei Wochen nach der ersten unangenehmen Überraschung flogen Gates und MacGregor deshalb nach New York. Gates meinte, er könne es sich nicht leisten, Windows noch länger geheimzuhalten. Er wußte, daß man potentielle Kunden davon abhalten konnte, ein Produkt der Konkurrenz zu kaufen, wenn man glaubwürdig versicherte, daß man selber etwas Besseres in Arbeit habe. IBM verfuhr immer nach dieser Methode.

Solche zunächst nur als Ankündigungen auf den Markt gebrachten Produkte bezeichnete *InfoWorld* später gelegentlich als »vaporware« – »Dampfware«.

»Man schien der Meinung zu sein, da alle unsere Konkurrenten ›Dampfware‹ ankündigten, müßten wir so was auch haben«, sagt ein Manager von Microsoft über den Beschluß, Windows öffentlich anzukündigen.

Gates hatte noch andere Gründe. Er wußte, daß der noch geheime Macintosh mit der graphischen Benutzeroberfläche und der Maus bei seiner öffentlichen Vorstellung im Frühjahr 1984 ein Fanal setzen würde, und hoffte, daß Microsoft mit der vorherigen Ankündigung von Windows einen Präventivschlag landen könnte. Man wollte damit nicht nur konkurrierende Softwareverleger neutralisieren, sondern auch IBM. »Big Blue« hatte sich mit der Entscheidung, TopView in Eigenregie herauszubringen, von Microsoft zurückgezogen. Gates wehrte sich dagegen, indem er Bündnisse mit 24 Computerherstellern schloß, die sich bereiterklärten, Windows zu unterstützen, unter anderem Compaq, Texas Instruments, Hewlett-Packard, Zenith, Burroughs und Digital Equipment Corporation. Klon-Hersteller wollten verhindern, durch IBM vom Markt ausgeschlossen zu werden – wozu die »Big Blue« imstande gewesen wäre, wenn sie den Standard für Benutzeroberflächen gesetzt hätte –, und scharten sich deshalb nur allzugern hinter Microsoft. Der Zorn des Riesen war nicht zu verkennen. Der Konzern traf ein Abkommen mit VisiCorp über die Auslieferung von VisiOn durch IBM.

Am Morgen des 10. November im New Yorker Helmsley Palace Hotel erlebte die Branche die aufwendigste Produktpräsentation aller Zeiten – eine Veranstaltung, neben der sich die Präsentation des 1-2-3 der Lotus Corporation ziemlich mickrig ausnahm. Fast den ganzen Vormittag über trat ein Microsoft-Techniker nach dem anderen auf und führte einen Windows-Prototyp vor, wobei immer näher ausgeführt wurde, was das vollendete Produkt zu leisten imstande sein würde – jedenfalls in der Theorie. Der Zauber und die Wunder der Benutzeroberfläche wurden zwar bei dieser Gelegenheit nicht zum ersten Mal zur Schau gestellt. Doch die Vorstellung, daß man einen IBM-PC dazu bringen könnte, mit Graphiken zu arbeiten, galt immerhin als einigermaßen erstaunlich.

Als endlich Gates selbst das Podium bestieg, erklärte er den Pressevertretern, Windows würde das Problem der Kompatibilität von Anwendungen ein für allemal beseitigen, und damit wäre der größte Teil der für MS-DOS geschriebenen Software verwendbar. Mit dieser Erklärung wollte Gates dem wachsenden Enthusiasmus der Branche für Software, die verschiedene Funktionen erfüllte – kombinierte Textverarbeitungs- und Tabellenkalkulationsprogramme etwa –, den Wind aus den Segeln nehmen. Bei Lotus war ein derartiges integriertes Programm, »Symphony«, in Arbeit, und Microsoft konnte nichts Vergleichbares in Aussicht stellen. So lag es also in seinem eigenen Interesse, den Leuten klarzumachen, Windows würde solche integrierten Anwendungsprogramme überflüssig machen.

Bis Ende 1984, sagte Gates, würde Windows bei über 90 Prozent aller IBM-kompatiblen Computer in Gebrauch sein. Es war eine verwegene Prophezeiung, die man insbesondere im Windows-Entwicklungsteam noch sehr bedauern sollte.

Am Tage nach der Windows-Präsentation in New York unternahmen Steve Ballmer und Scott MacGregor eine kurze Rekrutierungsexpedition nach Pittsburgh an die Carnegie Mellon Universität.

Ballmer kümmerte sich fast seit seinem ersten Arbeitstag bei Microsoft um die Anwerbung qualifizierter Mitarbeiter.

Klares Denken und ein hoher Intelligenzquotient waren Voraussetzungen für einen technischen Job bei Microsoft. Von wenigen Ausnahmen abgesehen, nahm Gates junge Collegeabsolventen mit naturwissenschaftlicher bzw. mathematischer Vorbildung oder Informatiker. Gewöhnlich interviewte man die Bewerber auf dem Campus und flog sie erst danach zu einem kurzen Besuch der Firma in Seattle ein. Obwohl nicht eben üppige Gehälter gezahlt wurden, konnte Microsoft sich die Leute aussuchen – die großzügig angebotenen Aktienerwerbsrechte und das legere Arbeitsklima reizten kreative junge Techniker.

»Anfänglich haben wir versucht, Leute von anderen Firmen abzuwerben«, sagt Ingrid Rasch, die 1983 die erste Personalchefin von Microsoft wurde. »Aber wir konnten nie die Sorte Erfahrung finden, die wir brauchten. Und so mußten wir schließlich wieder an die Universitäten gehen und neue Kids anwerben.«

Die Anwerber stellten neben einem hohen IQ vor allem Energie und Initiative zur Bedingung. Während eines ersten telefonischen Vorstellungsgesprächs stellten die Vertreter von Microsoft den Bewerbern eine Reihe von allgemeinen Fragen. »Wir ließen sie eine typische Arbeitswoche beschreiben oder ihren typischen Tag. Wir wollten wissen, wieviel Stunden sie wach waren und was sie in dieser Zeit taten. Wir fragten sie, wie ihnen zumute wäre, wenn irgendein Projekt nicht fertig würde. Wir suchten Leute, die auf diese Frage antworteten: ›Gott, das macht mich ganz krank!‹ Die Energie in der Stimme verriet uns gewöhnlich alles. Wir wollten wissen, ob sie genug Antrieb hatten, in unserer Atmosphäre hier zu florieren.«

Mit Vorliebe rekrutierte Microsoft in Harvard, Yale, dem Massachusetts Institute of Technology, der Carnegie Mellon Universität und der University of Waterloo, einem kleinen College in der Nähe von Toronto, das auf Mathematik spezialisiert war. Alles in allem suchte man schließlich an fünfzehn Universitäten in den Vereinigten Staaten, an vier Universitäten in Kanada, an sechs in Japan. Die Rekrutierer von Microsoft sahen sich an allen diesen Universitäten persönlich nach überdurchschnittlich begabten, fleißigen und ehrgeizigen Studenten um.

»Wir haben hier eine stehende Regel«, erklärte Ballmer 1983 einem Reporter von *InfoWorld*. »Wann immer du einen echt starken Typ triffst, stelle ihn ein. Haben wir etwa ein Budget, das uns nur soundso viel Leute erlaubt? Nie und nimmer. Gewisse Leute laufen einem nur einmal im Leben über den Weg. Da muß man zugreifen, ohne lange herumzutrödeln.«

Bewerbern wurden oft schwierige Fragen gestellt, die mit dem Programmieren unmittelbar nichts zu tun hatten. Ballmer stellte den Stellungsuchenden deshalb während des Vorstellungsgesprächs gern verblüffende logische Denksportaufgaben. »Man braucht kein Programmierer zu sein, um zu merken, was einer auf dem Kasten hat«, sagt er.

Manchmal stellte Ballmer dem Bewerber auch Fragen aus der Spieltheorie. Hatte dieser die erste Frage beantwortet, bedrängte ihn Ballmer mit immer schwierigeren Variationen des gleichen Problems.

»Wir wollten nicht nur herauskriegen, ob jemand die Antwort wußte, sondern auch, ob er denken konnte«, sagt ein leitender Programmierer von Microsoft, der 1983 an verschiedenen Universitäten für die Firma rekrutierte. »Eine Menge intelligente Leute versagen bei den Microsoft-Vorstellungsgesprächen, weil sie unter Druck nicht denken können . . .«

Von Zeit zu Zeit mußten die Werber ihre Prüfungsfragen verändern, denn Studenten, die durchgefallen waren, erzählten ihren Freunden, was man sie gefragt hatte, und diese Informationen verbreiteten sich schnell von Campus zu Campus.

Ballmer interviewte alle Softwareentwickler, die bei Microsoft eingestellt wurden. Oft begleiteten ihn jedoch auch leitende Techniker oder sogar Gates persönlich, um den Kandidaten mit schwierigen technischen Fragen zuzusetzen.

»Wir haben die Leute fertiggemacht«, sagt MacGregor. »Wir stellten ihnen sehr schwierige technische Fragen, gaben ihnen Stift und Papier und sagten: ›Lösen Sie das Problem.‹ Auf die Weise sind uns wahrscheinlich einige Leute entgangen, aber die, die wir einstellten, waren in der Lage, sehr schwierige Probleme unter Druck zu lösen.«

Der Besuch der Carnegie Mellon Universität am 9. November 1983 war schon drei Wochen zuvor angekündigt worden. Zahlreiche Studenten hatten sich zu den Vorstellungsgesprächen angemeldet und ihre Bewerbungsunterlagen eingereicht. Der Student Neil Friedman allerdings hatte nicht die Absicht, sich von Ballmer und MacGregor prüfen zu lassen. Von Personalcomputern hielt er nicht viel. Er war der Überzeugung, daß die Zukunft Großrechnern gehörte wie dem, an dem er in der Universität arbeitete.

»Ich dachte, dieses PC-Zeug wäre Kleinkram ohne Zukunft«, sagt er.

»Als ich die Ankündigung des Besuchs der Werber von Microsoft sah, habe ich gedacht, ach, das ist auch nur eine von diesen kleinen Klitschen, das interessiert mich nicht.«

Aber Microsoft hatte sich den Bericht über die Leistungen der graduierten Studenten der Universität kommen lassen. Und ein paar Tage vor dem angekündigten Besuch erhielt Friedman einen Telebrief von Steve Ballmer. Er teilte ihm mit, Microsoft sei von seinen Leistungen beeindruckt, und man habe sich erlaubt, ihm einen Termin für ein Vorstellungsgespräch zu reservieren. Friedman, der nie zuvor einen persönlichen Telebrief erhalten hatte, war beeindruckt und beschloß, den Termin wahrzunehmen.

Ballmer befragte eine Gruppe von Studenten, MacGregor eine andere. Alle Gespräche dauerten etwa eine halbe Stunde. Friedman wurde von MacGregor interviewt, der mit Jeans und Pullover bekleidet war.

Nachdem sich MacGregor von der Eignung Friedmans überzeugt hatte, warf er die Angel aus und erzählte ihm, er sei auf dem Weg nach New York, wo Microsoft ein großes neues Projekt, das Programm Windows, vorstellen werde.

»So habe ich von der Sensation vierundzwanzig Stunden, bevor sie publik gemacht wurde, erfahren«, sagt Friedman, der den Köder schluckte und sich bereit erklärte, der Firma in Seattle einen Besuch zu machen. Er hatte sich zuvor schon bei IBM beworben.

»Die vollkommen andere Grundeinstellung fiel ins Auge, wenn man bei Microsoft hereinschaute und den Vergleich mit anderen Firmen machte«, sagt er. »Es gab da keine Bekleidungsvorschrift. Bei anderen Firmen sah man keine Leute in Tennisschuhen und Mokassins. Bei IBM hatte man mir gesagt, ich müsse mindestens zweimal wöchentlich mit einer Krawatte zum Dienst erscheinen. Einen Typen habe ich da getroffen, der einen knallbunten Schlips trug. Aber das war bei IBM schon das Äußerste. Bei Microsoft trug man gar keine Krawatten.«

Friedman hatte allerdings auch ein Angebot von Tektronix, der Firma, bei der James Towne war, bevor er zu Microsoft ging. Auch dieser Job hatte gewisse Reize. Als er aber eines Morgens in seinem Hotelzimmer in Portland auf einen Vertreter von Tektronix wartete, schaltete er das Fernsehgerät an, wo gerade ein Bericht von Jane Pauley über Microsoft lief. Friedman sah, wie zwei Programmierer auf dem Korridor mit Gummischwertern fochten.

»Als ich das im Fernsehen sah, habe ich zu mir gesagt, Mann, das ist deine Firma.«

Bei seiner Einstellung wurde Friedman ausdrücklich ermahnt, die ihm bewilligten Aktienbezugsrechte nicht mit seinen Kollegen zu diskutieren. Jeder neue Angestellte erhielt die gleiche Ermahnung, nicht jedoch die gleichen Aktienbezugsrechte. Das Recht, Aktien der Firma zu erwerben, war ein starker Anreiz, und die Aussicht, reich zu werden, lockte mehr als einen Informatiker vom College zu Microsoft.

An seinem ersten Arbeitstag erhielt Friedman ein schönes Büro. Eine Woche später gab man ihm seinen ersten größeren Auftrag: Es galt, die ausländischen Zweigstellen von Microsoft mit der Zentrale in Bellevue durch E-Mail zu verbinden. Bei IBM hatte man Friedman gesagt, daß dort gewöhnlich über hundert Leute an einem Projekt arbeiteten. Bei Microsoft überließ man die Organisation der elektronischen Post ihm allein. Bald war er in Paris, um auch dort die nötigen Anschlüsse zu machen.

»Jeder machte Überstunden«, sagt Friedman. »Die Leute waren genau so clever, wie sie mir bei meinem ersten Vorstellungsgespräch vorgekommen waren. Die Umgebung war freundlich und offen. Ich hatte eine Menge geistige oder kreative Freiheiten. Die E-Mail nach Europa sollte funktionieren, und wie ich das bewerkstelligte, war denen egal.«

Friedman war tief beeindruckt von der Stimmung auf den Korridoren des Northup-Gebäudes, wo die Programmierer nicht nur Duelle mit Gummischwertern ausfochten, sondern auch mit Tennisbällen, die sie mit kleinen Münzen füllten, und leeren Konservendosen kegelten. Zu jeder Tages- und Nachtzeit spielte man einander lustige Streiche. Als Ballmer einmal von einer Geschäftsreise zurückkam, war sein Büro von oben bis unten voller kleiner Gummibällchen. Jedenfalls hatte man, wenn man vor der gläsernen Trennwand des Büros stand, diesen Eindruck. In Wirklichkeit hatten ein paar Spaßvögel eine Sperrholzwand hinter der Glaswand angebracht und den Zwischenraum mit den kleinen Gummibällchen ausgefüllt.

Die springenden kleinen Gummibälle gehörten schon seit längerer

Zeit zu den Requisiten von Microsoft, wenn auch nicht mehr zu ergründen ist, wann wer wie mit dieser Tradition angefangen hat. Einige Mitarbeiter kauften sie en gros und legten sie ihren Kollegen auf die Computer, in die Schubladen und Kaffeetassen. Im Freien wurde Fangball mit diesen Bällen gespielt, Hockey auf den Korridoren. Einmal schmuggelte jemand eine Apfelsine in ein solches Hockeyspiel ein, das war eine schöne Bescherung! Es gab sogar ein Rundschreiben, das ausdrücklich verbot, während der Arbeitszeit auf den Korridoren mit Bällen zu jonglieren. Daraufhin suchten sich die daran Interessierten einen besonderen Übungsraum zum Jonglieren.

Die Programmierer von Microsoft – Ende 1983 bei einer Gesamtbelegschaft von fast 450 Angestellten schon über 100 – arbeiteten hart und spielten hart, ganz wie es schon vor Jahren die erste Microsoft-Mannschaft in Albuquerque getan hatte. Jeden einzelnen von ihnen hatten sich Gates und Ballmer sorgfältig ausgesucht. Es waren handverlesene Fachkräfte, und jeder in der Firma wußte es.

»Die Softwaretechniker kriegten von allem das Beste«, sagt ein Programmierer, der ungefähr um die gleiche Zeit wie Friedman am MIT angeworben wurde. »Schon am ersten Arbeitstag bekam man sein eigenes Büro. Das war wirklich nett und echt motivierend. Bei anderen Firmen konnte man lange darauf warten . . . Die Softwareingenieure sind natürlich das Lebenselexier der Firma. Wenn man einen Haufen Spitzentechniker rekrutieren will, muß man ihnen den Respekt entgegenbringen, den sie verdienen.«

Friedman fand es besonders beeindruckend, daß Gates jeden Programmierer von Ansehen und beim Namen kannte und überdies auch seine Telefonnummer im Kopf hatte. Ein ehemaliger Manager von Microsoft verbürgt sich dafür, daß Gates auch die Autonummern seiner Angestellten auswendig kannte. Eines Morgens im Jahre 1983 sei er einmal mit Gates über den Parkplatz vor dem Northup Building gegangen, erzählt dieser Zeuge. Gates habe die Kennzeichen überflogen und dazu die Namen der Besitzer der Wagen genannt. Unser Zeuge glaubte nicht, daß Gates je versucht hätte, es sich bewußt einzuprägen. »Er las die Nummern und erinnerte sich, das war alles.«

Friedmans Büro war nur fünf Türen von dem seines Chefs entfernt.

Die Managementhierarchie der »kreativen« Seite der Firma wurde absichtlich sehr flach gehalten. Es gab kein mittleres Management, das den Zugang zu Bill, wie der Chef von allen genannt wurde, kontrolliert hätte. Allein die Möglichkeit, Gates auf dem Flur begegnen zu können, bedeutete vielen der jungen Programmierer schon sehr viel.

Gates war innerhalb der Branche damals schon eine Kultfigur. Bei Microsoft wurde er richtiggehend angehimmelt. So war es denn kein Wunder, daß die Programmierer, die ihn vergötterten, auch bemüht waren, ihm nachzueifern. In der Branche gab es viele Geschichten von Microsoft-Programmierern und Abteilungsleitern, die Gates-Klone wurden, sich seine Redeweise und seine Ticks angewöhnten, selbst seine charakteristische Macke, ständig mit dem Oberkörper zu wippen.

»Ich kenne Leute, die von Microsoft kamen«, sagt ein Direktor einer konkurrierenden Softwarefirma, »und die hatten eine Geschichte, mit der sie den Einfluß beschrieben, den Gates da hatte: ›Wenn Bill sagen würde: Trinkt Kool Aid, würden sie, ohne mit der Wimper zu zucken, Kool Aid trinken.‹« Das war keine Schmeichelei, sondern eine Anspielung auf das Jonestown-Massaker, wo der Sektenführer Reverend Jim Jones sich selbst und Hunderte seiner fanatischen Anhänger umgebracht hatte, indem er ihnen befahl, vergiftetes Kool Aid (an sich ein harmloses, billiges Erfrischungsgetränk) zu trinken.

Wären sie nicht motiviert gewesen, hätten die Programmierer von Microsoft einpacken können. Gates erwartete von ihnen, daß sie so hart arbeiteten wie er selbst, nämlich 60 bis 80 Stunden in der Woche. Prämien wurden nur für Überstunden und Feiertagsarbeit gewährt.

»Wenn man umgeben ist von Leuten, die ununterbrochen arbeiten, und wenn die Leute, die die Firma leiten, auch ununterbrochen arbeiten, arbeitet man eben selbst auch immer weiter und weiter«, sagt die Leiterin der Personalabteilung, Ms. Rasch. »Es gab sogar Zeiten, in denen die Leute mehr arbeiteten, als uns recht war, und dann mußten wir versuchen, sie zu bremsen. Aber manchmal *waren* sie nicht zu bremsen. Wenn sie zusammenbrachen, warfen wir ihnen eine Decke über und schalteten den Computer ab. Manchmal haben wir versucht, sie eine Zeitlang aus ihren Büros auszuschließen.«

Ein ehemaliger Vizepräsident von Microsoft hat dem hinzuzufügen:

»Ich habe Kids gesehen, wissen Sie, die ein paar Jahre lang bei Microsoft waren, und tatsächlich, ich habe mich gefragt, ob die je wieder zu arbeiten imstande sein würden.«

In der Branche wird erzählt, Gates hätte seinen Managern befohlen, in der Reihenfolge ihrer Ankunft im Büro zu parken. Daraufhin hätte sich keiner getraut, den Arbeitsplatz zu verlassen, bevor nicht der Besitzer des vor seinem geparkten Wagens nach Hause gefahren war.

Bei Microsoft wird dies geleugnet, aber Mark Eisner, Präsident von Softbridge Microsystems, erzählt über einen Besuch bei Gates 1983: »Wir verließen das Gebäude gegen acht Uhr abends, als auch ein Programmierer gerade ging. Er sagte: ›Hey, Bill, ich bin zwölf Stunden hiergewesen.‹ Bill sah ihn an und sagte: ›Aha, also wieder Halbtagsarbeit, was?‹ Es war komisch, aber man merkte, daß er es halb ernst meinte.«

Gates mutete seinen Leuten oft mehr zu, als sie ertragen konnten. In Diskussionen setzte er seine überlegene Intelligenz wie eine Schlagwaffe ein. Er konnte grob und sarkastisch, ja beleidigend sein, wenn er seine Meinung durchsetzen wollte.

Für viele Programmierer waren technische Besprechungen mit Gates wie mündliche Prüfungen, wo einen, wenn man durchfiel, der Henker erwartete. Gates hatte eine unheimliche Begabung, die Schwachstellen selbst der logischsten Beweisführung aufzuspüren. Hatte er dann den Finger auf einen solchen wunden Punkt gelegt, ließ er es nicht dabei bewenden, sondern machte seinen Gesprächspartner verbal fertig.

»Damals«, sagt ein Produktmanager von Microsoft, »wenn man in einer Besprechung mit ihm saß, schaukelte er unaufhörlich, und das Knie zuckte auf und nieder, und lauter so Bewegungen liefen da ab, in die er vermutlich einen Teil seiner inneren Energie kanalisierte. Man wußte einfach, daß da drinnen ein Drama lief. Er konnte sehr klar denken. Aber seine Emotionen waren auch nicht von Pappe ... Er tyrannisierte die Leute. Wenn man einen Menschen mit seiner intellektuellen Überlegenheit plattmacht, hat man die Schlacht noch lange nicht gewonnen, aber das wußte er nicht. Er war sehr reich und sehr unreif. Emotional war er nie erwachsen.«

Der Werbespot wurde nur ein einziges Mal gezeigt, am 22. Januar 1984, während ein millionenköpfiges Publikum auf die Fortsetzung eines Super-Bowl-Spiels wartete, bei dem die Oaklands Raiders die Washington Redskins mit 38:9 schlugen.

Apple Computer war im Begriff, den Macintosh herauszubringen, und der Spot sollte Neugier wecken. Man sah einen Raum voller elender, zombiehafter Arbeiter mit kahlgeschorenen Köpfen, wie KZ-Häftlinge gekleidet, die gebannt auf einen großen Bildschirm starrten, von dem der Große Bruder über die großartigen Leistungen des Computerzeitalters tönte. Alles war in stumpfen Grautönen gehalten. Plötzlich stürmte eine sonnengebräunte, schöne junge Frau in leuchtend rotem Sportdreß in den Raum und warf einen Vorschlaghammer in den Bildschirm. Nach der Explosion kam die Botschaft: »Am 24. Januar bringt Apple Computer den Macintosh heraus. Und Sie werden sehen, weshalb 1984 nicht sein wird wie *1984*.«

Wenn dieser 400 000-Dollar-Werbespot den Leuten nicht beigebracht hatte, daß IBM ein Despot à la Orwell war, schaffte es jedenfalls Steve Jobs, als er zwei Tage später bei der offiziellen Enthüllung des Macintosh in der Apple-Zentrale in Cupertino ans Rednerpult trat.

»IBM will alles schlucken und hat jetzt das letzte Hindernis ihrer vollkommenen Kontrolle über die Branche im Visier, Apple. Wird ›Big Blue‹ die ganze Branche kontrollieren?« fragte Jobs die Menge.

»Nein«, wurde gerufen.

»Hatte George Orwell recht?«

»Nein«, wurde abermals gerufen.

Der Mac – wie man den angenehm gestylten 2500-Dollar-Computer bald nannte – wurde in der Werbung als »der Computer für alle« angepriesen (»the computer for the rest of us«). Zu seiner Ausstattung gehörten eine Maus und schmissige, leicht benutzbare Graphik, wodurch er sich vom IBM-PC unterschied. Apple widersetzte sich dem Trend zur »Kompatibilität«. Die Firma wollte »Big Blue« auf dem Markt schlagen, auf dem IBM bisher dominiert hatte.

Zur Präsentation des Macintosh war mit einer Delegation von Microsoft auch Bill Gates gekommen. Trotz seines strategischen Bündnisses mit IBM setzte Gates auch auf den Erfolg des neuen Apple Computers und seine innovative Technologie. Die Tischdienstprogramme des Mac – so der Wecker und der Kalkulator – waren von Microsoft entwickelt. Ein Team von Microsoft-Programmierern unter Leitung von Charles Simonyi hatte insgeheim an Anwendungsprogrammen für den Macintosh gearbeitet, seit Gates und Jobs am 22. Januar 1982 eine diesbezügliche Vereinbarung getroffen hatten. Jetzt, zwei Jahre später, konnte sowohl Multiplan als auch BASIC mit dem Macintosh geliefert werden. Das Microsoft-Team war darüber hinaus noch mit Word und einigen anderen Anwendungsprogrammen für den Macintosh beschäftigt.

In einem Interview, das er wenig später einem Reporter der Zeitschrift *Rolling Stone* gab, erklärte Gates, die Techniker, die bei Apple den Macintosh entwickelt hatten, hätten »wahre Wunder vollbracht«. Von seiner Einfachheit war Gates schon hingerissen, als er im Sommer 1981, kurz bevor IBM den PC herausbrachte, den ersten Prototyp des neuen Apple-Produkts gesehen hatte. Andy Hertzfeld, einer der an dem Macintosh-Projekt beteiligten Softwaretechniker, hatte ihn ihm vorgeführt. Die dabei eingesetzte Maus-Technik war Gates neu, und die erste Frage, die er Hertzfeld stellte, war die nach der Hardware, die dafür sorgte, daß sich der Zeiger auf dem Bildschirm den Bewegungen der Maus entsprechend bewegte. Dabei lief das alles über die Software.

»Ich hatte ein ähnliches Maus-System erst zwei Wochen zuvor auch auf dem Apple II zum Laufen gebracht«, erinnert sich Hertzfeld. »Und als Gates mir diese Frage stellte, wollte ich gerade sagen: ›Natürlich haben wir keine Hardware dafür. Wir können es sogar auf einem Apple II laufen lassen‹ –, aber Steve Jobs schrie mich an, ich sollte den Mund halten.« Jobs wollte Gates sowenig wie möglich über graphische Benutzeroberflächen verraten.

Microsoft erhielt die ersten Prototypen des Macintosh Ende Januar 1982. Die Programmierer brauchten ein Modell des Geräts, für das sie Anwendungsprogramme entwickeln sollten.

Für den Macintosh hatte auch Steve Jobs bei Xerox im PARC eingekauft. 1978 hatte er Xerox ein Beteiligungsgeschäft vorgeschlagen unter der Bedingung, daß Xerox ihn einen Blick auf die neue Technologie werfen lasse, die derzeit am Palo Alto Research Center entwickelt wurde. »Ich werde Sie eine Million Dollar bei Apple investieren lassen, wenn

Sie mir da unten im PARC mal ein bißchen den Kimono aufmachen«, soll Jobs den Leuten von Xerox gesagt haben.

Gates und Jobs nahmen des Gute, wo sie es kriegen konnten, und beide brachten aus dem PARC an sich, was immer da für sie zu haben war, wozu schließlich auch einige der besten Köpfe des Forschungszentrums gehörten. Als man ihn später einmal auf die Ähnlichkeit der Graphik seines Windows-Programms mit derjenigen des Macintosh ansprach, sagte Gates im Spaß, er und Jobs hätten neben einem reichen Mann namens Xerox gewohnt, und als er bei diesem eingebrochen sei, um das Fernsehgerät zu klauen, wäre Jobs schon dabeigewesen, es wegzuschaffen. Was er damit sagen wollte, war, daß Microsoft nicht bei Apple Anleihen gemacht hatte, sondern daß die Technologie, die beide übernahmen, im PARC entwickelt worden war.

Die Entwicklung des Macintosh fand übrigens anfänglich bezeichnenderweise unter einer Piratenflagge statt. Die jungen Techniker, die an dem Projekt arbeiteten, waren in dem »Texaco Towers« (so genannt, weil das Nebengebäude, in dem die geheimen Entwicklungsarbeiten durchgeführt wurden, bei einer Texaco-Tankstelle stand) vom Rest der Belegschaft isoliert und hatten eine Piratenflagge an der Wand hängen. Und aus einer Augenhöhle des unvermeidlichen Totenschädels leuchtete der Regenbogen des Apple-Logos.

Jobs nahm gerade an diesem Projekt großen Anteil und vernachlässigte schließlich sogar seine anderen Aufgaben, nur um persönlich die Leitung zu übernehmen.

In einer Aktennotiz an den Vorsitzenden von Apple, Mike Markkula, beschwerte sich Raskin, daß Jobs ein »furchtbarer Manager« sei, und riet der Firmenleitung dringend, »ihm eine Ausbildung in Betriebsführung angedeihen zu lassen, bevor man ihm gestattet, andere Projekte der Firma zu managen, bei denen kreative Arbeit geleistet wird«. Als Jobs eine Kopie dieser vertraulichen Aktennotiz erhielt, wurde Raskin gefeuert.

In der Öffentlichkeit sagte Gates von Jobs nur das Beste; dem Reporter des *Rolling Stone* zum Beispiel: »Zwar konzentrieren sich die Leute darauf, Jobs' Fehler zu finden, aber ohne ihn hätten sie das alles nie hingekriegt.«

Im privaten Kreise klang es allerdings anders. »Gates verachtete Steve Jobs«, sagt ein Microsoft-Manager, der dem Team angehörte, das an Anwendungsprogrammen für den Macintosh arbeitete. »Ich glaube, er hielt Jobs für einen bloßen Angeber.«

Wie Steve Jobs zuvor, erregte jetzt Bill Gates die Aufmerksamkeit und das Interesse der Presse. Man feierte ihn als das neue Wunderkind der Personalcomputerrevolution, den *neuen* Steve Jobs. Journalisten, die nach Seattle pilgerten, um über den brillanten jungen Chef von Microsoft zu schreiben, trafen einen schmächtigen Jungen mit hoher Stimme und übergroßer Brille an, dem aus ungekämmten Haaren Schuppen auf die Schultern rieselten, während er seine technischen Darlegungen mit Ausdrücken wie »cool« und »super« würzte. Gates' anspruchslose Art bot einen willkommenen Kontrast zu der »dunkleren Seite«, die die Reporter an Steve Jobs entdeckt haben wollten.

»Sein jungenhaftes Grinsen und die unbändige Haartolle erinnern irgendwie an Andy Hardy«, fand die Zeitschrift *People*, die Gates unter die 25 »faszinierendsten« Menschen des Jahres 1983 aufgenommen hatte. »Gates, 28, ist für die Software, was Edison für die Glühbirne war – teils Erfinder, teils Impresario, teils Handelsreisender und hauptberuflich Genie.«

Der Vergleich mit Thomas Alva Edison ist treffend. Denn obwohl er als Erfinder der Glühbirne berühmt ist, hat Edison doch den größten Teil seines Lebens darauf verwandt, seine Vision von der elektrisch beleuchteten Zukunft zu »verkaufen«.

Kurz nach dem zitierten Artikel in *People* erschien in der Zeitschrift *Fortune* ein Beitrag unter dem Titel »Microsoft strebt Herrschaft auf dem Softwaremarkt an«. Der Verfasser beschreibt Gates selbst als »ein bemerkenswertes Stück Software«. Denn, sagt er: »Er ist mitunter kindlich unbeholfen, schmeißt mit Sachen, wenn er böse wird, und zappelt dauernd unbeherrscht, während er mit einem redet. Aber er ist ein außerordentlich intelligenter Meisterprogrammierer und beherrscht das komplizierte Fachwissen von Grund auf. Zugleich aber beherrscht ihn ein maßloses Konkurrenzstreben.«

Allgemein porträtierten ihn die Reporter der großen Blätter als genialen Computerfreak und Technikfanatiker, ein komisches Ei, das sich an Samstagabenden Videokassetten mit Physikvorlesungen anguckte. Das *Wall Street Journal* bezeichnete ihn gleich zweimal als Computerfreak. Gates fand die Bezeichnung nicht treffend. Ein Freak, ein monomaner Spinner, sagt er, kann nicht mit Leuten umgehen oder ein Multimillionendollarunternehmen leiten. Wenn die Leute ihn aber freaky finden wollten, weil er sich gerne Physikvorlesungen ansah, sollte ihm das recht sein. Tatsächlich sah sich Gates gelegentlich eine auf Videoband aufgenommene Reihe von Vorlesungen an, die der glänzende und einflußreiche theoretische Physiker Richard Feynman an der Universität Cornell gehalten hatte.

Die Reporter, die in Scharen bei Microsoft aufkreuzten, suchten natürlich nach aparten Farbtupfern. Gern nacherzählt wurde zum Beispiel, wie er Anfang der achtziger Jahre 40 000 Dollar in unterbewertete Aktien (auch solche der Apple Computer) investiert und damit eine Million verdient habe. Immer wieder aber kamen sie auf Gates' jugendliche Erscheinung zurück.

Schließlich brachte *Time* in der Ausgabe vom 16. April 1984 eine Titelgeschichte über ihn. »Der Mann, der da auf dem Seattle Tacoma International Airport auf den Abflug wartet, sieht aus wie ein unterernährter Student«, schrieb das Magazin. »Sein grauer Pullover hat Flicken auf den Ellbogen, die Schuhe sind abgestoßen, das rötlich-gelbe Haar fällt über eine stahlgerahmte Brille . . .« Auf dem Cover sah man den bebrillten Gates nervös eine weiche floppy disk auf dem Zeigefinger der linken Hand balancieren. Das Foto war nicht besonders schmeichelhaft. In dem Artikel war der Mann, der aussah wie ein hungriger Student, als Tycoon der Softwareindustrie gezeichnet, der bereits ein privates Vermögen von 100 Millionen Dollar zusammengerafft habe. Die Firma Microsoft, las man weiter, habe 1978 fünfzehn Angestellte gehabt. Gegenwärtig habe sie deren 510 und erwartete im Geschäftsjahr 1984 Einkünfte in Höhe von 100 Millionen Dollar.

Die Rechercheure von *Time* hatten zu alledem aber auch noch eine Freundin des Wunderknaben aufgetan. Sie hieß Jill Bennett, war 27 Jahre alt und Vertreterin bei Digital Equipment Corporation. Gates kannte sie seit 1983 näher. Obwohl er sich seit der Schulzeit hin und wieder mit Frauen traf, kann Jill als seine erste ernsthafte Beziehung gelten. Sie hatten sich auf einer Party kennengelernt. »Eine der ersten Fragen, die ich ihm stellte, war, warum Microsoft keine Software für einen 32-Bit-Mikrocomputer entwickle«, sagt Jill Bennett, die heute in Boston lebt. »Er hat ziemlich laut gelacht und mir den Spitznamen ›32 Bit‹ gegeben.« (Erst kürzlich hat sich Microsoft auf den 32-Bit-Softwaremarkt begeben.)

Jill beschreibt Bill als eine Mischung aus Albert Einstein, Woody Allen und John Cougar Mellancamp (ein berühmter Rocksänger, den Jill für rebellisch, gefühlvoll und unerhört sexy hält, was, ihr zufolge, alles auch für Bill Gates gilt). Aber eine Liebesbeziehung mit Bill war kein Picknick, weil er sich von der Arbeit auffressen ließ. »Es gab ein gerüttelt Maß an Schmerz für uns beide dabei«, sagt sie. »Oft fiel er bei der Ankunft auf meiner Türschwelle wie tot um. Freundinnen spielen in seinem Weltbild zweifellos höchstens eine Nebenrolle.«

Obwohl beide ähnlicher Herkunft waren und viele Interessen gemeinsam hatten, gab es doch auch unverkennbare Unterschiede. Bill war introvertiert, sagt Jill, sie selbst eher extrovertiert. Gates, sagt sie, war immer extrem konzentriert und duldete keine Ablenkungen. Deshalb besaß er auch kein Fernsehgerät und hatte selbst sein Autoradio stillgelegt. »Bill ist jemand mit einem hohen Maß an Intensität und Kompetitivität. Er ist aber auch ein Mann von großer Sensibilität und hohem Einfühlungsvermögen«, sagt sie. Fügt allerdings hinzu, daß nur wenige Menschen ihm nahe genug kommen, diese Sensibilität und sein Einfühlungsvermögen wahrnehmen zu können.

»Obwohl er's gut verbirgt . . . und niemals zugeben wird, ist Bill doch sehr verletzlich«, sagt sie. »Besonders schwierig für ihn ist es, wenn Angestellte, die bei Microsoft in Schlüsselstellungen waren, die Firma verlassen. Bill ist immer ein bißchen ein Einzelgänger gewesen. Der alte Spruch ist wahr: Es ist sehr einsam an der Spitze.« Sie fand Gates' Verletzlichkeit sehr anziehend. »Ich hatte immer das Gefühl, ihn beschützen zu wollen.« Gates hätte sich während seiner Kinderjahre sehr einsam gefühlt, meint sie, und so einsam fühle er sich noch immer.

Allerdings habe ihm der Kontakt zu seiner Familie sehr geholfen, diese Einsamkeit zu ertragen, glaubt jedoch Jill Bennett, die übrigens selbst die Familie Gates insgesamt sehr gern hat. Am Weihnachtsabend zum Beispiel kehrten Bill und seine beiden Schwestern immer ins Elternhaus zurück und schliefen dort in ihren Kinderbetten, auf denen sie frische Schlafanzüge zurechtgelegt fanden. Am nächsten Morgen nach dem Aufstehen packte dann jeder seine Geschenke aus. Diese Geborgenheit gab Bill Gates die emotionale Stabilität und Liebe, die er brauchte. »Er findet Kraft und Unterstützung bei ihnen und liebt sie alle intensiv, mehr als sie jemals erfahren werden ... Er wäre nicht der Mann, der er ist, ... ohne sie ... Seine Familie ist einer seiner stärksten Aktivposten.«

Gates und Jill Bennett gingen schon 1984, kurz nach Erscheinen des *Times*-Artikels, nicht mehr miteinander. »Es ist schließlich schwierig, eine Beziehung mit jemandem aufrechtzuerhalten, der auf einen Siebenstundenrücklauf stolz ist – er blieb nämlich nie länger als sieben Stunden von der Arbeit weg.« Irgendwann, als er besonders viel Arbeit hatte, schlug Bill Jill vor, sie könne sich doch mit Steve Ballmer anfreunden. Auf die Weise würde sie ihm dann immer noch nahe sein, und er könnte sich doch mehr auf seine Arbeit konzentrieren. Das aber war nicht genau das, was Jill hören wollte.

»Er war und ist von der Idee besessen, der ganzen Firma ein Vorbild zu sein«, sagt Jill Bennett. »Ich glaube, das ist unrealistisch und unmenschlich und wird ihn schließlich kaputtmachen.«

Gates ist ihr noch immer ein treuer Freund, sagt sie. »Ich weiß, daß er das ist und alles für mich tun würde, worum ich ihn bitte.« Die Trennung von Jill scheint Bill jedenfalls nicht das Herz gebrochen zu haben, denn wenig später ging er schon mit einer anderen, Ann Winblad, einer Software-Anlageberaterin von Hummer und Winblad in San Francisco.

Was nicht viele Leute merken, ist, daß Bill Gates in vieler Hinsicht als »Muttersöhnchen« bezeichnet werden kann. Wenn er mit Kunden ausging, nahm Gates oft seine Mutter mit. Einem ehemaligen leitenden Angestellten zufolge wurde der Chef mehrmals täglich von seiner Mutter angerufen und erhielt sogar Briefe und Postkarten von ihr. Diese Briefe sammelte er auf seinem Schreibtisch. »Ich fand das immer irgendwie komisch«, sagt der Betreffende. »Ich meine, wozu? Sie sprachen doch dauernd miteinander.«

Unser Gewährsmann fand Mary Gates sehr herzlich und ganz anders als ihren Sohn, der zurückhaltend und »kein sehr warmer Typ« sei. »Sie machte sich Sorgen um ihn und besprach das auch mit den leitenden Angestellten des Hauses.«

Mary Gates hatte ihren Sohn gern in ihrer Nähe. Als Microsoft 1979 nach Bellevue zog, nahm sich Gates dort eine Wohnung. 1983 fand seine Mutter für ihn ein Haus in Laurelhurst, keine Meile von den Eltern entfernt. Jemand, der die Familie gut kennt, erinnert sich, daß Mary immer das Gefühl hatte, sich um ihren Sohn kümmern zu müssen. Zum Beispiel kümmerten sich um seinen Umzug aus der Wohnung in das neue Haus seine Eltern und die Großmutter, während er selbst auf Geschäftsreise war. Um sich selbst kümmerte sich Bill in seiner eigenen Welt, aber um die Welt seiner Bedürfnisse und privaten Wünsche kümmerten sich andere.

Das Haus – 889 000 Dollar, drei Schlafzimmer, am Ufer des Lake Washington – war Gates' erstes richtiges Heim. In Zeitungsartikeln wird es oft »bescheiden« genannt, und im Vergleich zu einigen der luxuriöseren Villen in jener Gegend ist es bescheiden. Immerhin verfügt es über ein neun Meter langes Schwimmbecken und ein Bootshaus. Vom Garten aus kann Gates im Südosten den Mount Rainier sehen und im Westen den Campus der Universität des Staates Washington. Erworben hatte das Haus übrigens sein Vater, und es scheint ihm noch immer zu gehören. Der vorige Eigentümer, Joe Diamond, der als Parkplatzzar von Seattle ein Vermögen aufgehäuft hatte, verhandelte direkt mit dem älteren Gates, und die Grundbucheintragung weist als Eigentümer immer noch Bill Gates jr. aus, obwohl kein Grund dafür ersichtlich ist. Weder Sohn noch Vater wollen sich zu der Frage äußern.

Besucher des Hauses waren überrascht, daß Bill nicht nur kein Fernsehgerät besaß, sondern auch nur sehr wenig Wohnzimmermöbel. Im Arbeitszimmer stand ein Computer, und vor diesem brachte Gates den größten Teil der wenigen Zeit zu, die er zu Hause war. An der Decke des Arbeitszimmers klebte eine riesige Weltkarte. Der Geist hat viel »ungenutzte Kapazität«, erklärt Gates, und kann deshalb eine Menge registrieren, während man einfach die Blicke schweifen läßt. Deshalb hat er auch eine Wand seiner Garage mit einer großen Karte von Afrika beklebt.

Die Büros von Microsoft im Northop Building am anderen Ufer des Lake Washington waren nur an die zehn Autominuten von Gates' Haus entfernt. Er erschien am späten Vormittag und fuhr erst weit nach Mitternacht heim. Dort schrieb er dann noch einmal mindestens zwei Stunden E-Mail an seine Angestellten, ehe er schlafen ging. Der Computer in seinem privaten Arbeitszimmer war mit dem von Microsoft verbunden. In das E-Mail-System war übrigens auch Mary Gates einbezogen.

Je größer die Firma wurde, desto mehr verlagerte sich die Kommunikation des Chefs mit seinen Angestellten auf die elektronische Post, und er munterte auch sie auf, sich so an ihn zu wenden. Er versuchte, jede persönliche Nachricht zu beantworten. »Die meisten Leute mochten die elektronische Post«, sagt Ingrid Rasch. »Ich fand, sie war die beste Erfindung seit dem fertigen Schnittbrot. Die elektronische Post habe ich am meisten vermißt, als ich 1987 von Microsoft wegging. Jeder war mit jedem verbunden . . .«

Freilich war so auch jeder kontrollierbar. Jedesmal, wenn sich ein Mitarbeiter bei der elektronischen Post anmeldete, hinterließ er eine Art Fußspur im Speicher des Computers. Diese Informationen konnten abgerufen und bei der Berechnung der Prämien zugrunde gelegt werden. Denn die Höhe der Prämien richtete sich nicht nach der Leistung – wie effizient einer arbeitete oder wie wichtig das Projekt war, an dem er mitwirkte, blieb unberücksichtigt –, sondern nach der Zahl der an den Abenden und Wochenenden geleisteten Überstunden. Schließlich sprach sich herum, daß der Große Bruder aufpaßt, und manche Angestellten fingen an, sich an den Wochenenden mit einem Modem von daheim aus bei der elektronischen Post im Büro anzumelden und ihre Anwesenheit dort vorzutäuschen. Doch fand das Microsoft-Management, unserer Quelle zufolge, einen Weg, solche Täuschungsmanöver zu durchschauen.

Das Prämiensystem hatte zwar seine positiven Seiten, schuf aber auch viel böses Blut. Da die meisten Angestellten keine feste Arbeitszeit hatten und es keine Stechuhren gab, war es nicht leicht, festzustellen, wie viele Überstunden einer tatsächlich geleistet hatte. Viele Angestellte beschwerten sich über Ungerechtigkeiten.

Ein weiterer Nachteil der elektronischen Post bestand darin, daß sie eine Informationsexplosion zur Folge hatte. Die Angestellten hatten oft während der ersten beiden Stunden ihres Arbeitstages alle Hände voll nur damit zu tun, die bis zu 100 elektronischen Nachrichten zu beantworten. Jede Botschaft trug einen Zeitvermerk, und so war klar, daß viele von ihnen lange nach »Dienstschluß« geschickt worden waren. »Es war ein großes Macho-Ding für uns, spät nachts E-Mail zu schreiben«, sagt eine junge Frau, die Anfang 1984 bei Microsoft angestellt wurde. »Ich schrieb eine Botschaft an meinen Chef, sah dann auf die Uhr und sagte: ›Klasse! Spitzenmäßig! Da sieht er mal, wie spät ich noch hier bin!‹ Nicht daß wir Angst gehabt hätten, nach Hause zu gehen, aber es sah nicht gut aus. Tatsächlich war man von der Arbeit ja auch so gefesselt, daß man gar nicht nach Hause gehen wollte.«

Gates selbst versandte zu allen Stunden der Nacht und des frühen Morgens E-Mail. Wenn die Programmierer zur Arbeit kamen, fanden sie nicht selten eine elektronische Botschaft von Gates vor, die, irgendwann in den ersten Morgenstunden abgesandt, einen Code kritisierte, den der Empfänger vielleicht am Vortag geschrieben hatte. Die Botschaften waren oft grob und sarkastisch, »Flammenpost«, wie sie manchmal genannt wurden. Raymond Bily sagt, seit er Ende 1983 von der Softwareentwicklungsabteilung zur Marketingabteilung wechselte, hätte Gates fast nur noch per E-Mail mit ihm kommuniziert. »Ich kriegte immer lange E-Mail-Briefe von ihm, die er um 2.00 Uhr früh geschrieben hatte. Da lief dann so eine Art Bewußtseinsstrom ab«, sagt Bily. In vielen dieser Nachrichten ging es um Borland International und den brillanten Chef dieser Firma, Philippe Kahn.

Borland hatte damals gerade eine Serie von Computersprachen unter der Bezeichnung »Turbo Pascal« auf den Markt gebracht, die viel schneller waren als alles, was Microsoft zu bieten hatte. Turbo Pascal ermöglichte es den Softwareentwicklern, Anwendungsprogramme für den IBM-PC und kompatible Maschinen schneller als je zuvor zu schreiben. Gates war wütend, daß Microsoft, *die* Mikrocomputer-Sprachenfirma, von einem noch nicht einmal ein Jahr alten Versandhaus hatte geschlagen werden können.

Scott MacGregor, der technische Leiter des Windows-Projekts, sagt:

»Gates konnte nicht verstehen, warum unser Zeug so langsam war. Er war unglaublich verstört. Er nahm sich den armen Greg Whitten vor (Programmdirektor der Microsoft-Sprachen) und schrie ihn wohl eine halbe Stunde lang an.«

Gates nahm Kahns Erfolg als persönliche Beleidigung, sagt Bily. Er konnte nicht verstehen, wie es Kahn gelungen war, eine etablierte Firma wie seine zu überflügeln.

»Er nahm jede Auseinandersetzung persönlich«, sagt Bily. »Als Turbo Pascal Erfolg hatte, war das für ihn nicht eine Leistung von Borland, sondern Philippe hatte das hingekriegt . . . Er personalisierte jeden Konflikt. Für ihn hieß es Bill gegen Philippe, nicht Microsoft gegen Borland.« Und so war Gates' Kampfesgeist wieder einmal richtig entflammt.

Während der ersten Monate des Jahres 1984 hielt noch ein anderer Konkurrent Gates in Atem, nämlich Mitch Kapor von Lotus Development Corporation. Seitdem Gates sich geschworen hatte, Lotus in die Knie zu zwingen, waren anderthalb Jahre vergangen. Lotus beherrschte den Markt für Tabellenkalkulationsprogramme noch immer.

Kapor hatte ebenfalls Grund zum Zorn. Die in *Time* erschienene Titelgeschichte über Gates hatte Microsoft als führende Softwarefirma hingestellt. Doch die Einkünfte allein aus dem Verkauf des 1-2-3-Programms waren höher als die von Microsoft insgesamt. (Für die 12 Monate bis Juni 1985 versteuerte Lotus Einnahmen in Höhe von 200 Millionen Dollar, während Microsoft es nur auf 140 Millionen brachte.)

Obwohl Lotus den Tabellenkalkulationsprogrammstandard für den PC gesetzt hatte, hoffte Gates doch, 1-2-3 durch »Odyssey« (wie der Codename für ein neu frisiertes Tabellenkalkulationsprogramm bei Microsoft lautete) zu verdrängen. Das Projekt war während einer dreitägigen Geheimsitzung Ende 1983 beschlossen worden, auf der Gates, Jeff Raikes, Charles Simonyi und einige Programmierer beraten hatten, wie man der schweren Bedrohung durch Lotus' 1-2-3 begegnen könne. Es war ihnen klar, daß man ein neues Produkt herausbringen mußte. Odyssey sollte mehrere Eigenschaften von 1-2-3 haben, aber schneller laufen und Verbesserungen bieten. Doug Klunder wurde mit der technischen Leitung des Projekts beauftragt. Gates wollte das neue Produkt noch vor Jahresende herausbringen.

»Es sollte für Bill ein Produkt von höchster strategischer Bedeutung werden«, sagt einer der Manager des Projekts Odyssey. »Damit sollte es Mitch Kapor an den Kragen gehen. Ein echter Mitch-Kaputtmacher war angesagt.«

Während Gates einen guten Teil seiner Zeit auf die Entwicklung von Windows und Odyssey verwendete, konzentrierte Jon Shirley seine Bemühungen auf die Probleme der Einzelhandelsabteilung des Unternehmens. Microsoft hatte nun Anwendungsprogramme sowohl für den Macintosh als auch für den IBM-PC und dessen Klone, und es kam jetzt alles darauf an, den Absatz schnell zu steigern. Der Manager, der die Abteilung 1983 nach dem Ausscheiden von Vern Raburn übernommen hatte, hatte die in ihn gesetzten Hoffnungen nicht erfüllt. Nach langem Suchen wurde im März 1984 Jerry Ruttenbur als Vizepräsident mit Zuständigkeit für den Einzelverkauf an dessen Stelle gesetzt.

Ruttenbur hatte dreizehn Jahre im Süßwarengeschäft gearbeitet, als Verkaufs- und Marketing-Manager von M&M Mars. Auch hatte er eine Zeitlang als Verkaufsdirektor Inland bei Atari gedient sowie als Vizepräsident und Leiter der Verkaufsabteilung von Koala Technologies Corporation, die Hardware und Software für Mikrocomputer herstellte. Ruttenbur war einer von mehreren erfahrenen Managern, die Shirley zur Lösung verschiedener, lange vernachlässigter Probleme anwarb.

»Die Anwendungsprodukte von Microsoft fingen damals gerade an abzufließen«, sagt Ruttenbur, »und sie hatten wirklich niemanden in der Firma, der etwas von der Einzelhandelsseite des Geschäfts verstand, von den verschiedenen Verkaufsarten, die es da gab, von den Problemen des Vertriebs, den verschiedenen Kanälen, davon, wie man ein Team von Vertretern auf die Beine stellt und motiviert. Probleme gab es damals haufenweise. Aber die größte Herausforderung für mich stellte an diesem Punkt der Entwicklung schließlich doch der Kundendienstbereich dar. Der lag echt total im argen . . . Sie ahnten nicht, wie wichtig er war, bis jemand kam und ihnen klarmachte, wie sich das auf das allgemeine Geschäftsvolumen auswirkte.«

Während seiner ersten Woche in der neuen Stellung suchte Ruttenbur schließlich auch das Kundendienstbüro auf und traf auf zwei Frauen, die dabei waren, Kunden zurückzurufen, die telefonisch eine neue Version eines der Produkte der Firma bestellt, Beschwerden oder Fragen übermittelt hatten. Ruttenbur war entsetzt, als er sah, daß beide Hunderte noch unbeantworteter Anfragen neben sich liegen hatten. Das sei noch gar nichts, erklärten ihm die Frauen und wiesen auf einen Tisch, auf dem weitere Hundertschaften unbearbeiteter Nachrichten lagen.

»Da wußte ich, daß hier dringend Abhilfe geschaffen werden mußte«, sagt Ruttenbur.

Er erhielt alle Vollmachten, jede ihm notwendig erscheinende Veränderung durchzuführen. Beim Kundendienst sollten bald dreißig Angestellte beschäftigt sein, während der technische Stab der Abteilung auf 60 Mitarbeiter aufgestockt, also verdreifacht wurde. Auch den Einzelhandelsvertreterstab verstärkte Ruttenbur erheblich. Nur größere Veränderungen, die die Gesamtstrategie des Unternehmens tangierten, bedurften Shirleys Zustimmung.

»Shirley überwachte das Alltagsgeschäft bei Microsoft, das konnte er prima, für Einzelheiten hatte er einen Blick«, sagt Ruttenbur. »Er kümmerte sich ums Detail, so daß Bill produktmäßig denken konnte und das strategische Zeug machen. Obwohl, abgesehen davon hat sich Bill schließlich doch um alles gekümmert, was in der Firma passierte. Er wollte nicht um Genehmigung gebeten werden, er wollte einfach wissen, was man machte, und wollte, daß man ihm das erklärte . . .«

Bei der zweiten oder dritten Produktmanagementkonferenz begriff Ruttenbur, daß er ungeschminkt seine Meinung sagen mußte, wenn ihm etwas wichtig war. Einige Manager schienen sich von Gates einschüchtern zu lassen. Der schaukelte oft in seinem Stuhl und starrte dabei ins Leere, als sei er in Gedanken ganz woanders. Dann plötzlich, wenn er etwas hörte, das ihm nicht paßte oder das ihn ärgerte, hörte er auf zu schaukeln, setzte sich gerade hin und wurde sichtlich wütend, wobei er manchmal seinen Bleistift hinwarf. Um seinen Worten Nachdruck zu verleihen, schrie er und schlug mit der Faust auf den Tisch. Zuerst glaubte Ruttenbur, der Chef spiele Theater. Es fiel ihm schwer, sich vorzustellen, daß der Leiter eines großen Unternehmens auf jedes Problem so emotional reagieren könnte. Aber bald begriff er, daß Gates keine Show abzog. Gates reagierte tatsächlich auf alles hochgradig emotional.

»Es machte ihn krank, wenn wir irgendwo hinter die Konkurrenz zurückfielen«, sagt Ruttenbur. »Ganz gleich, ob es dabei um die Produkte ging, den Vertrieb, die Buchhaltung, die Lagerkapazität oder was auch immer. Es wurde uns immer wieder eingeschärft, daß wir dafür zu sorgen hätten, daß Microsoft an der Spitze läge . . . Doch nach einer Weile merkte ich auch, daß er Respekt vor Leuten hatte, die sich trauten, ihm zu widersprechen. Er erwartete nicht, daß man immer mit ihm einverstanden war, und ich glaube, manchmal widersprach er selber nur, um zu sehen, ob man zur eigenen Überzeugung stand und bereit wäre, dafür zu kämpfen. Bei den richtigen Leuten kommt das gut an, bei manchen hemmt es allerdings die Kreativität.«

Ruttenbur gehörte der Arbeitsgruppe an, die schließlich auf den Namen des Produkts verfiel, um das es bei Odyssey ging: »Excel«. Inzwischen hatte dieses Projekt eine seltsame Wendung genommen. Denn Mitte 1984 wechselte Gates die Strategie und beschloß, das neue Produkt solle nicht in erster Linie für den IBM-PC und dessen Klone entwickelt werden, sondern für den Macintosh. Lotus bereitete nämlich ein neues Tabellenkalkulationsprogramm namens »Jazz« für Apple vor, und Microsoft wollte nicht zulassen, daß Lotus mit den Anwendungsprogrammen nach IBM auch mit Apple ins Geschäft kam. Auf dem Gebiet der graphischen Benutzeroberfläche sollte Microsoft unter allen Umständen den Standard setzen. So lautete Gates' Programm für die Zukunft. Jazz war offensichtlich eine neue Bedrohung, und die galt es um jeden Preis abzuwenden.

Mit Jazz wollte Lotus dem Kunden viel mehr als nur ein Tabellenkalkulationsprogramm nach dem Muster von 1-2-3 bieten. Der heiße neue Trend in der Anwendungsentwicklung war die sogenannte integrierte Software, die innerhalb eines einzigen, leicht zu benutzenden Programms verschiedene Anwendungen kombinierte. So konnte etwa der Benutzer von der Tabellenkalkulation zur Textverarbeitung umschalten, ohne eine andere Anwendung laden zu müssen. Jazz sollte außer den beiden genannten Funktionen auch eine Datenbank und Graphiken bieten.

Apple unterstützte das Projekt mit großem Enthusiasmus. Die anfängliche Begeisterung der Kundschaft für den Macintosh war sehr zurückgegangen und der Absatz dementsprechend. Was die Firma jetzt brauchte, war eine aufsehenerregende Anwendungssoftware, deretwegen die Leute von neuem nach dem Mac Schlange stehen müßten, wie sie es nach dem Apple II getan hatten, weil sie auf VisiCalc scharf waren.

»Apple hatte damals eine Menge Ärger. Sie haben wirklich gedacht, daß Jazz ihr Erlöser sein würde«, sagt Ida Cole, die 1984 bei Apple für Produktentwicklung zuständig war.

Als Lotus den Prototyp von Jazz auf einer Fachmesse präsentierte, schickte Gates zwei seiner Programmierer vor, das Programm auszuspionieren. Während Mitch Kapor Jazz vorführte und erläuterte, machten sich die beiden eifrig Notizen. Einige Eigenschaften des Programms fanden denn auch bei Excel Verwendung.

Bei Microsoft gab es wegen des Excel-Projekts interne Streitigkeiten. Obwohl Gates beschlossen hatte, Excel für den Mac zu entwickeln, hatte er es nicht für nötig gehalten, diesen im Gespräch mit seinen Marketing-Managern getroffenen Beschluß auch mit Doug Klunder zu besprechen, der bekanntlich den Auftrag hatte, Excel für den IBM-PC zu codieren. Da das Programm bis zu diesem Punkt dem IBM-PC und dessen Klonen auf den Leib geschrieben war, bedeutete die plötzliche Änderung, daß Klunder monatelang umsonst gearbeitet hatte und praktisch von vorn anfangen mußte. Klunder war fuchsteufelswild und drohte mit der Kündigung. Tatsächlich verließ er Microsoft einige Monate später.

»Unter dem Aspekt der Menschenführung hat Bill echt Scheiße gebaut. Ich hätte mich umgebracht für Excel«, sagt Klunder heute.

Gates setzte Philip Florence, einen bei Wang abgeworbenen Programmierer, an seine Stelle. Ehe er zu Wang gegangen war, hatte Florence die Forschungs- und Entwicklungsgruppe für Leading Edge, einen der Hersteller von IBM-PC-Klonen, aufgebaut.

»Das war ein Schnellkochtopf«, sagt Florence über Microsoft. »Ich arbeitete direkt unter Bill, und an Excel hatte er besonderes Interesse.«

Florence glaubte, er wäre angestellt worden, um das Projekt zu managen. Bald gab ihm aber Gates die Anweisung, auch Codes zu schreiben und nach Bugs in dem Programm zu suchen. Das Projekt fiel weiter und weiter hinter den ursprünglichen Zeitplan zurück. Als Florence Gates eröffnete, er könne nicht gleichzeitig das Projekt managen und den Code dafür schreiben, explodierte Gates, haute mit der Faust auf den Tisch und schrie aus Leibeskräften. Einer von Florences Kollegen sagt: »Stellen Sie sich ein unerhört schlaues, millionenschweres kleines Genie vor, das 14 Jahre alt und hoffnungslos verzogen ist . . .«

Es war klar, daß Florence in einem so emotional aufgeladenen Betriebsklima, noch dazu an einem Projekt, an dem Gates selbst glühend interessiert war, keinen leichten Stand haben würde. Nach den ersten paar Monaten, in denen er durchschnittlich 100 Stunden die Woche gearbeitet hatte, erlitt er einen Herzinfarkt. Eine Bypassoperation wurde erforderlich.

Unterdessen versuchte Steve Jobs, Gates zu überreden, nach dem Muster von Jazz auch bei Excel mehrere Funktionen zu integrieren. Aber Gates weigerte sich. Er war fest davon überzeugt, daß Lotus mit Jazz auf dem falschen Wege sei. Und anders als damals bei Multiplan sollte sich seine Einschätzung diesmal als richtig erweisen.

Da Microsoft keine integrierten Programme hatte, mußte man dem Kunden etwas bieten, das die Vielseitigkeit des von Lotus geplanten Jazz-Programms wettmachte. Gates war schlau genug zu vermuten, wenn es Microsoft gelänge, ein Mittel zu entwickeln, mit dem man auf dem Mac leicht zwischen kleineren Programmen hin und her wechseln könnte, würde dies die Kundschaft sicherlich mehr reizen als ein großes integriertes Programm wie Jazz. So kam er auf die Idee des »Switchers« oder Programmschalters.

Andy Hertzfeld, der Apple verlassen und sich selbständig gemacht hatte, war eben dabei, seinen eigenen »Schalter« zu entwickeln, als ihn ein bei Microsoft beschäftigter Freund bat, doch mal vorbeizuschauen und sich zu einem neuen heißen Projekt zu äußern, an dem Microsoft gerade für den Mac arbeite. Hertzfeld hatte einige Jahre zuvor bei Apple Gates den ersten Prototyp des Macintosh vorgeführt. Als er diesmal bei Microsoft vorbeischaute, erfuhr er, daß er ein Switch-Programm für die Firma entwickeln sollte, das ziemlich dem glich, mit dessen Codierung er ein paar Wochen zuvor begonnen hatte.

Hertzfeld war überzeugt, daß sein Entwurf besser war als der bei Microsoft vorliegende. Nach einer Besprechung mit mehreren Managern führte man ihn in Gates' Büro.

Hertzfelds Angaben zufolge lief das Gespräch so ab:

»Sie sind ein wirklich großer Programmierer vor dem Herrn, stimmt's?« fragte Gates.

»Ja . . . also, ich weiß nicht. Na klar, ich glaube schon«, sagte Hertzfeld überrascht und ohne zu wissen, worauf Gates hinauswollte.

»Na«, sagte Gates, »ein *wirklich* großer Programmierer müßte doch dieses Programm ziemlich schnell schreiben können, nicht wahr?«

»Na ja, ich nehme an . . . ich weiß nicht, natürlich«, sagte Hertzfeld.

»Wie lange also würden Sie wohl dazu brauchen, was meinen Sie?«

»Ach, wirklich, das kann ich nicht genau sagen.«

»Nun«, sagte Gates. »Wenn Sie wirklich gut sind, und Sie sind doch wirklich gut, nicht wahr, dann sollten Sie nicht allzu lange brauchen.«

Bald durchschaute Hertzfeld Gates' Strategie: Er versuchte, ihn bei seiner Eitelkeit zu packen, ihn dazu zu verführen, die Zeit, die er brauchen würde, um dieses Programm zu schreiben, bei weitem zu gering zu veranschlagen. Schließlich sagte Hertzfeld, er könne das Programm wohl in acht Wochen schreiben.

Dann fragte ihn Gates, was er in der Woche verdiene. Ungefähr fünftausend, sagte Hertzfeld.

»Also schön«, sagte Gates. »Mehr können Sie kaum erwarten, stimmt's? Acht mal 5000 wären also 40 000.«

Hertzfeld begriff, daß sein Programm sowohl für Apple als auch für Microsoft strategisch wichtig war, widerstand deshalb Bills Verführungskünsten und lehnte die angebotenen 40 000 ab. Trotzdem schieden die beiden als Freunde.

Hertzfeld ging mit seinem Switch-Programm zu Apple und erhielt dort 150 000 Dollar dafür. Es wurde mit dem Mac gratis geliefert, konnte aber auch einzeln erworben werden. Mit dem Switch-Programm konnte man zwischen bis zu vier Anwendungsprogrammen hin und her wechseln, wobei man nur die Maus ein wenig bewegen mußte.

Als Gates einen Prototyp des Switchers erhielt, schrieb er Hertzfeld, er fände das Programm in der Tat großartig. »Ich zeige es jedem, der mein Büro betritt.« Er fügte hinzu, er hätte bereits angeordnet, die Microsoft-Softwarehandbücher um eine Einführung in den Gebrauch des Switchers zu ergänzen. »Sie sind natürlich der einzige, der das System so in- und auswendig kennt, wie es dafür eigentlich nötig wäre«, sagte er noch. »Machen Sie weiter so!«

Lotus stellte Jazz offiziell im November 1984 vor. Lieferbar sollte es in einigen Monaten sein, sagte Kapor. Jobs und der neue Apple-Vorsitzende John Sculley lobten das Programm in den höchsten Tönen. Doch im März 1985 mußte Lotus mitteilen, daß sich der Beginn der Auslieferung um einige Monate verzögern würde. Die Leidtragende war Apple.

Die PC-Industrie insgesamt steckte in Schwierigkeiten. Das Geschäft war sehr zurückgegangen, und Apple hatte Hunderte von Mitarbeitern entlassen. Der Absatz des Macintosh sank ständig. Nur dem noch immer beliebten Apple II war zu verdanken, daß es nicht zum Schlimmsten kam.

Microsoft beschloß, Excel am 2. Mai 1985 in New York offiziell zu präsentieren, also einige Wochen bevor Lotus die ersten Exemplare des Jazz-Programms würde liefern können. Eine aufwendige Kampagne mit Pressekonferenzen und allem Drum und Dran wurde vorbereitet.

Gates überredete Steve Jobs, der Präsentation beizuwohnen, obwohl Apple immer noch auf Jazz setzte.

Die Public-Relations-Agentur von Microsoft reservierte für Gates und seinen Anhang Zimmer im Pierre, einem vornehmen Hotel am Central Park. Die Präsentation selbst sollte in der Tavern on the Green (unweit des Hotels im Park) stattfinden. Doch als Gates am 1. Mai in New York eintraf und erfuhr, wo man ihn unterbringen wollte, war er außer sich. Das Pierre, erklärte er seinen Leuten, sei viel zu teuer.

Die Zeit reichte aber nicht, um ein billigeres Hotel zu suchen. Schlechtgelaunt begann Gates mit mehreren seiner Programmierer, die Demonstration in der Tavern on the Green vorzubereiten. In Bellevue hatte alles tadellos geklappt. Hier, in der Tavern on the Green, ging es schief. Kaum wurde Excel geladen, stürzte das System ab. Gates wurde hysterisch und schrie seine Programmierer an. Die schrien zurück. Eine Zeitlang drohte das Chaos. Doch nach stundenlanger Arbeit gelang es ihnen, das Programm zweimal hintereinander zum Laufen zu bewegen. Damit ließen sie es bewenden.

Am nächsten Morgen fuhr ein Wagen beim Pierre vor, um Gates und einige der leitenden Angestellten von Microsoft zu der geplanten feierlichen Präsentation von Excel abzuholen. Gates, dessen Stirn in Sorgenfalten lag, sah auch sonst ziemlich zerknittert aus. Er hatte offensichtlich nicht viel geschlafen, war unrasiert und allem Anschein nach auch ungeduscht. Das Haar war verklebt und fettig, und ein wenig Deo hätte auch nicht schaden können.

Mindestens einer seiner Manager war entsetzt. »Es war offensichtlich, daß Bill schon seit einiger Zeit nicht gebadet hatte. Ich traute meinen Augen nicht. Das war die wichtigste Präsentation, die wir je gemacht hatten. Und Steve Jobs war da, um das Produkt zu unterstützen, und noch eine Menge anderer wichtiger Leute. Wir hatten gegenüber der Presse den Mund unerhört voll genommen, wissen Sie, und da kam nun Bill ... Ich meine, schließlich hätte es ihn nur fünf Minuten gekostet, sich zu duschen.«

Zu Gates' Erleichterung lief das Programm dann ohne Pannen. Jon Shirley hielt eine Ansprache, und dann sprach Jobs, der sich zum ersten Mal öffentlich für Excel stark machte.

Im September kam Excel auf den Markt, und die Kritiken waren ausgezeichnet. Lotus ließ sich die Marketingkampagne für Jazz rund siebeneinhalb Millionen Dollar kosten. Für die Promotion von Excel gab Microsoft nur eine Million aus. Und doch lief das Microsoft-Programm Jazz den Rang ab. Einige Fachzeitschriften fanden, Excel arbeite auf dem Mac noch besser als 1-2-3 auf dem IBM-PC. Der Mac hatte nun ein Anwendungsprogramm, das ihn sozusagen unwiderstehlich machte, und Apple war die schlimmsten Sorgen los. Gates aber hatte wieder einmal den Standard gesetzt. Schließlich sollte Microsoft die meisten Anwendungsprogramme für den Mac liefern. Lotus hatte sich mit Jazz und der Strategie der integrierten Software überhaupt, wie sich zeigen sollte, schwer verkalkuliert.

Jeff Raikes, Marketing-Direktor für Anwendungen bei Microsoft, erklärte einem Reporter der *New York Times*: »Die (bei Lotus) haben gedacht, daß alle Leute, die einen Mac haben, Yuppies sind, die BMW fahren. Also haben sie sich gesagt: ›Was die wollen, ist Jazz.‹ Aber wir haben dem Markt ein Produkt beschert, das bewiesen hat, daß man mit einem Mac mehr machen kann als mit einem IBM-PC.«

Während Excel aber derart brillierte, waren die Aussichten bei Windows noch immer trübe. Obwohl man an diesem Projekt inzwischen schon im zweiten Jahr arbeitete, war jetzt, nach vielen Verzögerungen, gar nicht mehr abzusehen, wann es je fertig würde.

Die ungepflegte Erscheinung, die Gates den wichtigen Leuten zumutete, die sich zur Präsentation von Excel in New York versammelt hatten, war für seine Mitarbeiter nichts Neues.

Man kann wohl nicht einmal sagen, daß es ihm egal war, wie er aussah, oder daß er auf sein Äußeres nichts gab. Er mochte sich nur nicht regelmäßig die Zeit nehmen, sich darum zu kümmern. Meistens gab es Dringenderes, das seine Aufmerksamkeit erforderte. Wenn er einmal Zeit dafür hatte, rasierte er sich wohl, duschte auch und wechselte das Hemd. Nur hatte so etwas in seinem Terminkalender keine sehr hohe Priorität.

Als er immer öfter auf den Titelblättern der großen Zeitschriften erschien, verließ sich die Public-Relations-Abteilung darauf, daß seine Sekretärin ihn herausputzte. »Sie ist sogar zu ihm nach Hause gefahren und hat ihm Sachen zum Wechseln geholt«, sagt eine Kollegin.

Einige Wochen nach der Vorstellung von Excel bat das *Wall Street Journal* um einen Fototermin mit Gates. Die Zeitung veröffentlichte eine Reihe von Eigenanzeigen, auf denen die Chefs verschiedener bedeutender Firmen für das Blatt – und natürlich zugleich für ihr eigenes Unternehmen – werben sollten. Unter dem Bild, das Gates zeigte, wie er die Zeitung in der Hand hielt, sollte die Zeile stehen: »Abgesehen von meiner Software ist nichts benutzerfreundlicher als das *Wall Street Journal*.« Gates erklärte sich einigermaßen widerwillig bereit, für das Foto zur Verfügung zu stehen, falls es nicht mehr als eine Stunde dauerte.

Die Leute vom *Wall Street Journal* meinten, Gates würde sich geschmeichelt fühlen, wenn er für eine landesweite Anzeigenkampagne fotografiert wurde.

In Wirklichkeit haßte er es. »Für ihn war das reine Zeitverschwendung, und er willigte nur ein, weil irgend jemand meinte, es wäre gut für Microsoft«, sagt ein führender Mitarbeiter.

Am Tage des Fotos trug Gates einen grünen Pullover mit dem Firmenlogo. Man hatte ihn ausdrücklich gebeten, sich ganz zwanglos zu kleiden. Während das Büro für die Aufnahme hergerichtet wurde, ging Gates hinaus, weil er es nicht ertragen konnte, so viele Leute herumstehen zu sehen, die mit ihrer Zeit so wenig anzufangen wußten. Als etwa eine Stunde später alles arrangiert war, bat man ihn zurück. Er setzte sich in Positur und hielt die Zeitung, wie es von ihm verlangt wurde. Doch unterm Arm hatte er ein großes Loch im Pullover. Statt ihm das zu sagen, meinten die Leute vom *Wall Street Journal* nur, die Aufnahme sei aus diesem Winkel nicht zu machen und er möge die Zeitung bitte mit der anderen Hand halten. Es würde ein paar Minuten dauern, neu einzuleuchten.

»Inzwischen war Bill schon sehr, sehr irritiert. Aber er kam wieder herein, hielt die Zeitung mit der anderen Hand, und – siehe da! – das Loch unter diesem Arm war noch größer. Also sagten sie: ›Bill, Bill, dieser Pullover ist einfach zu dunkel für das Foto.‹« Er zog den Pullover aus und hielt abermals die Zeitung in die Höhe. Da war ein großer häßlicher Fleck auf dem Hemd.

»Die Leute von der Zeitung erzählten Bill, irgendwas an der Kamera funktioniere nicht, und sie müßten rausgehen, um sich zu beraten. Bill war inzwischen echt sauer«, berichtet unser Zeuge. »Alles ging also auf den Korridor, und eine von den Frauen sagte zu mir: ›Wir mußten unbedingt ein bißchen raus! Es riecht in dem Büro so schlecht, daß ich dachte, mir wird übel.‹«

Der Stylist, der zu dem Team gehörte, erklärte draußen, man würde die fettigen Strähnen auf dem Foto retuschieren.

Dieses Public-Relations-Fiasko gilt als »typisch Gates«. Typisch war aber auch, daß keiner mit der Sprache herausrückte.

Die älteren und erfahreneren Führungskräfte, die während der Jahre 1983 und 1984 eingestellt wurden, um die erforderlich gewordene Umstrukturierung von Microsoft in die Hand zu nehmen, waren durchweg Männer. Zwar gab es unter den Programmierern einige Frauen, doch die Mehrzahl der bei Microsoft tätigen Frauen arbeitete im außertechnischen Bereich. Das Sagen hatten ausschließlich Männer. Im Februar 1985 jedoch schien sich das zu ändern, denn nun wurden zwei Direktorenposten mit Frauen besetzt. Ida Cole und Jean Richardson hatten schon viel Erfahrung in Führungspositionen. Cole, 37, war vier Jahre lang bei Apple gewesen, zuletzt als Direktorin der Entwicklungsabteilung. Vorher hatte sie die Abteilung für Anwendungssoftware bei Apple geleitet. Richardson, 48, kam ebenfalls von Apple, wo sie die Informationsabteilung aufgebaut und geleitet hatte.

Cole wurde im Zuge der Reorganisation der Anwendungs-und-Betriebssystem-Abteilung angestellt, die in zwei selbständige Einheiten unterteilt wurde. Cole wurde als Vizepräsidentin mit der Leitung des Anwendungsbereichs betraut, während Ballmer die Leitung des Betriebssystembereichs übernahm, in den auch das Windows-Projekt fiel. Jean Richardson bekam anstelle des kürzlich ausgeschiedenen Rowland Hanson die Leitung der Informationsabteilung übertragen.

Bekannte sich Gates neuerdings zur Gleichberechtigung? Eine wohlunterrichtete Gewährsperson, die an der Einstellung der beiden Damen beteiligt war, ist nicht dieser Meinung. Es hätte sich vielmehr um ein Manöver gehandelt, das darauf abzielte, einen lukrativen Regierungsauftrag (die Luftwaffe mit Computersoftware auszurüsten) an Land zu ziehen. Man hatte Microsoft erklärt, das Unternehmen beschäftige nicht genügend Frauen in Führungspositionen, um den Richtlinien entsprechend für einen solchen Auftrag in Frage zu kommen. (Microsoft hatte einen Berater in Washington, dessen einzige Aufgabe darin bestand, dafür zu sorgen, daß Microsoft bei Regierungsaufträgen nicht zu kurz kam.)

Gates und einige seiner engsten Mitarbeiter erörterten (unserer Quelle zufolge) von Zeit zu Zeit, ob sie für einen bestimmten Job einen Mann oder eine Frau einstellen sollten. »Und dann sagten sie: ›Ach, nehmen wir doch zwei Frauen, denen können wir halb soviel zahlen, und sie machen die ganze Drecksarbeit.‹ Das ist Originalton Bill Gates. Ich habe mich immer gewundert, daß er in diesem Punkt nicht ein bißchen sensibler war.«

Auf dem Papier schien man mit Ida Cole genau die richtige Wahl getroffen zu haben. Sie konnte programmieren und hatte schon bei Apple bewiesen, daß sie große Gruppen von Mitarbeitern leiten konnte. Sogar von Marketing verstand sie etwas, denn eine Zeitlang hatte sie auch das Marketing für den Apple II geleitet.

Gates hatte Ida Cole 1983 auf der Hochzeit von John Raikes kennengelernt, der bei Apple mit ihr zusammengearbeitet hatte. Danach begegneten sie sich des öfteren auf Fachmessen und bei ähnlichen Gelegenheiten und schienen gut miteinander auszukommen.

Kaum ein Monat war seit ihrer Einstellung bei Microsoft vergangen, als Ida Cole gebeten wurde, auf einer Betriebsversammlung zur gesamten Belegschaft zu sprechen. Vier Jahre zuvor hatte Charles Simonyi die damals knapp hundertköpfige Belegschaft mit seinen Prophezeiungen einer glorreichen Zukunft vor Begeisterung von den Stühlen gerissen. Anfang 1985 strömten annähernd neunhundert Microsoft-Angestellte ins Bellevue-Theater. Von Jahr zu Jahr waren diese Betriebsversammlungen aufwendiger geworden. Die Angestellten erhielten Geschenke – von Tennisschuhen bis zu Chefsesseln – und durften Gates und den anderen Führungskräften Fragen stellen.

Ida Cole wußte nicht genau, was sie in ihrer Rede sagen sollte, da sie der Firma ja erst wenige Wochen angehörte. Nach einigen allgemeinen Bemerkungen dankte sie der Belegschaft für ihre Tüchtigkeit, für die Überstunden und für die vielen guten Produkte, die sie herstellte.

»Ich sagte, wie ich mich über den herzlichen Empfang gefreut hätte, der mir zuteil geworden war, und daß ich mich darauf freue, sie alle näher kennenzulernen, und daß ich hoffte, bei Microsoft eine große Zukunft zu haben«, sagt sie. »Es war sehr persönlich, und solche Töne waren sie nicht gewöhnt. Sie hatten Ballmer, der sie zum Beifall anfeuerte, wenn er über die Zukunft der Firma redete, aber was der sagte, war immer total unpersönlich.«

Es gab großen Beifall für Ida Cole.

Einige der älteren Ingenieure wußten nicht recht, was sie von der Rede halten sollten. Lob waren die Angestellten von ihren Managern nicht gewöhnt.

»Es war sehr seltsam«, sagt ein Manager des Windows-Entwicklungsteams. »Irgendwie alles sehr schwammig, von Mensch zu Mensch, ich werde mithelfen, eine bessere Welt zu schaffen und so, sehr untechnisch, sehr gefühlig. Und natürlich, da waren diese ganzen Typen, und bisher hatte die noch nie jemanden aufgefordert, sich persönlich füreinander zu interessieren. Und da kommt nun Ida und redet über persönliche Werte und dieses ganze Zeug. Es war ganz offensichtlich, daß sie auf dem falschen Dampfer war. Wir konnten uns nicht erklären, wieso Bill gerade diese Person ausgesucht hatte . . .«

Nicht lange nach der Betriebsversammlung gewährte Ida Cole einem Angestellten zwei Wochen Vaterschaftsurlaub, damit er sich um seine beiden kleinen Kinder kümmern konnte, während sich seine Frau von ihrer dritten Entbindung erholte. Vaterschaftsurlaub hatte es bei Microsoft noch nie gegeben, und Gates ließ Ida Cole wissen, daß er ihre Entscheidung für »unklug« hielt. Im September 1985 waren die Beziehungen zwischen Gates und seiner neuen Vizepräsidentin bereits sehr gespannt. Ida Cole, die ja vorher für ein anderes Wunderkind der Branche gearbeitet hatte, bewunderte zwar die Qualitäten ihres neuen Chefs, hatte aber Mühe, sich an seinen aggressiven Umgangston zu gewöhnen.

»Steve Jobs, der wahrscheinlich die charismatischste Person ist, der ich je begegnet bin, kann, was die Substanz angeht, mit Bill nicht mithalten«, sagt sie. »Bill weiß, was er macht. Er hat es durchdacht. Er fordert außerordentliche Leistungen von den Leuten. Das stört mich nicht, das mache ich auch. Aber Bill hatte immer so eine aggressive Grundhaltung, ganz gleich, ob etwas damit zu holen war oder nicht. Ich habe ihn immer erst mal schreien lassen, solange er wollte, und wenn er dann aufhörte, haben wir geredet. Gelegentlich schickte er mir wütende E-Mail. Ich habe dann immer zurückgeschrieben, daß ich mir so was nicht bieten lasse.«

Anfang September erfuhr Ida Cole, daß sie sich einer größeren Operation unterziehen mußte. Da ihre Abteilung aber gegen Ende des Monats mit dem Versand des Excel-Programms beginnen sollte, verschob sie den Eingriff. Drei Wochen nach der Operation war sie schon wieder an ihrem Arbeitsplatz – viel zu früh, wie ihr bald klar wurde. Drei Tage nach ihrer Rückkehr sprach sie mit Gates über die Entlassung von Philip Florence, der einen Herzanfall erlitten hatte. Er war inzwischen wieder auf dem Posten, kam aber mit seiner Arbeit nicht zu Rande. Während der Diskussion darüber fing Gates plötzlich an, Ida Cole anzuschreien, sie vertrödele kostbare Zeit.

»Ich hatte noch Schmerzen von der Operation. Die ganze Sache war ziemlich lebensbedrohlich gewesen. Als sie mich aufgeschnitten haben, haben sie gedacht, ich hätte Gebärmutterkrebs. Schließlich haben sie mir dann nur eine gutartige Geschwulst rausgenommen. Aber es war wirklich alles sehr beängstigend und kein Vergnügen. Und auf die Totaloperation hätte ich eigentlich gerne verzichtet. Ich war damals siebenunddreißig. Als Bill also da anfing, mich anzuschreien, habe ich gedacht: ›Jetzt reicht's!‹«

Sie verließ den Raum und ging zu Jon Shirley. »Ich kann einfach nicht jeden Tag zur Arbeit gehen und denken, daß es nie besser wird«, sagte sie ihm.

Schließlich wurde sie in die Internationale Abteilung versetzt, wo sie Gates nur selten sah und sich seine Kritik nicht mehr täglich anhören mußte. Gates selbst übernahm fürs erste die Leitung der Anwendungsabteilung. Ersatz für Ida Cole fand er erst zwei Jahre später.

Die ersten Wochen nach der offiziellen Ankündigung des Windows-Programms in New York im November 1983 waren hektisch gewesen. Allen war klar, daß das Programm nun bald herausgebracht werden mußte. Doch ging es dann bei den ersten Sitzungen mehr darum, wie das Projekt zukünftig in der Presse dastehen sollte, als um die Fertigstellung selbst.

»Es war schon irgendwie komisch«, sagt Scott MacGregor, der Manager, der bei Xerox abgeworben wurde, um die Leitung der Entwicklungsarbeiten an Windows zu übernehmen, »denn da saßen wir herum und erläuterten der Presse die Einzelheiten der ersten Version von Windows, ehe wir die auch nur entworfen hatten.«

Einige Wochen nach der Ankündigung des Programms wurde Windows auf der Herbst-Comdex in Las Vegas zum zweiten Mal vorgeführt. Gates verwandte nicht viel Zeit auf die Vorbereitung des Vortrags, den er bei dieser Gelegenheit zu halten hatte, alles in allem nicht mal eine Stunde, und als er zehn Minuten, bevor er ans Rednerpult treten sollte, hinter den Kulissen aufkreuzte, sah er so zerknittert und ungekämmt aus wie gewöhnlich. Der Vortrag jedoch ging dann glatt über die Bühne. Den Diaprojektor bediente bei dieser Gelegenheit sein Vater.

Bill Gates hatte mit seinen Versprechungen in Sachen Windows ungeheure Erwartungen geweckt. Doch bei Microsoft gab es Zweifel.

»Ich glaube, Bill hatte keinen Begriff von den Dimensionen des Projekts, das er sich da vorgenommen hatte«, sagt MacGregor heute. »Alle Aufgaben, die er bis dahin angefaßt hatte, konnten ein, zwei Leute innerhalb von einer Woche oder über ein Wochenende erledigen. Aber ein Projekt, an dem ein Haufen Leute ein Jahr lang oder länger zu tun hat, ist etwas ganz anderes. Das Windows-Team bestand schließlich aus über dreißig Leuten. Ein derart umfangreiches Projekt hatte Microsoft vorher noch nie durchgezogen.«

Die technischen Schwierigkeiten waren enorm. Wie sich zeigte, war die Speicherkapazität der verbreitetsten IBM-kompatiblen Computer nicht groß genug. Diese auf dem 8088-Chip von Intel beruhenden Geräte hatten eine Speicherkapazität von nur 256 KB. Entwickelt werden sollte ein System, das die gleichzeitige Benutzung mehrerer Anwendungsprogramme gestatten sollte, so daß es nur eines Klickens mit der Maus bedurfte, um von einem zum anderen zu wechseln. Aber die Mehrzahl der damals vorliegenden Anwendungsprogramme war, wie MacGregor sagt, »unglaublich ungehobelt«. Denn, erklärte er, »jedes belegte gleich zu Anfang maximale Speicherkapazität mit Beschlag, als hätte es allein darauf Anspruch. Ein Programm wie Lotus 1-2-3 hatte deshalb gleich, wenn es losging, folgende Unterhaltung mit dem Betriebssystem: ›Wie hoch ist deine Speicherkapazität?‹ Worauf dann das System antwortete: ›So und so hoch.‹ Und darauf hatte Lotus nur die Antwort: ›Na schön, nehme ich.‹«

Windows mußte die beschränkte Speicherkapazität der damals gängigen Computer ökonomischer nutzen. Die Schwierigkeit bestand also nicht zuletzt darin, daß die Programmierer einen neue Leistungen garantierenden Code schreiben mußten, der auf der Basis des 8088-Chips schnell laufen würde und in der nur beschränkten Speicherkapazität zu verstauen war. Letzteres war nur zu bewerkstelligen, wenn es gelang, das Programm so abzurichten, daß es nie mehr Speicherkapazität in Anspruch nahm, als es zu einem gegebenen Moment tatsächlich benötigte.

Während der ersten Monate der Arbeit an diesem Projekt zweifelte niemand daran, daß das möglich sei. *Nichts* schien unmöglich. Die Atmosphäre war wie elektrisch geladen.

»Es war begeisternd, aufregend, wir hatten unheimlich viel Spaß«, sagt einer der an dem Projekt beteiligten Programmierer. »Wir konkurrierten mit der Welt und waren auf der Siegerstraße. Andere Firmen hatten ebenfalls bereits Programme in Fenstertechnik angekündigt, aber wir haben die OEMs überredet, auf unsere Version zu warten. Windows erregte großes Interesse bei der Presse und in der Öffentlichkeit. Das erste Jahr oder so war wirklich spannend.«

Aber dann kamen schwierige Zeiten. Das Windows-Projekt brachte ernsthafte Mängel der Organisation und des Managements der Firma ans Licht. Ende Januar 1984 veröffentlichte *Fortune* einen Artikel über Microsoft, der die kritische Entwicklungsphase, in der sich die Firma damals befand, sehr treffend charakterisierte:

». . . viel hängt von Windows ab. Wenn das Programm nicht zum Standard wird, kriegt Microsoft vielleicht keine zweite Chance, den Konsumentenmarkt im Sturm zu erobern. In jedem Geschäft ist die Gunst des Augenblicks flüchtig, nirgends aber läßt sie sich weniger festhalten als in einer Branche, die sich so schnell entwickelt wie die Microcomputersoftwarebranche . . . Wie andere schnell wachsende kleine Firmen, die jede Chance wahrnehmen möchten, hat auch Microsoft bisher noch wenig Zeit auf den Aufbau eines soliden Managements verwandt, das man aber braucht, um auf Dauer vorn bleiben zu können.

Immerhin hatte Microsoft schon Ende 1983 MacGregor und Nikora eingestellt, um solch ein solides Management aufzubauen. Der Company war bewußt, daß sie mehr Offiziere und Unteroffiziere brauchte, die dafür sorgten, daß ihre Leute einigermaßen im Gleichschritt marschierten. In jener Zeit war die Firma noch kaum hierarchisch strukturiert. Die einzelnen Produktentwicklungsteams waren klein, kaum eines umfaßte mehr als drei Personen. Simonyi leitete die Anwendungsentwicklung, MacGregor die neugeschaffene Gruppe Interaktive Systeme, der drei Angestellte zugeteilt waren. Es gab eine Entwicklungsgruppe für Sprachen und eine für Betriebssysteme. Jede Gruppe hatte ihren eigenen Guru, ihr eigenes Genie. Seit dem Abschied von Paul Allen hatte Gates die Oberleitung der Softwareentwicklung übernommen und griff sehr direkt in die Arbeit der einzelnen Abteilungen ein, wenn es ihm, wie meistens, geboten schien.

»Bill hatte damals, wenn ich es jetzt bedenke, von Menschenführung so gut wie keine Ahnung«, sagt MacGregor. »Eine gewisse Sorte Leute konnte sich das zunutze machen. Es gab damals eine Menge, die im Umgang mit Menschen total ungeschickt, absolut unfähig waren. Alles funktionierte nach dem Peter-Prinzip: Sehr erfolgreiche technische Kräfte wurden in leitende Positionen gesetzt. Dann waren 30 Leute einem Typen verantwortlich, der mit zwei Dritteln von ihnen nicht klarkam, nicht redete. Ich meine, das ist doch unvorstellbar.«

MacGregor versuchte, die Firma zu veranlassen, daß sie ihre leitenden Mitarbeiter zu einem Intensivkurs in Managementtechniken schickte, wie er von Xerox angeboten wurde. Dabei stieß er auf Widerstand. Ausgesprochen feindselig begegnete der Anregung Gordon Letwin, damals für die Betriebssystemabteilung verantwortlich, der letzte der noch in Albuquerque eingestellten Programmierer.

Die Arbeitsatmosphäre im Programmierbereich war bei Microsoft traditionell chaotisch, und Letwin wollte, daß das auch so bliebe. Je unstrukturierter das Umfeld, meinte er, desto ungezwungener konnte sich Kreativität entfalten und innovative Produkte schaffen.

»Sie hatten da ein Modell, wo sich über Effizienz kein Mensch Gedanken machte«, sagt ein betriebsfremder Programmierer, der Microsoft 1983 einen Besuch abstattete. »Wir waren vollkommen baff. Wir kamen aus der Welt der Großrechner, und da sahen wir nun bei Microsoft, wie alle diese Softwarewerkzeuge, die einander in der Theorie ergänzen sollten, von lauter total unabhängigen Gruppen gebaut wurden, wo keiner mit dem anderen redete. Sie tauschten ihren Code nicht untereinander aus, sie teilten sich überhaupt nichts mit. Aber über die Jahre hat sich gezeigt, daß das in der PC-Welt wahrscheinlich eines der effektivsten Modelle ist.«

Mit der Erfahrung, die er seiner Tätigkeit bei Xerox verdankte, schien MacGregor bestens ausgestattet, den kreativen Prozeß zu lenken. Er war ein Jahr jünger als Gates, nachdenklich, intellektuell und ziemlich selbständig. Während der ersten Wochen des Jahres 1984 saßen MacGregor und Gates oft an den Wochenenden im Büro zusammen und berieten über die Richtung, die bei der Entwicklung des Windows-Programms einzuschlagen wäre.

»Ich war ziemlich auf mich selbst gestellt, aber Bill und ich trafen uns oft, um das Design und andere Dinge zu besprechen«, sagt MacGregor. »Man muß Bill zugestehen, daß er immer blitzschnell kapiert, worauf es ankommt. Aber sein Terminkalender war immer voll. Wenn man ihn wirklich einmal länger sprechen wollte, ging man samstags oder sonntags ins Büro. Dann konnte man schon mal ein paar Stunden lang in Ruhe mit ihm reden.«

Sie hatten viel miteinander zu besprechen. Wie sollte die Speicherverwaltung funktionieren? Sollten sich die Fenster auf dem Bildschirm überlappen wie beim Macintosh, oder sollten sie aneinanderstoßen wie Badezimmerkacheln? Brauchte Windows eine Maus?

»Viele Leute sind mit ihren Jobs unzufrieden, weil sie kein Feedback kriegen«, sagt MacGregor. »Da gab's bei Microsoft keine Probleme. Man wußte immer genau, was Bill von der Arbeit hielt, die man machte. Das Ziel, der motivierende Impuls bestand für eine Menge Programmierer darin, Bill zufriedenzustellen.«

MacGregor mochte an Gates auch die Fähigkeit, seine Meinung zu revidieren.

»Wenn er wirklich an etwas glaubte, setzte er sich mit Feuereifer dafür ein und drückte es überall durch und erzählte jedem, den er traf, wie großartig es sei. Wenn sich aber zeigte, daß die betreffende Sache so großartig nicht war, kehrte er ihr den Rücken und vergaß sie. Einer Menge Leute fällt so was sehr schwer. Ihn machte das unglaublich beweglich in dem Sinne, daß er sich nie in schlechte Geschäfte verrannte. Die meisten Leute halten doch an ihren Lieblingsideen fest, auch wenn sie schon längst wissen, daß sie nichts taugen.«

Ende Februar 1984, vier Monate nach der Ankündigung von Windows in New York, zahlten etwa 300 Vertreter verschiedener Softwareverleger und Computerhersteller eine Gebühr in Höhe von 500 Dollar für die Teilnahme an einer von Microsoft gesponsorten Konferenz über Windows. Die meisten Firmen, die öffentlich für das neue Programm Partei ergriffen hatten, waren vertreten. Wenn Windows sich als Standard durchsetzen sollte, wie es Gates vorschwebte, mußten diese Softwareentwickler Anwendungsprogramme dafür schreiben. Es kam für Gates also darauf an, dieses Bündnis unter allen Umständen zusammenzuhalten.

Vor der Konferenz hatte Microsoft verlauten lassen, daß Windows Ende März lieferbar sein würde. Aber für die Teilnehmer hatte man dann schlechte Neuigkeiten. Microsoft konnte ihnen die Informationen, die sie brauchten, um Anwendungsprogramme für Windows zu schreiben, einstweilen noch nicht zur Verfügung stellen. Und vor Mai, erfuhren sie, war mit der Fertigstellung der »Fenster« nicht zu rechnen.

Innerhalb der Firma wuchsen die Spannungen zwischen MacGregors Gruppe Interaktive Systeme und der von Letwin geleiteten Betriebssystemegruppe. Zu Beginn der Entwicklungsarbeiten an Windows wurde vorausgesetzt, daß die Betriebssystemegruppe, die an einer neuen Version von MS-DOS arbeitete, in Führung gehen und bahnbrechenden Code schreiben würde, den die Gruppe Interaktive Systeme für das Windows-Projekt nur abzuwandeln brauchte. Aber da der bahnbrechende Code zu lange auf sich warten ließ, ergriff MacGregor die Initiative und setzte seine Programmierer an diese Aufgabe. Letwin empfand das als Beleidigung.

Für tüchtige und ehrgeizige Programmierer war klar, daß sie bei Microsoft nirgendwo besser zum Zuge kommen würden als in der Gruppe unter MacGregor. Windows war das Projekt, das das größte Aufsehen in der Presse erregte und dessen Realisierung überall mit Spannung erwartet wurde. MacGregor wurde oft von Programmierern, die anderen Gruppen zugeteilt waren, gebeten, sie zu übernehmen. Das bestärkte Letwin natürlich in seinen Ressentiments. Der vollbärtige Letwin war ein hervorragend begabter Programmierer und schon länger bei Microsoft als die meisten. Seine Stellung als Leiter der Betriebssystemegruppe hatte er aufgrund seines technischen Geschicks erlangt und nicht, weil er irgendwelche Führungsqualitäten hatte erkennen lassen. Er stritt sich oft mit Programmierern, die unter seiner Leitung arbeiteten, und weigerte sich dann tagelang, mit ihnen zu sprechen.

»Das passiert oft, wenn eine in hohem Maße technisch orientierte kleine Firma mit einem hochgradig technisch interessierten Chef heranwächst«, sagt ein Zeuge dieser Vorgänge. »Der Chef macht die Kumpels, mit denen er programmiert hat, zu Abteilungsleitern.«

Gates mischte sich in diesem Fall nicht ein und begünstigte niemanden. Das Betriebssystem blieb nach wie vor ein wichtiges Produkt. Als IBM die Absicht erklärte, während der Entwicklung ihres eigenen TopView-Programms VisiOn zu vertreiben, sagte Gates, im Gegenzug würde Microsoft eine Multitask-Version von MS-DOS herausbringen, ausgestattet mit Graphik, Maus und versehen mit Fenster-Funktionen. Diese GUI-Elemente fehlen bis heute bei DOS. Aber Windows hatte sie.

»Wir waren einigermaßen fest entschlossen, Windows zuerst herauszubringen, deshalb durfte nichts die Realisierung dieses Projekts verzögern«, sagt MacGregor.

Je weiter die Entwicklung des Windows-Programms fortschritt, desto klarer wurde, daß es sich dabei nicht nur um einen oberflächlichen Zusatz zum Betriebssystem handeln würde. Es wurde zunehmend komplexer und technisch innovativer. Doch je komplexer der erforderliche Code wurde, desto mehr Zeit wurde benötigt, ihn zu schreiben. Auch zum Mai wurde man nicht damit fertig, und es mußte ein neuer Termin angegeben werden: Ende August. Die OEM-Kunden wurden nervös. In Interviews mit der Branchenpresse erklärte Jon Shirley, Microsoft werde das versprochene Programm, wenn auch mit Verspätung, alsbald liefern. Während des Sommers 1984 besuchten Abgesandte der Firma persönlich die bedeutendsten Computerhersteller und Softwareverleger und entschuldigten sich für die abermalige Verzögerung.

Als offizieller Grund wurden Veränderungen in der Abbildungstechnik auf dem Bildschirm angegeben. Doch gingen die Probleme unverkennbar tiefer.

Tatsächlich änderte Gates ständig seine Meinung zu der allerdings nicht nebensächlichen Frage, welches System der Darstellung dem Programm am angemessensten wäre. Häufig forderte er auch Zusätze zum Programm und andere nachträgliche Änderungen. Und obwohl er MacGregor und Nikora mit der Leitung des Projekts betraut hatte, scheute er nicht davor zurück, sich in alles, und sei es noch so geringfügig, persönlich einzumischen.

»Der hat da tagein, tagaus alles und jedes mikrogemanagt«, sagt ein ehemaliger Mitarbeiter der Gruppe Interaktive Systeme. »Da machten wir unsere Arbeit und erfuhren dann, daß Bill uns hinter unserem Rücken eine ganz neue Richtung vorgeschrieben hatte. Und das, ohne sich auch nur die Mühe zu machen, uns davon zu verständigen.«

Das war nicht nur ärgerlich, denn jede Veränderung kostete Zeit. Die von Gates angeordneten Korrekturen kamen der Qualität des Produkts zwar meistens zugute, doch die Auswirkung seiner Willkür auf die Moral seiner Mitarbeiter war eindeutig schädlich. MacGregor verlangte mehr Mitarbeiter und mehr Zeit. Insbesondere über die zur Vollendung des Programms noch erforderliche Zeit stritt er sich häufig und heftig mit Gates.

»Dauernd wurde rumgeschrien«, sagt Nikora. »Wenn es ihm nicht gefiel, wie Scott irgendwas machte oder sonst irgendwer irgendwas machte, sagte er: ›Okay, ich nehme mir das übers Wochenende vor und codiere es, und dann zeige ich euch, wie's gemacht wird!‹ Und dazu haute er mit der Faust auf den Tisch.«

Wenn MacGregor den jeweils neuesten Zeitplan vorlegte, berücksichtigte er dabei immer die aus den verschiedensten Gründen zu gewärtigenden Verzögerungen – Krankheit, unerwartete Bugs, Testperioden und so fort. Gates pflegte bei der Durchsicht dieser Pläne die für solche Verzögerungen vorgesehenen Zeiten restlos zu streichen.

»Ich glaube, Bill dachte, ich erpresse ihn«, sagt MacGregor. »Er hatte die Idee, daß es schließlich doch ganz leicht wäre, die Änderungen vorzunehmen, die er verlangte. Er hatte es vorher immer nur mit verhältnismäßig kleinen Projekten zu tun gehabt, und anfänglich hat Microsoft die Produkte ja auch nie in der Praxis getestet. Was Bill nicht verstand, ist, daß bei so großen und komplizierten Projekten die kleinste Änderung eine Menge Zeit kostet. Man muß den Code ändern, die Dokumentation ändern, dafür sorgen, daß das geänderte Stück mit allen anderen Teilen des Programms zusammenpaßt. Wenn man auch nur alle drei Monate was ändert, kann man damit rechnen, nie fertig zu werden. Es gab da einen echten Konflikt zwischen Bills Wunsch, das Produkt zu verbessern, und der Notwendigkeit, es irgendwann auf den Markt zu bringen.«

Eine der kostspieligsten Programmänderungen wurde beschlossen, als Windows schon ein Jahr in der Entwicklung war. Ursprünglich sollte

Windows nur mittels einer Maus zu steuern sein, wie der Macintosh von Apple. Aber die Mehrzahl der PC-Benutzer war daran gewöhnt, Befehle auf einer Tastatur einzutippen. Und man meinte seitens der Verbraucher einen wachsenden Widerstand gegen zusätzliche Hardware zu spüren. Außerdem fürchtete Microsoft um ihre lukrativen Rüstungsaufträge. Jedenfalls ist MacGregor in Erinnerung geblieben: »Es gab da eine gewisse Besorgnis wegen der Schwierigkeiten, in einem Panzer die Maus zu benutzen.

Obwohl Digital Equipment Corporation, Tandy und Intel das Windows-Programm mit zunehmender Ungeduld erwarteten, beschlossen also Gates und MacGregor schweren Herzens, Windows müsse auch über die Tastatur zu bedienen sein. Diese Entscheidung verlängerte die Entwicklungszeit des Programms vielleicht um ein halbes Jahr, mindestens aber um drei Monate.

»Irgendwie war das frustrierend, denn, verdammt, wenn wir das von Anfang an gewußt hätten, hätten wir's gleich so entworfen«, sagt MacGregor.

Weshalb er also in die Änderung eingewilligt habe?

»Gates hat mich schließlich mürbe gemacht.«

Je weiter der Liefertermin hinausgeschoben wurde, desto größer wurde der Druck auf die für die Fertigstellung des Produkts Verantwortlichen. »Ununterbrochen ging das«, sagt Nikora, dessen Büro neben dem des Chefs lag. »Er fand immer gleich den Schwachpunkt und machte einen zur Schnecke.«

Manche der Mitarbeiter, die er so behandelte, vermuteten, daß er damit nicht nur ihre, sondern auch seine eigenen Ideen auf die Probe stellen wollte.

»Es ist sein Stil, eine Menge zu brüllen. Ich glaube, die Leute, die am besten mit Bill zurechtkommen, sind die, die zurückbrüllen und ihm das Gefühl geben, daß sie vielleicht im Recht sind«, sagt MacGregor. »Bill mag keine Leute, die zu allem ja und amen sagen.«

Wichtig war auch, die Beleidigungen, mit denen Gates nur so um sich warf, nicht persönlich zu nehmen. Er regt sich nie über Leute, sondern immer nur über Sachverhalte auf.

»Es ist nicht so, daß er seine schlechte Laune an ihnen auslassen will«, sagt sein Freund Vern Raburn, der 1982 unter Druck von seinem Posten als Präsident der Verbraucherproduktabteilung zurücktrat. »Weil er dauernd an die Konkurrenz denkt, regt er sich über jede ungünstige Situation so auf, daß er wie ein vom Kurs abgewichener Marschflugkörper ist – wer sich zufällig in der Explosionszone befindet, hat eben Pech gehabt.«

MacGregor sagt, er hätte sich häufig und heftig mit Gates gestritten. »Bill konnte echt tobsüchtig werden. Aber das war nur, weil er auf alles emotional reagierte. Wir schrien uns fürchterlich an, aber dann konnten wir sagen: ›Also, was ist, wollen wir zusammen essen gehen?‹«

»Ich versuche, irgendwas klarzustellen, und bin mit Leuten zusammen, mit denen ich schon seit langer Zeit zusammenarbeite, oder wir reden von was, das uns wirklich aufregt, und dann mag es sich für einen Außenseiter furchtbar hart anhören, was da gesagt wird«, sagt Gates. »Das als einfach aggressiv zu bezeichnen, trifft es nicht.«

Doch sagt Ruthann Quindlen, die sich bei dem Investmentbanker Alex. Brown auf Softwaregeschäfte spezialisiert hat und Gates seit den frühen achtziger Jahren kennt, er habe im Grunde kein Gefühl für andere Menschen. »Wegen seiner Stellung und seines Ruhms lassen sich die Leute alles von ihm gefallen«, sagt sie. »Aber er kann nicht unterscheiden zwischen Leuten, die das vertragen können, und solchen, die es nicht können. Er ist total taktlos. Sie und ich würden Kritik an jemandem zurückhaltend formulieren. Er ist dazu völlig außerstande.«

Gates' aggressiver Diskussionsstil und die Last der Überstunden machten während der Arbeit an dem Windows-Projekt insbesondere Nikora schwer zu schaffen.

»Bill verlangte von jedem, daß er sein ganzes Leben Microsoft widmete, wie er selbst es tat, und auch das war ein Reibungspunkt zwischen ihm und mir«, sagt er. Nikora war damals schon Anfang vierzig. »Ich hatte noch ein anderes Leben. Ich hatte Familie. Ich war willens, 60 Stunden in der Woche zu arbeiten. Aber die Wochenenden sollten für mich sein, für mich und meine Familie. Damit wurde ich fast als Faulenzer angesehen. Ich hatte echt das Gefühl, daß er mir auf die Zehen trat, und er fand mich aufsässig.«

Gates wollte keine Ausreden hören. Er befahl auch MacGregor und Nikora, am Code für das Programm mitzuschreiben.

MacGregor traute seinen Ohren nicht. »Bill«, sagte er, »das ist nicht mein Job. Ich habe die Aufgabe, ein Team aufzubauen, Leute einzustellen, die Arbeit einzuteilen. Ich habe keine Zeit, mich hinzusetzen und Code herunterzuleiern.«

Nikora teilte diese Meinung, tat aber, was der Vorsitzende Bill ihm befahl.

Ein ehemaliger Microsoft-Manager beschreibt den Führungsstil, der 1984 praktiziert wurde, als Management durch Krisen: »Alles war eine Krise.«

Im August konnte sich Gates der Erkenntnis nicht länger verschließen, daß sich etwas ändern mußte. Das Windows-Programm, das mit höchstem Druck betrieben wurde, war nun schon über ein Jahr in Arbeit, und noch immer war kein Ende abzusehen. Auf Drängen Jon Shirleys verzichtete Gates künftig auf das Privileg, an jeder Entscheidung mitzuwirken. Tatsächlich hatte er sich ja um die Produkte fünf verschiedener Abteilungen zu kümmern, und wichtige Planungsentscheidungen wurden oft hinausgezögert oder überhaupt nicht getroffen, weil er glaubte, sich bei Windows um jede Einzelheit persönlich kümmern zu müssen.

»Es war eine seltsame Struktur«, räumte Gates nach der Reorganisation der Firma in einem Interview mit *Business Week* selbst ein. »Wir konnten uns nie genug auf die verschiedenen Teile des Geschäfts konzentrieren.«

Nach der Reorganisation der Firma in gesonderte Systemsoftware- und Büroanwendungsabteilungen, die jeweils einem Vizepräsidenten unterstellt waren, wurden Gates' Zuständigkeiten deutlich unbestimmter. Niemand war mehr ihm unmittelbar verantwortlich. Ihm fiel die Aufgabe zu, sich Gedanken über die Zukunft zu machen, und er fand auch mehr Zeit, Microsoft in der Öffentlichkeit zu vertreten.

Es gab für die Trennung der Abteilungen außer den genannten Gründen übrigens noch einen weiteren, der seinerzeit der Presse gegenüber verschwiegen wurde. Softwareentwickler hatten Microsoft vorgeworfen, unzulässigerweise Wettbewerbsvorteile auszunutzen, insofern die Anwendungsgruppe von der Gruppe Betriebssysteme und vom Windows-Team geheime Informationen erhielt. Programmierer, die bei Microsoft an Anwendungsprogrammen arbeiteten, die im Windows-System verwendbar sein sollten, zum Beispiel, wußten selbstverständlich mehr von Windows als Konkurrenten, die für andere Firmen an ähnlichen Aufgaben arbeiteten. Aufgrund dieses Informationsvorsprungs konnten die Programmierer von Microsoft leicht bessere Arbeit leisten als ihre Konkurrenten. Überdies nötigte jede kleine Änderung der Software diese Firmen, sich an Microsoft zu wenden, um sicherzustellen, daß man MS-DOS die geänderte Software zumuten konnte. Das gab Microsoft, die ja eigene Anwendungsprogramme herstellte, die Möglichkeit, sich vorab über die besten Produkte der Konkurrenz zu informieren. Diesen Vorteil genoß in der Branche keine andere Firma.

Um sich gegen diese Vorwürfe zu schützen, führte Gates eine imaginäre Sperre zwischen der Betriebssystemegruppe und der Anwendungsabteilung ein. Diese Sperre wurde schließlich in der Branche als »chinesische Mauer« bekannt.

MacGregor sagt, zur Zeit der Umstrukturierung sei der Informationsfluß zwischen Anwendungs- und Windows-Entwicklern ungehindert geflossen. Dan Lipkie, der früher bei Xerox als Programmierer tätig war, arbeitete am Microsoft-Word, ehe er zur Windows-Mannschaft versetzt wurde. Und Neil Konzen, einer der führenden Softwaretechniker der Firma, wechselte im August 1984 aus der Anwendungs- in die Windows-Gruppe. »Alle Freunde von Konzen waren in der Anwendungsgruppe, und beim Mittagessen haben sie immer zusammengesessen und geredet. Es stimmt also«, sagt MacGregor, »daß die Anwendungsentwickler bei Microsoft von Windows mehr wußten als Programmierer, die nicht der Firma angehörten.«

Zwei Monate nach der Umstrukturierung im August mußte Leo Nikora der Presse eine neuerliche Verschiebung des Erscheinungstermins von Windows beibringen. Das Fenster-Programm hätte im Oktober verfügbar sein sollen. Aber inzwischen war man bei Microsoft zu der Einsicht gelangt, daß das Programm zuviel Speicherkapazität beanspruche und zu langsam lief, um optimal über den 8088-Mikrochip laufen zu können. Aufgrund dieser Einsicht sollten weite Teile des Programms neu entworfen werden. Eine für die Herbst-Comdex geplante pompöse Präsentation wurde abgesagt und die Veröffentlichung des Programms neu für das Frühjahr 1985 angekündigt. Es war frustrierend. Jedesmal, wenn Gates seinen Marketing-Leuten eröffnete, man müsse nun einen späteren Auslieferungstermin ins Auge fassen, versicherte er ihnen, daß man zu dem neuen Termin nun aber wirklich werde liefern können. Und dann mußte sich Nikora bemühen, das den unabhängigen Softwarehändlern plausibel zu machen. »Nachdem ich das zwei- oder dreimal gemacht hatte, kam ich mir vor wie ein Idiot«, sagt er.

Gates hatte natürlich keinen leichteren Stand. »Windows ist von allen Produkten, an denen wir arbeiten, strategisch das wichtigste«, schrieb er Anfang Oktober 1984 an einen ungeduldigen Softwareverleger. »Es soll die bevorzugte Ausstattung für die nächste Generation graphischer Anwendungen werden. Zu diesem Zweck muß es die Funktionalität und Leistungsstärke haben, die diese neue Generation graphischer Anwendungen benötigt. Es wird nicht leicht sein, das zu bieten. Es gilt, den Stand der Technik erheblich voranzutreiben.«

Er führte aus, daß er mit der gegenwärtigen Leistung des Programms noch nicht recht zufrieden sei und deshalb mit der Auslieferung nicht vor dem 15. April gerechnet werden könne. Der Presse werde man mitteilen, daß es im Juni lieferbar sei, fügte er hinzu. Damit wollte er offenbar den Eindruck erwecken, es könnte gelingen, diesmal noch vor dem offiziell angekündigten Termin zu liefern, wie er denn auch weiter schrieb, daß Windows auf der nächsten Comdex im Frühjahr »groß rauskommen« werde.

»Wir hoffen, daß auch Sie mit Ihrer Anwendung für Windows noch vor Juni fertig werden. Wir werden bis zum 15. Oktober die Presse verständigen. Sollten sich Journalisten vorher mit Anfragen an Sie wenden, leiten Sie sie bitte an Microsoft weiter. Danach unterstützen Sie uns bitte, indem auch Sie auf den Junitermin verweisen.«

Inzwischen war jedoch das Ansehen von Microsoft so lädiert, daß der Schaden durch geschickte Diplomatie allein nicht mehr zu reparieren war. Die jüngste Verzögerung provozierte in der Fachpresse grundsätzliche Fragen nach der Notwendigkeit und Nützlichkeit graphischer Benutzeroberflächen überhaupt. Die Zeitschrift *Forbes* bemerkte, VisiCorp und Quarterdeck lägen nur aufgrund der kostspieligen und unfruchtbaren Experimente, zu denen die Fenster-Technik herausfordere, in den letzten Zügen. Es hieß, die Begeisterung für graphische Benutzeroberflächen sei eine reine Modeerscheinung und werde bald verkümmern.

Früher hatte Gates die Strategie verfolgt, um jeden Preis als erster mit einem Produkt herauszukommen, einen Teil des Markts zu erobern und erst dann daran zu denken, das Produkt zu vervollkommnen. Bei Windows verfuhr er unerklärlicherweise genau umgekehrt. Er wollte das Produkt erst aus den Händen geben, wenn es perfekt wäre.

»Der Hauptgrund, weshalb Windows nicht herauskam, war, daß Bill dauernd neue Funktionen von den Programmierern verlangte und die Regeln änderte«, sagt Nikora. »Und diese ganzen anderen Produkte waren schon auf dem Markt. Ich sagte: ›Sehen Sie mal, Bill, Sie müssen da mitmischen, nehmen Sie, was Sie haben, und raus damit. Verbessern können Sie es jederzeit. Sie können später immer noch daran herumbasteln, aber bringen Sie's wenigstens erst einmal raus.‹ Bill dagegen meinte: ›Nein, wir müssen etwas bringen, was alles andere eindeutig in den Schatten stellt. Unser Produkt muß eindeutig das beste sein.‹«

Die Branche sparte nicht mit Kritik an Gates. Zum ersten Mal zog man seinen Geschäftssinn in Zweifel. Die zahlreichen Verzögerungen der Veröffentlichung des Windows-Programms ermutigen die Softwareverleger nicht gerade, Anwendungsprogramme für die graphische PC-Ausstattung zu entwickeln. VisiOn war seit über einem Jahr auf dem Markt und hatte nicht viele Anhänger gewonnen, obwohl VisiCorp drei Jahre Arbeit und 10 Millionen Dollar in die Entwicklung des Programms investiert hatte. VisiCorp ging allmählich pleite und würde bald von der Bildfläche verschwunden sein. Quarterdeck brachte sein Fenstersystem-Produkt DESQ heraus, doch auch dessen Absatz war enttäuschend. Nach Meinung der Fachpresse würde die Entscheidungsschlacht zwischen Windows und dem konkurrierenden TopView-Programm geschlagen werden, das IBM Anfang 1985 auf den Markt bringen wollte.

Anfang 1985 sah sich Microsoft genötigt, die Marketingstrategie radikal zu verändern. Nach monatelangen Versuchen war klargeworden, daß Windows auf der vorhandenen Hardware weder gut noch schnell genug laufen würde. Damit wurde der Plan hinfällig, Windows als Teil eines

Pakets mit den von Compaq, Tandy und den übrigen OEMs, die das Programm ursprünglich unterstützt hatten, hergestellten PC anzubieten.

Da IBM statt auf Windows auf TopView setzte, konnte Microsoft das Programm nur durchsetzen, wenn es unabhängig von der Hardware im Einzelhandel verkauft würde.

Bei Microsoft ließen die Spannungen unterdessen nicht nach. Ballmer vertrug sich nicht mit Nikora. Fast täglich stürmte er dessen Büro, haute mit der Faust auf den Tisch, beschimpfte Nikora und machte sich über seine Ideen lustig.

»Es hat ihnen nicht gefallen, wie ich das Marketing aufzog«, sagt Nikora. »Sie hielten mich für keinen guten Marketingstrategen. Und, wissen Sie was? Sie hatten recht.« Schließlich war Nikora bei seinem Eintritt in die Firma als Programmierer und Manager qualifiziert. »Ich hatte mit Marketing keine Erfahrung, und sie haben nie versucht, es mir beizubringen.«

Bald darauf kündigte er. »Ich war ausgebrannt«, sagt er. »Ich bin auch gegangen, weil Microsoft im Grunde noch keine Verwendung für ein mittleres Management hatte. Die dachten, sie wären schon soweit, das stimmte aber nicht.«

Auch MacGregor hatte Probleme mit Ballmer. Der ehemalige Rüstmeister des Harvard-Footballteams hatte sich zum wilden Mann gemausert. Er war ein Klon seines Chefs, aber ohne dessen jungenhaften Charme und ohne seine technischen Kenntnisse.

Ein ehemaliger Angehöriger des Windows-Teams sagt: »Kein Entwickler hat jemals Ballmer bewundert. Schließlich hatte Bill immer gepredigt, daß Entwicklungsmanager auch selber Code schreiben sollten. Und dann ernennt er ausgerechnet Steve Ballmer, der in seinem ganzen Leben noch keine Zeile Code geschrieben hat.«

Gates und Ballmer mischten sich auf unterschiedliche Weise in die Arbeit der Programmierer ein. Ballmer konnte zwar keinen Code schreiben, aber das hinderte ihn nicht, sich MacGregors Leute einzeln vorzuknöpfen und sie anzutreiben. Damit machte er MacGregor viel Ärger.

»Diese Leute waren ziemlich jung, kaum aus der Schule«, sagt er, »und so haben sie versucht, die ohnehin schon unrealistischen Fristen, die sie angesetzt hatten, noch einmal zu unterbieten. Für mich war das unglaublich frustrierend. Da wurde etwa für eine bestimmte Arbeit ein Monat angesetzt, und ich wußte genau, daß diese Arbeit in weniger als sechs Wochen unmöglich zu schaffen war. Aber dann muß noch Ballmer kommen und ihnen das Versprechen abnötigen, sie könne auch in zwei oder drei Wochen schon fertig sein. Das muß ja danebengehen. Er wußte, daß sich die Leute kaputtmachen würden, um die unmöglichen Termine einzuhalten. In der Gruppe gab es eine Menge Streß. Ehen drohten in die Brüche zu gehen. Meine Philosophie ist: Man muß ein Team auf lange Sicht motivieren und zusammenhalten können. Sprints sind okay, man muß spurten, um die Produkte rechtzeitig auf den Markt zu bringen. Aber dieses Tempo hält doch keiner auf Dauer durch.«

Ballmer glaubte, Terminpläne seien »Verhandlungssache«. Daß die Arbeiten, um die es ging, nicht schneller als innerhalb einer bestimmten Zeitspanne zu machen waren, ganz gleich, was er den jungen Angestellten einredete, kümmerte ihn überhaupt nicht. »So gaben wir den Softwareverlegern, die Anwendungsprogramme für Windows schreiben ließen, immer total unrealistische Termine«, sagt MacGregor.

Allerdings nahm die Zahl der Kunden, die sich von Ballmer dermaßen frustrieren ließen, ständig ab. Die wiederholten Verschiebungen des Liefertermins hatten eine Vertrauenskrise zur Folge, wie der Präsident eines Softwareverlages, der Windows unterstützte, bestätigt: »Interessant war, daß jeder, von Lotus bis zu Ashton-Tate, jede Firma von einiger Bedeutung Anfang 1984 auf der Windows-Entwicklungskonferenz war. Einer nach dem anderen stiegen sie da auf die Bühne und sagten: ›Klar, wir machen mit bei Windows, und Windows ist spitze.‹ Blabla. Aber Mitte 1985 hatten sie das Projekt alle fallengelassen, und waren verduftet. Zum Teil aus Ärger über Microsoft. Denn als die schon halb fertig waren, änderten sie plötzlich das Programm, und wir konnten wegschmeißen, was wir bisher gemacht hatten, und mußten von vorn anfangen.«

Eine der größten Enttäuschungen für Microsoft war, daß Lotus von dem Versprechen, Windows zu unterstützen, zurücktrat. Mitch Kapor wußte, daß er es sich nicht leisten konnte zuzulassen, daß Microsoft den Standard setzt für graphische Benutzeroberflächen für den PC. Wenn 1-2-3, das auf dem Markt erfolgreichste Tabellenkalkulationsprogramm, von Windows in Regie genommen worden wäre, hätte er sich Microsoft ausgeliefert. »Wenn Mitch bei Windows eingestiegen wäre, wäre das ein Bombengeschäft gewesen, aber er wollte es einfach nicht«, sagt ein Manager von Microsoft diesbezüglich. Gates und Ballmer gaben sich alle Mühe, aber der Chef von Lotus war nicht rumzukriegen.

Im Frühjahr 1985 hatte auch MacGregor genug von Microsoft. »Irgendwie war man frustriert, wollte was anderes machen«, sagt er. »Das Team war fix und fertig. Es war ein langer Trip gewesen. Mit der Strategie war ich auch teilweise nicht einverstanden. Es hat mir einfach keinen Spaß mehr gemacht. Ich finde sehr wichtig, wenn man sich den Luxus leisten kann, sich seine Arbeit auszusuchen, daß man immer die nimmt, die einem Spaß macht. Aber meine Gefühle gegenüber der Firma sind durchaus positiv. Ich bin froh, da gearbeitet, die Leute da kennengelernt zu haben. Aber manchmal will man eben einfach mal was anderes machen.«

Differenzen mit Ballmer bestärkten MacGregor in der Überzeugung, daß es Zeit für ihn sei, sich einen neuen Arbeitsplatz zu suchen.

»Die Tatsache, daß Steve und ich unsere Differenzen hatten, war vermutlich einer der Gründe, weshalb ich nicht geblieben bin. Ich finde, daß sein Stil des Umgangs mit den Programmierern, wie er also die Jungs überrollt und niedermacht, einfach keine gute Managementtechnik ist. Er hat wahrscheinlich geglaubt, daß ich das Projekt schleifen ließ, und hat sich im Recht gefühlt.«

Gates tat, was er konnte, um MacGregor zum Bleiben zu bewegen. In den Wochen vor seinem Ausscheiden gingen die beiden oft essen und sprachen über das Betriebsklima. Gates holte MacGregor in seinem braunen Mercedes ab, auf dessen Rückbank sich die leeren Milchkartons häuften. Gates trank viel Milch und warf die leeren Kartons während der Fahrt über die Schulter auf den Rücksitz. Der Wagen roch nach saurer Milch.

Als MacGregor schließlich doch ging, nahm Gates das sehr persönlich. Er wollte nicht einsehen, daß sich das Verhältnis nicht reparieren ließ, meint MacGregor. Am Tage nach seinem Ausscheiden bezog Steve Ballmer sein Büro.

Etwas später in diesem Frühjahr, als wieder einmal ein Liefertermin bevorstand, rief Gates Ballmer zu sich. In der vergangenen Nacht hatte er einen Bug in der letzten Version des Windows-Programms entdeckt. Jetzt reichte es ihm. Er fixierte Ballmer mit kaltem Blick und fing an zu schreien: Wenn Windows Ende des Jahres nicht in den Läden wäre, könnte er sich nach einem neuen Job umsehen!

Das Ultimatum schreckte Ballmer auf. Er rief seinen technischen Stab zusammen. »Kids«, sagte er, »das Produkt muß raus, bevor der erste Schnee fällt.«

Die Kids nahmen die Herausforderung an. Gabe Newell, einer der Prüfer des Windows-Teams, der inzwischen auf eine lange und erfolgreiche Karriere bei Microsoft zurückblicken kann, brachte seinen Schlafsack mit ins Büro. Einen ganzen Monat lang campierte er im Büro, arbeitete rund um die Uhr und legte sich nur, wenn ihm die Augen zufielen, für ein, zwei Stunden hin. Das trug ihm den Spitznamen »Madman Newell« ein.

Dem ständigen Druck, unter dem sie standen, machten einige Programmierer Luft, indem sie, während sie in den frühen Morgenstunden auf die Kompilation ihres Codes warteten, aus Zucker und Salpeter Bomben und Raketen bastelten, die sie dann nachts vor dem Hause abfeuerten. Diese Spiele nahmen ein Ende, als Polizisten mit Bombenspürhunden auf dem Plan erschienen, die, zum Glück für die Amateurfeuerwerker, freilich nicht feststellen konnten, wer die Explosionen veranlaßt hatte. Obwohl einer der Verantwortlichen in der Hoffnung, den hausgemachten Sprengstoff zu verschärfen, den Zucker im Mikrowellenherd der Cafeteria geschmolzen hatte und der Herd dabei explodiert war. Das ganze Haus war voller Qualm.

Noch bei einer anderen Gelegenheit riefen die Nachbarn die Polizei. Diesmal hatten die Angestellten Lautsprecherboxen aufs Dach gestellt und die Nachbarschaft mit elektrischen Gitarren beschallt. Auch diesmal waren die Ordnungshüter nicht schnell genug. Als sie eintrafen, saßen die Programmierer schon wieder vor ihren Terminals.

»Man fühlte sich im Zentrum des Universums«, sagt einer, der damals dabeiwar. »Das war die Motivation, das, und dann wollte man einfach sauberen Code schreiben. Es war ein berauschendes Gefühl, für Microsoft zu arbeiten. Und all die Hiebe von Steve Ballmer und das dauernde

Zerren von Bill waren einfach nur der Preis dafür, daß man dabeisein durfte.«

Auf der Comdex im Mai führte Microsoft eine fortgeschrittene Version von Windows vor. Aber die »große Schau«, die Gates angekündigt hatte, fand nicht statt. Microsoft trat auf dieser Fachmesse ungewöhnlich bescheiden auf. Windows war noch nicht fertig. Der neue Termin war Juni. Doch der Juni kam, und nichts geschah.

Tatsächlich wurde Windows erst zur nächsten Comdex im November fertig. Zum Glück für Ballmer schneit es in Seattle (wenn überhaupt) selten vor Weihnachten. Er behielt seinen Job.

»Verzögerungen wie bei Windows werden uns nicht noch einmal passieren«, gelobte Ballmer einem Reporter von *Business Week*.

Die Präsentation des fertigen Produkts am 21. November 1985 auf der Herbst-Comdex war fast zwangsläufig kein großer Hit. Die wichtigsten Fachjournalisten waren anwesend, ebenso Vertreter der Software- und Computergroßhandelsfirmen. Aber Gates und Ballmer mußten eine Menge Kröten schlucken.

Nach mehr als zwei Jahren großspuriger Versprechungen, immer wieder hinausgeschobener Termine und zahlloser Enttäuschungen war nun Windows »offiziell« fertig und lieferbar. Während dieser Zeit hatten Gates und Ballmer das Team, das an Windows arbeitete, bis an die äußersten Grenzen seiner Kräfte belastet. Jetzt nahm die Branche ein wenig Revanche.

Stewart Alsop von *InfoWorld* machte den Anfang, indem er Gates den »Golden Vaporware Award« verlieh, die Goldmedaille für »Dampfware«. Ein anderer Gastredner, John Dvorak vom *PC Magazine*, bemerkte, als Windows zum erstenmal angekündigt worden sei – Ende 1983 –, habe der inzwischen glatzköpfige Ballmer noch ein paar Haare gehabt.

Zuletzt jedoch forderte Ballmer das Publikum auf, ein Lied anzustimmen, während ein gigantischer Einkaufswagen, in dem sich 500 Packungen des Windows-Programms stapelten, auf die Bühne gerollt wurde. Nun, da Gelächter und Gesang den Saal erfüllten, schien sich der lange Krampf in Wohlgefallen aufzulösen. Die Opfer des Gewaltmarsches, auf dem dieses Ziel erreicht worden war, waren bei der Feier freilich kein Thema.

Die Auslieferung der ersten Windows-Version war die Erfüllung eines langgehegten Traums und regte zweifellos die weitere Entwicklung des PC entscheidend an. Doch war die erste Version des Windows-Programms nicht so erfolgreich, wie Gates es gehofft hatte. Im Grunde ein Flop. Es bedurfte zweier gründlicher Revisionen, ehe Windows in der 1990 veröffentlichten dritten Version (3.0) endlich hielt, was es versprach.

»Windows war ein Schwein«, räumte einer der Programmierer ein, die an der Entwicklung des Programms fast zwei volle Jahre lang gearbeitet hatten. Das Programm war zu anspruchsvoll, um auf den seinerzeit vorhandenen Computern optimal eingesetzt werden zu können. Die damals gängigen Maschinen hatten weder die Speicherkapazität noch die Geschwindigkeit, deren sie bedurft hätten, um das Programm voll auszuschöpfen. Zudem waren aufgrund der so langen Entwicklungsphase des Programms noch kaum Anwendungsprogramme, die mit Windows einsetzbar waren, auf dem Markt. Die graphische Ausstattung wirkte tot, aller Propaganda zum Trotz, die Gates dafür gemacht hatte. Zum Glück für Microsoft hatte allerdings auch IBM mit ihrem TopView-Programm nur wenig Erfolg. Anscheinend war damals die Zeit für Fenstersysteme noch nicht gekommen.

In gewisser Weise hatte sich Bill Gates inzwischen zum »Silizium-Schinder« entwickelt. Apple Computer zum Beispiel sollte sich nach dem Streit mit ihm über die Entwicklung von Windows noch lange die Augen reiben.

Am 22. November, einen Tag nach der Präsentation des Programms auf der Comdex, unterzeichneten Microsoft und Apple ein Geheimabkommen, das dann Gegenstand des bedeutendsten Rechtsstreit in der Geschichte des Personalcomputers werden sollte. Gates hatte die Apple-Leute sehr gegen ihren Willen an den Verhandlungstisch geschleppt. Sie behaupteten nämlich, Microsoft hätte ihnen die für Windows verwendeten technischen Neuerungen geklaut. Wie später im *Wall Street Journal* zu lesen war, hatte Gates so viel Druck ausgeübt, »daß man ihm schließlich praktisch eine Blankovollmacht gegeben hatte, den Macintosh auszuschlachten und alles, was er irgendwie verwenden konnte, in seine eigenen Produkte einzubauen«. Verwendbar fand er die mausaktivierten Balkenbefehlsmenüs und die überlappenden Bildschirmtextfenster.

Im Verlaufe des Jahres 1985 war bei Apple die Besorgnis gewachsen, daß sich Microsoft unter Verletzung des 1982 von Gates und Jobs unterzeichneten Abkommens die Eigenheiten des Macintosh für das Windows-Programm und andere Produkte aneignen könnte. Das Abkommen sah nämlich nur vor, daß Microsoft Anwendungsprogramme für den Macintosh entwickelte. Als sie Microsoft Prototypen des Mac sowie die Softwaretools, die man brauchte, um solche Anwendungsprogramme schreiben zu können, zur Verfügung stellten, glaubten die Apple-Leute, daß Microsoft nur Gebrauch davon machen würde, um graphische Benutzeroberflächenprogramme für den Macintosh zu entwickeln. Statt dessen entwarf Microsoft dann aber Windows für den mit dem Mac konkurrierenden IBM-PC und dessen Klone.

Als Apple 1985 mit einer Klage wegen Verletzung des Urheberrechts drohte, sagte Gates, dann werde er die Entwicklungsarbeiten an Excel und Word für den Mac abbrechen. Das war nicht auf die leichte Schulter zu nehmen, denn bei Apple wartete man sehnsüchtig auf diese Anwendungsprogramme, von denen man sich erhoffte, den stark gesunkenen Absatz des Mac wieder in die Höhe zu treiben. Apple mußte in den sauren Apfel beißen, nicht nur auf die Klage zu verzichten, sondern darüber hinaus einen Lizenzvertrag zu unterzeichnen, indem die für den Mac entwickelte graphische Bildschirmtechnik Microsoft kostenlos zur freien Verfügung überlassen wurde.

»Die Vertragspartner blicken auf eine lange gemeinsame Geschichte vertrauensvoller Zusammenarbeit zurück und möchten diese für beide Seiten vorteilhafte Beziehung aufrechterhalten«, heißt es in dem Abkommen. »Allerdings haben sich Meinungsverschiedenheiten ergeben hinsichtlich des rechtmäßigen Eigentums an gewissen graphischen Darstellungstechniken, deren mehrere Microsoft-Softwareprodukte sich bedienen, und in diesem Zusammenhang wird auch die Möglichkeit einer Copyrightverletzung in Erwägung gezogen.« Zu den erwähnten Produkten zählten außer Windows auch Multiplan, Excel und Word.

»Zur Beilegung des Streits und in Anerkennung der ihr von Apple gewährten Lizenz«, hieß es in dem Abkommen weiter, »erkennt Microsoft an, daß die Bildanzeigen in Excel, Windows und Multiplan von den Bildanzeigen der für die Computer Lisa und Macintosh von Apple entwickelten graphischen Benutzeroberflächenprogramme abgeleitet sind.«

Das Abkommen wurde von Gates und John Sculley, dem neuen Vorsitzenden von Apple, unterzeichnet. Bei einer Umstrukturierung der Gesellschaft hatte Sculley erst kürzlich seinen Freund Steve Jobs in einem von den Medien sehr beachteten Showdown zum Rücktritt gezwungen. Sculley und andere Mitglieder des Vorstands von Apple trauten Jobs nicht die Führungsqualitäten zu, deren es bedurfte, die Firma durch die schwierigen Zeiten zu leiten, die Sculley kommen sah.

Für die exklusive Lizenz zur Verwendung der Macintosh-Bildanzeigetechnik erhielt Apple von Microsoft nur wenig Gegenleistung. Doch versprach Microsoft, Word zu debuggen. Das Programm wurde Ende 1984 als Anwendungsprogramm für den Mac herausgebracht, war aber leider voller Ungeziefer, wohl weil sich Microsoft (wie Gates später selbst einräumte) diesmal allzusehr beeilt hatte, das Produkt auf den Markt zu bringen.

Gates war aber nicht damit zufrieden, Sculley zu zwingen, von einer Copyrightklage abzusehen, er setzte auch durch, daß Apple auf die weitere Entwicklung eines eigenen Programms für den Macintosh verzichtete. Apple plante, ein eigenes MacBASIC herauszubringen, obwohl Microsoft ein ähnliches Produkt hatte, das schon jetzt mit dem Computer geliefert wurde. Die Techniker bei Apple glaubten, ihr BASIC würde dem von Microsoft überlegen sein. Als Gates von diesem Projekt erfuhr, war er außer sich. Er fühlte sich verraten, hatte doch Microsoft eine ganze Menge in die Entwicklung von Anwendungsprogrammen für den Macintosh investiert. Es ließe sich sogar behaupten, das Excel-Programm hätte den Mac davor bewahrt, zum alten Eisen geworfen zu werden. Also forderte Gates von Sculley die Einstellung des Projekts und überdies die Rechte an der Produktbezeichnung MacBASIC. Andernfalls, drohte er, werde er die Lizenz für Microsoft-BASIC, das der Bestseller von Apple – der PC Apple II – brauchte, nicht verlängern. Diese Drohung war sehr ernst zu nehmen, denn damals verursachte der Macintosh als Ladenhüter nur Kosten. Allein der Apple II brachte Geld.

»Im wesentlichen ging es darum: Weil ein BASIC das erste Produkt von Microsoft war, hielten die Leute dort BASIC überhaupt für ihr Privateigentum«, sagt Andy Hertzfeld, der Apple-Softwaretechniker, der an der Entwicklung des Macintosh mitgearbeitet hatte. »Sie fühlten sich durch BASIC von Apple bedroht. Deren Version war auch wirklich erheblich besser als ihre. Und Bill Gates fühlte sich bemüßigt, Apple zu bewegen, das von Donn Denman entwickelte MacBASIC nicht auszuliefern. Und es gelang ihm auch.«

Denman hatte an der Entwicklung zwei Jahre lang gearbeitet. Als Sculley das Projekt plötzlich fallenließ, war Denman untröstlich. »Mir war zumute, als hätte man mir ein zweijähriges Kind weggenommen«, sagt er. Außer sich, stieg Denman auf sein Motorrad und raste in die Berge oberhalb von Cupertino. In einer scharfen Kurve verlor er die Balance und stürzte. Wie durch ein Wunder kam er mit Hautabschürfungen davon. »Ich fand das Leben in dem Moment nicht besonders lebenswert«, sagt er. Anschließend nahm er sechs Monate Urlaub, bevor er zu Apple zurückkehrte.

Als die Einstellung der Arbeiten am MacBASIC dekretiert wurde, lag bei Apple ohnehin einiges im argen. Der Mac stand auf Halde, die Industrie überhaupt machte gerade eine Krise durch, es hatte Entlassungen gegeben, und Steve Jobs war nicht mehr dabei. Nichts aber kränkte die Seele der Firma mehr als die bittere Notwendigkeit, vor der Konkurrentin Microsoft zu Kreuze zu kriechen.

»Irgendwie sauer war jeder darüber«, sagt Denman. »Ich weiß, die Sache kam mehrmals bei öffentlichen Versammlungen zur Sprache. Die Leute fragen Sculley dann: ›Und wie war das mit BASIC? Ich arbeite an diesem Projekt, aber woher weiß ich, daß es nicht eines Tages genauso eingestellt wird wie BASIC?‹ Darauf antwortete Sculley: ›Da haben wir damals ein Tauschgeschäft gemacht. Die Entscheidung war richtig für die Firma. Kaufmännisch korrekt. Ich habe das schließlich sogar eingesehen. Ich wollte etwas schaffen, das die Leute benutzen könnten, und es wurde nie benutzt. Für mich war das eine große Tragödie. Aber es war ein As, das Apple bei Microsoft gegen was anderes eingetauscht hat, und ich kann nicht beurteilen, ob Apple dabei ein gutes Geschäft gemacht hat oder nicht.‹«

Andere Mitarbeiter von Apple bedauerten jedenfalls das Geschäft. Bill Atkinson, einer der Spitzensoftwareentwickler der Firma, sagt, Gates habe darauf bestanden, daß Apple ein hervorragendes Produkt zurückzog. »Er hat uns die Pistole auf die Brust gesetzt.«

Bald sollte man ähnliche Beschwerden auch bei anderen Firmen hören. Besonders beängstigend fanden Branchenkenner die Tatsache, daß damals, 1985, Microsoft noch eine verhältnismäßig kleine private Gesellschaft war.

Obenauf

Er fuhr immer schneller. Wie bei allem, ging Bill Gates auch beim Rollschuhlaufen bis zum Äußersten. Viele der über hundert Angestellten von Microsoft, die den 30. Geburtstag ihres Chefs auf der Rollschuhbahn mit ihm feierten, waren überrascht, wie gut er lief. Paul Allens Band spielte, und je schneller die Rhythmen wurden, desto schneller rollte Bill Gates, rückwärts genauso wie vorwärts. Jedem Hindernis wich er mit großem Geschick aus.

Viel Übung hatte er nicht mehr. Seit der Gründung der Firma war wenig Zeit geblieben zum Rollschuhlaufen, aber mit zwei, drei Schritten war er wieder voll drin.

Dabei war er an jenem Oktobernachmittag des Jahres 1985 gar nicht so fröhlich und unbeschwert, wie es den Anschein hatte. Ihm ging viel durch den Kopf. In weniger als 24 Stunden mußte er dem Vorstand seine Entscheidung mitteilen, daß Microsoft an die Börse gehen würde. Gates hatte das Unvermeidliche solange wie möglich hinausgeschoben und war keineswegs scharf darauf, im Lande herumzureisen und Investoren für Microsoft-Aktien zu interessieren, wie er es in den kommenden Monaten würde tun müssen; und er mag sich gefragt haben, wie es sich wohl auf die Produktivität seiner Angestellten auswirken möge (von denen viele schon jetzt Anteile an der Firma besaßen), wenn sie börsentäglich die Kurse verfolgten.

Während der letzten Jahre waren verschiedene neugegründete Computerfirmen an die Börse gegangen. Die bekannteste war Apple. Als die Aktien von Apple im Dezember 1980 zum ersten Mal an der Börse gehandelt wurden, wurde der Wert des Unternehmens auf 1,8 Milliarden Dollar geschätzt – höher als der von Ford Motor Company. Die Vermögen, die seitdem verdient worden waren, waren schier unglaublich. Zumindest auf dem Papier hatte Steve Jobs plötzlich über 250 Millionen Dollar. 1983 gingen zwei der schärfsten Konkurrenten von Microsoft an die Börse – Lotus Development Corporation und Ashton-Tate. Auch deren Erfolg war atemberaubend. Trotz alledem hätte Gates die Öffentlichkeit gerne noch ein wenig länger vor der Tür seiner Gesellschaft warten lassen. Zum einen brauchte die Firma das Bargeld nicht, das der freie Aktienverkauf bringen würde. Microsoft nahm eine Menge ein. Vor Steuer lag der Gewinn bei vierunddreißig Prozent. Und solange die Gesellschaft privat blieb, waren weder Aktionäre zu befriedigen, noch lästige Berichte an die Securities and Exchange Comission (staatliche Börsenaufsichtsbehörde) zu erstatten. Der einzige Nachteil bestand darin, daß die leitenden Angestellten und Manager von Microsoft, die seit Jahren Anteile an der Firma erwerben konnten, keinen Markt für ihre Aktien hatten.

Auf lange Sicht jedoch hatte Gates kaum eine andere Wahl. Der Securities Exchange Act (Wertpapierverkehrsgesetz) von 1934 verpflichtete alle Gesellschaften, an denen 500 oder mehr Angestellte Anteile hielten, zur Veröffentlichung von Jahresberichten. Schon 1983 hatte Gates damit gerechnet, daß sich diese Notwendigkeit für Microsoft innerhalb von drei oder vier Jahren ergeben würde. Es sprach viel dafür, an die Öffentlichkeit zu gehen, ehe man dazu genötigt wäre.

»Wir beschlossen, den Zeitpunkt selbst zu bestimmen«, erklärte Jon Shirley, der Präsident der Gesellschaft, gegenüber *Fortune*.

Anfang 1985 hatten Shirley, Gates und David Marquard, der einzige Vertreter eines Venture-Kapitalunternehmens bei Microsoft, begonnen, sich Gedanken über eine erste Emission zu machen. Aber Gates wollte noch warten, bis zwei wichtige neue Produkte, Excel und Windows, auf dem Markt wären. Er erklärte dem Vorstand, er könne Ende Oktober eine Empfehlung geben.

Die Rollschuhparty fand am Sonntag, dem 27. Oktober, statt, einen Tag vor Gates' Geburtstag. Auf der Vorstandssitzung am folgenden Tag erklärte er sich bereit, ein Emissionskonsortium bilden zu lassen, obwohl er insgesamt noch schwere Bedenken hatte. Nachdem er diese Entscheidung endlich getroffen hatte, begab er sich in das elegante Four Seasons Hotel im Zentrum von Seattle, wo ihm seine Mutter eine private Geburtstagsfeier ausgerichtet hatte.

Die Verhandlungen der Microsoft mit der New Yorker Börse an der

Wall Street sollte Frank Gaudette führen, der Hauptfinanzbeauftragte der Gesellschaft, der im vergangenen Jahr in die Firma eingetreten war. Gaudette war zwanzig Jahre älter als Gates und hatte Aktienemissionen schon für drei andere Softwaregesellschaften organisiert, die freilich nicht das Format von Microsoft hatten. Gaudette brannte darauf, mit den Agenten zu verhandeln, die schon seit Jahren auf den Augenblick warteten, daß das Unternehmen an die Börse ging. Diesmal würde Gaudette die Bedingungen diktieren und nicht die Investmentbanker. Er empfahl Gates, die Emission zwei Firmen anzuvertrauen. Eine davon sollte ein führendes Wall-Street-Effektenemissionshaus sein, das die Emissionsgarantie übernehmen, ein Konsortium bilden und Effekten an dessen Angehörige verteilen würde. Bei der zweiten Firma mußte es sich um ein auf Technologie-Aktien spezialisiertes Haus handeln. Dieses zu finden würde nicht sonderlich schwer sein, da es überhaupt nur vier derartig spezialisierte Firmen gab. An der Wall Street war die Auswahl größer und die Entscheidung deshalb schwieriger. Schließlich holte Gaudette Angebote von acht Firmen ein. Das von Goldman Sachs schien ihm am interessantesten. Auf seine Empfehlung hin wurden deshalb Vertreter von Goldman Sachs zu einem Abendessen im Rainier Club nach Seattle eingeladen.

Die Unterhaltung an jenem 11. Dezember war eine Qual. Gates, der zu dem Schritt an die Börse ohnehin nicht viel Lust hatte, hatte sich von Mitch Kapor, dem Chef von Lotus, Schauergeschichten über Investmentbanker und Underwriter erzählen lassen. Gates war außerdem sichtlich müde, und das Thema schien ihn zu langweilen. Am Ende des Abends erklärte Eff Martin, Vizepräsident von Goldman Sachs, Microsoft könnte »die aufsehenerregendste Emission des Jahres 1986, wenn nicht aller Zeiten haben«. Auf dem Parkplatz des Rainier Clubs sagte Gates dann zu Shirley: »Na ja, sie haben sich nicht mit Soße bekleckert und scheinen nette Kerle zu sein. Ich finde, wir sollten sie nehmen.«

Einige Tage später wurde die Firma Alex. Brown & Sons in Baltimore, die Microsoft schon seit Jahren den Hof machte, als technisch spezialisierte Investitionsbank ausgewählt.

Ein heikles Problem war noch zu lösen.

Gates hatte eine Vereinbarung mit dem Chefredakteur von *Fortune* getroffen, daß ein Reporter Zugang zu allen Verhandlungen erhalten und über alle Phasen der Umwandlung berichten dürfe. Gates war begeistert auf den Vorschlag der Zeitschrift eingegangen. Er meinte, daß andere Unternehmer aus den Erfahrungen von Microsoft lernen könnten und daß die Reklame seinem Unternehmen schließlich auch nicht schaden würde. Ungefähr ein Jahr zuvor hatte Fred Gibbons *Fortune* auf ähnliche Weise über die Umwandlung seiner Software Publishing Corporation in eine Aktiengesellschaft berichten lassen wollen, doch das Emissionskonsortium und die Rechtsanwälte hatten es verhindert. Eine Aktienemission ist für Investmentbanker und Rechtsanwälte immer eine heikle Angelegenheit. Jede etwa nicht im Prospekt enthaltene Information, die in einem Artikel veröffentlicht würde, konnte von verdrossenen Aktionären, falls die Aktien sich nicht wunschgemäß entwickelten, zum Anlaß für eine Klage genommen werden.

Die Verhandlungen zwischen Microsoft und *Fortune* dauerten über einen Monat. Die schließlich getroffene Vereinbarung sah vor, daß die Anwälte von Microsoft und des Emissionskonsortiums den Artikel vor der Veröffentlichung lesen und Änderungswünsche machen dürften. Außerdem sollte der Bericht erst geraume Zeit nach der Emission erscheinen, wenn sich die Aktien hatten stabilisieren können. Schreiben sollte ihn Bro Uttal, der Chef des Redaktionsbüros von der Westküste in Menlo Park.

Die beiden Firmen, die mit der Veranstaltung der Emission im wesentlichen betraut worden waren, wollten von einer Berichterstattung nichts wissen. Gates aber gab ihnen zu verstehen, wenn ihnen das nicht paßte, gebe es genügend andere Häuser, die das Millionengeschäft gern mit ihm machen würden. Also ließen die beiden Underwriter ihre Skrupel auf sich beruhen.

Ende des Jahres gab es in der Presse bereits Spekulationen über die bevorstehende Umwandlung von Microsoft in eine Aktiengesellschaft. Denn obwohl die Vorbereitungen im geheimen getroffen wurden, gab es doch gewisse Anzeichen. Microsoft hatte kürzlich bekanntgegeben, William Neukom, ehemals Hauptteilhaber von Shidler, McBrown, Gates & Lucas, sei rechtsberatender Vizepräsident geworden. Die Stellung war eigens für ihn geschaffen worden. Außerdem war Portia Isaacson, 43, Gründerin der Future Computing und als Branchenprognostikerin bekannt, in den Vorstand der Microsoft eingetreten. Vergrößerung des Vorstands und Aufnahme eines Rechtsberaters deuten im allgemeinen darauf hin, daß ein Unternehmen plant, an die Börse zu gehen.

Während des ganzen Januar 1986 arbeitete Neukom am Emissionsprospekt. Die Aktien von Microsoft durften qua Gesetz nur aufgrund der im Prospekt enthaltenen Informationen angeboten werden. Wenn der Wert der Aktien am Markt unter den Nennwert fiel, konnte Microsoft verklagt werden, falls der Prospekt nicht alle für die Bewertung der Firma relevanten Informationen enthielt.

»Wie alle derartigen Dokumente sollte der Prospekt diskret Reklame für die Aktien machen; Schwächen vertuschen, Stärken hervorheben und gleichzeitig soviel wie möglich vor der Konkurrenz geheimhalten«, schrieb Bro Uttal für *Fortune*.

Ruthann Quindlen, Effektenanalytikerin für Alex. Brown & Sons, sagt, daß Gates in der Zeit, in der der Prospekt vorbereitet wurde, mit dem Gang seiner Geschäfte nicht eben zufrieden war. Die Firma hatte erhebliche Mittel in Anwendungsprogramme für den Macintosh von Apple investiert, deren Absatz weit hinter den Erwartungen zurückblieb. Und das neue Windows-Programm wurde in der Fachpresse sehr schlecht besprochen. Ruthann Quindlen wirkte an der vom Gesetz vorgeschriebenen Untersuchung der Geschäftslage des Unternehmens »mit aller gebotenen Sorgfalt« mit. Alex. Brown & Sons hatten viel mit Softwarefirmen zu tun, und so war man dort an die eigenwilligen Persönlichkeiten von Computerfreaks gewöhnt. Bei Goldman Sachs war das anders.

»Steve Ballmer war während dieser ganzen ›gebotenen Sorgfalt‹ echt wild«, erzählt Ruthann Quindlen. »Er tat sich total keinen Zwang an. Einmal stand er gerade hinter einem der Leute von Goldman Sachs. Um dem, was er zu sagen hatte, besonderen Nachdruck zu verleihen, klatschte er in die Hände, und der Typ wäre bald vom Stuhl gefallen vor Schreck. So was hatten die noch nie erlebt. An derartige Firmen waren sie einfach nicht gewöhnt.«

Mehr noch als die anderen brachte Ballmer während der Untersuchung so viele potentielle Entwicklungen zur Sprache, die den Ruin von Microsoft zur Folge haben könnten, daß einer der Investmentbanker im Spaß sagte: »Ich möchte Sie nicht hören, wenn Sie mal einen schlechten Tag haben.«

Der letzte Schritt vor der Anmeldung bei der SEC (Börsenaufsichtsbehörde) war die Festsetzung der Preisklasse für die Anteile. Die Banker empfahlen zwischen 17 und 20 Dollar pro Aktie. Gates wollte zunächst die Anteile billiger abgeben, nur zwischen 16 und 19 Dollar verlangen, was als einigermaßen ungewöhnlich gelten kann. Aber ein höherer Preis war ihm nicht ganz geheuer. Bei einem Aktienpreis von 20 Dollar würde der Marktwert von Microsoft auf über eine halbe Milliarde Dollar steigen.

»Bill hat Augenmaß«, sagt eine beteiligte Person. »Er hatte Angst davor, die Erwartungen seiner Aktionäre zu enttäuschen. Schließlich konnte er ja nicht wissen, wie gut sich das Unternehmen entwickeln würde.«

Was Microsoft dann in Aussicht nahm, war ein 40-Millionen-Dollar-Geschäft. 30 Millionen waren aus dem Verkauf von rund 2 Millionen Aktien zu einem angenommenen Preis von 16 Dollar zu erwarten. Die übrigen 10 Millionen sollten aus dem Verkauf von Anteilen in Besitz von Firmenangehörigen erlöst werden, die sich darauf verständigt hatten, höchstens 10 Prozent ihrer Anteile zu verkaufen. Wenn das Emissionskonsortium Optionen auf zusätzliche 300 000 Anteile wahrnahm, würden etwa 12 Prozent des Gesamtbestands von Microsoft an der Börse gehandelt werden.

Ende Januar war der Emissionsprospekt fertig. Am 3. Februar schrieb sich Microsoft bei der SEC ein, und die Investmentbanker versandten 38 000 Exemplare des Prospekts. Zum ersten Mal gelang es den Medien, einen Blick ins Innere von Microsoft zu werfen. Fachjournalisten verriet der 50seitige Prospekt eine Menge.

Die beiden Gründer von Microsoft, Bill Gates und Paul Allen, sollten bald Multimillionäre sein. Gates besaß 11 222 000 Anteile oder 49 Prozent der Firma. 80 000 Anteile plante er zu verkaufen. Allen besaß 6 390 000 Anteile oder 28 Prozent. Er beabsichtigte, 200 000 Anteile zu verkaufen.

Auch Steve Ballmer, der 1 710 000 Anteile besaß, würde fein raus sein.

Jon Shirley besaß 400 000 Anteile. Weitere bedeutende Aktionäre waren Charles Simonyi, der 305 667, Gordon Letwin, der 293 850, und Gates' Eltern, die zusammen 114 000 Anteile ihr eigen nannten. Nach Gates, Allen und Ballmer war aber Technology Venture Investors mit 1 378 901 Anteilen der größte Aktionär.

Der Prospekt verriet auch, daß die leitenden Manager von Microsoft große Anleihen bei der Firma hatten machen können, damit sie von ihrem Aktienbezugsrecht Gebrauch machen konnten. Shirley hatte 810 751 Dollar aufgenommen, von denen er noch immer über 600 000 Dollar schuldete. Steve Ballmer hatte 533 711 Dollar geliehen und noch nichts zurückgezahlt. Scott Oki schuldete bei einer Anleihe in Höhe von 198 711 Dollar noch 56 211. Und Frank Gaudette war der Firma, der er geholfen hatte, sich in eine Aktiengesellschaft umzuwandeln, die Summe von 143 888 Dollar schuldig.

Zum ersten Mal wurden die Jahresgehälter, die Gates selbst und die leitenden Manager bezogen, publik. Das höchste erhielt Shirley: 1985 222 000 Dollar. Sich selbst zahlte Gates nur 133 000 Dollar, weit weniger, als Vorsitzende vergleichbar großer Firmen erhielten. Ballmer erhielt 1985 die Summe von 88 000 Dollar. Der Prospekt nannte neben Gates drei weitere Angehörige des Vorstands: Marquardt, Shirley und Portia Isaacson.

Allen gehörte dem Vorstand nicht mehr an. Obwohl er schon seit 1983 nicht mehr aktiv war, hatte er sich aus dem Vorstand der Gesellschaft doch erst kürzlich verabschiedet, als er eine eigene neue Softwarefirma, Asymetrix, in Bellevue gegründet hatte, zusammen übrigens mit Steve Wood und Marc McDonald, zwei der ersten Programmierer von Microsoft.

»... ich habe ihn ziemlich bedrängt«, sagt später Gates. »Er wollte raus und beweisen, daß er sein eigenes Ding machen konnte. Ich habe versucht, ihn zu überreden, das im Rahmen von Microsoft zu tun, aber er bestand darauf, es allein zu machen.«

Der Prospekt bewies, daß die Geschäfte noch besser waren, als man vermutet hätte. In dem am 30. Juni 1985 endenden Geschäftsjahr hatte Microsoft Einnahmen in Höhe von 140 Millionen Dollar. Der Gewinn belief sich auf 31,2 Millionen Dollar beziehungsweise 19 Prozent. Damit stand Microsoft besser da als die beiden wichtigsten Konkurrenten an der Börse, Ashton-Tate und Lotus. Von den Gesamteinnahmen kamen 75 Millionen Dollar aus der Abteilung Betriebssysteme und 54 aus dem Verkauf von Anwendungsprogrammen. Die restlichen stammten aus dem Verkauf von Hardware – wie der Maus – und Büchern aus dem 1983 gegründeten Hausverlag Microsoft Press. Immerhin 34 Prozent der Gesamteinnahmen bis zum 30. Juni 1985 steuerte die Internationale Abteilung bei. Davon kam fast ein Drittel (12 Prozent) aus Japan. Kein einzelner Kunde brachte Microsoft mehr als 10 Prozent des gesamten Geschäftsvolumens.

Kaum war der Prospekt erschienen, wurden Gates und die übrigen Direktoren von Freunden, Verwandten und Bekannten bestürmt, die Anteile an der Firma erwerben wollten. Gates wurde sogar von seinem Hausarzt angesprochen. *Fortune* zufolge wies Gates die meisten dieser Bittsteller ab, bis auf ein knappes Dutzend – unter anderem seine Großmutter und seine frühere Haushälterin.

»Ich werde keine von diesen blöden Bitten erfüllen«, sagte er. »Ich hasse die ganze Sache. Ich denke an nichts anderes und träume nur davon, Software zu verkaufen, nicht Aktien.«

Doch bevor er sich seinen eigentlichen Geschäften wieder ganz zuwenden konnte, mußte Gates noch auf einer Werberundreise Reklame für seine Aktien bei den institutionellen Anlegern machen. Der erste Termin war für den 18. Februar in Phoenix angesetzt. Bei einer Probe am 7. Februar leierte Gates den versammelten Investitionsbankern die statistischen Angaben, die sie interessieren sollten, in so gelangweiltem Ton herunter, daß sich einer seiner Zuhörer beschwerte. »Sie meinen also, ich sollte langweilige Sachen wenigstens aufregend vortragen, was?« fuhr Gates ihn an. Während der zehntägigen Werbereise wurden acht Städte besucht, unter anderem London.

Die Emission der Microsoft-Aktien wurde überall mit Spannung und Interesse erwartet, und so hatten Gates und Gaudette auf allen Stationen ihrer Rundreise ein großes Publikum. Die institutionellen Anleger überall erklärten, sie würden mit Kußhand so viel Aktien nehmen, wie sie kriegen könnten, und so herrschte gute Stimmung. Selbst Gates gewann dem ganzen seine guten Seiten ab, denn er merkte, daß er schließlich nicht nur den Verkauf von Microsoft-Aktien, sondern auch den seiner Produkte förderte. In London feierte man mit einem Dinner im Annabell's, einem beliebten Club, wohin angeblich britische Gentlemen ihre Geliebten zum Essen ausführten. Nach dem Dinner tanzten Gates und Ruthann Quindlen bis spät in die Nacht.

»Bill tanzt sehr gern«, sagt Ruthann, die Gates seit den frühen achtziger Jahren kennt. »Auf dem Tanzboden ist er wie verwandelt.«

Während der Werbetour entdeckte sie eine Seite an Gates, die wenige kennen: Er hatte Angst, in der Öffentlichkeit zu versagen.

»Er ist noch nie gescheitert. Er hat sich lauter Sachen ausgesucht, bei denen er siegen kann«, sagt sie. »In jeder Situation, in die er kommt, sei sie öffentlich oder privat, sorgt er dafür, daß er gar nicht scheitern kann. Das treibt ihn so sehr . . . Ich glaube nicht, daß er eine Niederlage verkraften könnte.«

Ihres Erachtens fehlt Gates eine gewisse Menschlichkeit, weil ihm die Erfahrung des Scheiterns unbekannt ist, und bis er einmal scheitert bei einem Unternehmen, das ihm viel bedeutet, kann er – nach Meinung der Security Analyst von Alex. Brown & Sons – nicht hoffen, ein großer Mann zu werden, trotz all seiner Leistungen.

Als Gates von der Werberundreise zurückkehrte, änderte er seine Meinung über den Angebotspreis der Aktien. Er war jetzt bestrebt, den höchstmöglichen Preis zu erzielen. In jenen Tagen herrschte großer Wirbel an der Wall Street, die Tendenz war steigend. Man erwartete, daß die Microsoft-Aktien zu 25 Dollar das Stück gehandelt werden würden. Deshalb wollte Gates jetzt die Preisspanne für institutionelle Anleger zwischen 21 und 22 Dollar festsetzen. Weshalb sollte er den Klienten des Hauses Goldman Sachs Millionen Dollar in den Rachen schieben – also die Differenz zwischen dem Angebotspreis und dem Kurs, zu dem die Aktien voraussichtlich an der Börse gehandelt werden würden? Nach mehreren Tagen angestrengten Verhandelns mit Goldman Sachs, bei denen mehrere der größten Anleger drohten, aus dem Geschäft auszusteigen, wenn der Preis zu hoch würde, einigte man sich auf 21 Dollar pro Aktie.

Am 12. März war nur noch die Höhe der dem Emissionskonsortium zu zahlenden Verwaltungsgebühr zu klären. Ursprünglich war Microsoft bereit, maximal 6,5 Prozent des Aktienpreises zu zahlen. Allerdings hatte gerade vor einigen Tagen eine andere Computerfirma, Sun Microsystems, mit dem Effektenemissionshaus, das ihre Aktien im Gesamtwert von 64 Millionen Dollar herausbrachte, eine Kommission von nur 6,13 Prozent ausgehandelt. Gates hatte Gaudette angewiesen, keinesfalls zu schlechteren Konditionen abzuschließen.

Goldman Sachs weigerte sich, so weit herunterzugehen. Bei dem Aktienpreis, der zur Diskussion stand, war jeder Penny des Preises eines Anteils 31 000 Dollar Gebühren wert. Nach einem ganzen Tag erbitterten Feilschens ging Goldman Sachs auf 1,33 Dollar pro Aktie herunter. Die Situation war angespannt. Denn da Frank Gaudette angewiesen war, keinesfalls über 6,13 Prozent abzuschließen, mußte er versuchen, die andere Seite mindestens auf 1,29 Dollar herunterzuhandeln.

Gates, der die ganze Aufregung über die Emission mit Verachtung strafte, war für ein paar Tage außer Landes gegangen und nicht zu erreichen. So war Gaudette froh, als er am Abend des 12. März wenigstens Shirley erwischen konnte, der gerade aus einem Restaurant kam und seiner Tochter zum 16. Geburtstag ein Auto kaufen wollte. Er habe die Banker noch weiter auf 1,31 Dollar heruntergehandelt, sagte er, aber mehr sei auf keinen Fall drin. Shirley fand das Angebot akzeptabel, und so wurde denn abgeschlossen.

Gates erklärte später, wenn er anwesend gewesen wäre, hätte er das Geschäft platzen lassen, falls die Banker ihre Forderung nicht noch um weitere zwei Cents pro Aktie heruntergeschraubt hätten. Und es war ihm vollkommen Ernst damit.

Um 9.35 Uhr am 13. März 1986 wurden die Microsoft-Aktien an der New Yorker Börse zum ersten Mal gehandelt. An diesem Tag wechselten 3,6 Millionen Anteile den Besitzer zu Preisen, die von 25,75 Dollar auf 29,25 Dollar stiegen, bevor die Börse mit einem Kurs von 27,75 Dollar schloß.

Wie der Reporter von *Fortune* berichtet, rief Gaudette während des morgendlichen freien Verkehrs Shirley vom Parkett der Börse aus an: »Es ist toll«, schrie er in den Hörer. »So was habe ich noch nie gesehen – alle handeln mit Microsoft und sonst nichts.«

Das Volumen des Freiverkehrsmarkts überraschte selbst das Emissionskonsortium. Gegen Mittag wechselten Tausende von Anteilen pro Minute den Besitzer. Anleger, die Aktien zum Nennwert von 21 Dollar erworben hatten, hätten, wenn sie zum Höchstkurs verkauft hätten, an einem Nachmittag einen Gewinn von 40 Prozent machen können.

Beobachter der Börse erinnerten sich nicht, daß jemals zuvor eine Aktie am ersten Tag so stark gehandelt wurde.

»Ich bin glücklich«, erklärte Paul Allen an diesem Tag gegenüber dem *Seattle Post Intelligencer.* »Jeder, der etwas mit Microsoft zu tun hat, hat sich von Anfang an auf diesen Tag gefreut.«

Innerhalb von Wochen stieg der Kurs auf 35,50 Dollar. Zwar verdiente Gates an den Anteilen, die er verkaufte, nur 1,6 Millionen Dollar, der ihm verbleibende Besitz von 45 Prozent des Werts der Gesellschaft wurde jedoch auf 350 Millionen Dollar geschätzt. Ein Jahr nach der Einführung an der Börse lag der Kurs der Aktien bei 90,75 Dollar und stieg weiter. Mit einunddreißig Jahren war also Bill Gates Milliardär. Niemand in der Geschichte Amerikas, von den großen Industrie- und Finanzbaronen des 19. Jahrhunderts bis zu den Unternehmensplünderern der jüngsten Zeit, hatte jemals in so jugendlichem Alter schon soviel Geld gemacht.

Aber Bill Gates war das echt schnuppe.

An dem Tag, am dem Microsoft an die Börse ging und die Angestellten der Firma ihren neugewonnenen Reichtum feierten, befand sich Gates an Bord einer Segelyacht vor der Küste Australiens.

»Da habe ich mich mal irgendwie verwöhnt«, hörte man später über diesen Urlaub.

Er hatte das Schiff und die Mannschaft für fünf Tage gechartert. Es hätten seit Jahren seine längsten Ferien werden können, doch er brach sie ab, um sich mit seinem alten Freund Kay Nishi zu treffen.

Ihre Partnerschaft machte Gates schon seit Monaten Sorgen. Er mußte sich zwischen seiner Freundschaft für Nishi und den Interessen seines Unternehmens entscheiden. Nishi war zu impulsiv und unberechenbar geworden, und Gates war überzeugt, daß die Kooperation mit ihm Microsoft in Zukunft nur noch schaden konnte. Er fand, daß sich Nishi in Japan nicht energisch genug für die Produkte, etwa Multiplan, einsetzte, sich andererseits aber für, wie Gates sagt, »ausgeflippte« High-Tech-Produkte stark machte. Zum Beispiel beabsichtigte Nishi, auf dem Halbleitermarkt einzusteigen. Gates wollte bei der Software bleiben. Nishi fand, man sollte Spezialchips entwerfen, die das Betriebssystem ersetzen könnten. Gates hielt davon gar nichts. Das Betriebssystem von Microsoft sei Industriestandard, sagte er, und was Nishi vorhätte, gäbe nicht den geringsten Sinn.

»Wenn Mikrocomputersoftware, die auf einem Standard basiert, keine gute Sache ist«, erklärte Gates einem Reporter der *Los Angeles Times*, »dann sehen wir schlechten Geschäften entgegen. Wenn das falsch ist, dann möge Gott Kay Nishi segnen, und ich hoffe, er findet ein Floß, das schwimmt, denn ich bin auf diesem Schiff hier ans Steuer gefesselt.«

Obwohl die beiden Computerwunderkinder einander sehr ähnlich waren, hatte doch Nishi einen Hang, über die Stränge zu schlagen, den Gates nie an den Tag legte, jedenfalls nicht in geschäftlichen Angelegenheiten. »Sie waren beide sehr intelligent, heftig, ehrgeizig und umtriebig«, sagt ein Direktor von Microsoft, der mit beiden zusammengearbeitet hat. »Aber Kay wollte immer abhauen und was anderes anfangen. Er konnte sich auf nichts lange konzentrieren. Immer wollte er was Neues machen, und meistens hatte er ein Dutzend Projekte gleichzeitig in Arbeit, von denen sechs echt Spitze waren und die anderen ziemlich ausgeflippt. Niemand konnte wissen, was er als nächstes anfangen würde. Er war also kaum unter Kontrolle zu halten.«

Nishi war in Japan zu einer Art Volksheld geworden. Jedenfalls brachte die japanische Ausgabe von *Playboy* ihn groß raus. Er warf mit dem Geld nur so um sich, was den in seinem Finanzgebaren konservativen Gates vor den Kopf stieß. Nishi residierte in den teuersten Hotels, zu Verabredungen ließ er sich mit dem Hubschrauber bringen. Bei einer Gelegenheit lauerte er dem Präsidenten der Fujitsu Ltd., den er unbedingt sprechen wollte, vor seinem Haus auf und stürzte sich auf ihn, als er nach Hause kam. Mit solchen Verhaltensweisen verscherzte er sich das Vertrauen der Geschäftsleute, auf das man in Japan womöglich noch dringender angewiesen ist als anderswo.

Was nach Gates' Begriffen dem Faß die Krone aufsetzte, war das mit dem Dinosaurier. Nishi ließ für eine Million Dollar einen lebensgroßen

Dinosaurier herstellen, der Kindern in einer Fernsehsendung etwas über Computer beibringen und gleichzeitig ein bißchen Reklame für Nishis Computerfirma ASCII machen sollte. Das Ungeheuer wurde vor dem Hauptbahnhof von Tokio aufgestellt. Und obwohl die Fernsehsendung von einem Jungen handelte, der die Software von Microsoft benutzte, um sich auf dem Computer einen Saurier zu bauen, drehte Gates total durch, als er davon erfuhr. Es gebe bessere Möglichkeiten, die Software von Microsoft an den Mann zu bringen, telegrafierte er wiederholt voller Zorn.

Kurz bevor Microsoft an die Börse ging, wurde Gates (wie das *Wall Street Journal* schrieb) klar, daß er Nishi irgendwie Zügel anlegen mußte. Gates bot ihm eine feste Stellung bei Microsoft an, dazu ein sehr attraktives Aktienpaket. Denn obwohl Nishi der Gesellschaft als Direktor angehörte und sogar den Rang eines Vizepräsidenten hatte, erhielt er als Vertreter von Microsoft im Fernen Osten bisher nur eine Kommission von 30 Prozent auf die Abschlüsse mit OEMs. Er galt nicht als Angestellter der Firma.

Nishi lehnte das Angebot ab. »Bill Gates verlangt hundertprozentige Loyalität und Unterwerfung«, sagt er. »Ich arbeite gerne mit ihm zusammen, aber meine Seele will ich ihm nicht verkaufen.«

Am Tage nach der Börseneinführung trafen sich Nishi und Gates in Sydney, von wo aus sie zusammen nach Tokio flogen. Dort bemühten sie sich drei Tage lang, ihre Meinungsverschiedenheiten beizulegen und die Partnerschaft zu retten. »Wir redeten über unser Visionen«, sagte Gates, »dann gerieten wir uns in die Wolle und baten uns gegenseitig wieder um Entschuldigung.«

Aber wie sich herausstellte, was ihre Beziehung irreparabel zerstört. Das war besonders für Gates sehr schmerzlich. Er und Nishi waren einander sehr nahe gewesen. »Kay ähnelt mir wahrscheinlich mehr als irgend jemand sonst«, sagte Gates. »Aber er ging einfach über Bord.«

Beim Ende der Partnerschaft im März 1986 war Nishi Microsoft 509 850 Dollar schuldig. Da man ihn nicht verklagen wollte, konnte die Schuld nicht eingetrieben werden. Nishi hatte sich das Geld leihen müssen, weil er einige Fehlinvestitionen getätigt hatte. Vor ein paar Jahren war Gates zum Beispiel einmal auf dem Flughafen ausgerufen worden.

Nishi mußte ihn dringend sprechen, weil er für 275 000 Dollar Aktien einer amerikanischen Gesellschaft gekauft hatte und nun seinen Broker nicht auszahlen konnte. Gates lieh ihm die Summe mit 12 Prozent Zinsen. »Sollte ich denn meinen besten Freund in den Schuldturm werfen lassen?« sagte Gates, als er die Geschichte später erzählte. Nach der Trennung von Nishi eröffnete Microsoft im Mai 1986 eine eigene Niederlassung in Japan. Über ein Dutzend der besten Leute aus Nishis Firma ASCII wurde abgeworben, was Nishi Gates sehr übelnahm. Dies brachte er in Interviews mehrfach zum Ausdruck. Gates seinerseits erklärte: »Der Typ hat sich das Leben selbst versaut. Er ist *minus* eine halbe Million wert und ich x Millionen – da kann einer schon sauer werden.«

Unter den Leuten, die Gates nach Japan schickte, befand sich auch ein alter Kamerad aus Lakeside, Chris Larson. Es war Gates schließlich gelungen, ihn zu überreden, fest bei Microsoft zu arbeiten, ohne vorher ein Fachstudium in Stanford abzuschließen. Gates hatte Larson jedesmal, wenn er ihn bat, gleich bei Microsoft mitzumachen, mehr Anteile an der Firma versprochen, bis das Angebot so verlockend war, daß er nicht mehr widerstehen konnte. Er gehörte zu den vielen Angestellten, die am ersten Börsentag mit einem Schlag Multimillionäre wurden.

Als Microsoft an die Börse ging, war das Unternehmen in so stürmischem Wachstum begriffen, daß wirklich beinahe die ganze arbeitsfähige Bevölkerung des Staates Washington bei Microsoft beschäftigt war, wie es Charles Simonyi 1981 in seiner berühmten Rede vor der Belegschaft prophezeit hatte. Gates machte sich zwar Sorgen, bei diesem Wachstum könne die Firma etwas von ihrer Konkurrenzfähigkeit verlieren, aber der Aufstieg schien unaufhaltsam.

Nicht lange nach dem Umzug der Firma nach Bellevue hatte Gates einem seiner Programmierer gesagt, mehr als ein paar hundert Angestellte sollte Microsoft nie haben. Jahre später bestätigte er diese Auffassung noch. »Die Leute fingen an, sich Sorgen zu machen, daß das Wachstum unkontrollierbar würde«, sagte Leo Nikora, der zu einem Pizzaessen geladen war, bei dem Gates von der Zukunft sprach. »Bill sagte, solche Sorgen mache auch er sich. Er gab zu, die Firma sei sehr schnell gewachsen, meinte aber, diese Tendenz ließe jetzt nach. Er sagte, er wollte nie erleben, daß die Firma über 10 000 Angestellte hätte.«

Doch die Tendenz ließ nicht nur nicht nach, sie verstärkte sich vielmehr noch. Anfang März 1986 hatte Microsoft fast 1200 Angestellte. Die Firma war aus dem Northup-Komplex herausgewachsen, und der Umzug in eine neue Zentrale am Rande von Redmond stand bevor. Microsoft hatte 29 Acre (= Morgen zu 4047 qm) Bauland gekauft und in aller Eile vier Gebäude auf einem x-förmigen Grundriß errichten lassen. In der Planung wurde darauf geachtet, daß jeder Angestellte von seinem Arbeitsplatz aus einen Blick ins Grüne hatte. Die Softwaretechniker wurden in zweien dieser Gebäude untergebracht, alle übrigen Beschäftigten in den anderen beiden. Jedes der von eins bis vier numerierten Gebäude erhielt eine eigene Cafeteria, in der gratis Getränke zur Verfügung standen. Gratis erhielten die Angestellten ferner die Mitgliedschaft in einem Sportclub, der weniger als eine Meile von ihrem Arbeitsplatz entfernt lag. Auch auf dem Firmengelände selbst wurden wenig später Sportplätze angelegt, so daß die Angestellten jederzeit Baseball, Fußball oder Volleyball spielen können, wenn sie nichts Besseres zu tun haben. Zwischen den vier Gebäuden wurde ein kleiner künstlicher See angelegt, der bald den Namen »Lake Bill« erhielt.

Die langfristigen Pläne der Firma sahen für das kommende Vierteljahrhundert nur den Bau von weiteren drei Bürogebäuden vor. Doch noch bevor das Jahr zu Ende war, hatte man schon die Gebäude fünf und sechs zu bauen begonnen, die bereits vor Bezug voll belegt waren. Auf das Gebäude mit der Nummer sieben wurde verzichtet, weil man ihm eine hübsche Baumgruppe hätte opfern müssen. Als dann die Gebäude acht und neun fertig waren, belegte Microsoft so viel Büroraum, wie ein sechziggeschossiger Wolkenkratzer geboten hätte. Sechs Jahre nach dem Umzug aus dem Northrup-Komplex war das Betriebsgelände von 29 auf 260 Acre gewachsen, auf denen 22 Gebäude standen.

Die freundliche Zwanglosigkeit der Anlage, deren Äußeres eher an ein College als an einen Industriebetrieb denken ließ, war natürlich nicht zufällig zustande gekommen.

»Die Idee war, ein Gefühl der Zusammengehörigkeit zu schaffen«, sagt Ingrid Rasch, damals Personalchefin. »Wir haben im Grunde eine

Menge junge Kids eingestellt, von denen viele noch nie von zu Hause weg waren oder nur so weit wie das College, das sie besucht hatten. Bei uns waren die meisten zum ersten Mal richtig fern der Heimat. Wir haben uns also gefragt, wie wir es ihnen schön machen können. Es handelt sich bei unseren Mitarbeitern ja nicht unbedingt um Leute, die ausgehen und das Freizeitangebot des Umlands wahrnehmen. Von denen war nicht zu erwarten, daß sie sich draußen umsehen und Freunde suchen oder an irgendwelchen Aktivitäten draußen teilnehmen würden, und außerdem brauchten wir sie ja zum Arbeiten hier. Und so wollten wir ihnen am Arbeitsplatz eine vertraute Atmosphäre bieten und darüber hinaus das Gefühl, irgendwohin zu gehören.«

Die Angestellten durften sich ihre Büros nach eigenem Geschmack einrichten. »Für sie waren die Büros quasi Studentenbuden«, sagt Ingrid Rasch. »Sie konnten sich ihren Computer reinstellen und was sie wollten. Der Raum war ihrer.«

Es gab keine reservierten Parkplätze auf dem neuen Betriebsgelände, nicht einmal für den Vorsitzenden Bill. Wer zuerst zur Arbeit kam, erhielt den besten Platz. Seit Microsoft an der Börse war, tauchten auf dem Firmenparkplatz Autos vom Typ Mercedes, Porsche und sogar ein paar Ferraris auf. (Erst 1991 ließ sich Gates eine unterirdische Privatgarage bauen, wie es heißt, weil er auf dem Weg zu seinem Wagen immer wieder von Leuten belästigt wurde, die sich Geld bei ihm pumpen wollten.)

Wie es Gates befürchtet hatte, lenkte das Drama an der Börse die Aufmerksamkeit mancher Angestellten von der Arbeit ab. An den Wänden hingen neuerdings Tabellen, auf denen täglich der Kurs eingetragen wurde. Einige langjährige Mitarbeiter erschienen am Arbeitsplatz mit Buttons, auf denen die Buchstaben »FYIFV« standen. Sie bedeuteten: »Fuck you. I'm fully vested«, »verpiß dich, mir kann keiner.«

Gates warnte seine Angestellten, sich von ihrem Wertpapierreichtum nicht den Kopf verdrehen zu lassen. »Das ist doch blöd«, erklärte er dem Reporter von *Fortune*. »Jeder weiß doch, wie schnell High-Tech-Stocks abstürzen können.«

Im August 1986 stifteten Gates und Paul Allen der Lakeside-Schule, wo alles angefangen hatte, 2,2 Millionen Dollar für ein neues Naturwissenschafts-und-Mathematik-Zentrum. Da sie sich nicht über die Reihenfolge ihrer Namen einigen konnten, warfen sie eine Münze. Die Münze entschied fürs Alphabet, und so heißt das Gebäude nun Allen Gates Hall.

Für seine eigenen Bedürfnisse gab Gates wenig Geld aus. Er kaufte sich allerdings ein Rennboot. Aber selbst bei dieser Anschaffung tat es ihm leid um das schöne Geld. Das berichtet jedenfalls Vern Raburn, der ihn vor dem Kauf zu einer Bootsausstellung in der Nähe von Seattle begleitete.

»Schon seit Jahren redete Bill davon, wie gerne er ein Boot hätte, aber er brachte es einfach nicht über sich, Geld dafür auszugeben«, sagt Raburn. »Auch bei dieser Bootsausstellung konnte und konnte er sich nicht zum Kauf entscheiden. Den ganzen Tag lang sind wir da herumgelaufen, bis er schließlich eine halbe Stunde vor Schluß der Ausstellung eines kaufte. Kein besonders aufwendiges, so um die 12 000 Dollar. Aber gequält hat er sich damit, als hätte es 50 Millionen gekostet.«

Wie man es nicht anders erwarten konnte, erhielt Gates kurz darauf ein Strafmandat, weil er die zugelassene Höchstgeschwindigkeit überschritt.

»Bill hat keine ausgefallenen Konsumwünsche«, sagt Ann Winblad, die beim Kauf des Bootes ebenfalls mit von der Partie war. »Die Lokalberichterstattung konzentriert sich auf so albernes Zeug wie seinen Porsche. Jeder weiß, daß Bill sich einen Porsche gekauft hat. Wie oft muß man den Leuten das sagen? ›Bill Gates: Das Leben der Reichen und Berühmten‹ ist nicht die wahre Story. Bill liebt einfach seine Arbeit.«

Bill Gates und Ann Winblad gingen seit 1984 miteinander. Sie hatten sich bei einer Fachkonferenz kennengelernt, auf der beide Vorträge hielten. Die beiden Unternehmer hatten viel gemeinsam. Ms. Winblad hatte ihre Softwarefirma, die sie vor wenigen Jahren mit einem Kapital von 500 Dollar in Minneapolis gegründet hatte, gerade für 15 Millionen verkauft. Später sollte sie sich mit John Hummer zusammentun, einem ehemaligen Basketballspieler der Seattle Super Sonic, mit dem sie die Firma Hummer/Winblad Venture Partners gründete.

Ms. Winblad, die ungefähr sechs Jahre älter ist als Gates, fand ihn überhaupt nicht so »freaky«, wie er von den Medien dargestellt wurde.

»Ich lerne immer was, wenn ich mit Bill zusammen bin«, sagt sie. »Er ist ein Abenteurer, risikofreudig, der gerne immer am Abgrund lebt . . .«

Sie erzählt zum Beispiel, daß sie während eines Ausflugs nach Mexiko einmal auf die Toilette ging. Als sie wieder herauskam, erfuhr sie, daß Gates in der Zwischenzeit ihren Leihwagen für 10 Dollar den Nachmittag an ein paar Hippies untervermietet hatte. Sie war überzeugt, daß Bill das Auto nie wiedersehen würde. Aber vier Stunden später brachten die Untermieter das Auto heil zurück, obwohl sie allem Anschein nach unter Drogen standen.

Ms. Winblad besaß ein Ferienhaus am Strand unweit von Kitty Hawk an der Küste von North Carolina. Eines Tages traf Gates ohne Gepäck zu einem Kurzurlaub ein. Sie mußte deshalb mit ihm in die Stadt fahren, wo er sich für die paar Tage einkleidete. Dabei achtete er sorgfältig darauf, daß farblich alles gut aufeinander abgestimmt war, wie er es als Kind von der Mutter gelernt hatte. Bei einer anderen Gelegenheit fuhren die beiden zu einer hohen Düne hinaus, die Jockey's Ridge heißt. Dort haben die Brüder Wright ihre Flugzeuge getestet. Bill Gates belegte einen Intensivkurs in Drachenfliegen. Kurz nach dem ersten Start bohrte er, wie die meisten Anfänger, seinen Drachen in den Sand. Bei dem zweiten Flug folgte er den Instruktionen seines Fluglehrers und landete sanft am Fuß der Düne. Beim dritten Flug meinte er den Anweisungen schon nicht mehr Folge leisten zu müssen, lenkte in den Wind und stürzte schließlich Hunderte von Metern vom Fuß der Düne entfernt ins Gebüsch.

»Natürlich mußte er gleich beweisen, daß er besser fliegen kann als die anderen Anfänger«, sagt Ann Winblad. »Es störte ihn überhaupt nicht, daß er keine Ahnung hatte, wie das Fluggerät funktionierte, und daß er dabei riskierte, sich den Hals zu brechen.«

Gates und Winblad stellten ihre Kurzurlaube immer unter ein Motto. Einmal war Physik das Thema. Sie lasen in der Zeit so viele Bücher über Physik wie irgend möglich und sahen sich die Videos der Feynman-Vorlesungen an, die Gates mitgebracht hatte. Ann konnte kaum fassen, wieviel Bill las. Der Umfang seines Wissens überwältige sie manchmal. Zu einem einfachen Lunch bei Burger King brachte Gates einmal vier Zeitschriften als Lektüre mit, unter anderem *Scientific American* und den

Economist, den er besonders mochte. Freilich hatten auch Gates' Kenntnisse ihre Lücken. Als ein Journalist ihn für den *New Yorker* interviewen wollte, fragte Gates verdutzt, was das denn sei, der *New Yorker*?

Natürlich liebte es Gates, sein Wissen mit anderen zu messen, und damit sich seine Überlegenheit, die er optimistisch voraussetzte, für ihn auch auszahlte, schloß er gerne Wetten ab. Einmal ging es um die Frage, wann das MGM-Hotel in Las Vegas abgebrannt war. Zur Entscheidung mußte schließlich sogar in Las Vegas angerufen werden. Gates verlor bei dieser Gelegenheit 1200 Dollar. Besonders mochte er Serienwetten – nach dem Prinzip, daß man seinen Gewinn jedesmal verdoppeln oder alles verlieren konnte – und schloß nebenher immer noch alle möglichen Zusatzwetten ab.

»Einmal wettete Bill mit jemandem, und es ging immer weiter mit doppelt oder nichts, und dann machte er eine Nebenwette, die er auch gewann, und irgend jemand sagte: ›Ist das nicht typisch Bill? Doppelt oder Nichts reicht ihm nicht, aber so ist er eben.‹«

Ms. Winblad, die fließend »Gates-speak« spricht, charakterisiert ihn als »massively parallel« und von »außerordentlicher Bandbreite«. »Massiv parallel« weist auf einen Zusammenschluß Hunderttausender von unabhängigen Mikroprozessoren zur Lösung eines Problems hin, und »Bandbreite« läßt natürlich Rückschlüsse auf das Quantum an Informationen zu, die einer aufnehmen kann.

Doch kann dieser massiv parallele Mann an sich höchst amüsant sein. »Wenn er eine Geschichte zu erzählen hat, ist es ihm egal, ob vier Leute im Lokal sind oder tausend«, erzählt Ann Winblad. »Bill springt vom Tisch auf, stellt sich irgendwo hin und fängt an, die Geschichte darzustellen. Das ist dann nicht mehr: ›Also, ich werd' dir jetzt mal erzählen, was dann geschah‹, sondern es ist *Hamlet* selbst! Theater. Vor Jahren, als ihn noch keiner kannte, konnte er so was machen, ohne daß groß jemand Notiz davon nahm. Aber jetzt macht er es immer noch, und zwar total ohne zu merken, daß sich die ganzen anderen Gäste zumurmeln: ›Ist das nicht Bill Gates, der da drüben rumhüpft und mit den Armen fuchtelt?‹ Und echte Luftsprünge macht er. Wenn nötig, jumpt er sogar über Tische und Bänke.«

Freunden zufolge war irgendwann zwischen Gates und Winblad auch von Heirat die Rede. Angeblich wollte Ann, Gates aber nicht. Er meinte, er hätte keine Zeit für eine Frau. Nach fast drei Jahren trennten sie sich.

Bald darauf sah man Gates mit anderen Frauen. Aber er und Ann Winblad blieben gute Freunde. Ihr Bild hängt noch immer in seinem Büro.

Im Winter 1986 mußte sich Bill Gates in einem Gerichtssaal in Seattle anhören, wie ein Anwalt MS-DOS mit einem Hund verglich. Seattle Computer Products, der elektronische Tante-Emma-Laden, der einst die Exklusivrechte an dem Betriebssystem besessen hatte, mit dessen Hilfe sich Microsoft zum zweitgrößten Softwareanbieter der Welt mauserte, forderte 60 Millionen Dollar von Microsoft. Kelly Corr, einer der Anwälte von Rod Brock, dem Eigentümer von Seattle Computer, versuchte in seiner einleitenden Ansprache der Jury zu erklären, worum es bei diesem Prozeß eigentlich ging. Es handelte sich um einen höchst technischen Fall, dessen Akten schon bei Prozeßbeginn acht Bände mit Hunderten von Blättern füllten. Zu Beginn seiner Ansprache stellte der Anwalt für jeden sichtbar die Bronzestatue eines Hundes auf sein Pult.

»Ich wette, Sie dachten, daß es bei diesem Fall um Computer geht«, sagte Corr. »Aber in Wirklichkeit geht es um Hunde. Rod Brock hatte nämlich diesen Köter namens Spud, und eines Tages kam Bill Gates zu ihm und sagte: ›Ich mache jetzt in Hunden und würde gerne welche züchten. Wenn Sie mir diesen Hund Spud geben, sorge ich dafür, daß er Preise gewinnt, und außerdem können Sie sich von jedem Wurf die besten Welpen aussuchen‹. Spud ist nämlich eine Hündin.«

Gates, dessen Mutter im Gerichtssaal neben ihm saß, begann zu wippen, als er diese Hundegeschichte hörte. Er war höchst konzentriert. Vom Ausgang des Prozesses hing eine Menge für seine Firma ab.

Der Streit hatte begonnen, als Brock sich einige Monate zuvor entschlossen hatte, Seattle Computer Products zu verkaufen. Das Unternehmen war am Ende. Der einzige Vermögenswert, der Brock blieb, war die Lizenz, die er erhalten hatte, als er 1981 für die Summe von 50 000 Dollar Microsoft die Eigentumsrechte an DOS abgetreten hatte. Die Lizenz gestattete Seattle Computer, DOS mit ihrer Computerhardware zu verkaufen. Microsoft hatte sich überdies verpflichtet, Seattle Computer die jeweils neuesten Versionen des Betriebssystems zur Verfügung zu stellen. Da Brock Microsoft für diese Lizenz keinerlei Gebühren zu entrichten hatte, mochte diese immerwährende Gratislizenz für ein inzwischen zum Industriestandard gewordenes Betriebssystem einem Interessenten, der selbst Hardware verkaufe, wohl ein paar Millionen wert sein.

Brock beabsichtigte, die Lizenz an den Höchstbietenden zu verkaufen. Er hatte dabei einen Konzern wie Tandy Corporation vor Augen. Zuvor aber gab Brock Microsoft die Gelegenheit, die Lizenz zurückzuerwerben. Er habe sich entschlossen, Seattle Computer zu verkaufen, schrieb er Gates, und da seine Vereinbarung mit Microsoft zweifellos sein stärkster Aktivposten sei, wäre die Firma wohl vor allem für Hersteller von Computern, die unter MS-DOS laufen, interessant. »Wir schätzen den gegenwärtigen Wert von Seattle Computer auf ungefähr 20 Millionen Dollar. Ehe wir mit anderen in Verhandlungen treten, wüßten wir gern, ob bei Ihnen Interesse besteht, Seattle Computer zu erwerben.«

Brock brauchte nicht lange auf eine Antwort zu warten. Jon Shirley erwiderte postwendend und erklärte, die »übertriebene Auslegung« des Abkommens mit Microsoft seitens Seattle Computer hätte im Hause nur Befremden ausgelöst.

Als Brock so erfuhr, daß die Lizenz für MS-DOS nicht übertragbar sei, klagte er. Vor Gericht ließ er sich von der Firma Bogler & Gates vertreten; der gleichnamige Teilhaber war mit dem Beklagten nicht verwandt, aber die Firma gehörte zu den größten und angesehensten in Seattle. Den Gegenangriff seitens Microsoft führte David McDonald, ein fertiger Programmierer, Absolvent der prestigereichen Harvard Law School und Partner der Firma Shidler McBroom Gates & Lucas.

Seattle Computer war die einzige Firma, die noch im Genuß einer gebührenfreien Lizenz für den Verkauf des DOS-Betriebssystems war. Mit einem strategischen Manöver hatte Gates kurz zuvor eine Tim Paterson, dem Verfasser von DOS, erteilte ähnliche Lizenz wieder entziehen können. Nachdem er 1982 bei Microsoft gekündigt hatte, war Paterson für kurze Zeit zu Seattle Computer zurückgekehrt und hatte dann eine eigene Firma gegründet, Falcon Technology. Als Honorar für Programmierarbeiten, die Paterson für Microsoft leistete, gewährte Paul Allen ihm die Lizenz, DOS mit Falcon-Hardwareerzeugnissen zu verkaufen.

1986 ging es Falcon schlecht, und Paterson erwog, das Angebot einer Gruppe ausländischer Unternehmer anzunehmen, die Falcon aufkaufen wollten, nur um die unbezahlbare DOS-Lizenz an sich zu bringen. Paterson traf sich deswegen mit Gates, der angesichts dieser Eventualität zunächst einmal ausrastete, wie man das nun von ihm schon kennt. Dann erwarb Microsoft nach hartnäckigen Verhandlungen für eine Million Dollar die Vermögenswerte von Falcon, und Paterson wurde wieder bei Microsoft eingestellt, wo er heute noch arbeitet.

Der Prozeß gegen Seattle Computer dauerte drei Wochen. Gates saß sehr oft im Gerichtssaal, meist in Begleitung seiner Mutter. Sowohl er als auch Allen wurden in den Zeugenstand gerufen. Schließlich schlossen die streitenden Parteien noch während der Beratung der Jury einen Vergleich. Microsoft kaufte für 925 000 Dollar von Seattle Computer die Lizenz für DOS zurück. Brocks Anwälte stellten später fest, daß die Jury acht zu vier für Brock gestimmt hätte. Zwei der Juroren, die sich eher der Gegenpartei anschlossen, sagten, hätten die Beratungen länger gedauert, wären sie wohl auch zur Mehrheit übergeschwenkt. Und mit zehn gegen zwei Stimmen hätte Brock den Prozeß gewonnen.

Als Teil des Vergleichs einigten sich die Anwälte beider Parteien, gegenüber der Öffentlichkeit Stillschweigen über die Einzelheiten ihrer elfstündigen Verhandlungen zu bewahren. Brock war von Anfang an bereit, sich mit einer halben Million abfinden zu lassen. Doch Gates weigerte sich, auf dieses Vergleichsangebot einzugehen. Er habe für DOS schon einmal bezahlt, erklärte er seinen Anwälten, noch einmal dafür zu bezahlen, sei er nicht willens.

Während des Prozesses bot Microsoft Brock dann doch 50 000 Dollar, aber darauf ging er nicht ein. Nach Beginn der Beratungen der Jury stieg das Vergleichsangebot der Microsoft alle paar Stunden um 100 000 Dollar. Corr wunderte sich, daß Gates nicht schon vor der Verhandlung den Vergleich gesucht hatte. »Wieso sitzt der Typ da im Gerichtssaal und verschwendet tagein, tagaus seine Zeit? Seine Zeit ist soviel mehr wert. Wenn er Brock mit einer halben Million abgefunden hätte, wäre das Geld doch gut angelegt gewesen. Ich war mir nicht sicher, ob er Brock einfach aus Prinzip zermalmen wollte oder was. Diese Typen spielen hart. Sie machen die Leute fertig. Man kann fast sagen, sie vernachlässigen darüber ihre geschäftlichen Interessen.«

Corr dagegen kaufte gleich nach Ende des Prozesses Microsoft-Aktien, die seit der Emission vor neun Monaten auf den dreifachen Wert gestiegen waren. »Ich dachte mir, das sind sehr abgebrühte Geschäftsleute. Sehr zäh. Und jetzt haben sie den Markt unter Kontrolle.«

Eine Reihe von Leuten aus der Computerbranche, die meinten, Grund zu Beschwerden über die Geschäftsgebaren von Microsoft zu haben, erkundigten sich nach Ende des Prozesses bei Bogle & Gates nach ihren Aussichten, sollten sie ihrerseits gegen die Firma klagen. Es kam dann zu keinem Prozeß dieser Art, aber allein die Anfragen bewiesen, daß die wachsende Macht von Microsoft und die Art und Weise, in der der Vorsitzende Bill sich ihrer bediente, für viel böses Blut sorgten.

Nicht lange nach dem Vergleich mit Seattle Computer stand Kelly Corr abermals den Anwälten von Microsoft gegenüber, diesmal vor dem Bundesgerichtshof in San Francisco, wo einer der ersten Prozesse wegen Softwarepiraterie geführt wurde. Die Behörden hatten in der Bucht von San Francisco eine Schiffsladung Raubkopien von MS-DOS-Software beschlagnahmt. Eine taiwanesische Handelsgesellschaft, die als VCCP (Very Cheap Computer Products) firmierte, behauptete, eine Lizenz zum Verkauf von Kopien von MS-DOS zu haben. Microsoft bestritt das und klagte. Corr wurde engagiert, die Verkäufer der »sehr billigen Computerprodukte« vor Gericht zu vertreten, doch schon während der langwierigen Vorbereitung des Prozesses zeigte sich, daß er Mühe haben würde, sein Honorar einzutreiben. Seine taiwanesischen Klienten hielten ihn hin. Gelegentlich riefen sie ihn mitten in der Nacht zu Hause an, um ihm Zahlungen zu versprechen, die dann trotzdem ausblieben. Schließlich wurde es Corr müde, soviel Arbeit umsonst zu machen, und er beschloß, den Fall niederzulegen. Doch darf sich kein Anwalt ohne Genehmigung des Richters von einem vor einem Bundesgerichtshof anhängigen Verfahren zurückziehen. Normalerweise stimmt freilich die Gegenseite einem solchen Antrag gerne zu, da es ihre eigene Position nur stärken kann, wenn der Kontrahent vom Anwalt seiner Wahl im Stich gelassen wird. Aber in diesem Fall willigte Microsoft nicht ein. Es paßte ihnen ins Konzept, daß Corrs große Kanzlei einen Fall durchziehen mußte, bei dem viel Zeit und Geld zu verlieren war. Es war wohl eine Art Revanche für die Million, die Corr aus Microsoft rausgeholt hatte, als er Seattle Computer vertrat.

»Warum die das gemacht haben?« fragt Corr rhetorisch. »Erklären Sie's mir. Wie ich schon sagte: Die schlagen gerne hart zu.«

Während der Vergleichsverhandlungen mit Seattle Computer versicherten die Anwälte von Microsoft Rod Brock, selbst wenn er seinen Prozeß gewänne, am Ende sei doch er der Verlierer. Denn DOS würde binnen kurzem überholt und nichts mehr wert sein – Microsoft arbeite zusammen mit IBM an einem neuen Betriebssystem.

»Immer wieder haben sie mir gesagt: ›Selbst wenn Sie alles bekommen, würde das in zwei Jahren keinen Pappenstiel mehr wert sein, denn dann wird jeder das neue Betriebssystem kaufen‹«, berichtet Brocks Anwalt Kelly Corr. »Im Rückblick kann man sich fragen, wer da wen verarscht hat.«

Das Betriebssystem, an dem Ende 1986 noch gearbeitet wurde, hieß unter Eingeweihten OS/2. Es war auf die überlegenen Kräfte der zweiten Generation von Personalcomputern zugeschnitten, die damals dabei war, die ursprünglichen PC abzulösen. Als OS/2 im April 1987 öffentlich vorgestellt wurde, sagten sowohl Microsoft als auch IBM voraus, es würde das Standardbetriebssystem für die Personalcomputer der neunziger Jahre. Tatsächlich erwies es sich als gigantischer Flop. Das Joint-venture von Microsoft und IBM brachte keinen Cadillac, sondern einen Maulesel hervor. Dieser Fehlschlag sollte die Computerindustrie bis in die Grundfesten erschüttern.

Die Geschichte von OS/2 ist noch nicht zu Ende. Niemand kann sagen, wie sie ausgehen wird und welche überraschenden Wendungen sie noch bereithält. Aber angefangen hat sie 1984 mit einem neuen Personalcomputer unter der Bezeichnung PC/AT.

Nach dem glänzenden Erfolg des PC hatte IBM eine Reihe von Marketing-Niederlagen erlitten, die bemerkenswerteste mit dem für 699 Dollar angebotenen PC Junior, dessen Tastatur nach dem Urteil eines Reporters fatal an Kaugummi-»Chiclets« erinnerte. Bedauerlicherweise blieb dieser Vergleich an der Maschine kleben. Aber am 14. August

1984, zwei Jahre und zwei Tage nach der Enthüllung des ursprünglichen PC in New York, brachte IBM den PC/AT heraus. AT steht für »Advanced Technology«, fortgeschrittene Technik, einen um den starken neuen 8086-Chip von Intel herumgebauten Computer, der mit DOS 3.0 lief. Seine Tastatur war nach dem Muster der erfolgreichen IBM-Schreibmaschine Selectric gestylt. Don Estridge, der Leiter des ursprünglichen »Project Chess«-Teams, hoffte, daß der PC/AT für die Enttäuschungen entschädigen würde, die IBM mit dem PC Junior erlitten hatte. IBM brauchte einen Schlager, und obwohl der PC/AT zu dem ziemlich hohen Preis von etwa 4000 Dollar angeboten wurde, war Estridge überzeugt, daß der neue Computer Kunden anziehen würde, die von dem stärkeren 286-Chip profitieren wollten.

Der PC/AT war mit der für IBM charakteristischen Heimlichtuerei unter dem Codenamen Salmon (Lachs) entwickelt worden. Diesmal nötigte »Big Blue« Microsoft, Maschendraht sogar unter die Decke des Raums zu spannen, wo etwa zwölf Prototypen des guten Stücks verwahrt waren. Die Microsoft-Programmierer, die an einer dritten Version von DOS für die neue Maschine arbeiteten, nannten den Raum im Spaß »Aquarium«.

Gates teilte die Begeisterung für den 286-Chip nicht. Er fand ihn »hirntot«. Seines Erachtens hätte IBM lieber warten und das nächste Modell statt dessen auf der Basis eines noch fortgeschritteneren Chips bauen sollen, an dem Intel damals schon arbeitete, des 80386. Tatsächlich erwies sich die Entscheidung von IBM als schwerer Fehler.

»Estridge nahm nicht zur Kenntnis, was Bill ihm über den 386 erzählte, und beschloß, die 286-Maschine herauszubringen, und das war die große Fehlentscheidung, die alle Probleme nach sich zog«, sagt Stewart Alsop, Chefredakteur und Verleger von *PC Letter* sowie anerkannte Autorität in Sachen Gates und Microsoft. Estridge wußte, daß Gates in bezug auf den 286-Chip recht hatte, aber er stand unter dem Druck der Konzernspitze, die nach dem Reinfall mit dem PC Junior schnell einen erfolgreichen neuen PC auf dem Markt haben wollte. Das jedenfalls meint Alsop. Seines Erachtens glaubte Estridge, sich mit der 286-Maschine die Widersacher im eigenen Haus so lange vom Hals halten zu können, bis der 386-Chip von Intel zur Verfügung stehen würde, vermutlich 1986.

Obwohl der PC/AT mit DOS 3.0 herausgebracht wurde, wußte Gates, daß das Betriebssystem der neuen Hardware eigentlich nicht mehr gewachsen war. Etwas Neues mußte her – ein Ersatz für DOS. 1985 unterzeichnete Gates ein langfristiges Entwicklungsabkommen mit IBM, in dem er sich verpflichtete, ein von Grund auf neues Betriebssystem zu schaffen, das zunächst als Advanced DOS, später als OS/2 bezeichnet wurde. IBM plante, das neue Betriebssystem in eine große Strategie zur Vernetzung von Computern aller Größen und Typen einzubeziehen. IBM wollte ein Betriebssystem, das die Verbindung von Personalcomputern mit ihren Mainframes, Großrechnern, gestatten würde.

Doch geriet das Projekt ins Stocken aufgrund des mangelhaften 286-Chips, der dem Bemühen, die alte, für MS-DOS-Maschinen geschriebene Software auch unter dem neuen Betriebssystem verwendbar zu machen, erhebliche Schwierigkeiten bereitete. Gates wollte deshalb auf den Versuch, ein neues Betriebssystem für den 286-Chip zu entwickeln, nicht mehr Zeit und Geld verschwenden. Unglücklicherweise kam der einzige Mann bei IBM, den er vermutlich schließlich doch hätte von der Nutzlosigkeit des Versuchs überzeugen können, 1985 an einem stürmischen Augustabend beim Absturz einer Maschine der Delta Air Lines auf dem Dallas Fort Worth Airport ums Leben. Obwohl sie oft verschiedene Meinungen vertraten, waren Gates und Estridge doch immer prächtig miteinander ausgekommen – wahrscheinlich, weil Estridge sich nicht scheute, Gates zu widersprechen. Sie hatten einander geachtet und vertraut.

Jetzt bekam es Gates mit Bill Lowe zu tun, der die Leitung der Entry Level Division in Boca Raton übernahm. Obwohl Lowe 1980 das Projekt Schach bei der Konzernspitze durchgesetzt hatte, fehlte ihm Estridges technische Kompetenz. Gates und Lowe hatten Hochachtung voreinander, aber ihr Verhältnis blieb kühl und distanziert.

»Da hatte also nun plötzlich ein Typ das Sagen, der nichts von Computern verstand«, kommentiert Alsop den Wechsel in Boca Raton.

Gates versuchte, seine Bedenken gegen den 286-Chip zu begründen, aber Lowe wollte nichts davon hören. Das neue Betriebssystem, sagte er, müsse über den 286-Chip laufen. In diesem Chip liege die Zukunft. IBM habe schon zuviel in den PC/AT investiert und könne diese Kunden nun nicht hängenlassen.

Anfang 1986, während eines Betriebsausflugs des Anwendungsentwicklungsteams von Microsoft, schimpfte, wie einer der Programmierer berichtet, die daran teilnahmen, Gates wie ein Rohrspatz auf die »abgefuckte Strategie von IBM«. Bill sagte: »Scheiß auf die Leute mit den AT, machen wir's einfach für den 386, damit sie ausbauen können.«

Compaq tat dann, was zu tun IBM sich weigerte. Im September 1986 brachte Compaq einen PC mit dem neuen 386-Chip von Intel heraus. Die anderen Computerhersteller hatten warten wollen, bis IBM den 386 einsetzte. Schließlich hatte bisher immer IBM den Standard gesetzt. Für Compaq zahlte sich das Risiko, das sie mit dem Vorpreschen auf sich genommen hatte, hübsch aus. Der Compaq Deskpro 386 wurde zum stärksten Personalcomputer am Markt. Schon auf der Herbst-Comdex dieses Jahres zeigten einige der anderen Klon-Hersteller Maschinen, die mit Compaq, nicht aber mit IBM kompatibel waren. Als Compaq den neuen Computer herausbrachte, hatte IBM, Alsop zufolge, noch nicht einen 386-Chip bei Intel bestellt. Anscheinend glaubte man bei IBM, daß dieser Chip besser für Mini- als für Mikrocomputer geeignet sei. Aber sobald der Compaq Deskpro heraus war, erkannte man auch bei IBM, daß man sich schwer verrechnet hatte – und nicht nur, indem man versäumt hatte, den 386 in Betracht zu ziehen. Der Macintosh von Apple mit der benutzerfreundlichen Graphik fing an, gut zu gehen, und IBM hatte keine graphische Benutzeroberfläche für das neue Betriebssystem, das sie im Verein mit Microsoft entwickelte. Lowe sah endlich ein, daß IBM eine graphische Benutzeroberfläche für OS/2 brauchte, wie Gates von Anfang an gepredigt hatte.

So lagen also die Dinge, als es zu einer entscheidenden Begegnung zwischen Gates und Lowe im Hauptquartier von IBM in Armonk am Hudson River kam.

Gates vermutete vor dem Treffen mit Lowe – wie er sich später Alsop gegenüber äußerte –, daß er keine Aussicht hätte, IBM zur Beteiligung an der Entwicklung eines Windows-Programms für OS/2 zu bewegen.

»Gates ging da rein mit der Vorstellung, seinen besten Kunden schon verloren zu haben, während er in dem Augenblick tatsächlich alles von ihm hätte verlangen können«, sagt Alsop. »Er hatte sich so lange und so hart darum bemüht, IBM für Windows und den 386 zu interessieren, ohne den geringsten Erfolg. Also geht er jetzt da rein und sagt gleich, daß er willens ist, zu machen, was immer Lowe verlangt. Na, und Bill Lowe, der schließlich nicht blöde ist, nutzt das gleich aus. An dieser Stelle hat Lowe einen Pflock in den Boden gerammt und gesagt: ›Hier sind die Dinge, auf denen wir bestehen müssen.‹«

Lowe erklärte Gates, IBM wolle ein OS/2 für den 386-Chip, bestand aber darauf, daß das neue Betriebssystem vorher schon für den 286 tauglich geliefert werden müsse. Er willigte auch darin ein, eine Lizenz für ein Windows-Programm auf der Basis des neuen Betriebssystems zu nehmen, bestand aber auf einer Änderung des Namens. Bei IBM sollte es »Presentation Manager« heißen. Wichtiger war noch, daß er von Gates die Zusage erhielt, Microsoft werde die graphische Benutzeroberfläche überarbeiten und dabei Züge des graphischen Darstellungssystems übernehmen, das bei den Großrechnern von IBM verwendet wurde. Das bedeutete natürlich, daß das Windows-Programm von Microsoft für DOS mit Windows für OS/2 nicht kompatibel sein würde, was Gates eigentlich hatte vermeiden wollen.

Weshalb hat sich der zähe Verhandlungsführer Gates Lowe gegenüber so nachgiebig gezeigt? Im Verkehr mit Direktoren von IBM war Gates nach dem Zeugnis mehrerer Microsoft-Manager ungewöhnlich ehrerbietig. Wenn er mit jemandem von IBM sprach, war es immer, als wäre seine Mutter dabei, schien er immer bemüht, sich tadellos zu benehmen.

»Bill trat auf zweierlei Weise auf«, sagt Scott MacGregor, der Entwicklungsleiter des Windows-Projekts, den Gates beim PARC von Xerox abgeworben hatte. »Den anderen OEMs gegenüber immer sehr selbstsicher und geneigt, denen zu sagen, wie irgendwas zu machen wäre und laufen sollte. Wenn er es aber mit IBM zu tun hatte, war er immer viel zurückhaltender, stiller und bescheidener. Es war wirklich komisch, denn nur IBM gegenüber benahm er sich so. Bei Konferenzen mit IBM war die Veränderung gegenüber seinem normalen Verhalten erstaunlich.«

MacGregor sagt, einer der Gründe, die Firma zu verlassen, hätte darin gelegen, daß er fand, Microsoft mache bei den gemeinsamen Entwicklungsarbeiten an OS/2 mit IBM entscheidende strategische Fehler. »IBM wollte Presentation Manager und OS/2 miteinander verschmelzen, und einige von uns (im Windows-Team) hielten diese Absicht für falsch«, sagt er.

Schließlich wurde bei Microsoft über dem Bemühen, Presentation Manager zu entwickeln, Windows vernachlässigt. Einige Zeit nach dem Treffen zwischen Gates und Lowe im Jahre 1986 wollte Steve Ballmer Windows überhaupt aufgeben, weil Microsoft es sich nicht leisten könne, wie er sagte, die Kräfte in zwei derartigen Projekten zu verzetteln. Ballmer tat nur, was er für seine Pflicht hielt. Er war fast vom ersten Tag an für die Pflege der guten Beziehungen zu IBM verantwortlich.

»Ich weiß aus Unterhaltungen mit Microsoft-Leuten unter Umständen, wo keine Veranlassung bestand, mir was vorzulügen, daß sie Windows tatsächlich fast aufgegeben hätten«, sagt Alsop. »Schließlich wurde es zwischen Ballmer und Gates ausgefochten. Ballmer wollte Windows killen, und Gates hat es verhindert. Gates sah das als Defensivstrategie. Typisch für ihn, dieses Verhalten. Er hütet sich davor, alles auf eine Karte zu setzen. Immer hat er mehrere Eisen im Feuer. So wollte er nicht alles auf OS/2 setzen für den Fall, daß es damit nicht so liefe, wie man erwartete. Rückblickend kann er sich zu dieser Vorsicht nur gratulieren. Ballmer wollte Windows fallenlassen, weil es sein Job war, Microsoft die Kundschaft von IBM zu bewahren. Er wollte IBM glücklich machen.«

Doch obwohl Microsoft Windows nicht völlig fallenließ, arbeiteten an dem Projekt bald nur noch eine Handvoll Leute. Vor der Veröffentlichung der ersten Fassung des Programms hatten 36 Programmierer Tag und Nacht daran gearbeitet. Jetzt wurde das Schwergewicht auf OS/2 und Presentation Manager gelegt.

IBM managte das OS/2-Projekt in Ausschüssen, und so dauerte es oft lange, bis Entscheidungen auf dem Instanzenweg getroffen wurden. Während die Microsoft-Programmierer in kleinen, hochintegrierten Teams arbeiteten, war es bei IBM genau umgekehrt. Hunderte von Technikern arbeiteten teils in Boca Raton, teils im IBM-Laboratorium in Winchester auf der anderen Seite des Atlantiks an OS/2. Den Technikern war sehr wohl bewußt, daß die schwerfällige, bürokratische Struktur der Firma ihren Bemühungen im Weg stand.

Neil Friedman, der junge Programmierer, der zu Microsoft kam, nachdem er einen Bericht über Gates und seine Firma im Fernsehen gesehen hatte, berichtet von einigen Tagen, die er in Boca Raton zubrachte, um bestimmte technische Probleme mit den Technikern von IBM gemeinsam zu lösen. Ein Aufseher folgte ihm auf Schritt und Tritt, sogar auf die Toilette. Ohne Unterschrift eines IBM-Managers erhielt er nicht einmal Zugang zu einem Computer.

»Das Projekt war extrem frustrierend für die Leute bei Microsoft, und für die beim IBM natürlich auch«, sagt Friedman. »Zwischen den beiden Firmen lagen echt Welten. Bei IBM ging alles den Instanzenweg. Niemand machte was aus eigener Initiative. Man ging nach oben, so lange, bis man jemanden erreichte, der eine Entscheidung treffen konnte... Man konnte nichts ändern ohne die Zustimmung des Planungsausschusses. Man brauchte Wochen, um auch nur den kleinsten Bug auszumerzen, irgendwas bewilligt zu kriegen.«

Andererseits übernahm schließlich Microsoft einige Methoden von IBM. IBM hielt es für außerordentlich wichtig, jedes Produkt schon in der Entwicklung immer wieder zu testen. Friedman sagt, als er bei Microsoft angefangen habe, wären auf je vierzig Programmierer nur durchschnittlich zwei Prüfer gekommen. Nachdem man aber ein paar Jahre mit IBM an OS/2 gearbeitet hatte, gab es bei Microsoft fast schon für jeden Programmierer einen Prüfer.

IBM präsentierte das mit Microsoft gemeinsam durchgeführte Projekt OS/2 im April 1987 der Öffentlichkeit. Zugleich stellte IBM die (nach eigener Einschätzung) nächste Generation der Personalcomputer vor, den PS/2 (PS stand für »Personal Systems«). Mit den neuen Geräten versuchte der Konzern die Initiative auf dem Personalcomputermarkt zurückzugewinnen. Denn dort setzten die Klon-Hersteller IBM schon seit Jahren böse zu. Klone waren zu Preisen erhältlich, die bis zu 30 Prozent unter denen vergleichbarer IBM-Geräte lagen. IBM wollte mit den PS/2-Rechnern den Klon-Herstellern das Leben schwerer machen. Etwa die Hälfte der Technik dieser Maschinen war von IBM selbst entwickelt, also wesentlich schwieriger zu kopieren als der ursprüngliche

PC: Doch nur eine der vier von IBM herausgebrachten neuen PS/2-Maschinen benutzte den 386-Chip. Die drei anderen basierten auf dem »hirntoten« 286-Mikroprozessor.

»Die Entwicklung des OS/2 wird eine ganz neue Klasse von Anwendungsprogrammen ermöglichen«, prophezeite Jon Shirley von Microsoft zuversichtlich. Das neue Betriebssystem war für jede IBM- oder IBM-kompatible Maschine geeignet, die auf dem 286- oder 286-Chip basierte, einschließlich der PS/2-Modelle. Doch war OS/2 erst Ende 1987 lieferbar. Und das Presentation-Manager-Programm ließ noch fast ein ganzes Jahr länger auf sich warten.

Auf der Herbst-Comdex 1987 führte IBM OS/2 auf den neuen Computern vor. Für die Mehrzahl der 90 000 Besucher, die sich in den Ausstellungsräumen drängten, war das genau nach ihrem Geschmack: ein Blick auf die zukünftigen Leistungen der Industrie. Doch gab es neben der Begeisterung für das neue Betriebssystem auch Skepsis. Pete Peterson, leitender Vizepräsident der WordPerfect Corporation, die das erfolgreiche Textverarbeitungsprogramm gleichen Namens herstellte, prophezeite, viele Computerbenutzer würden nicht bereit sein, das Betriebssystem zu wechseln. Warum sollten sie auch? DOS funktionierte ausgezeichnet. Er stellte auch das Engagement von Microsoft für OS/2 in Zweifel. Ihm käme es so vor, deutete er an, als hätte sich Microsoft auf das neue Betriebssystem nur eingelassen, daß IBM sich seinerseits bereit finde, in Gestalt von Presentation Manager das Windows-Programm zu übernehmen.

»Microsoft hat hinsichtlich der graphischen Benutzeroberfläche ein religiöses Sendungsbewußtsein«, erklärte Peterson einem Reporter der *San José Mercury News*. »Wenn Microsoft zwischen steigenden Umsätzen und Wachstum einerseits und der Verbreitung der graphischen Benutzeroberfläche andererseits wählen könnte, würden sie sich für die graphische Benutzeroberfläche entscheiden.«

Die Zusammenarbeit zwischen Microsoft und IBM bei der Entwicklung von Presentation Manager und OS/2 hatte die Leute bei Apple sehr nervös gemacht. Wertpapieranalytiker, die Apple beobachteten, fragten sich, wie die Firma auf diese neue Bedrohung ihres Macintosh reagieren würde. Doch hatte auch Apple eine Überraschung in petto.

Am 17. März 1988 reichte Apple Computer, Bündnispartnerin und Konkurrentin von Microsoft seit vielen Jahren, beim Bundesgericht in San José eine zwölfseitige Klageschrift ein, in der Microsoft beschuldigt wurde, viele Einzelheiten des visuellen Displays der neuesten Fassung von Windows widerrechtlich, weil ohne Genehmigung, vom Macintosh kopiert zu haben.

Nur einen Tag zuvor hatte sich Gates in einer anderen Angelegenheit mit John Sculley, dem Vorsitzenden von Apple, getroffen. Sculley hatte die bevorstehende Klage mit keinem Wort erwähnt, nicht einmal durchblicken lassen, daß Apple glaubte, Grund zur Beschwerde zu haben. Als Gates von der Klage erfuhr, war er nicht nur wütend, sondern auch verblüfft, daß Apple Kopien der Klageschrift an die Presse gegeben hatte, ohne ihn, den Beklagten, zu verständigen.

»Kein Sterbenswörtchen hat er mir davon gesagt«, versicherte Gates dem Reporter der *San José Mercury News.*« Als sich das Gerücht von der Klage verbreitete, habe ich den Leuten deshalb zu Anfang auch gesagt, da könne kein wahres Wort dran sein. Dann erfuhren wir, daß sie alle diese Reporter angerufen und ihnen eine Kopie ihrer Klageschrift zugesandt hatten. Das war ein massiver Angriff im Public-Relations-Bereich. Wir sind verwirrt. Ohne Spaß. Ich habe schon eine Menge Prozesse am Hals gehabt, und bei jedem, den ich gemacht habe, habe ich gedacht: ›Hoffentlich sind wir o. k.‹ Aber diesmal nicht. Man muß sich wirklich fragen, ob diese Leute noch vernünftig denken können . . . was sie sich überhaupt denken . . . Apple benutzt die Presse, um eine Botschaft zu übermitteln. Der Prozeß soll den Leuten Angst einflößen und sie davon überzeugen, daß Apple das Zeug erfunden hat und nicht Xerox.«

Nach Meinung von Branchenkennern wollte Apple mit diesem Prozeß die Pläne des Erzrivalen IBM durchkreuzen, einen Personalcomputer mit den leicht zu handhabenden graphischen Anzeigen des Macintosh auf den Markt zu bringen. Die Klage, sagten sie, richtete sich genauso gegen das Presentation-Manager-Programm von IBM wie gegen Windows. »Zwischen den Zeilen sagte Apple«, soll Stewart Alsop am Tage der Klageerhebung erläutert haben: »Paßt ja auf, ihr da bei IBM, wenn ihr Windows benutzt, kriegen wir euch auch.«

Nicht nur Gates, die ganze Personalcomputerindustrie empfand die Klage von Apple als bestürzend. Im Silicon Valley wirkte sie wie ein Erdbeben, und die Schockwellen reichten nicht nur die Küste hinauf bis in den Silizium-Wald bei Seattle, sondern verbreiteten sich durchs ganze Land. Niemand hatte erwartet, daß Apple auf die neueste Bedrohung seitens IBM mit einem Prozeß reagieren würde. Obwohl man hinsichtlich der Aussichten der Klägerin, den Prozeß zu gewinnen, geteilter Meinung war, herrschte in der Branche Übereinstimmung darüber, daß sich die Klage auf die Softwareentwicklung für Windows sehr hinderlich auswirken würde. Microsoft hatte sich bemüht, Windows als Industriestandard durchzusetzen und Softwarefirmen zu ermutigen, Anwendungsprogramme für Windows zu schreiben. Ebenso nachdrücklich setzte sich Microsoft jetzt für das Presentation-Manager-Programm ein.

»Obwohl Apple das Recht hat, die Ergebnisse ihrer Entwicklungs- und Marketing-Anstrengungen zu schützen, sollte sie doch nicht versuchen, die offenbare Entwicklungsrichtung der Industrie zu blockieren«, sagte Lawrence Magid, ein Beobachter der Computerindustrie des Silicon Valley. Wie Gates vor ihm, wiesen auch er und andere darauf hin, daß Apple bei der Entwicklung der Displays für den Macintosh auf eine Technologie zurückgegriffen hatte, die im PARC von Xerox zur Perfektion herangereift war. Kritiker des Prozesses sagten, Apple habe offensichtlich den Unternehmergeist verloren, dem sie den Aufstieg vom Garagenbetrieb zur zweitgrößten Computerfirma der Welt verdankte.

»Alles in allem ist das eine schreckliche Sache«, sagte Andy Hertzfeld, der bei Apple an der Entwicklung des Macintosh mitgearbeitet hatte, über den Prozeß. »Apple könnte sich dabei übel ins eigene Fleisch schneiden.«

Ähnlich reagierte Dan Bricklin, der VisiCalc, das erste Tabellenkalkulationsprogramm, entwickelt hatte. »Wenn Apple versucht, es so weit zu treiben, wie es den Anschein hat, ist das ein trauriges Zeichen für die Softwareindustrie in Amerika.« Software schreiben, sagte Bricklin, sei nicht dasselbe wie Bücher schreiben. Dabei baue man immer auf das Vorhandene auf.

In der Klageschrift sagte Apple, man habe Microsoft 1985 eine beschränkte Lizenz erteilt, beim Windows-1.0-Programm gewisse Wesensmerkmale des Macintosh verwenden zu dürfen; die bei Windows 2.03 verwendeten seien jedoch durch diese Lizenz nicht abgedeckt. Apple behauptete, dem Windows-2.03-Programm dreizehn verschiedene Verstöße gegen das Copyright nachweisen zu können. Windows 2.03 war die Basis für das Presentation-Manager-Programm, das zur Zeit der Klageerhebung noch nicht offiziell veröffentlicht war. Doch außer gegen Microsoft klagte Apple auch gegen Hewlett-Packard, die bei ihrem New-Wave-Programm, einem auf Windows basierenden Produkt für IBM-kompatible Maschinen, angeblich ebenfalls das Urheberrecht verletzt habe. Wie Windows 2.03 war New Wave zu diesem Zeitpunkt zwar schon veröffentlicht, aber noch nicht ausgeliefert. Hewlett-Packard bat Apple um die Genehmigung, Macintosh-Technologie benutzen zu dürfen, doch weigerte sich Apple, der Klage zufolge, diese Lizenz zu erteilen. Da New Wave auf das Windows-2.03-Programm angewiesen war, richtete sich auch die Klage gegen New Wave im Grunde gegen Windows.

Apple behauptete in der Klageschrift, daß Windows 2.03 und New Wave deutlich und unverkennbar Eigentümlichkeiten der graphischen Displays des Macintosh aufwiesen. Doch gab es Unterschiede zwischen den graphischen Darstellungen des Macintosh und denen des Windows-Programms. Der Macintosh zum Beispiel konnte Dateien als Piktogramme darstellen. Bei Windows wurden Dateien nur durch Namen dargestellt. Und der Macintosh löschte eine Datei, indem er das Piktogramm oder den Namen einer Datei in einen »Papierkorb« schleppte. Bei Windows wurde mit der Maus auf den Namen der Datei gewiesen und der Befehl »Erase« (Löschen) gewählt.

Es war nicht das erste Mal, daß Apple eine Konkurrentin beschuldigte, Visual Display Features, Eigentümlichkeiten der Sichtanzeige, vom Macintosh kopiert zu haben. Einige Jahre zuvor hatte Apple bereits Digital Research mit einer Klage gedroht. Damals hatte Digital Research nachgegeben und das Produkt – einen Computer, GEM, der dem Macintosh nach dem Geschmack von Apple allzu ähnlich sah – den Wünschen von Apple entsprechend verändert.

Es gab einen Präzedenzfall, der dazu angetan war, Apple Hoffnungen zu machen. 1987 hatte ein Bundesgericht in Atlanta die Softklone Corporation für schuldig befunden, das Urheberrecht von Digital Communications Associates an der Sichtanzeige eines ihrer Programme verletzt zu haben.

Knapp einen Monat, nachdem Apple die Klage eingereicht hatte, klagte Microsoft seinerseits gegen Apple und beschuldigte die Konkurrentin, das Lizenzabkommen von 1985 gebrochen zu haben und zu versuchen, den guten Ruf von Microsoft zu schädigen. In dieser Gegenklage behauptete Microsoft, Windows 2.03 sei »quasi identisch« mit dem Windows-1.0-Programm, das von der Lizenz der Apple abgedeckt sei. Der Klageschrift zufolge hatte Apple Microsoft 1986 schriftlich darauf hingewiesen, daß sich das Abkommen von 1985 auf das Windows-1.0-Programm beschränke; für diesen Hinweis habe Apple jedoch keine Erklärung gegeben. Microsoft vertrat die Auffassung, Windows 2.03 sei durch das 1985 getroffene Abkommen abgedeckt. Im übrigen, gab man weiter zu bedenken, sei die graphische Benutzeroberfläche des Macintosh keine Eigenentwicklung von Apple und habe deshalb keinen Anspruch auf Urheberrechtsschutz.

Nach dem Vorbild von Apple wandte sich auch Microsoft mit der Klage an die Presse und ließ den Reportern Kopien von ursprünglich vertraulichen Vereinbarungen zukommen, unter anderem auch den Text des umstrittenen Lizenzabkommens von 1985.

Apple reichte dem Gericht daraufhin zusätzliche Erklärungen ein, in denen Microsoft beschuldigt wurde, Apple zu dem Lizenzabkommen von 1985 erpreßt zu haben. Apple behauptete, Microsoft habe damals gedroht, widrigenfalls Aufträge für Anwendungsprogramme, die für den Macintosh von größter Wichtigkeit waren, nicht zu erfüllen. Sculley, der Generaldirektor von Apple, hatte das bereits in seinem kurz vor der Klage veröffentlichten Buch *Odyssey* behauptet.

Gates bestritt diese Darstellung. Ihm zufolge hatte das Direktorium von Apple Microsoft 1985 zu einem Gespräch über Windows 1.0 eingeladen und zu diesem Treffen einen »scharfen« Anwalt mitgebracht, der gleich mit einer Klage drohte. Sculley, sagte Gates, habe von den Vereinbarungen, die Steve Jobs 1982 mit Microsoft über die Entwicklung von Anwendungsprogrammen für den Macintosh getroffen habe, offenbar keine Ahnung gehabt.

»Ich habe Sculley über diese Vereinbarungen unterrichtet«, sagte Gates. »Wir haben gesagt: ›Lassen wir doch diesen Streit, der unseren beiden Firmen nur schaden kann.‹ Von einer Drohung konnte keine Rede sein. Wir haben auch nie von uns aus um die Lizenz gebeten. Sie ihrerseits haben sie uns angeboten.«

Bereits vor Verhandlungsbeginn kam es zu einer Reihe bedeutender Entscheidungen: Ein Bundesrichter befand, aufgrund des Abkommens aus dem Jahre 1985 habe Microsoft die Lizenz für viele der bei Windows 2.03 verwendeten Displays. Strittig ist dagegen noch heute, ob Windows die Überlappung der Fenster beim Macintosh abgekupfert hatte oder nicht. Veränderungen an einem so wichtigen Aspekt des Windows-Programms wären Microsoft teuer zu stehen gekommen. Der Richter entschied darüber hinaus ebenfalls schon vor der Verhandlung, Microsoft dürfe versuchen, während des Prozesses den Nachweis zu erbringen, daß Elemente der Sichtanzeigen des Macintosh von Xerox kopiert wurden und daß Apple deshalb dafür keinen Urheberrechtsschutz in Anspruch nehmen könne.

Die verschiedenen Entscheidungen, die in diesem Prozeß getroffen wurden, haben den Kurs der Microsoft-Aktien fallen oder steigen lassen, je nachdem, wie die Rechtsexperten jeweils den Ausgang des Verfahrens einschätzten. Im März 1989, nach der Gerichtsentscheidung, die besagte, das 1985 zwischen Microsoft und Apple geschlossene Abkommen könne nicht als »vollständige Rechtfertigung« der Beklagten gelten, sank die Notierung der Microsoft-Aktien um fast 27 Prozent.

Steve Ballmer beschloß, von den Panikverkäufen an der Wall Street zu profitieren, und erwarb auf dem offenen Markt 935 000 Anteile für 46,2 Millionen Dollar. Es war sein erster Aktienkauf, seit Microsoft 1986 an die Börse gegangen war. Ballmer zahlte für den Anteil durchschnittlich 48,91 Dollar. Innerhalb eines Monats stieg der Kurs wieder auf 53,25 Dollar – und die Tendenz blieb steigend.

»Schön, wenn man für etwas, woran man glaubt, soviel Geld einsetzen kann«, bemerkte ein Beobachter der Wall Street.

Wenn Apples Klage gegen Microsoft wirklich als Präventivschlag gegen OS/2 gedacht war – wie damals in der Branche vermutet wurde –, hätte sich die Klägerin eine Menge Ärger und Geld sparen können. Denn die Befürchtungen, die Apple hinsichtlich des Betriebssystems OS/2 hegte, erwiesen sich als unbegründet. Nach all dem Trara in den Medien wurden die dadurch geweckten Erwartungen bitter enttäuscht, OS/2 erwies sich als Niete.

Als Anfang 1988 die Auslieferung von OS/2 soeben begonnen hatte, sagten IBM und Microsoft voraus, innerhalb von zwei Jahren würde der Absatz des neuen Produkts den von DOS übertreffen. »In den nächsten zehn Jahren werden Millionen von Programmierern und Benutzern dieses System verwenden«, schrieb Bill Gates im Vorwort zu dem 1988 veröffentlichten Benutzerhandbuch zum OS/2 von Gordon Letwin, dem Systemarchitekten von Microsoft.

Doch sobald sie Gelegenheit hatten, sich mit dem neuen Betriebssystem vertraut zu machen, äußerten sich unabhängige Sachverständige wesentlich kritischer über seine Qualitäten und skeptischer über die Erfolgsaussichten am Markt, als es Bill Gates lieb sein konnte. »Der breite Markt wird OS/2 nicht annehmen«, prophezeite Jeffrey Tarter, der Herausgeber von *Softletter*, im September 1988. Er hatte recht. OS/2 war zwar technisch auf sehr hohem Niveau, setzte sich aber aus verschiedenen Gründen am Markt nicht durch. Zunächst einmal, weil es zum Preis von 325 Dollar fast doppelt so teuer war wie das vertraute DOS. Damit nicht genug, mußten zahlreiche Besitzer von Personalcomputern, die das neue Betriebssystem verwenden wollten, noch einmal annähernd 2000 Dollar in den Ausbau ihrer Hardware investieren. Für große Firmen ergaben sich daraus Kosten in Millionenhöhe. Und für diejenigen, die solche Ausgaben nicht scheuten, gab es enttäuschend wenig Anwendungsprogramme, die mit dem neuen Betriebssystem benutzbar waren. Doch ungeachtet dessen stand der Durchsetzung von OS/2 nichts so sehr im Weg wie DOS. Zur Zeit der Veröffentlichung von OS/2 wurde DOS auf über 20 Millionen Personalcomputern verwendet. Während des im Juni 1987 endenden Geschäftsjahres wurden bei Microsoft 38 Prozent der Verkäufe von DOS bestritten und mit diesem einen Produkt nahezu die Hälfte der jährlichen Gewinne erzielt. Gates hatte, wie geplant, DOS als Industriestandard durchgesetzt, und die Kunden hielten ihm die Treue.

Gates behauptete, sich durch den Mißerfolg von OS/2 am Markte nicht entmutigen zu lassen. »Wir haben Geduld«, erklärte er einem Reporter von *Business Week*, »der ganze Fortschritt geht in die richtige Richtung.«

Doch im Grunde wußte er es besser. Denn schon hatte er Programmierer von OS/2 abgezogen und auf Windows angesetzt. 1988 hatte Microsoft eine zweite Version des Windows-Programms für Computer auf der Basis des leistungsfähigen 386-Chips herausgebracht. Windows schien endlich sein Versprechen halten zu können. Der Absatz stieg rapide an. Gates hatte endlich Softwareentwickler dafür gewonnen, Anwendungsprogramme für Windows 2.0 zu schreiben. Eine weitere, noch fortgeschrittenere Version des Programms, Windows 3.0, war bereits in der Entwicklung.

Doch Microsofts fortgesetzte Bastelei an Windows belastete die Beziehungen zu IBM, die natürlich die eigene Variante des Programms, Presentation Manager, am Markt durchsetzen wollte. In der Branche kursierten Gerüchte über eine ernsthafte Verstimmung zwischen den beiden Firmen hinsichtlich des Verhältnisses, in dem Windows zu OS/2 stehen solle. Wie sich zeigte, waren diese Gerüchte nicht gegenstandslos. Das die beiden Firmen verbindende Band war aufs äußerste gespannt. Gates hatte es bei IBM nicht mehr mit Bill Lowe zu tun. Dessen Stern hatte sich verdunkelt, und er war zu Xerox gegangen. Sein Nachfolger wurde Jim Cannavino, ein alter Hase in der Abteilung Großrechner, der als gewiefter Praktiker galt. Obwohl Cannavino noch keine Erfahrung mit Personalcomputern hatte, war er in den technischen Fragen dieses Produktionsbereiches versierter als sein Vorgänger. Aber Cannavino traute Gates nicht über den Weg. Er meinte, Gates hätte Lowe manipuliert, hinsichtlich des OS/2 Entscheidungen zu treffen, die IBM zum Nachteil, Microsoft hingegen zum Vorteil gereichten. In Wirklichkeit hatte Lowe nicht auf Gates gehört, und das hatte eben die mißlichen Folgen gehabt, an denen IBM nun laborierte. Cannavino jedoch hatte von der Geschichte des Betriebssystem OS/2 keine Ahnung.

»Jim wurde sehr mißtrauisch gegen Microsoft, und die Beziehung fing an, in die Brüche zu gehen«, sagt Stewart Alsop. »Hätte Lowe auf Gates gehört, wäre es gar nicht erst zu den Problemen gekommen.«

Auf der Herbst-Comdex 1989 versuchten Microsoft und IBM, der Branche herzliches Einvernehmen vorzuspielen. Bei einem Festbankett, an dem Gates und Cannavino teilnahmen, erklärten die beiden namens ihrer Firmen den geladenen dreißig Softwarehändlern, daß sie ihre Übereinkunft in Sachen OS/2 zu »bekräftigen« gedächten. Eine gemeinsame Pressemitteilung beschrieb OS/2 als »Plattform für die neunziger Jahre«. Weiter hieß es in der Erklärung, daß Microsoft die Kapazitäten des Windows-Programms beschränken und OS/2 um diverse neue Charakteristika bereichern würde. Windows, so war der Verlautbarung zu entnehmen, sollte auf den weniger leistungsfähigen Computern, OS/2 auf den stärkeren eingesetzt werden.

Zwei Tage nach diesem Festbankett ließ sich Cannavino auf einer Pressekonferenz zu – allerdings sehr lauem – Lob für Windows herab. Einige Softwareentwickler schlossen daraus auf die Absicht, Windows dem OS/2 zu opfern. Als Gates solche Mutmaßungen in der Presse las, namentlich einen Kommentar von Jim Manzi, dem Generaldirektor von Lotus Development Corporation, wurde er fuchsteufelswild und ließ sich dazu hinreißen, genau das Gegenteil dessen zu tun, was Microsoft auf der Pressekonferenz versprochen hatte. Anstatt von Windows zurückzutreten, beschleunigte er die Entwicklung der dritten Version und zog dafür noch mehr Programmierer vom OS/2-Projekt ab – was IBM noch weiter aufbrachte, verständlicherweise.

Es war, geschäftlich gesehen, zweifellos vernünftig, die Entwicklung des Windows-Programms voranzutreiben, selbst auf die Gefahr hin, das lukrative Bündnis mit IBM damit zum Scheitern zu bringen. Ende 1989 betrug der Anteil von OS/2 am Volumen der weltweit abgesetzten Betriebssysteme nicht einmal ein Prozent, während DOS sechsunddreißig Prozent des Markts hatte. Und Windows 3.0 sollte auf der Basis von DOS und nicht von OS/2 laufen. Die Entwicklung hatte Microsoft sechs Jahre Arbeit und über 100 Millionen Dollar gekostet. Etwa drei Millionen Kopien der beiden früheren Versionen waren ausgeliefert worden, und inzwischen verstaubten die meisten davon irgendwo. Aber Gates hatte sich weiterhin zäh für Windows eingesetzt und gab sich in dem Bemühen, den IBM-PC so leicht benutzbar zu machen wie den Macintosh, nicht geschlagen.

Gates hoffte, mit dem dritten Streich das Wunder zu vollbringen. Windows 3.0 würde, so meinte er, alle Einwände hinfällig machen, die er sich nach der Veröffentlichung der ersten Version des Programms 1985 hatte anhören müssen. Die dritte Version würde endlich das »coole« Produkt sein, das ihm von Anfang an vorgeschwebt hatte. Gates setzte seinen guten Ruf und die Zukunft seiner Firma auf den Erfolg von Windows 3.0. Er plante für dieses coole Produkt die glänzendste Präsentation, mit der je eine Software herausgebracht worden war.

Und dann rückte sich Bill Gates die Brille zurecht und schlenderte auf die Bühne hinaus. Langsam ging er und kostete den tobenden Beifall voll aus, mit dem ihn Hunderte von Menschen begrüßten, die sich im Center City am Columbus Circle in New York versammelt hatten, um ihn das Evangelium von Windows 3.0 predigen zu hören.

Seine Mutter Mary war aus Seattle eingeflogen, nur um an diesem Tag bei ihm sein zu können. Der 22. Mai 1990 sollte einer der aufregendsten und erfolgreichsten Tage in der jungen Karriere ihres Sohnes werden.

Das große Ereignis wurde in einem halben Dutzend Städten der USA und in sieben weiteren im Ausland live über Betriebsfernsehen übertragen. Schätzungsweise 6000 Fachleute saßen an den Bildschirmen – überall auf der Erde, in Mexiko, Madrid, Paris, London, Mailand, Stockholm und Singapur.

»Dies ist wahrscheinlich das meisterwartete Produkt der Weltgeschichte«, erklärte ein offenbar heftig vom Windows-Fieber geschüttelter Analytiker der Firma Smith Barney gegenüber einem Reporter von *USA Today*.

»Falls Sie etwa glauben sollten, daß die Welt schon in den letzten Jahren technisch verändert wurde, sollten Sie sich jetzt am Stuhl festhalten«, sagte Paul Grayson, Chef einer Softwarefirma in Texas und einer der ersten Windows-Fans.

Selbst von den Skeptikern, die Windows anfänglich belächelt hatten, waren inzwischen bereits viele umgeschwenkt. »Glauben Sie mir, ich bin früher kein Anhänger davon gewesen. Aber nach allem, was ich gesehen habe, ist es jetzt wirklich super«, sagte Nancy McSharry von International Data Corporation.

Anders als das Windows-1.0-Programm, das 1985 mit nur wenigen Anwendungsprogrammen auf den Markt kam, weil sich sein Erscheinen so oft hinausgezögert hatte, daß es schließlich überstürzt herausgebracht werden mußte, wurde Windows 3.0 mit der Unterstützung aller größerer Firmen der Softwarebranche vorgestellt, unter anderem auch Lotus Development Corporation, die sich noch einen Monat vor der großen Schau in New York geweigert hatte, dabei mitzuwirken. Lotus hatte sich verpflichtet, Millionen in die Entwicklung eines 1-2-3-Programmes für Windows zu investieren. Dazu war Lotus mehr oder weniger genötigt. Im Wettbewerb auf dem Markt der Tabellenkalkulationsprogramme holte Microsoft-Excel für Windows ständig auf.

Das Fest für Windows 3.0 kostete Microsoft mehr als drei Millionen. Es war, wie Gates sagte, »die extravaganteste, größte und kostspieligste Softwarepräsentation aller Zeiten«. Das Unternehmen, das 1990 zur ersten Softwarefirma mit einem Jahresumsatz von einer Milliarde Dollar werden sollte, ließ sich in den auf die Präsentation folgenden Wochen die Promotion von Windows 3.0 noch weitere 10 Millionen Dollar kosten. Es war vorgesehen, 400 000 Exemplare gratis zu verteilen. Die massive Anzeigenkampagne wurde von Gates' Auftritt in mehreren Fernsehshows unterstützt, unter anderem in »Good morning, America«.

Wie gewöhnlich, wenn Gates Geld ausgab, lohnte es sich. Innerhalb von kürzester Zeit wurde Windows 3.0 der Renner aller Zeiten. Der Kurs der Microsoft-Aktien stieg in schwindelerregende Höhen, und Gates erklomm die Spitze der *Forbes*-Liste der 400 reichsten Menschen Amerikas.

Als Besitzer des zweitgrößten Aktienpakets rückte auch Paul Allen auf dieser Liste vor. Allen war nicht nur nach New York gekommen, um bei Gates' Präsentation von Windows 3.0 anwesend zu sein, sondern auch, um selbst etwas vorzustellen. Am Tage vor der großen Windows-Show stand Allen in einem eleganten Saal der New York Public Library und präsentierte das erste Produkt seiner Firma Asymetrix, ein Anwendungsprogramm für Windows, unter der Bezeichnung ToolBook.

Wenige Wochen vor der Präsentation in New York war Allen wieder in das Direktorium von Microsoft eingetreten. »Davon war zwischen uns schon seit Jahren die Rede«, sagte Allen damals. »Bill und ich haben schon früher zusammengearbeitet, und diese Beziehung ist immer sehr produktiv gewesen.«

Während sie sich in New York aufhielten, gingen die beiden Freunde eines Abends auf ein paar Biere in eine Bar in Manhattan, um sich die Fernsehübertragung des Basketballspiels zwischen Portland und Phoenix anzusehen. Allen, ein Fanatiker, der in seinem Porsche immer einen Basketball liegen hatte, hatte 1988 für 70 Millionen Dollar die Portland Trail Blazers gekauft. Er konnte es sich ohne weiteres leisten. 1990 gab die *Forbes*-Liste sein Vermögen mit 1,2 Milliarden Dollar an. Allen kaufte nicht nur die Mannschaft, er kaufte der Mannschaft auch ein eigenes Flugzeug, einen luxuriös ausgestatteten einundzwanzigsitzigen Jet, der vorher der Hotelmagnatin Leona Helmsley gehört hatte. Allen ließ das Flugzeug mit allerlei High-Tech-Extras ausstatten, unter anderem mit digitalen Anzeigen der Flughöhe und -geschwindigkeit. Später kaufte er sich selbst ein Flugzeug und flog regelmäßig von Seattle nach Portland zu den Spielen seiner Mannschaft. Gates begleitete ihn gelegentlich.

»Spannend war es ja immer, für Microsoft zu arbeiten, aber das hier ist das reine Vergnügen«, sagt Allen auf die Frage, wie er sich als Eigentümer einer Profibasketballmannschaft fühle.

In den ersten vier Monaten nach der Präsentation wurden eine Million Exemplare von Windows 3.0 abgesetzt. »Es gibt nichts, was auch nur annähernd so erfolgreich wäre wie dieses Produkt«, sagt Tim Bajarin, Handlungsbevollmächtigter Vizepräsident von Creative Strategies Inc., einer Forschungs- und Beraterfirma. »Microsoft ist auf dem besten Wege, den ganzen PC-Markt zu beherrschen, jedenfalls auf dem Softwaresektor. Die kann keiner aufhalten, an die kommt keiner ran.«

Mit Windows 3.0 konnten Computerbenutzer zum Preis von 150 Dollar einen IBM-PC-Klon, der sie 2500 Dollar gekostet hatte, so aufwerten, daß er genauso leicht zu benutzen war wie ein Macintosh, für den sie 4000 Dollar hätten bezahlen müssen.

Das Fachblatt *PC Computing* schrieb denn auch: »Wenn einst die Annalen des PC geschrieben werden, wird man dort den 22. Mai 1990 als den ersten Tag der zweiten Ära des IBM-kompatiblen PC verzeichnet finden. An diesem Tag brachte Microsoft Windows 3.0 heraus. Und an diesem Tag wurde der IBM-kompatible PC, ein in vieler Hinsicht überholtes Gerät, in einen Rechner verwandelt, der sich innerhalb von einem Jahrzehnt zu Multitasking und leistungsstarken neuen Anwendungsprogrammen aufschwingen kann. Windows 3.0 leistet, was seine Vorgänger – VisiOn, GEM, frühere Versionen von Windows und OS/2 Presentation Manager – nicht brachten.«

So ziemlich die einzigen Leute, die nicht von Windows schwärmten, saßen bei Apple. »Windows bestätigt einfach, was wir schon immer gemacht haben«, sagt Jim Davis, Direktor des Systemsoftware-Marketing bei Apple. Wenn man Windows auf einem IBM-PC verwendet, sei das, als stülpe man einem VW-Käfer eine Rolls-Royce-Kühlerhaube über – ein hübsches Lärvchen, aber Käfer bleibt Käfer, sagte er.

Gates' Erfolg ließ auch IBM nicht ganz ungeschoren, und das wirkte sich auf die Beziehungen zwischen Microsoft und der »Big Blue« nicht eben günstig aus. Während sich Gates im Glanze des Erfolgs von Windows sonnte, kümmerte OS/2 dahin. Und die Leute in Armonk waren darüber nicht weniger traurig als die in Cupertino am anderen Ende des Kontinents.

»Der Erfolg von Windows 3.0 hat bereits zur Folge, daß die miserable Akzeptanz von OS/2 himmelschreiende Dimensionen angenommen hat«, las man drei Monate nach der Präsentation von Windows 3.0 in *InfoWorld*. »Analytiker schätzen deshalb jetzt, daß OS/2 allerfrühestens gegen Ende des Jahrzehnts eine Chance hätte, breiter angenommen zu werden. Einige sind sogar der Meinung, das sogenannte Betriebssystem der nächsten Generation wäre praktisch schon tot.«

Bei der Promotion von Windows entwickelte Microsoft eine Strategie, die sie immer weiter von IBM wegführte. Microsoft hatte mit Windows bewiesen, daß man auch ohne Unterstützung von »Big Blue« ein neues Produkt erfolgreich durchsetzen konnte. Software, nicht Hardware war der Motor der Branche. IBM mußte nach Gates' Pfeife tanzen. Und er wußte es. Gerüchte über Mißstimmungen zwischen den beiden Firmen gaben im September 1990 den Spekulationen von Insidern reichlich Nahrung. Angeblich war die Kommunikation zwischen den jeweiligen technischen Stäben vollständig zum Erliegen gekommen.

Die Führungsspitzen von Microsoft und IBM versuchten, die Differenzen herunterzuspielen. Steve Ballmer stritt rundweg ab, daß es Konflikte gab. »Sie verstehen vielleicht unsere Ehe nicht«, erklärte er gegenüber *Business Week*, »aber scheiden lassen wir uns nicht.«

Doch die Ereignisse schienen diese Erklärung Lügen zu strafen.

Im September vereinbarten IBM und Metaphor Computer Systems ein Joint-venture unter der Bezeichnung Patriot Partners. Beabsichtigt wurde damit die Entwicklung von Software, die es ermöglicht, ein Anwendungsprogramm wie Desktop-publishing über die verschiedensten Betriebssysteme laufen zu lassen, so daß zukünftig die Programmierer bei der Entwicklung neuer Software statt mit Microsoft-Technik mit solcher von Metaphor arbeiten würden. Stewart Alsop nannte dieses Vorhaben die »Eröffnungssalve« des Siebenjahresplanes von IBM, sich aus der Abhängigkeit von Microsoft zu lösen.

Alsop hatte eine Begegnung mit Gates, bei der ihm klargeworden war, daß die zehnjährige Ehe mit IBM in die Binsen zu gehen drohte. Gates sollte auf einem Forum von Softwareunternehmern in Palo Alto sprechen, traf aber erst in allerletzter Minute direkt aus Milwaukee ein, wo er den ganzen Tag mit Jim Cannavino von IBM konferiert hatte. Nach dem Vortrag gingen Gates und Alsop in die Bar Il Fornaio neben dem Hotel, in dem Gates abgestiegen war. Der Vortrag war gut angekommen und Gates entsprechend guter Laune. Alsop, der von den erheblichen Spannungen wußte, die zwischen IBM und Microsoft bestanden, hielt die Gelegenheit für günstig, nach Cannavino zu fragen.

»Wenn Gates auf PC zu sprechen kommt«, sagt Alsop, »ist er sofort konzentriert, fängt an, hin und her zu schaukeln, sieht einem fest in die Augen und stellt die entscheidenden Fragen. Sie müssen bedenken, daß er wirklich alles weiß. Er kennt die richtigen Fragen, mit denen er herauskriegt, ob ihm einer nur was vorschwafelt. Also fragte ich ihn: ›Was halten Sie von Jim Cannavino?‹ Da hatte ich wohl den richtigen Knopf erwischt. Er fing an, sich zu ereifern, und sagte: ›Sie würden nicht glauben, was der Typ versucht hat, mir zu erzählen‹ und so weiter, nämlich wie er, Bill Gates, Microsoft zu leiten hätte.«

»Es war klar«, sagt Alsop, »daß Gates sich zwingen mußte, nicht noch ganz andere Sachen über Jim zu sagen.«

Am 10. September heizte *InfoWorld* die Debatte über den Streit zwischen Microsoft und IBM noch weiter an. Das angesehene Fachblatt brachte einen Bericht, in dem es hieß, Gates hätte bei einem Essen mit Direktoren von Lotus, die Zunge von ein paar Martinis gelöst, IBM und Cannavino runtergemacht und wörtlich erklärt, IBM sei in zehn Jahren weg vom Fenster, und er, Gates, würde alles in der Hand haben. »Microsoft über alles«, sozusagen. Einer der Lotus-Direktoren hatte darüber ein Gedächtnisprotokoll verfaßt, das, *InfoWorld* zufolge, schließlich auf Cannavinos Schreibtisch landete.

Der Bericht wurde von der Tagespresse übernommen und verbreitet, und Microsoft dementierte aufs entschiedenste. Doch war man allgemein der Überzeugung, die »Gedankenpolizei« von Microsoft, wie die aggressive Public-Relations-Abteilung in den Medien gelegentlich genannt wird, habe nur versucht, die Wahrheit zu vertuschen.

»Wenn die Geschichte wahr ist . . .«, schrieb *InfoWorld*, »beweist sie, daß Bill Gates kein Diplomat ist. Sie würde allerdings auch zeigen, daß die Beziehungen zwischen IBM und Microsoft ernstlich gestört sind.«

Als George Gilbert den Bericht in *InfoWorld* las, war er seinerseits ziemlich verstört. Nicht allein, daß der Bericht nicht den Tatsachen entsprach, die er in seinem Gedächtnisprotokoll festgehalten hatte, unerklärlich war ihm auch, wie dieses Papier, das er als streng vertraulich, nur für seine Vorgesetzten bei Lotus bestimmt, verfaßt hatte, Jim Cannavino bei IBM überhaupt hatte in die Hände fallen können.

Das sechsseitige Gedächtnisprotokoll berichtete von der in der ersten Maiwoche abgehaltenen »Computer Bowl«, einem Treffen, bei dem die klügsten Köpfe der Branche alljährlich einmal nach Herzenslust miteinander fachsimpeln und Branchenklatsch austauschen können. Das Treffen fand 1990 im World Trade Center in Boston statt, unweit von Cambridge und dem Hauptquartier von Lotus Development Corporation.

Gilbert, Produktmanager bei Lotus, hatte die Bekanntschaft von Gates gemacht, als dieser im vergangenen Jahr in Harvard gesprochen hatte. Gilbert war ein großer Fan von Gates. Er sah ihn als Bruder im Geiste, einen echten Computerfreak, der den Aufstieg in die höchsten Sphären geschafft und es den hochnäsigen Geschäftsleuten da oben gezeigt hatte. »Was mir an ihm gefällt«, sagt Gilbert, »ist, daß ihm der Erfolg nicht zu

Kopf gestiegen ist. Für ihn zählt allein die Qualität der Produkte, die einer herausbringt.«

Bei der Begegnung in Harvard hatte Gates Gilbert einige Leute genannt, bei denen er sich um einen Job bei Microsoft bewerben könnte, doch entschied sich Gilbert nach einem Vorstellungsgespräch, einstweilen in Boston und bei Lotus zu bleiben. Als er Gates bei der Computer Bowl wieder begegnete, stellte er ihm zwei junge Kolleginnen von Lotus vor, Mary Fenstermaker und Jenise Ellis, die schon lange darauf brannten, den berühmten Bill Gates kennenzulernen. Weder er noch seine beiden Kolleginnen hätten auch nur im Traum daran gedacht, sich als »Direktoren« ihrer Firma auszugeben, wie es ihnen der Bericht in *InfoWorld* später unterstellte. Gates lud die drei in die Bar des Boston Harbor Hotels zu einem Drink ein.

Gilbert zufolge gab es aber gar nicht genug Alkohol, irgend jemandem »die Zunge zu lösen«. Die Bar wurde schon eine Stunde später geschlossen, und keiner trank mehr als zwei Gläser. Die Unterhaltung allerdings hätte vier Stunden gedauert.

»Es war, als hätten wir den Gipfel des Berges erklommen und Gottes Wort vernommen«, sagt Gilbert.

Gates sprach bis Sonnenaufgang frei von der Leber weg über sich persönlich, wie er es bei Interviews mit der Presse niemals tat. Aber in jener Nacht in der Bar des Boston Harbor sprach er so viel über sich, daß sich Gilbert und seine Kolleginnen anstrengen mußten, das Gespräch auf die Branche zu bringen, denn daran waren sie natürlich besonders interessiert. Obwohl Gates an diesem Abend allem Anschein nach viel Spaß hatte, sollte er seine Offenheit später noch sehr bereuen.

Zu ihrer Überraschung erklärte Gates den dreien, die Entwicklung der 16-Bit-Version von OS/2 sei einer seiner geschicktesten Schachzüge gewesen. Jedenfalls habe sie die Verbindung von Microsoft mit IBM gefestigt, sagte er. Doch nun würde sich (hieß es in dem Gedächtnisprotokoll) das Kräfteverhältnis so verändern, daß IBM Gates dringender brauche als Gates IBM.

Gates gab zu, daß sich Microsoft bei der Entwicklung der nächsten Version von OS/2, die noch immer voller Bugs steckte, Zeit ließe. »Was sollte Microsoft dazu motivieren, es vor Windows 3.0 herauszubringen?« fragte er und prophezeite, schon drei Monate nach der Präsentation des Windows-3.0-Programms würde es einen größeren Marktanteil haben, als Presentation Manager je erwarten könne. »OS/2-Anwendungsprogramme werden keine Chance haben«, sagte Gates.

Zu dieser Zeit hatte Lotus – wie andere Firmen auch – schon viel in die Entwicklung von Anwendungsprogrammen für das OS/2-Betriebssystem investiert. Später sollten sich diese Firmen darüber beklagen, daß sie von Microsoft dahin gehend reingelegt wurden, sich weiterhin am OS/2 zu orientieren, obwohl Microsoft das neue Betriebssystem insgeheim schon längst zugunsten von Windows aufgegeben hätte. Von der Desorientierung der Konkurrenz hätte sich Gates angeblich Vorteile für das Windows-3.0-Programm versprochen. Er sollte diese Verdächtigung entschieden zurückweisen.

Auf Jim Cannavino kam Gates in jener Nacht, in der er aus seinem Herzen keine Mördergrube machte, überhaupt nicht zu sprechen, sagt Gilbert. Er schimpfte auch nicht auf IBM. Allerdings habe er die Überzeugung geäußert, IBM würde in sieben bis zehn Jahren »dichtmachen« müssen.

Gilbert und seine Kolleginnen staunten nicht schlecht über Gates' profunde Kenntnis der Interna von Apple und IBM. »Wir bekamen den Eindruck, daß bei IBM nicht das geringste passieren kann, ohne daß er davon erfährt«, schrieb Gilbert in seinem Gedächtnisprotokoll. »Wir hatten auch den Eindruck, daß er alles über Apple weiß.«

Gates verbreitete sich dann lange über Kultur und Organisation von Microsoft und das Geheimnis seines Erfolgs. Die Hierarchie des Unternehmens wurde bewußt flach gehalten, denn Gates hielt nichts davon, es mit einem Haufen Vizepräsidenten zu belasten. Insgesamt hatte er bei Microsoft neun Betriebsbereichsmanager, acht Männer und eine Frau. Einige waren graduierte MBAs, studierte Betriebswirte, andere hatten sich von der Pike hochgearbeitet. Jeder Bereich war gleich organisiert: mit Produktmanager, Entwicklungsmanager, Programmanager und Benutzer-Redakteur. Die Programmanager, erklärte Gates, hatten bei Microsoft die wichtigsten Jobs, denn sie waren für die Produktbestimmung zuständig.

Um sicherzugehen, daß die Entwicklungsgruppen nicht in Versuchung kamen, eine ruhige Kugel zu schieben, wandte man sozialdarwinistische Methoden an. Alle sechs Monate mußten sich die Entwickler gegenseitig einer strengen Kritik unterziehen. Wer bei der anschließenden Bewertung in die Kategorie der unteren fünf Prozent fiel, wurde gefeuert. »Es gibt schließlich noch andere Jobs«, erklärte Gates seinen drei Fans. »Wenn sie nicht haben, was man braucht, um bei Microsoft zu arbeiten, können sie immer noch zu Boeing gehen oder in den Osten zurück.«

Microsoft hatte es verstanden, die Entwicklungsteams klein zu halten, obwohl die Firma stark gewachsen war. Darauf war Gates stolz. Er sagte, am ganzen Tabellenkalkulationsprogramm von Microsoft arbeiteten nur 18 Entwickler, und deren Zahl wolle er noch auf 14 vermindern. Lotus, sagte er, hätte für den gleichen Aufgabenbereich ungefähr 120 Programmierer eingesetzt. Man brauche Disziplin, um schlank zu bleiben, habe er bemerkt.

Gates sprach auch von den »Architekten« von Microsoft, den sieben Software-Samurais, die ihn beraten und neue Wege der Technik auskundschaften. Diese sieben, unter denen er Charles Simonyi und Gordon Letwin nannte, seien die eigentlichen Denker der Firma, sagte er. (Jeder Programmierer wird in eine von sechs Klassen zwischen 10 und 15 eingestuft. Erklimmt er die oberste Stufe, wird er zum Architekten erklärt, was ähnlich ehrenvoll und profitabel ist wie der Partnerstatus in Anwaltskanzleien.)

Microsoft verdanke seine Erfolge den Mitarbeitern, meinte Gates. Bewerber müßten Ehrgeiz, Sachverstand und Geschäftssinn mitbringen, vor allem aber Intelligenz.

Am Tag nach dieser nächtlichen Sitzung mit Gates traf sich Gilbert mit seinen Kolleginnen, und sie beschlossen, ein Gedächtnisprotokoll über die nächtliche Unterhaltung zu verfassen. »Es war unglaublich aufregend«, sagt Gilbert, deshalb habe er aufschreiben wollen, was er in jener Nacht von Gates gehört hatte. Außerdem war da einiges zur Sprache gekommen, wovon er wollte, daß es seine Vorgesetzten bei Lotus auch erfuhren. Zum Beispiel hatte Gates Gilbert gefragt, weshalb Lotus nicht manchmal Techniker zu Microsoft schickte, um sich über das zu informieren, was da jeweils gerade gemacht würde. Gilbert fand, daß die leitenden technischen Kräfte seiner Firma wissen sollten, daß Gates sie praktisch zu einem Besuch bei Microsoft einlud.

Mary Fenstermaker fand die Idee des Gedächtnisprotokolls nicht gut und weigerte sich dann auch, es zu unterschreiben. »Ich wollte nichts damit zu tun haben«, sagt sie. »Bill Gates hatte keine Ahnung davon, daß von unserer Plauderei ein Protokoll angefertigt werden sollte.«

Gilbert schrieb das Protokoll trotzdem und schickte es vier Leuten bei Lotus zu. Einer von ihnen, Bruce Johnston, gab es mit dem Titel »Notizen von einem Abend mit Gates« an den Vorsitzenden von Lotus, Jim Manzi, weiter.

»Der folgende Bericht ist geradeheraus, unfrisiert und geeignet, Sie auf hundertachtzig zu bringen«, schrieb Johnston dazu.

Manzi wies seine Sekretärin an, Jim Cannavino von IBM eine Kopie des Gedächtnisprotokolls zugehen zu lassen, wenigstens versichert das eine vertrauenswürdige Quelle von Lotus. Manzi hatte mit Gates eine lange, unglückliche Geschichte. 1990 war schon drei Jahre lang kein Wort zwischen ihnen gewechselt worden, und bei diesem Schweigen ist es seitdem geblieben, abgesehen von den bösen Bemerkungen, mit denen sie sich in den Medien gegenseitig bedenken.

Manzi, ein ehemaliger Journalist, hatte sich bei Lotus durch gute Leistungen im Marketing so hochgearbeitet, daß er 1986, als Mitch Kapor den Posten abgab, Vorstandsvorsitzender wurde. Gates und Kapor standen damals in Verhandlungen über eine mögliche Fusionierung. Manzi ließ das Geschäft scheitern, und seitdem gingen er und Gates sich aus dem Weg.

Damit, daß er das Gilbert Papier an Cannavino weiterleitete, beabsichtigte Manzi offenbar, die zwischen Microsoft und IBM schwelende Verdrossenheit zu hellem Zorn anzufachen. George Gilbert bereute, das unselige Gedächtnisprotokoll je verfaßt zu haben. »Pech und mangelhaftes Urteilsvermögen haben mich verleitet, etwas zu tun, was gegen Bill Gates verwendet werden konnte«, sagt er im Rückblick.

Genau eine Woche nachdem der Bericht über das Lotus-Protokoll in *InfoWorld* erschienen war, erklärten Microsoft und IBM die beiderseitige Entschlossenheit, ihre Beziehungen auf neuer Grundlage fortzusetzen.

Tatsächlich war das Augenwischerei. Cannavino erklärte der Presse, in Zukunft werde IBM einen großen Teil der OS/2-Entwicklung selbst übernehmen und Microsoft die Freiheit lassen, Windows voranzutreiben. Die *New York Times* sprach in diesem Zusammenhang von einem »Erdbeben, bei dem Scheiben klirren und Porzellan zerbricht, aber das Dach nicht einstürzt«.

Als Folge dieser Entscheidung setzte Microsoft etwa 160 Programmierer, die zuvor an OS/2 gearbeitet hatten, zusätzlich für das Windows-Projekt ein. Daß die beiden Firmen von nun an getrennte Wege gehen würden, machte die Frage, in welche Richtung sich die Branche entwickeln würde, für Softwareentwickler noch verwirrender. Wer würde den Standard setzen? Würde es überhaupt in Zukunft noch Standards geben? Sollten sie Microsoft mit DOS und Windows die Treue halten oder auf OS/2 und Presentation Manager von IBM umschwenken?

»Das ist die Balkanisierung des Personalcomputers«, sagte Jim Manzi, was seitdem oft und gern zitiert wird.

Die Direktoren von IBM und Microsoft legten indessen auch weiterhin Wert auf die Feststellung, die Beziehungen zwischen ihnen seien im Grunde völlig in Ordnung. Die Partnerschaft bestehe fort, erklärte Cannavino. In der Branche allerdings glaubte das kaum einer.

Auf der Herbst-Comdex in Las Vegas, zwei Monate später, wurde sehr viel mehr Interesse für Windows bekundet als für OS/2, und Microsoft erklärte, zeitgleich mit der nächsten Frühjahr-Comdex würde erstmals eine von Microsoft unterstützte neue Fachmesse stattfinden, die Windows World Exposition Conference. Gates hielt in Las Vegas den am meisten beachteten Vortrag und erwies sich diesmal als ausgesprochener PR-Profi.

Eines der Stichworte, die Gates in seiner Rede ansprach, war »griffbereite Information«. Der PC sei berufen, Daten in verschiedenen Medien jederzeit bereitzustellen, als Text, Stimme und Video: »information on your fingertips«.

Einen Monat nach der Comdex erklärte IBM, zusammen mit Microsoft und anderen Computerherstellern würde man die Entwicklung audiovisuell arbeitender Rechner in Angriff nehmen. Doch strittig blieb zwischen Microsoft und IBM nach wie vor, welcher Standard für die Gegenwart gelten sollte – Windows oder OS/2. Ende Januar 1991 meldete das *Wall Street Journal*, Microsoft habe OS/2 gänzlich fallenlassen. Es dauerte dann noch drei Monate, bis Microsoft diese Meldung bestätigte. Damit war die Scheidung eingereicht.

»Microsoft ist jetzt die eigentliche Antriebskraft der Branche, nicht IBM«, erklärte Fred Gibbon von *Software Publishing* dem *Journal* im Januar. Und er fügte hinzu, Microsoft habe das Spiel »nicht mit machiavellistischen Praktiken« gewonnen.

Bald sollten viele Leute, die geschäftlich mit Microsoft zu tun hatten, weniger schmeichelhaft über die Geschäftsgebaren der Nummer Eins auf dem Softwaremarkt abgeben, und zwar, als die Federal Trade Commission (FTC, Bundeskartellamt) eine Untersuchung wegen möglicher Verletzungen der Antitrust-Gesetzgebung gegen Microsoft einleitete. Offenbar hatte sich Microsoft in dieselbe mißliche Lage gebracht, der IBM gerade entronnen war, als sich die beiden Firmen vor zehn Jahren verbündet hatten. Microsoft mußte sich nun gegen die furchtbarste Gegnerin behaupten, mit der sie es bisher zu tun gehabt hatte, gegen die mächtige Regierung der Vereinigten Staaten von Amerika.

Der erste Hinweis, daß Ärger mit der FTC drohte, kam von einem Wall-Street-Analytiker. Am späten Nachmittag des 11. März 1991 erstattet Rick Sherlund von Goldman Sachs & Company seinen Vorgesetzten einen Bericht, aus dem hervorging, daß die »Untersuchung« von Microsoft schon im Gange war.

Microsoft bestätigte diesen Bericht am folgenden Morgen mit einer dürren Erklärung, in der behauptet wurde, daß man die Arbeit der Federal Trade Commission nach Kräften unterstütze. Bill Neukom, der bei Microsoft für Rechtsfragen zuständige Vizepräsident, sagte, die Untersuchung sei der Firma im vergangenen Juni schriftlich angekündigt worden. Ihr Gegenstand sei einzig und allein die gemeinsame Erklärung von IBM und Microsoft auf der Comdex in Las Vegas 1989, mit der die beiden Firmen nichts anderes bezweckt hätten, als die in der Branche herrschende Verwirrung über Windows und OS/2 aufzuklären und den Gerüchten über ernste Differenzen zwischen IBM und Microsoft entgegenzutreten. Doch argwöhne die FTC bei dieser Erklärung eine wettbewerbswidrige Absprache, weil es darin hieß, daß Microsoft gewisse neue Wesenszüge von Windows noch zurückhalten werde, um die Akzeptanz des OS/2-Betriebssystems bei der Industrie zu fördern. Der Verdacht sei jedoch gegenstandslos, sagte Neukom weiter, da Microsoft sich dann eines Besseren besonnen und Windows 3.0 mit den fraglichen Eigenschaften ausgestattet habe.

Die Sorgen der FTC waren also nach Meinung von Microsoft ganz unbegründet. Wie konnte man der Firma vorwerfen, ein Produkt, das sich bei der Kundschaft so großer Beliebtheit erfreute, absichtlich dürftiger als möglich ausgestattet zu haben? Aber natürlich war es gerade dieser Erfolg, der die Konkurrenz, besonders Firmen, die Anwendungsprogramme für OS/2 entwickelt hatten, dazu veranlaßt hatte, Microsoft unlauteren Wettbewerb zu unterstellen.

Wie gewöhnlich äußerte sich die FTC nicht zu ihrem Untersuchungsgegenstand. In einem Interview mit der *New York Times* sagte Gates, die zuständigen Beamten hätten ihm versichert, Anlaß zu dieser Untersuchung hätte einzig und allein die bewußte gemeinsame Presseerklärung mit IBM gegeben. »Alle ihre Fragen und alle Dokumente, die sie sich vorlegen ließen, bezogen sich auf diese Erklärung«, sagte Gates.

Aber der Lärm in der Presse war laut und geschäftsschädigend. Die Aktien von Microsoft fielen in den ersten beiden Tagen nach Bekanntwerden der Untersuchung um fast 7 Dollar das Stück auf 95,75. »Antitrust« ist eine der gefürchtetsten Vokabeln im Wörterbuch des amerikanischen Geschäftsmanns. Im Zuge ihres dreizehnjährigen Verteidigungskriegs gegen das Bundeskartellamt und den Vorwurf des unlauteren Wettbewerbs hatte IBM eine ganze Rechtsabteilung aufgebaut und 200 000 Seiten Gerichtsakten produziert, während die Profite sanken und sanken. Immerhin hatte IBM gesiegt. AT&T unterlag und wurde später aufgeteilt. Zwar war die FTC nicht das Justizministerium, das die Untersuchungen gegen IBM geführt hatte, aber jede von einer Regierungsbehörde durchgeführte Untersuchung stellte eine Bedrohung dar.

Die Behörde, die bei Microsoft tätig wurde, war nicht selbst auf ihren Verdacht gekommen. Irgend jemand aus der Branche hatte Beschwerde eingelegt. Wer mochte das gewesen sein? Verdächtige gab es mehr als genug für ein gutes Dutzend Kriminalromane.

Der Ruf, in dem der Vorsitzende Bill stand, hätte furchteinflößender nicht sein können. Niemand in der Branche machte einen Schritt, ohne zu überlegen, wie er darauf reagieren würde. Die Konkurrenten fürchteten ihn. Einige hatten ihm öffentlich Vorhaltungen gemacht. Andere fanden, er mißbrauche seine Macht, um innovative Entwicklungen im Keime zu ersticken, die die Vorherrschaft von Microsoft eventuell hätten bedrohen können.

Einige Monate vor Bekanntwerden der FTC-Untersuchung erschien auf dem Cover der letzten Ausgabe des scheiternden Wirtschaftsmagazins *Business Month* ein Foto von Bill Gates. Sein Kopf war auf den muskelbepackten Körper eines Bodybuilders gesetzt, der mit erhobener Faust den rechten Bizeps schwellen ließ. Darüber die Schriftzeile: »Der Silizium-Schinder: Wie lange läßt man Bill Gates noch der ganzen Computerindustrie Sand ins Gesicht kicken?«

James Henry, der Verfasser des Artikels, hatte aus den Äußerungen von etwa zwei Dutzend seiner Zunftgenossen aus der Computerindustrie eine niederschmetternde Anklageschrift gegen Gates kompiliert. Die Angst der Zeugen, mit ihren Aussagen den Zorn des Tyrannen auf sich zu ziehen, kam darin zum Ausdruck, daß die meisten von ihnen ihren Namen nicht genannt wissen wollten.

Mitch Kapor, der Gründer von Lotus, ließ durchblicken, daß sich Gates an der Macht hielt, indem er kleinere Rivalen, die gute Arbeit leisteten und ihm damit als Konkurrenten gefährlich werden könnten, rücksichtslos abwürgte. »Gates hat offensichtlich gesiegt«, sagte Kapor angeblich wörtlich. »Die Revolution ist vorbei und der Innovationsschub in der Softwareindustrie zu Ende. Ich sehe nur noch das Reich der Toten.«

Gates und Kapor waren alte Freunde. Um so mehr verletzten ihn Kapors Bemerkungen. »Mitch ist offenbar sauer auf mich«, erklärte er später dem *Playboy*. »Ich meine, ›Reich der Toten‹ – wohin soll denn das noch führen?«

Dem *Seattle Post-Intelligencer* hatte Stewart Alsop, kurz bevor *Business Month* mit der Titelgeschichte herauskam, anvertraut: »Die negative Einstellung gegenüber Microsoft ist erstaunlich weit verbreitet. Es gibt inzwischen nicht nur eine Menge Softwareanwendungshersteller, sondern sogar Hardwarefirmen, die sich in unterschiedlichem Maße über die zunehmende Macht von Microsoft Sorgen machen. Und so was ist unerhört, nie dagewesen, beispiellos.«

Gates hatte jedoch auch Anhänger, selbst unter seinen Mitbewerbern. »Bill ist als Konkurrent kein Ekel«, sagte Gordon Eubanks, der Präsident von Symantec. »Ich kenne Fälle, in denen er seinen Einfluß geltend gemacht hat, aber wer würde das nicht tun? Dies hier ist ein Rennen ohne Handicaps. Bill läuft nicht mit einem Zentnersack auf dem Buckel. Manche Leute scheinen aber zu meinen, genau das wäre nur recht und billig.«

Vern Raburn, jahrelang mit Gates befreundet und inzwischen mit einer eigenen Softwarefirma sein Konkurrent, sagt, viele hielten seinen Kampfeseifer irrtümlich für Böswilligkeit. »Es ärgert mich immer, wenn Bill als brutaler Tyrann und Schinder hingestellt wird«, meint er. »Wir alle lieben die kleinen Leute und hassen große Männer, aber alle wollen wir große Männer sein. Es gibt da draußen Leute, die Bill Sachen nachsagen, die schlicht und einfach nicht wahr sind, zum Beispiel, daß er unmoralisch ist, daß er lügt, krumme Touren macht. Das entspricht einfach nicht den Tatsachen. Es ist nicht unbedingt ein Zuckerschlecken, sein Konkurrent zu sein, aber unmoralisch ist er nicht.«

Die vielzitierte Branchenanalytikerin Esther Dyson sagt: »Microsoft ist verhaßt, weil Microsoft Erfolg hat. Dabei hat sich die Firma ihre gegenwärtige Vorrangstellung durch gute Leistung verdient. Gute Leistungen aber sind nicht verboten.«

Doch selbst seine Freunde rieten Gates, sein Image etwas aufzupolieren. Ruthann Quindlen ist der Meinung, er müßte ein bißchen »weniger machiavellistisch« werden. »Microsoft und Gates sind die IBM der Software, aber die Vorstellung, daß alle mit ihnen gewinnen könnten, ist ihnen total fremd«, sagt sie.

Da fast alle bereit waren, Gates das Schlimmste zuzutrauen, konnten sich nur wenige vorstellen, daß die Untersuchung der FTC so strikt beschränkt wäre, wie Microsoft behauptete. Während der Wochen nach Bekanntwerden der Untersuchung ließen sich mehr und mehr Konkurrenten in der Presse vernehmen, die kein gutes Haar an Gates ließen. Diese Kampagne verfehlte ihre Wirkung offenbar nicht ganz. In einem Interview mit *USA Today* äußerte sich Gates zu den Vermutungen, die FTC untersuche viel umfassender, als Microsoft zugegeben hatte:

»Da ist kein wahres Wort dran. Und wenn ich nach dieser Sache gefragt werde, sage ich: Bringen Sie mir jemanden, der diese Lügen auf seinen Eid nimmt, denn es sind pure Lügen. Man kann Leute noch und noch hinter ihrem Rücken verleumden. Aber diesmal könnte es einem an den Kragen gehen, denn was da jetzt erzählt wird, ist einfach erstunken und erlogen.«

Man fragte Gates auch, ob er sich verfolgt fühlte. »Nein, ich habe nur herausgefunden, daß es manchmal gar nicht lustig ist, erfolgreich zu sein.«

Obwohl die schlechte Publicity auf den Kurs der Aktien drückte, gab sich Gates unbekümmert. Er sagte, höchstwahrscheinlich seien die Aktien überhaupt zu hoch notiert worden. »Sagen wir, der Kurs fällt ein Drittel oder die Hälfte. Na und? Bis auf weiteres soll mir das egal sein. Fragen Sie irgendeinen Wall-Street-Analytiker nach einer Firma, die nie zuviel verspricht, stets die Risiken unseres Geschäfts zur Sprache bringt und immer langfristig plant. Diese Firma ist Microsoft. Außerdem habe ich unendlich viel Geld. Für einen Hamburger reicht es allemal. Glauben Sie mir, ich denke nicht an den Aktienpreis. Ich denke an meine Produkte.«

Regierungsquellen zufolge beschränkte sich die erste Untersuchung der FTC bei Microsoft tatsächlich auf die gemeinsame Presseerklärung von Microsoft und IBM. Doch als die Bluthunde erst einmal zu schnüffeln begonnen hatten und Wind kriegten von allerlei fragwürdigen Geschäftsgebaren, machten sie weiter.

In einigen Fällen führten die Nachforschungen in die Sackgasse oder überzeugten sich die Ermittlungsbeamten, daß die Anschuldigungen unbegründet waren. In einem dieser Fälle ging es um eine Firma namens Intuit. Verschiedene Leute in der Branche hatten die Ermittler angeregt zu ergründen, was die böse große Microsoft dieser Intuit angetan hätte, einer Firma im Silicon Valley mit 250 Beschäftigten und Jahreseinnahmen in Höhe von 18 Millionen Dollar. Ihr Erfolg beruhte auf einem Softwareprodukt mit der Handelsbezeichnung »Quicken«, ein Geld-Management-Programm, das sich fünf- oder sechsmal besser verkaufte als alle Konkurrenzprodukte.

Im Oktober 1990 wandte sich ein Ermittler der FTC an Scott Cook, den Vorsitzenden von Intuit. Microsoft war im Begriff, eine eigene Geld-Management-Anwendung für Windows 3.0 herauszubringen. Cook wußte, daß ihm der Kampf seines Lebens bevorstand.

Die Geschichte, die Cook dem FTC-Ermittler erzählte, kam diesem inzwischen schon bekannt vor. Wie andere, hatte sich Cook zunächst recht freundschaftlich mit Microsoft eingelassen. Die Beziehungen hatten 1989 mit einer gemeinsamen Werbeaktion in Software-Einzelhandelsgeschäften begonnen. Dann trat Jeff Raikes von Microsoft bei einem Treffen der Software Publishers Association Anfang 1990 mit einem Vorschlag an Cook heran.

»Es gibt nicht viele Firmen, vor denen wir Respekt haben«, sagte er. »Sie aber scheinen ihre Sache genau richtig zu machen. Es könnte für uns von Interesse sein, Sie zu erwerben. Würde Sie ein diesbezügliches Angebot interessieren?«

Cook überlegte sich das und ließ Raikes eine oder zwei Wochen später wissen, ja, er sei interessiert. Doch nach ein paar einleitenden Gesprächen und dem Austausch einiger finanzieller Informationen fand Gates, das Geschäft würde zu kostspielig, und zog sich zurück. Einige Monate später jedoch kam Microsoft mit einem neuen Angebot. Nun wollte man bei der Entwicklung eines persönlichen Finanz-Produkts mit Intuit zusammenarbeiten.

»Sie fanden Gefallen an der Handelsbezeichnung ›Quicken‹, weil die so gut eingeführt ist«, sagt Cook. »Was sie also im Sinn hatten, war, daß sie das Produkt bauen und die Lizenz auf den Markennamen nehmen. Und beraten sollten wir sie auch.«

Schließlich wurde ein Treffen mit Mike Maples anberaumt. Maples war der Leiter der vielgepriesenen Anwendungsabteilung von Microsoft. Bei diesem Treffen eröffnete er Scott Cook, Microsoft sei an einer Partnerschaft mit Intuit nicht mehr interessiert, sondern plane, ein eigenes Produkt herauszubringen.

»Er sagte uns, seine Leute hätten ihm alle möglichen Wege zu einer solchen Partnerschaft vorgetragen, aber er hätte keinen gangbaren gefunden«, sagt Cook.

Ende 1990 kündigte Microsoft ein eigenes persönliches Finanz-Produkt für Windows an, das unter der Bezeichnung »Microsoft Money« erscheinen sollte. Auf Cocktailpartys begannen Gerüchte zu kursieren, wie Microsoft sich einen Haufen Informationen von Intuit erschlichen hätte, mit denen man sich einen Wettbewerbsvorsprung gesichert habe.

»Ich kann dieses Gerücht persönlich bestätigen«, sagt ein Softwareverleger (dessen Name uns bekannt ist). »Microsoft hat eine Masse geklaut bei den Intuit-Leuten.«

Der Chef einer anderen Softwarefirma sagt: »Microsoft ging zu Intuit und meinte: ›Wir würden gerne euer Finanz-Programm kaufen, denn in das Geschäft wollen wir einsteigen.‹ Dann gingen sie in die Einzelheiten, spionierten Intuits Pläne aus. Endlich machten sie Intuit ein total unannehmbares Angebot, um dann anzukündigen, daß sie ihr eigenes Programm herausbringen würden.«

Doch Cook versicherte dem Ermittler der FTC, daß Microsoft sich ganz korrekt verhalten habe.

»Natürlich haben sie versucht, soviel wie möglich herauszufinden. Darauf waren wir aber gefaßt, wir sind ja schließlich auch nicht von gestern. Das war auch offensichtlich schon ganz zu Anfang unserer Diskussionen, sogar schon, ehe sie uns erzählten, daß sie die Möglichkeit erwogen, auf diesen Markt zu gehen. Sie sind eine große Firma. Sehr clever. Man zeigt solchen Leuten nicht seine Kronjuwelen. Eine Menge von den Typen, die sich über Microsoft beklagen, sind Kids, die sich haben aufs Kreuz legen lassen, Kids, die sich exhibitionistisch vor Bill Gates entblößten, rein aus Angabe – ›Mann, guck dir bloß mal an, was wir da haben.‹ Ohne zu bedenken, daß Bill Gates natürlich jede Information zu seinem Vorteil verwendet.«

Cook sagt, er hätte den Ermittlern der FTC erklärt, mit den Nachforschungen gegen Microsoft verschwendeten sie ihre Zeit. »Sie belästigen da eine der bestgeführten Firmen, die ich jemals gesehen habe«, will er gesagt haben, »eine Firma, die der amerikanischen Industrie als leuchtendes Vorbild hingestellt werden kann. Wenn man gegen Microsoft unterliegt, dann, weil man geschlafen hat.«

Doch nicht alle Führungsspitzen von Konkurrenzunternehmen stellten Microsoft so gute Zeugnisse aus. Mitte April 1991 mußte Microsoft zugeben, daß sich die Untersuchung inzwischen sehr verzweigt hatte. Jetzt war erstmals von »Monopol«-Verdacht die Rede. Man habe der Firma offiziell mitgeteilt, sagte der Sprecher von Microsoft, die FTC untersuche Vorwürfe, denen zufolge Microsoft »den Markt für Betriebssysteme, Betriebsausstattungen, Computersoftware und Verbraucherperipheriegeräte für Personalcomputer monopolisiert habe oder zu monopolisieren trachte«. Das hieß, daß sich die Untersuchung nun auf alle Aspekte erstreckte, von Windows und DOS bis zur winzigen Microsoft-Maus.

»Plötzlich«, sagt Bob Kleiber, ein Analytiker von Piper, Jaffray & Hopwood in Minneapolis, »plötzlich hat die FTC gesagt: ›Wo anfänglich nur Rauch war, glauben wir nun, daß irgendwo auch Feuer zu suchen ist.‹ Man gräbt nicht tiefer nach, wenn man nicht schon irgendwas gefunden hat.«

Daß die Firma nun Gegenstand einer ausgeweiteten Untersuchung war, spornte die Medien zu einer neuen Kampagne gegen Gates an.

»Kann irgend jemand Bill Gates aufhalten?« fragte *Forbes* in einer Titelgeschichte. *Newsweek* brachte eine Story unter dem Titel »Der Wunderknabe, den jeder zum Fressen gern hat« und widmete den gegen Gates erhobenen Vorwürfen über eine Seite. Ein Artikel in der Sonntagsausgabe der *New York Times* stand unter der Schlagzeile: »Eines Tages wurde der Junge zu groß.« Und der *Seattle Post Intelligencer* brachte einen Artikel über Gates auf der ersten Seite unter der Überschrift: »Vom Computerwunderknaben zum machtgeilen Milliardär.«

Philippe Kahn, der Vorsitzende von Borland, einer der schärfsten Kritiker Gates', sagt: »Niemand will mehr mit Microsoft zusammenarbeiten. Wir jedenfalls nicht. Die haben keine Freunde mehr.«

Für Bill Gates ist Geschäft Krieg. Man kämpft, um zu siegen. Auch seine Freundin Heidi Roizen hat Gates als Geschäftsgegner kennengelernt. Sie ist Präsidentin von T-Maker, einer auf 8 Millionen Dollar geschätzten kalifornischen Softwarefirma, die das beliebte WriteNow-Textverarbeitungsprogramm für den Macintosh-Computer von Apple produziert. Vor einigen Jahren brachte T-Maker eine billigere und schnellere Version dieses Programms heraus. Als Gates davon erfuhr, setzte er den Preis für Microsoft-Word herab, um Heidi Roizen zu unterbieten. Microsoft machte ein Vielfaches der Umsätze von T-Maker, doch für Gates war kein Geschäft zu klein.

»Er hatte die Welt sozusagen in ehrlichem Kampf erobert«, sagt Heidi Roizen, »aber für uns andere ist dabei nicht viel übriggeblieben. Es ist frustrierend, ihn zum Gegner zu haben. Denn obwohl es mir lieber wäre, wenn er nicht ganz so viel Weltmacht hätte, finde ich doch, daß er sie sich verdient hat.«

Als ihre Firma begann, gegen Microsoft anzutreten, verglichen sie und Gates die Verkaufszahlen ihrer jeweiligen Produkte – WriteNow und Microsoft-Word. Während einer Begegnung mit Gates machte Heidi Roizen den Fehler, ihm zu sagen, T-Maker hätte gerade tausend Exemplare von WriteNow an Apple geliefert. Gates wurde fuchsteufelswild. Er nahm einen Notizblock und fing an, sie zu verhören wie ein Staatsanwalt. Wem hatte sie die verkauft? Wer hatte den Auftrag unterschrieben? Wer hatte den Kauf autorisiert? Sind die Waren tatsächlich schon unterwegs zum Kunden? Später, beim Essen, fragte ihn Heidi Roizen, was er mit diesen Informationen vorhabe. Gates sagte, er werde Apple anrufen und verlangen, daß man von dem Kauf der tausend Exemplare des WriteNow-Programms zurücktrete. Tatsächlich hat er das dann zwar nicht getan. Doch gab er seiner Freundin für die Zukunft einen guten Rat. »Heidi«, sagte Gates. »Erzähle mir niemals irgendwas, von dem du nicht willst, daß ich es gegen dich verwende.«

»Nicht *daß* man konkurriert, kann in Frage gestellt werden, wohl aber, *wie*«, sagt John Warnock, Generaldirektor von Adobe Systems. Die in Palo Alto angesiedelte Firma stieg in den späten achtziger Jahren schnell zu marktbeherrschender Stellung auf mit Software, die Größe und Form der Schrifttypen für Computerdrucker kontrolliert. Diese Schrifttypentechnik war eine Fortentwicklung von Programmen, die Warnock in den siebziger Jahren für das PARC von Xerox erarbeitet hatte. Etwa 1989 bat Gates Adobe um die Genehmigung, diese Programme in Microsoft-Betriebssoftware einzubauen, wobei er darauf hinwies, daß dies den Markt für Adobe sehr vergrößern würde. Gates bot jedoch keinerlei Lizenzgebühren, und so lehnte Warnock ab. Daraufhin erklärte Gates Adobe den Krieg. Er verkündete ein Bündnis mit Apple, dem größten Kunden von Adobe, zur Entwicklung eigener Schrifttypensoftware. Daraufhin fielen die Aktien von Adobe um mehr als dreißig Prozent.

»Microsoft stellte sich als Spezialistin auf dem Gebiet hin, ohne je auch nur eine einzige Schrifttype entwickelt zu haben«, sagt Warnock, der immer noch schlecht auf Gates zu sprechen ist. »Was sie da gemacht haben, hat die Branche nicht vorangebracht. Vielfache Schrifttypenstandards sind der reine Wahnsinn. Bill ist irrsinnig wettbewerbsorientiert. Gewinn ist wichtig. Aber wenn die Branche darunter leidet, stimmt etwas nicht.«

Trotz des Frontalangriffs von Microsoft konnte sich Adobe halten, und 1991 wurde das Team, das bei Microsoft an der Entwicklung der Druckersoftware gearbeitet hatte, aufgelöst. Der leitende Entwickler hatte gekündigt, und die Programmierer wurden in anderen Projekten eingesetzt. Apple wurde wieder der größte Kunde von Adobe.

Beschwerden über die Geschäftsgebaren von Microsoft werden sogar von Leuten laut, die in engeren Geschäftsverbindungen mit der Firma stehen.

Bob Metcalfe, der Gründer von 3Com Corporation, sagt im Rückblick auf ein für ihn katastrophal verlaufenes Marketing-Joint-venture mit Gates in den späten achtziger Jahren, dies sei »wie eine Begattung mit einer Schwarzen Witwe« gewesen, bei der »man als Männchen von Glück sagen kann, wenn man mit dem Leben davonkommt«. Metcalfe sagt, Microsoft wäre 3Com in den Rücken gefallen und schuld am ersten Multimillionendollarverlust seiner Firma im Jahr 1991.

Mit Einkünften in Höhe von 400 Millionen Dollar jährlich nahm 3Com eine sichere Stellung auf dem wachsenden Markt der Computervernetzung ein. PC wurden zunehmend als Kommunikationsmittel und zum Informationsaustausch eingesetzt. PC-Netze ermöglichten das Zusammenwirken vieler Personalcomputer.

Mit einem Marktanteil von siebzig Prozent hatte Novell Corporation, Eigentümerin eines höchst erfolgreichen Netzbetriebssystems namens NetWare, auf diesem Gebiet die Vorherrschaft. Gates hatte diesen Markt schon seit Jahren im Auge. Im Herbst 1988 schickte er Ballmer zu

3Com, um ein Demonstrationsprogramm vorzuführen, woraus hervorgehen sollte, daß die Entwicklung eines eigenen Netzbetriebssystems bei Microsoft – OS/2 LAN (»local area network«) Manager – schon weit fortgeschritten sei. Ballmer schlug vor, die beiden Firmen sollten sich zusammentun, um die Entwicklung des Systems zu vollenden, das die Verbindung von Computern auf der Basis OS/2 bezweckte, und das fertige Produkt dann über die ausgedehnte Vertriebsorganisation von 3Com zu vermarkten.

Alan Kessler, General Manager von 3Com, war für diese Idee zu haben. Er glaubte, wie damals fast jeder in der Branche, die Verbindung zwischen IBM und Microsoft hätte eine branchenbeherrschende Macht geschaffen, und OS/2, legitimer Erbe von DOS, würde die PC-Welt im Sturm erobern. Ein auf OS/2 beruhendes Netzbetriebssystem schien demnach berufen, das bislang marktbeherrschende Produkt von Novell zu verdrängen. Wenn alles gutging, konnten 3Com und Microsoft zusammen hoffen, einen neuen Industriestandard zu setzen.

»Microsoft wollte Novell herausfordern«, sagt Metcalfe.

Kessler und Mike Murray, der Leiter der Netzgeschäftseinheit von Microsoft, handelten bis Weihnachten die Einzelheiten des Abschlusses aus. Es wurde viel telefoniert und gefaxt. Schließlich war nur noch ein kleines Hindernis zu beseitigen. 3Com wollte, daß sich Microsoft finanziell an der Abfindung eines freiberuflichen Softwareentwicklers beteiligte, dessen Technik 3Com bei einigen Produkten hatte. Ballmer weigerte sich hartnäckig. Kessler rief ihn an und sagte: »Kommen Sie doch, Steve, um Gottes willen, nächste Woche ist Weihnachten! Stellen wir also für jeden von uns eine Kleinigkeit unter den Christbaum und gehen wir nach Hause.«

Da gab Ballmer nach, und der Abschluß wurde perfekt gemacht.

Gates war an diesen Verhandlungen nicht beteiligt, aber den führenden Leuten von 3Com war er bekannt. Metcalfe kannte ihn seit 1979, und das Verhältnis zwischen ihnen war gut. Gates und Ballmer hatten der Pressekonferenz beigewohnt, auf der das erste Produkt von 3Com vorgestellt wurde. Metcalfe, der früher bei Xerox gearbeitet hatte, bereitete Charles Simonyi den Weg zu Microsoft, als dieser erwog, von Xerox wegzugehen. Die beiden Firmen hatten seitdem in Sachen Marketing gelegentlich zusammengearbeitet, und 3Com hatte die Lizenz, das erste Vernetzungsprodukt von Microsoft zu vertreiben, ein Programm mit der Bezeichnung MS-Net.

Kaum war allerdings die Partnerschaft begründet, begannen die Spannungen. Die erste gemeinsame Pressekonferenz zu dem Projekt wurde, Metcalfe zufolge, aufgrund eines Streits zwischen den Marketingabteilungen der beiden Firmen kein voller Erfolg. Gates' Anwesenheit trug nicht dazu bei, die Spannungen abzubauen. 3Com hatte sich von der Partnerschaft mit Microsoft auch eine gewisse Werbewirkung für sich selbst versprochen, aber die Marketingabteilung von Microsoft schien beschlossen zu haben, die Partnerschaft gegenüber der Öffentlichkeit zu verleugnen.

»Sie stellten zunächst mal klar, daß das Projekt ganz und gar Microsofts Sache war«, sagt Metcalfe. »Es war keine gemeinsame Pressekonferenz, sondern eine von Microsoft. So war das aufgezogen, und so kam das rüber, und für uns war das ganze extrem enttäuschend. Wir hatten in das Projekt schon seit Jahren Geld und Arbeitskraft investiert, und die Aufmerksamkeit, die uns dann zuteil wurde, stand dazu in gar keinem Verhältnis.«

Als dann die Zusammenarbeit richtig losging, ließen die Spannungen keineswegs nach. Die Programmierer von 3Com, die den maschinenorientierten Code schrieben, kamen nicht klar mit den Microsoft-Technikern, die die höhere LAN-Manager-Software schrieben. Während des Jahres 1989 fielen beide Gruppen hinter ihre Terminpläne zurück. Der Code der Microsoft-Programmierer, die mit Netzbetrieb wenig Erfahrung hatten, wimmelte von Bugs.

»Unsere Techniker wurden von den Microsoft-Leuten wie der letzte Dreck behandelt«, sagt Metcalfe. »Am Ende testeten sie all diese verwanzte Software, und wenn immer irgendwas schiefging, gab Microsoft mit absoluter Sicherheit uns die Schuld. Unsere Techniker mußten täglich Beleidigungen hinnehmen von diesen widerwärtig arroganten Programmierern. Einer meiner Freunde nannte sie die Hitlerjugend.«

Bugs und Zoff zwischen Programmierern waren zwar nichts Ungewöhnliches. Doch als LAN Manager im Oktober 1989 eingeführt wurde, war mit dem Produkt wohl keiner so recht zufrieden. Den Kunden machte das Programm gleich von Anfang an Schwierigkeiten. Natürlich litt darunter der Absatz.

»LAN Manager war ziemlich unausgereift«, sagt ein ehemaliger Direktor von Novell. »Es war eindeutig nicht so stark wie andere, bereits auf dem Markt erhältliche Netzbetriebssysteme, zum Beispiel NetWare und andere. Wir fanden, daß noch eine Menge daran zu verbessern war, ehe es am Markt echte Chancen hätte. Wir meinten allerdings auch zu erkennen, daß dies nur Phase eins in einem größeren Marketingplan war.«

Gates hatte sich persönlich ins Gewühl gestürzt. Er pries das Produkt einigen der größten Firmen des Landes an. Mit Gratissoftware im Gepäck traf er sich mit Experten für innerbetriebliche Computertechnik und versuchte, diese zu überreden, Novell und NetWare sausen zu lassen und sich statt dessen an Microsoft und LAN Manager zu halten. »Bill nahm sich die Zeit, persönlich mit ihnen zu reden und zu sagen: ›Also kann ich Ihnen irgendwelche Fragen beantworten, etwa warum Sie eigentlich Programme für die OS/2-Plattform entwickeln sollten?‹« sagt einer der damaligen leitenden Angestellten von Novell. »Wir hörten auch von einer Reihe von Fällen, wo Microsoft und IBM zu großen Firmen gingen, geradewegs zu den Managern der Abteilung Informationssysteme, und dann sagten: ›LAN Manager ist die Zukunft, und Novell gehört der Vergangenheit an.‹«

Die Marketingleute von Novell setzten sich mit Rundumschlägen zur Wehr. Als sie eine neue Generation von NetWare herausbrachten, erwarteten sie, daß der Vertreterstab von Microsoft das Produkt schlechtmachen würde. Microsoft würde bestimmt versuchen, die Systemverläßlichkeit des neuen Betriebssystems in Zweifel zu ziehen, denn es war so programmiert, daß es schneller arbeitete als LAN Manager, allerdings auch – jedenfalls nach herkömmlicher Auffassung – weniger gut gegen größeren Systemausfall geschützt war.

Um dem Angriff von Microsoft etwas entgegenzusetzen, testeten die Techniker von Novell LAN Manager auf Herz und Nieren, vor allem, indem sie versuchten, das Programm von einer entlegenen Workstation aus zu »sprengen«.

»Lange haben wir nicht gebraucht«, sagt der schon zitierte ehemalige

Direktor von Novell. »Ich bin sicher, es war nicht mal eine Woche. Es gelang uns nicht nur, das Dienstprogramm zu sprengen, wir konnten es praktisch so zertrümmern, daß man das ganze Betriebssystem erneut laden mußte. Als wir das raus hatten, sind wir mit dieser Entdeckung hausieren gegangen, auch bei den Industrieanalytikern, und denen haben wir gesagt: ›Sie haben vielleicht dies und das über Zuverlässigkeit gehört. Was wir Ihnen gerne einmal vorführen würden, ist, daß kein System zuverlässig zu schützen ist, ganz gleich, was man macht.‹ Und dann haben wir das LAN-Manager-Programm aufgebaut und angefangen, es zu sprengen. Und das haben wir direkt in deren Büros gemacht.«

»Wir haben dann aus der Gerüchteküche gehört, daß Microsoft tatsächlich drei oder vier Wochen später noch mal zu den Analytikern gegangen ist und daß sie die Frage der Zuverlässigkeit aufgeworfen haben. Die Analytiker sollen gesagt haben: ›Ach ja, sehen Sie sich das mal an.‹ Und dann haben sie LAN Manager in die Luft gesprengt. Sie sagten: ›Erzählen Sie uns nichts über Systemzuverlässigkeit.‹«

»Wir hatten immer gehört, daß sich Gates irgendwie emotional für LAN Manager engagiert hatte, und dachten, daß wir schließlich doch noch die Oberhand gewinnen würden, weil unser Gegner offenbar kein rational konkurrierender Geschäftsmann war, sondern ein Typ mit einer emotionalen Bindung an ein Produkt, das nicht konkurrenzfähig war.«

Microsoft hatte noch aus anderen Gründen Mühe, LAN Manager abzusetzen. Denn, wie bereits berichtet, schon das im Dezember 1987 herausgebrachte OS/2 war nicht gerade ein Renner.

»Sie stellten es so dar, als wären OS/2 und LAN Manager unzertrennlich«, sagt ein Kenner der Branche. »Das war ein Fehler, Sie vergaßen den wichtigsten gemeinsamen Nenner, und das waren die ganzen DOS-Benutzer. Der DOS-Benutzer war der arme Vetter in diesem LAN-Manager-Environment. Es war teuer, von DOS auf OS/2 umzusatteln, und die Verbraucher fühlten sich verraten und verkauft.«

Unterdessen war 3Com mit LAN Manager erfolgreicher als Microsoft, über siebzig Prozent der verkauften Exemplare wurden von 3Com abgesetzt. Trotzdem brachte das Geschäft die Firma um, und zwar wegen des Lizenzabkommens, das sie mit Microsoft geschlossen hatte. In der Erwartung, einen Bestseller auf den Markt bringen zu können, hatte sich 3Com nämlich verpflichtet, Microsoft eine gewisse monatliche Lizenzgebühr zu zahlen, gleichviel, ob die Ware ihre Erwartungen bestätigen oder sich als Ladenhüter erweisen würde. Da letzteres der Fall war, mußte 3Com Microsoft Gebühren für Tausende unverkäuflicher Exemplare zahlen. Viele Firmen hatten die Lizenz, LAN Manager zu vertreiben. Die Konkurrenz unter ihnen trug zur Verwirrung der Käufer bei. Angesichts des derart stockenden Absatzes entschloß sich Microsoft zu einem drastischen Schritt: Man beschloß, LAN Manager direkt zu vertreiben, und tat das durch das gut organisierte Vertriebssystem von 3Com. Auf diese Weise konkurrierte Microsoft nun mit der eigenen Partnerin.

Metcalfe fand das Verfahren höchst unlauter und fühlte sich hinters Licht geführt, obwohl sein Vertrag mit Microsoft dadurch nicht ausdrücklich verletzt wurde.

»Was ich von denen zu hören kriegte«, sagt Metcalfe, »war: ›Sie hätten beim Aushandeln des Vertrags besser aufpassen sollen. Dumm waren Sie.‹«

»Wir waren erwachsene Leute«, sagt Kessler, »große Jungen und Mädchen, als wir den Vertrag unterzeichneten. Man kann zwar auf Microsoft schimpfen, aber gerechterweise muß auch gesagt werden, daß es sich hier um ein juristisch verbindliches Dokument handelte und daß wir es unterzeichnet hatten. Wir haben unsere Unterschrift in dem Glauben geleistet, daß auf dem OS/2-Markt gewisse Dinge passieren würden. Die sind dann nicht eingetroffen, und Microsoft war nicht verpflichtet, uns für unsere enttäuschten Hoffnungen zu entschädigen. Ich an ihrer Stelle hätte uns trotzdem geholfen. Sie dagegen haben auf den Buchstaben unserer Vereinbarung bestanden.«

Ende 1990 gelang es 3Com, aus der Vereinbarung herauszukommen. Nichtsdestoweniger schloß 3Com das im Februar endende Geschäftsquartal mit Verlusten in Höhe von mehr als 40 Millionen Dollar ab, die ihr hauptsächlich aus der Partnerschaft mit Microsoft und aus einer auf das Geschäft mit LAN Manager zurückgehenden Umstrukturierung des Unternehmens entstanden waren. Metcalfe glaubt, 3Com wäre dem Streit zwischen Microsoft und IBM (als OS/2 nicht hielt, was man sich davon versprochen hatte, und Windows alle Erwartungen übertraf) und der »Gier« der jungen fanatischen Kader, die die Abschlüsse für Microsoft tätigten, zum Opfer gefallen.

»Die Arroganz von Microsoft in dieser Partnerschaft war unerträglich, sie machte unsere Leute ganz verrückt«, sagt Metcalfe. »Es zeugt einfach für schlechte Geschäftsführung, wenn man seine Kunden und Partner schädigt. Microsoft ist eine Milliardendollarfirma mit einer jährlichen Zuwachsrate von fünfzig Prozent. Das setzt die Leute, vor allem junge, unerfahrene Leute, enorm unter Erfolgszwang. Und da sind sie denn auch schon mal bereit, wenn es sein muß, über Leichen zu gehen.«

Dennoch mag Metcalfe Gates immer noch. »Ich halte große Stücke auf ihn. Was da läuft, entzieht sich wohl ein bißchen seiner Kontrolle. Er hat einen Koloß geboren . . .«

Im Januar 1988 schickte sich Microsoft zusammen mit Ashton-Tate, dem führenden Datenbanksoftwareverlag, und Sybase, einem kalifornischen Minicomputersoftwareverlag, an, ein weiteres Stück des Netzbetriebsmarkts zu erobern. Ashton-Tate und Microsoft planten die gemeinsame Entwicklung einer OS/2-Version von SQL (»structured query language«) Server, eines Programmes, das Datenbanknetze verwaltet. Für Ashton-Tate bestand in dieser Partnerschaft die Möglichkeit, einen potentiell gefährlichen Konkurrenten unschädlich zu machen, denn bislang hatte Microsoft noch kein Datenbanksystem herausgebracht, das mit Ashton-Tates führendem Produkt, dBASE, hätte konkurrieren können. In dem gemeinsam mit Microsoft zu entwickelnden SQL Server sollte die erweiterte Version dieses Systems, dBASE IV, verwendet werden.

Die Verhandlungen dauerten ungewöhnlich lange. Oft gerieten sie ins Stocken, und dann mußten sich Ed Esber für Ashton-Tate und Jon Shirley für Microsoft persönlich bemühen, sie wieder in Gang zu bringen.

Im Rückblick auf seine Partnerschaft mit Microsoft meint Esber heute: »Bei einer komplexen Beziehung ist es sehr schwer, das Wesentliche davon schriftlich in einem Vertrag zu fixieren. Man kann das auf zweierlei Art angehen. Ich ging von der Voraussetzung aus, wir werden eine Partnerschaft haben und etwa auftauchende Probleme in partnerschaftlichem Geist gemeinsam lösen. Microsoft andererseits ging von der Voraussetzung aus, wir werden uns auf dem Papier jedes Schlupfloch, das wir kriegen können, offenhalten, und unsere Beziehung wird nur in dem bestehen, was auf dem Papier steht.«

»Das war der Unterschied«, sagt er. »Ich setzte voraus, daß sich die Parteien bei einer solchen Partnerschaft wie in jeder zwischenmenschlichen Beziehung bemühen würden, unvorhergesehene Probleme gemeinsam zu lösen. Während sie sich, glaube ich, nur an das gebunden fühlten, was schwarz auf weiß im Vertrag stand.«

Einige Stunden bevor das Abkommen mit Ashton-Tate und Sybase im Januar bekanntgegeben wurde, rief Gates seinen wichtigsten Konkurrenten auf dem Sprachensektor an, Philippe Kahn von Borland. Es gab Gerüchte, daß Microsoft Ashton-Tate kaufen würde, und tatsächlich war zwischen den beiden Firmen früher einmal eine Fusion erwogen worden. Gates, der es sich offenbar mit Borland nicht verderben wollte, versuchte Kahn zu beruhigen. »Wir machen ein Geschäft mit Ashton-Tate, aber deshalb brauchen Sie sich keine Sorgen zu machen«, hörte Kahn ihn sagen.

»Bill macht nur Sachen, von denen er profitiert, aber das war eine der seltenen Gelegenheiten, wo er damit angegeben hat«, sagt er in Erinnerung an jenes Telefongespräch. »Er machte sich richtig lustig über die Art und Weise, in der Ashton-Tate ihr Kapital weggeschenkt hatte.«

Unter diesen Umständen ist es nicht verwunderlich, daß das Duett der beiden Firmen auf einem Mißton endete. Ashton-Tate meinte, Microsoft habe versprochen, ein Dienstprogramm zu liefern, das mit NetWare funktioniert, so daß das Produkt den größtmöglichen Kundenkreis erreichen würde. Verständlicherweise wollte Gates lieber den Absatz seines eigenen LAN Manager steigern als den des Novell-Produkts. Das Projekt war noch kein Jahr in Arbeit, als die Techniker von Ashton-Tate entdeckten, daß SQL Server nicht sehr gut mit NetWare harmonierte. Novell würde genötigt sein, das Produkt zu modifizieren, um es für das SQL Server verwendbar zu machen.

Esber war der Meinung, Microsoft habe damit den Geist des Abkommens verletzt. Da er befürchtete, daß SQL Server auf dem Markt wenig Aussicht auf Erfolg haben würde, wenn es dort allein auf Interessenten für LAN Manager angewiesen sein würde, ging Esber zu Novell. Die beiden Firmen handelten eine Übereinkunft aus, derzufolge sie gemeinsam ein Server-Produkt, das mit NetWare funktionieren sollte, was SQL Server ja nicht tat, auf den Markt bringen wollten.

Wenige Tage vor der geplanten Bekanntgabe der neuen Partnerschaft zwischen Novell und Ashton-Tate begegnete Esber Gates auf einer Softwarekonferenz. Dieser hatte schon von Ashton-Tates Geschäft mit Novell erfahren. In einem Korridor voller Menschen schrie er Esber an, sein Geschäft mit Novell sei nicht nur dumm, sondern verstoße auch gegen den Vertrag zwischen Ashton-Tate und Microsoft. Er drohte mit einem Prozeß.

Esber trat daraufhin im letzten Augenblick von dem Vertrag mit Novell zurück, aber das Einvernehmen zwischen Esber und Gates, Ashton-Tate und Microsoft, war nicht wiederherzustellen. Microsoft hatte ein Schlupfloch in die Vereinbarung mit Ashton-Tate eingebaut: Sie war berechtigt, den Vertrag zu kündigen, wenn dBASE IV nicht fristgemäß fertiggestellt würde. Die Software wurde nicht rechtzeitig fertig, und Microsoft kündigte den Vertrag.

»Beide Parteien schlossen den Vertrag mit gewissen Erwartungen und im Vertrauen auf gewisse Versprechungen der anderen Seite«, sagt Esber. »Die Enttäuschung beruhte auf Gegenseitigkeit ... aber gewiß hat sich eine Partei mehr bemüht, die andere zufriedenzustellen.«

Microsoft ist in der Branche nicht nur für die geschickte Ausbeutung der von der anderen entwickelten technischen Neuerungen berüchtigt, sondern man wirft der Firma mitunter auch vor, sich solche technischen Neuerungen auf wenig ehrliche Weise anzueignen. So, heißt es, mache Microsoft oft kleineren Firmen, die gerade an vielversprechenden neuen Produkten arbeiten, Avancen, vorgeblich in der ehrlichen Absicht einer anzustrebenden Partnerschaft. Stets aber werde diese Absicht fallengelassen und ermüde das Interesse, sobald Microsoft genug über das Produkt wisse, um etwas Ähnliches auf den Markt bringen zu können.

»Wenn ich ein innovatives Produkt habe und zeige es Microsoft«, sagt Esber, »muß ich wissen, daß sie sich irgendwann einige der Ideen aneignen werden – auf ganz legale Weise.«

Micrographx, eine in Texas angesiedelte Firma für PC-Graphiksoftware, gegründet von Paul und George Grayson mit einem auf eine Kreditkarte geliehenen Anfangskapital von 5000 Dollar, kann ein Lied davon singen. Micrographx und Microsoft hatten schon eine lange Geschichte miteinander. Die kleine Firma war eine der wenigen, die Microsoft ungeachtet aller Terminverschiebungen die Treue hielten und die Hoffnung auf die verheißungsvollen Windows nie aufgaben. Es war eine beinahe symbiotische Beziehung. Microsoft lieh der kleinen Micrographx sogar 100 000 Dollar, um ihr zu helfen, die Verzögerungen und Änderungen des Programms durchzustehen. (Die Graysons beglichen diese Schuld achtzehn Monate später.) Micrographx war die erste unabhängige Softwarefirma, die ein Anwendungsprodukt für Microsoft-Windows auf den Markt brachte – In-A-Vision, ein Zeichenprogramm, das im Juli 1985 veröffentlicht wurde, sechs Monate vor Windows.

Als Microsoft und IBM ihre Entwicklungsanstrengungen von Windows auf OS/2 und Presentation Manager verlagerten, mußte Micrographx ihre Anwendungssoftware für das neue Betriebssystem übersetzen. Zur Verringerung des dafür erforderlichen Arbeitsaufwandes entwickelte die Firma eine besondere Software – »Mirrors« (Spiegel) –, die imstande war, Windows-Programme in Programme für OS/2 zu übersetzen. Microsoft erkannte das Potential dieser »Spiegel« und entsandte einen Manager mit einem Angebot nach Texas. Microsoft wollte das Recht, Mirrors zur Übersetzung der MS-eigenen Windows-Anwendungen in solche für OS/2 von Micrographx, käuflich erwerben. Micrographx würde anderen Firmen Mirrors in Lizenz geben, und Microsoft wollte in technischen Seminaren für das Programm werben.

»Es sollte eine echt kooperative Kiste werden«, sagt ein mit den Einzelheiten dieses Geschäfts vertrauter Insider der Branche. Eine vorläufige Übereinkunft wurde erzielt – für Microsoft hatte Mike Maples die Verhandlungen geführt –, und beide Seiten unterzeichneten Absichtserklärungen.

Unmittelbar darauf verlangte Microsoft, den Quellcode für Mirrors zu sehen, um zu erfahren, was das Programm im Innersten zusammenhielt. Nach anfänglichem Zögern kam Paul Grayson diesem Wunsch nach. Seine Bedenken wuchsen jedoch, als er erfuhr, daß man bei Microsoft einen Betriebssystemtechniker mit der Analyse des Produkts beauftragt hatte. Zur Einsichtnahme überlassen hatte er den Code nur dem Anwendungsbereich von Microsoft. Denn ihm war klar, daß Betriebssystemtechniker in Kenntnis dieses Codes leicht ein eigenes Programm schreiben und in Konkurrenz zu Micrographx vertreiben konnten.

Grayson rief Maples an, um sich zu beschweren. »Keine Sorge, der arbeitet für mich«, beruhigte ihn Maples. »Das ist nur der Techniker, der den Anwendungsleuten erklären soll, wie man Mirrors benutzt.«

Einige Wochen später unterhielt sich ein Micrographx-Entwickler mit einem Microsoft-Techniker. In dürren Worten wurde dem Micrographx-Vertreter eine schlechte Nachricht überbracht. Bei Microsoft hatte man beschlossen, eine eigene, Mirror-ähnliche Software zu schreiben. Nachdem der Techniker Mirrors analysiert hatte, war er gleich zu Ballmer, dem Leiter der Betriebssystemeabteilung, beordert worden, um Bericht zu erstatten.

Die Graysons konnten das zuerst nicht fassen und glaubten dann, Microsoft hätte von Anfang an nichts anderes im Sinne gehabt, als ihnen ihr Produkt zu stehlen. Doch obwohl sie gleich ein ganzes Jahr lang Beschwerde darüber führten, gab ihnen Microsoft keine Genugtuung. Maples erklärte ihnen, er könne da nichts machen, und Ballmer sagte das gleiche. Selbst Gates weigerte sich, ihre Beschwerde anzuerkennen.

Ein Angestellter von Micrographx, der hier nicht genannt sein möchte, resümiert die Haltung von Microsoft gegenüber dieser Beschwerde so: »Im Grunde war ihre Haltung die, daß sie sagten: ›Wir werden zahlen, was wir euch zugesagt haben, und im übrigen macht, daß ihr wegkommt, und laßt uns in Ruhe, oder wollt ihr uns vielleicht verklagen?‹ Sie glaubten nicht, daß wir es tun würden, und es schien ihnen auch schnuppe zu sein. Im Grunde war ihre Haltung die: ›Scheiß auf euch.‹«

Micrographx plante damals, an die Börse zu gehen, und glaubte, sich einen großen Krach mit Microsoft nicht zu leisten zu können. Die Graysons schluckten die Kröte und ließen ihre Beschwerde fallen. Schließlich besänftigte Microsoft sie mit einem Lizenztauschgeschäft, das nach Gates' Bekunden ungewöhnlich großzügig war. Dennoch fühlten sich die Graysons ausgebeutet und manipuliert.

Paul Grayson soll später bemerkt haben: »Halb im Scherz möchte ich sagen, daß es nur einen Menschen gibt, der weniger Freunde hat als Saddam Hussein: Bill Gates.«

Ein ähnliches Problem mit Microsoft hatte Go Corporation, eine winzige, neugegründete Firma in Foster City, Kalifornien, die Software für kleine Computer entwickelte, die Handschriften lesen kann. Der Terminus technicus für diese neueste Technik lautet »pen-based computing«. In der Hoffnung, sie bewegen zu können, daß sie Anwendungsprogramme für ihr Produkt entwickeln, zeigte Go ihre geheime Software in vertraulichen Demonstrationen einigen Firmen. Auch einem Team von Microsoft wurde sie vorgeführt.

Im Januar 1991, nur eine Woche vor dem Termin, zu dem Go ihr innovatives Produkt der Presse vorstellen wollte, kündigte Microsoft in einem Präventivschlag ein vergleichbares eigenes Produkt an. Seine Firma entwickele eine Handschriftlesesoftware namens Pen Windows, sagte Gates. Dem Design-Team, das bei Microsoft für die Aufgabe eingesetzt war, gehörte ein Techniker an, der bei Go in die Pläne eingeweiht worden war. Ein paar Wochen später sagte Microsoft, einundzwanzig Computerhersteller zögen es »in Erwägung«, Hardware um die Pen-Windows-Software zu bauen.

Die Verantwortlichen von Go waren wie vor den Kopf geschlagen.

»Wer Microsoft vertrauliche Informationen zeigt, geht ein Risiko ein«, sagt J. Jerrold Kaplan, Gründer und Vorsitzender von Go.

Keith Toleman, der Marketing-Direkor einer in Florida niedergelassenen Softwarefirma, erklärte gegenüber *PC Week:* »Es ist so weit gekommen, daß sich vor Microsoft keiner mehr zu entblößen wagt« – wie man es bei Vereinbarungen über gemeinsam zu unternehmende Entwicklungsprojekte gewöhnlich tut.

Als *Fortune* ihn und Steve Jobs zusammen interviewte, stritt Gates ab, bei Go gestohlen zu haben. Denn da liest man: »*Gates*: ›Ich behaupte, daß technische Durchbrüche erzielt werden können, wenn wir nur ausbauen, was wir schon haben. Nehmen wir die Handschriftcomputer ... Die Software dafür wird entweder von Microsoft kommen oder von einer inländischen Konkurrenz namens Go Corporation. Das wird ein bedeutender Durchbruch sein, und wem werden Sie den zugute halten?‹

Jobs: ›Ich glaube, jeder hält ihn Go zugute, aber Go wird zermalmt werden.‹

Gates: ›Das ist eine der böswilligsten Bemerkungen, die ich je gehört habe. Ich habe schon an Handschriften gearbeitet, als es Go Corporation noch gar nicht gab.‹

Jobs: ›Wirklich? Das habe ich nicht gewußt. Die meisten Leute würden sagen, daß die Leute von Go die ersten waren, die versucht haben, diese Technik kommerziell zu nutzen.‹

Gates: ›Jedenfalls: Go hat bisher nichts ausgeliefert, und ich werde mein Zeug früher auf den Markt bringen.‹«

Ballmer weist den Vorwurf, Microsoft hätte andere Softwarefirmen in betrügerischer Absicht übervorteilt, natürlich zurück.

»Erstens haben wir nie irgend jemandem irgend etwas gestohlen«, erklärte er gegenüber *PC Week*. »Aber sehen wir uns, wie es jedes andere vernünftige Unternehmen auch macht, die Produkte der anderen an, und versuchen wir, schlauer zu werden, indem wir von unseren Konkurrenten lernen? Natürlich tun wir das.«

Abgesehen von Apple haben sich bisher wenige Firmen getraut, Microsoft zu verklagen. (Dem Vernehmen nach erwägt jedoch Go Corporation den Schritt vor Gericht.)

»Als Softwareentwickler überlegt man es sich zweimal, ob man Microsoft herausfordert«, sagt Tim Bajarin, Handlungsbevollmächtigter Vizepräsident von Creative Strategies, einer Marktforschungs- und Consulting-Gruppe, die viele der führenden Spieler auf dem Feld der Computerindustrie bei der strategischen Planung berät. »Microsoft hat eine starke Rechtsabteilung, und man wird sie noch brauchen. Man beißt nicht die Hand, die einen füttert. Man ist auf ihre technische Unterstützung angewiesen. Und macht man in Hardware, hat man ebenfalls allen Grund, sich Microsoft warmzuhalten, weil man nämlich ihr Betriebssystem braucht.«

Aber Z-Nix, eine im kalifornischen Pomona niedergelassene Hardwarefirma, die ein Mausgerät für Computer herstellte, ließ sich von solchen Bedenken nicht anfechten. Sie verklagte Microsoft, und zwar im November 1990, beim Bundesgericht Los Angeles auf Schadenersatz in Höhe von 4 Millionen Dollar. Die winzige Z-Nix mit einem Jahresumsatz von nur 6 Millionen Dollar wagte es, die riesige Microsoft Corp. zu beschuldigen, gegen den Sherman Act verstoßen zu haben. Dieses Gesetz untersagt es einer auf einem bestimmten Gebiet marktbeherrschenden Firma, sich dieser Stellung zu bedienen, um Herrschaft über einen anderen Bereich des Marktes zu erlangen. Da hatte also ein rachitischer Schwächling dem stärksten Jungen der Nachbarschaft einen Hieb mit dem Schlagring versetzt.

Am nächsten Tag las man in allen Zeitungen über diesen tollkühnen Coup. Frank Yeh, der für Absatz und Marketing zuständige Vizepräsident von Z-Nix, wurde mit der Erklärung zitiert: »Es ist an der Zeit, den unlauteren Wettbewerbspraktiken von Microsoft entgegenzutreten und den schleichenden Tod aller Innovationen in dieser Industrie zu bannen.«

Die Klageschrift behauptete, daß Microsoft den Betriebsumgebungsbenutzerschnittstellenmarkt mit ihrem Windows-3.0-Programm beherrschte und sich dieser Macht bediente, um Z-Nix das Geschäft mit der Maus zu verderben. Z-Nix ist eine der wenigen inländischen Firmen, die Input-Hardware herstellt, unter anderem ein als »Super Mouse« bezeichnetes Gerät, das mit der MS-Maus konkurrierte. Microsoft war seit 1983 der marktbeherrschende Hersteller von Mäusen für den PC, bei einem Absatz von 500 000 Stück Mitte 1987. Doch hatten 1990 Firmen wie Z-Nix erfolgreich begonnen, ihr den Löwenanteil streitig zu machen.

Die Einführung von Windows 3.0 hatte den Bedarf an Mäusen plötzlich stark ansteigen lassen, und Z-Nix wollte von dieser vermehrten Nachfrage profitieren. Microsoft und Z-Nix trafen eine nicht untypische Vereinbarung, die Z-Nix gestattete, mit ihrer Supermaus auch Windows zu verkaufen. Z-Nix verpflichtete sich, für jedes verkaufte Exemplar des Windows-Programms eine Lizenzgebühr in Höhe von 27,50 Dollar an Microsoft abzuführen.

Die kalifornische Firma hatte das Paket schon auf dem Markt eingeführt, als Microsoft beschloß, den Konkurrenten, die vom Erfolg des Windows-Programms profitierten, das Geschäft zu verderben. Ohne vorherige Warnung erhöhte Microsoft die Lizenzgebühr für Windows auf das Doppelte, 55 Dollar je Exemplar. Bei dem Preis, sagten die Direktoren von Z-Nix, wäre das ein Zuschußgeschäft. Da sie indessen eine Summe in Höhe eines Jahresgewinns in die Werbung für Windows investiert hatten, standen sie mit dem Rücken zur Wand. Und da ihr so die Flucht unmöglich war, fletschte die kleine Z-Nix kampfentschlossen die Zähne gegen die riesige Microsoft. So kam es zu der Antitrustklage.

Stunden nachdem die Rechtsabteilung von Microsoft aus der Zeitung von der Klage erfahren hatte, kam es zum Vergleich. Ein Anwalt flog nach Pomona, um Verhandlungen mit Z-Nix aufzunehmen. Am gleichen Tag verkündete Microsoft, man habe den Sieg errungen. Z-Nix wäre nunmehr bereit, die Anschuldigungen zurückzunehmen. Die Einzelheiten der Übereinkunft wurden nie bekanntgegeben, aber Z-Nix ließ verlauten, man sei zufriedengestellt worden. Tatsächlich konnte Z-Nix ihre Super-Maus auch weiterhin in einem Paket mit Windows verkaufen.

Der Anwalt von Z-Nix, Thomas Chan, ein auf Computerrecht spezialisierter Kenner der Branche, sagte nach der Auseinandersetzung mit Microsoft:

»Es ist eine der wenigen Firmen, in denen der Geschäftsmann verbissener feilscht als der Anwalt. Sie sind wirklich die zähesten Verhandlungspartner, die ich in der Branche je kennengelernt habe. Kleine Burschen, mit denen reden sie nicht mal. Friß oder stirb, ist ihre Haltung. Bei großen Kerlen drücken und drängen und drängen und drücken sie, und dann, im letzten Augenblick, setzen sie noch den Einsatz rauf. Das muß an Bill Gates liegen.«

Einer der Gründe, warum er ständig solchen Druck macht, ist Angst. Gates guckt sich immer um. »Man muß dauernd überlegen, wer einen wohl als nächster fertigmachen will«, erklärte er dem *Wall Street Journal*. Diese Einstellung hat er auch seinen Mitarbeitern antrainiert. Vor einigen Jahren sagte er einmal, daß seine Produktmanager jeden Tag mit dem Gedanken an ihren wichtigsten Konkurrenten aufwachen sollten. Er ging sogar so weit, ihnen zu empfehlen, sich Namen und Geburtsdaten von deren Kindern einzuprägen.

»Wir versuchen, immer vorne zu bleiben«, sagt Jeff Raikes, damals Manager der Abteilung Textverarbeitung. »Bill hat immer von mir erwartet, daß ich die Konkurrenz nie aus den Augen verliere. Wenn man einfach sagt, ›Wir sind Nummer eins, das reicht‹, ist man in einem so dynamischen Geschäft wie unserem schon auf dem besten Weg, aus Selbstgefälligkeit zu scheitern.« Eine Woche, nachdem Gates seinen Managern eingeschärft hatte, sich ihre Konkurrenten genau anzusehen, hatte Raikes schon ein Foto der Kinder des Handlungsbevollmächtigten Vizepräsidenten von WordPerfect auf seinem Schreibtisch. Und er schickt ihnen Geburtstagsgeschenke.

Vielleicht liegt es an dieser Einstellung, daß Microsoft Word in letzter Zeit das ehemals führende Textverarbeitungsprogramm in der Gunst des Verbrauchers schon fast eingeholt hat. Zweimal jährlich besucht Gates persönlich die besten WordPerfect-Kunden und erkundigt sich, warum sie eigentlich noch immer WordPerfect kaufen, obwohl doch Microsoft Word soviel besser wäre.

Pete Peterson, der Chef von WordPerfect, hat gesagt, ihn sollte es freuen, wenn Gates mit den Jahren ein bißchen bieder würde. »Ich wünschte, er würde heiraten und ein Kind kriegen, damit er nicht mehr soviel arbeiten kann wie jetzt.«

Solche frommen Wünsche hört man heute in der Computerbranche häufig.

Vor ein paar Jahren bezeichnete Pete Peterson Microsoft als »Fuchs, der dich über den Fluß rudert und dann auffrißt«. Wie viele andere nach ihm, beklagte er den Vorsprung, den sich Microsoft durch DOS verschaffen konnte. Seither ist Gates' Firma in der beneidenswerten Lage, die Entwicklungsrichtung der ganzen Branche bestimmen zu können.

WordPerfect mag zu der Überzeugung gelangt sein, es wäre Zeit, den Fuchs abzuschießen. Als Microsoft im April 1991 bekanntgab, daß die FTC-Untersuchung der Firma ausgeweitet worden sei, zitierte die *San José Mercury News* verschiedene Bracheninsider, die behaupteten, die Leute von WordPerfect würden bei den Beschwerden über Microsoft eine »führende Rolle« spielen. Angehörige der in Utah ansässigen Firma gaben zu, sie hätten mit der FTC gesprochen – wie viele andere der Branche.

Das Hauptanliegen der FTC-Untersuchung ist nicht der aggressive Stil von Microsoft, nicht eigentlich ihr Geschäftsgebaren, sondern die Klärung der Frage, ob Microsoft kraft ihrer Vormachtstellung die Konkurrenz gelähmt und so dem Verbraucher geschadet hat oder nicht. Der Beweis, daß Microsoft wettbewerbsbehindernde Praktiken angewandt hat, wäre sehr schwierig und höchstens nach jahrelangem Rechtsstreit anzutreten – jedenfalls ist das die Meinung vieler Rechtsexperten. Im Streit gegen IBM stand die Bundesregierung von Anfang an viel besser da und unterlag nach einem zehn Jahre dauernden und Millionen verschlingenden Prozeß am Ende dennoch. Wollte sie Anklage gegen Microsoft erheben, mußte die FTC sehr vorsichtig zu Werke gehen. Die Antitrustgesetzgebung soll Praktiken verhindern, die geeignet sind, den Wettbewerb zu beschneiden oder zu lähmen. Der Unterschied zwischen aggressiven und wettbewerbsbeschränkenden Geschäftspraktiken aber ist in der Praxis nicht leicht auszumachen. Hatte Microsoft eine Vormachtstellung mißbraucht oder die Konkurrenz nur ausgetrickst? Das Computergeschäft ist so kompliziert, daß sich manche Rechtsexperten kaum vorstellen können, die FTC verstünde die Rechtslage auch nur gut genug, um den Prozeß gegen Microsoft zu eröffnen, ganz zu schweigen von gewinnen. Es gilt auch als unwahrscheinlich, daß die Regierung Anklage erhebt, schon allein, weil ja neben DOS von Microsoft immer noch konkurrierende Betriebssysteme auf dem Markt sind. Einen kleinen Teil dieses Markts hat AT&T, und vor zwei Jahren brachte Digital Research, nachdem sie CP/M schon lange vorher hatte fallenlassen, ein neues Betriebssystem heraus, DR-DOS. Obwohl DR-DOS noch nicht fest Fuß gefaßt hat, hat DOS von Microsoft doch schon Marktanteile an das von Digital Research verloren. Und nicht zuletzt hat natürlich auch Apple ein eigenes Betriebssystem für den Macintosh. Der einzige Anwendungsbereich, in dem Microsoft zweifellos vorherrscht, ist derjenige der Anwendungsprogramme für den Mac – und das nur, weil Gates im Jahre 1981 darauf gesetzt hat, daß sich der damals noch nicht über das Stadium des Prototyps hinaus gediehene neue Computer von Apple auf dem Markt und im scharfen Wettbewerb bewähren würde. Der Mac hätte tatsächlich leicht scheitern können, hätten ihm nicht Anwendungsprogramme zur Verfügung gestanden wie Excel von Microsoft.

1991 kontrollierte Microsoft etwa ein Viertel des Anwendungsmarkts. Obwohl die Firma 1991 einundfünfzig Prozent ihrer Einnahmen aus dem Verkauf von Anwendungsprodukten bezog, machte sie doch ihre Gewinne hauptsächlich im Systembereich. Microsoft beherrscht die großen Drei der Anwendung, Textverarbeitung, Datenbanken und Tabellenkalkulationsprogramme, nicht annähernd vollständig. WordPerfect liegt noch immer weit vor Microsoft Word, Lotus 1-2-3 vor Excel, und Microsoft hat noch immer nichts, womit sie dBASE von Ashton-Tate Konkurrenz machen könnte.

Der Grund, weshalb sich dennoch so viele Firmen beschweren, liegt darin, daß Microsoft ihres Erachtens gegen das Gebot der Trennung von Kirche und Staat verstößt. Konkurrenten wie WordPerfect und Lotus und viele andere verdächtigen Microsoft, ihre Anwendungsleute insgeheim im voraus über Änderungen ihres Betriebssystems zu verständigen, so daß sie ihre Produkte eher darauf einstellen können als Anwendungsentwickler anderer Firmen. Doch selbst in diesem Fall läge nach Meinung von Kennern der Antitrustgesetzgebung noch kein Verstoß gegen das Gesetz vor. Zudem lädt Microsoft auch Konkurrenten vor Änderungen am Betriebssystem stets nach Redmond ein, um sie darüber zu informieren. Die Firma hat sogar den Posten einer »Ombudsperson« geschaffen, deren Aufgabe es ist, die strenge Trennung der Betriebssystemabteilung von der Anwendungsabteilung zu überwachen und damit jedem Verdacht des unlauteren Wettbewerbs vorzubeugen.

Denn theoretisch soll eine strenge Trennung dieser Bereiche gleiche Chancen für alle Entwickler von Anwendungsprogrammen für DOS und Windows gewährleisten. Diese theoretische Trennung wird, wie erwähnt, als »chinesische Mauer« bezeichnet. Der Begriff ist dem Jargon des Wertpapierhandels entlehnt, wo er die Trennung zwischen Investitionsbankiers, die von Aktienverkäufen im vorab Kenntnis haben, und Börsenmaklern, die von solchem Wissen profitieren können, bezeichnet. Indessen beklagt die Konkurrenz, Microsofts »chinesische Mauer« sei voller Löcher. Microsoft nährt diesen Argwohn, wenn Angestellte von der einen Abteilung in die andere versetzt werden.

Ein Anwendungsprogrammierer, der schon seit den frühen achtziger Jahren bei Microsoft tätig ist, erklärt die Existenz einer »chinesischen Mauer« von vornherein zur Erfindung der Medien. »Ich habe Bill Gates mehr als einmal sagen hören: ›Eine chinesische Mauer gibt es nicht.‹ Irgend jemand ist auf diese Idee gekommen, daß es eine Mauer zwischen System und Anwendungen geben sollte und daß wir nicht miteinander reden dürften. Aber so etwas gibt es nicht. Wir haben keine Trennungen hier, wir sind eine einzige große Firma . . . Es gibt keine Grenzen innerhalb des Unternehmens, die wir nicht überschreiten können. Das gäbe ja auch keinen Sinn. Wir leben schließlich in der wirklichen Welt, oder? Wenn jemand Anwendungen für unser Betriebssystem schreiben will, wird er doch selbstverständlich nehmen, was er kriegen kann, stimmt's nicht?«

Stewart Alsop jedenfalls meint – und er steht mit dieser Meinung nicht allein –, was Microsoft allen Konkurrenten voraus hätte, sei nicht das Betriebssystem, sondern Bill Gates. »Er hält Microsoft auf Trab, kümmert sich immer ums Wichtigste. Jede andere Firma verschläft mal etwas. Aber Gates ist immer wach, immer auf dem Posten. Das ist es, was einem angst machen kann.«

Alsop erinnert daran, daß die ersten Fassungen von Microsoft Word und MS-Windows, keine Verkaufserfolge waren, weil die Programme nicht hielten, was sie versprachen. Aber Gates ließ nicht locker. »Bill hört einfach nicht auf‹, sagt Alsop. »Die Leute haben Angst, weil die bei Microsoft so beharrlich sind. Microsoft hat eine bessere Leistungsbilanz als alle anderen Firmen. Keiner traut sich, es mit Microsoft aufzunehmen. Das beweist fehlendes Selbstvertrauen. Jede andere Firma hat schon mal Mist gemacht. Hat Microsoft vielleicht ein Monopol darauf, den Markt mit minderwertigen Produkten zu beherrschen? Das ist ein Märchen. Das ist es, was Ihnen die Konkurrenten einreden wollen ... Microsoft hat den Wettbewerb verschärft, weil Microsoft sich immer neue Aufgaben stellt. Sie hat Lotus gezwungen, ihre Produkte zu verbessern. Lotus hat sich hinsichtlich des Ausbaus ihrer Produkte nicht gerade angestrengt. Aber dann kam Excel, und die drohende Konkurrenz spornte Lotus an ... Das ist die Ironie. Der Grund, aus dem Microsoft die Industrie so weitgehend beherrscht, ist, daß Microsoft die besseren Erzeugnisse liefert.«

Trotzdem würden es viele begrüßen, wenn sich die Firma teilen und den Betriebssystem- und den Anwendungsprogrammbereich als selbständige Gesellschaften konstituieren würde. Apple hat diesen Weg bereits eingeschlagen. 1987 wurde dort die Abteilung Anwendungssoftware unter dem Namen Claris Corporation als unabhängige Firma abgezweigt.

Als die FTC ihre Untersuchung bei Microsoft ausgeweitet hatte, gab es Gerüchte, daß auch Microsoft sich teilen würde, noch bevor das Ergebnis feststand. Tatsächlich tat man dann genau das Gegenteil, indem Anfang 1992 sowohl der System- als auch der Anwendungsbereich Mike Maples unterstellt wurden. Maples war zuvor allein für den Anwendungsbereich zuständig, und Steve Ballmer hatte die Leitung des Systembereichs. Die Entscheidung, die beiden Bereiche ein und derselben Person zu unterstellen, läßt die Vermutung zu, daß man den Ergebnissen der Untersuchungskommission mit einiger Gelassenheit entgegensah.

Unterdessen schritt diese Untersuchung voran. Akten wurden beschlagnahmt, und die Rechtsabteilung von Microsoft wurde angewiesen, den Angestellten die Vernichtung aller vor Mitte 1991 expedierten E-Mail zu untersagen. Aber Microsoft ließ sich davon nicht einschüchtern. Bei einer Pressekonferenz erklärte Maples: »Falls jemand meinen sollte, wir stünden nicht mit Lotus, WordPerfect und Borland auf dem Kriegsfuß, den kann ich ihn eines Besseren belehren. Mein Job ist es, dafür zu sorgen, daß wir einen fairen Anteil am Softwareanwendungsmarkt kriegen, und das heißt für mich: 100 Prozent.«

Nichtsdestoweniger sagt ein Gates nahestehender Manager von Microsoft, die Boshaftigkeit der Angriffe gegen Microsoft, die die Untersuchung der FTC in den Medien provoziert hat, hätte seinen Chef verletzt.

Kurz nach der Präsentation von MS-DOS 5.0 in New York im Frühjahr 1991 wurde der Presse ein vertrauliches Memorandum über die gegenwärtige Lage der Firma zugespielt, in dem Bill Gates seinen führenden Mitarbeitern die Gefahren skizziert, die Microsoft im kommenden Jahr drohten. Der Gates, den man in diesem Dokument kennenlernt, hatte Angst. Von Hochmut keine Spur. Die Reaktion an der Börse machte dieses Dokument möglicherweise zum kostspieligsten der gesamten Firmengeschichte.

In dem sechsseitigen Memorandum erklärte Gates, daß sich seine schlimmsten Befürchtungen für Microsoft zu bewahrheiten schienen: IBM griffe auf dem Gebiet der Systemsoftware an, Novell auf dem Feld der Vernetzung, und »beweglichere, kundenorientiertere Mitbewerber« würden Anwendungen für Windows herausbringen. Gates sprach in diesem Dokument offen über alle Schwierigkeiten, die zu bewältigen waren, von den Differenzen mit IBM bis zur FTC-Untersuchung und dem Apple-Prozeß.

Der von Apple angestrengte Prozeß stellte die größte Bedrohung dar, meinte jedenfalls Gates. »Microsoft gibt Millionen aus, um Wesensmerkmale zu verteidigen, die jedes der beliebten Windows-Systeme auf dem Markt charakterisieren, und die Grenzen festzusetzen, bis zu denen der Urheberschutz gelten soll«, schrieb er. »Ich finde es absurd, daß der Prozeß so lange dauert... Wir sind überzeugt, daß wir den Prozeß mit an Sicherheit grenzender Wahrscheinlichkeit gewinnen werden.« Gates setzte hinzu, daß eine Entscheidung gegen Microsoft katastrophale Folgen hätte. Apple hatte auf Schadensersatz in Höhe von mehr als vier Milliarden Dollar geklagt. Dabei wäre das Schlimmste noch nicht einmal der finanzielle Verlust, sondern die Notwendigkeit, das Produkt zu verändern. Dies konnte Microsoft um Jahre zurückwerfen.

Problematisiert wurde auch das Verhältnis zu IBM. Gates bat seine Führungskräfte, von öffentlicher Kritik an der früheren Partnerin abzusehen. »Wir werden IBM nicht als Unternehmen attackieren, und selbst unser öffentlicher Angriff auf OS/2 wird sich auf sachliche Kritik beschränken«, schrieb Gates. »Wir werden letztlich ein neutrales Verhältnis zu IBM anstreben müssen. Für die nächsten vierundzwanzig Monate mag es ziemlich kühl bleiben... wir können aber als besseres und stärkeres Unternehmen daraus hervorgehen, und dann werden die Leute nicht mehr sagen, daß wir den Standard halten, weil sich IBM für uns entschieden hatte.« Gates sah einen Vorteil des Bruchs mit IBM darin, daß Microsoft nunmehr »den dürftigen Code, das dürftige Design und den anderen Ballast«, den man der Partnerin zuliebe hatte mitschleppen müssen, abwerfen könne.

San Jose Mercury News veröffentlichte Auszüge aus diesem Memorandum. Auch andere Blätter, zum Beispiel das *Wall Street Journal*, brachten die Geschichte. Da sich die Medien ausschließlich auf die negativen Aspekte des Memorandums beschränkten, stellte Microsoft der Fachpresse schließlich den vollen Text des Memorandums zur Verfügung.

Rick Sherlund, der Analytiker von Goldman Sachs & Company, der als erster mit der Nachricht von der FTC-Untersuchung bei Microsoft herausgekommen war, sagte über das Memorandum: »Da ist keine Spur von Arroganz. Bill Gates ist ganz offen, macht sich nichts vor und hat schlicht und ergreifend Angst vor der Konkurrenz.« Trotz des düsteren Bildes, das Gates in dem Memorandum von den Aussichten der Firma malt, sei man, meinte Sherlund, gut beraten, Microsoft-Aktien zu kaufen. Die Reaktion an der Börse bewies aber, daß viele Anleger anders dachten. An einem Tag fiel der Kurs um mehr als 8 Dollar auf 103 Dollar im außerbörslichen Handel. Gates, der zu dieser Zeit 38,8 Millionen Aktien besaß, verlor an diesem Tag 315 Millionen Dollar.

Um die Zeit, als Gates sein Memorandum verfaßte, schrieb auch John Akers, der Vorsitzende von IBM, ein Positionspapier. Ein weiteres Vierteljahr dürftiger Einnahmen stand IBM bevor. Schon im zweiten aufeinanderfolgenden Jahr mußte die Firma Einbußen auf dem Markt hinnehmen. Zum erstenmal seit 1946. Einst führend an der Börse, mußte sich IBM inzwischen Sorgen machen um ihre Führungsposition und ihren guten Namen. Akers befand, es sei Zeit, die Notbremse zu ziehen.

»Die Tatsache, daß wir Marktanteile verlieren, macht mich verdammt wütend«, las man in der Presse, der auch diese vertrauliche Mitteilung zugespielt wurde. »Das Spannungsniveau in der Branche ist nicht hoch genug. In einer Zeit, in der das Geschäft kriselt, machen es sich alle verdammt leicht.«

Tatsächlich hatte IBM inzwischen nur noch etwa 23 Prozent des Markts, während der Konzern 1983, als er den Personalcomputermarkt im Sturm nahm, 40 Prozent besetzt hatte. Die Verluste waren also tatsächlich besorgniserregend. Harte Zeiten erfordern Veränderungen, erklärte Akers seinen Direktoren. Deswegen plante IBM einen den Gegebenheiten angemessenen Schachzug – ein Bündnis mit der Rivalin Apple gegen einen gemeinsamen Feind: Microsoft.

Einige Jahre zuvor wäre ein solches Bündnis schlechthin undenkbar gewesen. Aber die Zeiten hatten sich geändert, und sowohl Apple als auch IBM hatten ihre Preise senken und die Gewinnspannen verknappen müssen. Trotzdem konnten sie nicht verhindern, daß ihre Marktanteile sehr schrumpften. Der Anteil von IBM am Personalcomputermarkt war noch tiefer gesunken als der am Computermarkt überhaupt, auf nur 17

Prozent, bei Apple auf bloße 15. Bei allen Differenzen der Vergangenheit: Jetzt brauchten sie einander.

Auch andere Firmen schlossen Bündnisse. Im April 1991 schloß eine Gruppe von 21 Hardware- und Softwareherstellern unter Führung von Microsoft, Compaq Computer und Digital Equipment Corporation ein Abkommen zur Entwicklung eines neuen Standards für Desktop Computer auf der Grundlage eines Chips mit der Bezeichnung RISC (»reduced instruction set«).

Die Angehörigen dieses neuen Bündnisses, das sich die Bezeichnung ACE gab (»advanced computing environment«), hatten sich monatelang zu Geheimkonferenzen getroffen. Ein Beteiligter bezeichnete dieses Projekt als »Wiederauferstehung des PC«. Der RISC-Chip rechnet mit beschränktem Befehlssatz wesentlich leichter und schneller als seine komplizierter verfaßten Vorgänger. Weder Apple noch IBM wurden aufgefordert, dem Bündnis beizutreten. Und obwohl die Veränderungen, die die neue Technik mit sich bringt, wohl noch einige Jahre auf sich warten lassen würden, sahen Apple und IBM in dem ACE-Bündnis eine ernste Bedrohung.

Sowohl IBM als auch Apple durften hoffen, von einer Zusammenarbeit zu profitieren. Michael Spindler, der Leiter der Betriebsabteilung von IBM, hatte den Vorsitzenden von Apple, John Sculley, für eine Allianz gewonnen, indem er ihm erklärte, daß sie einerseits dem Geschäft von Apple aufhelfen und andererseits dem Kontor von Microsoft einen bösen Schlag versetzen konnte. Auch suchte Apple eine Partnerin zum Bau eines RISC-Chips für die Workstations, die sie herauszubringen plante, denn diese schnellen Kleincomputer wurden immer beliebter. IBM andererseits interessierte sich für ein neues Betriebssystem, an dem Apple schon seit einigen Jahren arbeitete. (Das unter der Codebezeichnung »Pink« laufende Projekt wurde nicht so schnell fertig wie vorgesehen und viel teurer als erwartet, was ein weiterer Grund für Apple gewesen sein mag, Hilfe bei IBM zu suchen.) Wenn die beiden Firmen das Betriebssystem in Kooperation fertigstellten, konnten sie miteinander kompatible Computer bauen. Macht und Bedrohlichkeit von Microsoft würden derart stark vermindert.

»Wir wollen eine Hauptrolle in der Computerindustrie spielen«, sagte

Sculley später. »Und das geht nur, wenn man mit jemandem kooperiert, der schon ganz vorn im Rampenlicht steht.«

IBM mag noch ein untergründiges Motiv gehabt haben, das Bündnis mit Apple anzustreben. Manche Brancheninsider glaubten, daß, falls Apple den Urheberrechts-Musterprozeß gegen Microsoft und Hewlett-Packard gewinnen würde, eine Klage gegen IBM (dessen Presentation Manager Windows sehr ähnlich war) nicht lange auf sich warten lassen würde – es sei denn, es gab vielleicht ein Bündnis mit IBM.

In der Öffentlichkeit ließ sich Gates keine Besorgnis anmerken. In einer Rede vor Industrieberatern in Seattle Mitte Juni sagte er, eine Allianz zwischen Apple und IBM könne sich als segensreich für die ganze Branche erweisen. »Es gibt keinen Grund, etwas dagegen zu haben, denn wir brauchen insgesamt mehr Zusammenarbeit.«

Am Tag vor dem amerikanischen Nationalfeiertag, am 3. Juli, setzten Apple und IBM den Spekulationen ein Ende. In einer kurzgefaßten gemeinsamen Presseerklärung hieß es (ohne auf die Einzelheiten einzugehen), Jim Cannavino von IBM und John Sculley von Apple hätten eine Übereinkunft unterzeichnet, die auf technischem Gebiet eine umfassende Zusammenarbeit zwischen den beiden Firmen vorsah. Seit Apple 1984 in jenem berüchtigten Werbespot für den Macintosh IBM als totalitären Despoten hingestellt hatte, waren sieben Jahre vergangen.

»Wer hätte gedacht, daß diese beiden Firmen irgendwas gemein haben könnten«, sagte Richard Shaffer, der Verleger des *Computer Letter.* »Das ist, wie wenn ein Hippiemädchen einen Banker heiratet.«

Bart Ziegler von Associated Press äußerte sich in ähnlichem Sinn: »Kann eine Firma, deren Hauptprodukt den Namen einer Frucht trägt (›Apple‹ heißt bekanntlich ›Apfel‹), mit einem weltumspannenden Riesen intim werden, der so zündende Produktbezeichnungen wie PS-2 Modell 30 und 286-E21 liebt?«

Mehrere Analytiker nannten das Bündnis »das Geschäft des Jahrzehnts«. Charles Wolf von First Boston Corporation erklärte: »Ich glaube, etwas Seltsameres ist noch nie vorgekommen.« Reporter, Analytiker und Firmendirektoren waren übereinstimmend der Meinung, bei dem geplanten Bündnis handele es sich um einen öffentlichen Angriff auf Microsoft. »Ich glaube, daß man die Apple-IBM-Story ohne Microsoft nicht schreiben kann«, erklärte Edward McCracken, der Vorsitzende von Silicon Graphics, einem PC-Vertrieb, gegenüber der *Washington Post*. Ein anderer Branchenkenner bezeichnete die neue Partnerschaft als »Anti-Microsoft-Achse«.

Die Reaktionen bei Microsoft waren unterschiedlich. »Wir sind bestürzt«, erklärte Steve Ballmer einem Reporter von *Time*. »Das verheißt nichts Gutes für die zukünftige Zusammenarbeit zwischen IBM und Microsoft.«

Gates erklärte dem *Wall Street Journal*, er könne den Sinn dieses Geschäfts für Apple nicht verstehen. »Da hat man alles, was an Apple einzigartig war, in dieses Joint-venture gesteckt. Was übrigbleibt ... Apple hat sein Geburtsrecht verkauft. Das ist traurig.« Nach dem bedrohlichen Aspekt dieses Bündnisses befragt, antwortete er abfällig, Microsoft hätte jetzt eben nur noch eine Konkurrentin.

Microsoft im allgemeinen schien durch das Apple-IBM-Bündnis nicht sonderlich aufgeschreckt. Mike Maples sagte in einer Ansprache vor etlichen hundert Angestellten, vor seiner Pensionierung würde nichts Vernünftiges daraus resultieren. Doch dann berichtigte er sich: »Das heißt, ich erwarte von denen kein Produkt, bevor *ihr* in den Ruhestand gegangen seid.«

Tim Paterson, der Programmierer, der DOS entwickelt hatte, drückte nur aus, was andere bei Microsoft auch empfanden, als er sagte, das Unternehmen könne sich freuen, IBM endlich los zu sein. »Sehen Sie sich doch mal die drei schlimmsten Blindgänger an, die Microsoft losgelassen hat – Windows 1.0, DOS 4.0 und OS/2. Und wer war bei zweien davon mit involviert? IBM. Haben wir jemals irgendwas mit IBM gemacht, das kein Blindgänger war? Nein.«

Viele Apple-Angestellte und besonders die Softwaretechniker hatten das Gefühl wie Gates, daß Apple bei dem Bündnis mit IBM auf ihr Geburtsrecht verzichtet habe. Ein erstes Treffen zwischen etwa 100 Leuten von IBM und 50 Angestellten von Apple ging aufgrund der unterschiedlichen Unternehmenskulturen schlecht aus. Bei Apple fragte man bissig: »Was kriegt man, wenn man Apple mit IBM kreuzt?« Und darauf antwortete man: »IBM.«

Erst Anfang Oktober unterzeichneten Apple und IBM die Verträge, die ihre historische Allianz auch juristisch fixierten. Mehr als 500 Personen wohnten einer Pressekonferenz in San Francisco bei, auf der die beiden Firmen Auskunft über die Einzelheiten ihres Abkommens zur technischen Zusammenarbeit gaben. Sie erklärten die Absicht, bei der Entwicklung der RISC-Chip-Technologie, die bei zukünftigen Apple- und IBM-Personalcomputern eingesetzt werden sollte, mit Motorola zusammenzuarbeiten. Aber die eigentliche Neuigkeit war, daß IBM und Apple zwei Joint-venture-Firmen gründeten, Taligent und Kaleida. Taligent sollte, aufbauend auf dem Pink-Projekt bei Apple, ein neues Betriebssystem entwickeln und Kaleida Multimediacomputer mit Ton-, Schrift- und Bildwiedergabe.

Sculley prophezeite auf der Pressekonferenz, das Joint-venture würde Ergebnisse zeigen, im Vergleich zu denen sich die PC-Revolution der achtziger Jahre unbedeutend ausnahm. Die Allianz, sagte er, »wird eine Renaissance der technischen Innovation auslösen«.

Doch mehrere Monate später konnten sich Apple und IBM immer noch nicht über die Konstitution der beiden gemeinsam gegründeten Firmen einigen. Noch waren weder Vorstand noch Vorsitzende genannt. »Wenn sie schon so lange brauchen, bis sie einen Präsidenten gefunden haben, was soll dann erst werden, wenn sie Meinungsverschiedenheiten über ein Bildschirmsymbol haben?« fragte Nancy McSharry, Programmdirektorin des Marktforschungsunternehmens International Data Corporation.

Als das Bündnis zwischen Apple und IBM geschlossen wurde, waren auch verschiedene andere Zusammenschlüsse teils schon perfekt, teils im Stadium der Vorbereitung. Borland International erwarb Ashton-Tate, den führenden Datenbankhersteller, was Borlands Stellung als drittstärkste Softwarefirma hinter Lotus und Microsoft festigte. Nowell, führend auf dem Gebiet der Bürovernetzung, erwarb Digital Research, den Produzenten von DR-DOS, dem einzigen Klon des Microsoft-Betriebssystems. Und IBM erklärte sich bereit, Software von Lotus, der schärfsten Rivalin von Microsoft, in Lizenz zu vertreiben. Doch auch Microsoft und Digital Equipment Corporation trafen ein Abkommen, Windows auf den weitgespannten Computernetzen von Digital verfügbar zu machen.

Es wird einige Zeit dauern, Jahre vielleicht, bis sich zeigt, wie diese neuen Bündnisse das Gleichgewicht der Kräfte in der Personalcomputerindustrie verschieben. Aber Schlachten müssen jetzt bereits geschlagen werden.

Auf der Herbst-Comdex in Las Vegas stellte IBM mit großem Pomp ihre Version von OS/2 vor. Die Firma hatte schon lange angekündigt, daß das Betriebssystem gegen Ende des Jahres lieferbar sein würde – woraufhin Steve Ballmer versprach, eine Floppy-disk zu verschlingen, wenn der Termin gehalten würde. Es blieb ihm erspart, denn auf der Comdex mußte IBM einräumen, daß das neue Betriebssystem erst im Frühjahr 1992 erhältlich sein werde. Microsoft plante, um ebendiese Zeit eine neue Version von Windows herauszubringen und mit einer 8-Millionen-Dollar-Werbekampage zu promoten.

Viele Kenner der Branche hielten es für einen schlimmen Fehler, daß IBM an OS/2 festhielt. Als der Präsident von IBM, John Akers, Ende 1991 eine Umstrukturierung des monolithischen Konzerns in voneinander unabhängige Geschäftseinheiten ankündigte, hielten es viele Beobachter für eine Konsequenz aus Fehlentscheidungen dieser Art. Die Entwicklung von OS/2 hatte IBM über eine Milliarde Dollar gekostet, obwohl die Branche Windows von Microsoft unterstützte. Nun wurden die Zweifel an der Zukunft von OS/2 mit der Erklärung, IBM plane mit Apple zusammen ein vollkommen neues Betriebssystem, bestätigt.

»Das muß die größte Katastrophe in der Geschichte der IBM sein«, erklärte der Präsident der Consulting-Firma Forrester Research gegenüber dem *Wall Street Journal*. »Die Schockwellen werden das ganze Jahrzehnt über zu spüren sein.«

Ende 1991 schloß IBM mit einem Verlust von 2,8 Milliarden Dollar ab. Es war das aufs ganze Jahr bezogene erste Defizit der Firmengeschichte. Die Einkünfte fielen gegenüber dem Vorjahr um 6,1 Prozent auf 64,8 Milliarden.

Microsoft andererseits hatte die Gewinne gegenüber dem Vorjahr um 55 Prozent steigern können. Während der letzten drei Monate des Jahres 1991 waren die Einkünfte um 48 Prozent gestiegen. Während fast jede andere größere Softwarefirma 1991 hatte Entlassungen vornehmen müssen, gab es bei Microsoft bis zu 70 Neueinstellungen in der Woche. Ende des Jahres hatte die Firma 10 000 Angestellte. Der Marktwert von Microsoft wurde jetzt höher geschätzt als derjenige der bisher größten Firma im Nordwesten, Boeing Company. Tatsächlich lag Microsoft mit einem Schätzwert von 21,9 Milliarden Dollar Ende des Jahres sogar vor General Motors. Die Aktien waren um 1200 Prozent im Wert gestiegen. Wer 1986 1000 Dollar in die Firma investiert hatte, konnte bis 1992 etwa 30 000 Dollar daran verdient haben.

Von dieser Wertsteigerung profitierten nicht zuletzt die Direktoren. Microsoft ist die einzige Firma, die drei Milliardäre hervorgebracht hat: Bill Gates, Paul Allen und Steve Ballmer. Den Akten der Securities and Exchange Commission ist zu entnehmen, daß mindestens 16 Direktoren der Firma Multimillionäre geworden sind. An erster Stelle der ehemalige Präsident Jon Shirley mit 112 Millionen. Scott Oki, der die Internationale Abteilung der Microsoft aufbaute und 1992 im Alter von 43 Jahren in Ruhestand ging, hatte 28 Millionen. Jeff Raikes, der von Apple zu Microsoft kam, konnte dort 23 Millionen auf die hohe Kante legen, Bill Neukom, der einstige Partner in der Anwaltskanzlei von Bill Gates' Vater, 21 Millionen, Frank Gaudette, der Microsoft an die Börse brachte, 7 Millionen und Mike Maples 3,5 Millionen. Man glaubt, daß 1992 schon mehr als 2000 Angestellte von Microsoft den magischen Status des Millionärs erreicht haben. Chris Larson, Gates' Schulkamerad aus Lakeside und der erste Programmierer von Microsoft, hatte 1992 genug Geld, daß er zusammen mit einer Gruppe von Investoren, zu denen auch die Eigentümer von Nintendo gehörten, 100 Millionen Dollar bieten konnte, um das Seattle Marines Baseballteam zu kaufen.

Bill Gates, der Mann, der alles das erreicht hatte, war unaufhaltsam an die Spitze der *Forbes*-Liste der vierhundert Reichsten Amerikas gestiegen. Im Oktoberheft des Jahres 1991 rangierte er an zweiter Stelle hinter dem Entertainment-Mogul Werner Kluge. *Forbes* schätzte Gates' Vermögen auf 4,8 Milliarden und Kluges auf 5,9 Milliarden. Am Ende des ersten Börsentags im Jahr 1992 standen die Microsoft-Aktien bei 114 Dollar. Die Aktien waren einige Monate zuvor drei zu zwei gesplittet worden und standen nun höher im Kurs als vor dem Splitting. Gates war jetzt schätzungsweise 7 Milliarden schwer. Mindestens auf dem Papier war der frühere Hacker aus der Lakeside-Schule, der davon geträumt hatte, einen Computer in jedes Haus zu bringen, der reichste Mensch Amerikas.

Daran muß er manchmal erinnert werden.

»Er gibt mit seinem Reichtum nicht an, jetzt nicht mehr als in seiner Jugend«, sagt Dan Bricklin, der seit Jahren zu Gates' Konkurrenten zählt. »Ich kenne Leute, die eine ganzes Stück ärmer sind als er, und mit ihrem Reichtum protzen. Ihm liegt das fern.«

Vern Raburn hat Gates kürzlich auf dem Flughafen von Phoenix in Arizona getroffen. Er trug Sporthosen und ein am Hals offenes Freizeithemd. Raburn war überrascht, wie wenig sich sein alter Freund verändert hatte. »Da ist er also so was wie der fünftreichste Mann der Welt«, sagt Raburn, »aber er hat kein Gefolge und kommt einfach dahergeschlendert und sagt: ›Hey, wie geht's denn? Essen wir 'ne Wurst zusammen.‹«

Gates, der noch immer Touristenklasse fliegt, erläuterte 1991 einem Reporter des *Playboy* seine Gründe für diesen bescheidenen Lebensstil: Natürlich könne er sich auch die Limousinen, Chauffeure, Privatjets und andere Annehmlichkeiten leisten, die für Leute, die auf der *Forbes*-Liste weit unter ihm stehen, selbstverständlich sind. Aber, sagte er: »Das gibt ein schlechtes Vorbild. Ich glaube, schließlich gewöhnt man sich an diese Sachen, und dann ist man einfach unnormal. Davor habe ich Angst.«

In letzter Zeit ist viel davon die Rede, daß sich die Präsidenten amerikanischer Firmen riesige Gehälter und gigantische Gratifikationen zahlen, obwohl Einnahmen und Gewinne rückläufig sind, etwa in der Automobilindustrie. Lee Iacocca von Chrysler zum Beispiel erhielt 1990 4,5 Millionen Dollar Gehalt und Gratifikationen; Harold Poling, Chef von Ford, vergleichsweise bescheidene 1,8 Millionen und Robert Stempel von General Motors nicht weniger als 5,2 Millionen.

In Anbetracht der Leistungen von Microsoft müßte Bill Gates einer der höchstbezahlten Firmenchefs des Landes sein. Doch erhält er ein recht bescheidenes Gehalt. Den Angaben der Firma zufolge verdiente er 1991 ganze 274 966 Dollar; das war nur das fünfthöchste Gehalt, das in seiner Firma gezahlt wurde. (Michael Hallman, der Anfang 1992 gefeuerte ehemalige Präsident von Microsoft, war 1991 mit 604 290 Dollar der höchstbezahlte Angestellte.)

Gates erklärt immer wieder, daß er sich aus Geld nichts mache und daß ihn die Börsenkurse nicht interessieren. Geld, sagt er, könne ihn nicht von der Arbeit ablenken.

Es gibt viele Anekdoten, die von seiner Einstellung zum Geld zeugen. Seine Freundin Heidi Roizen fuhr einmal zusammen mit ihm nach Seattle zu einer Verabredung im Sheraton. Es war kein Parkplatz zu finden, und da sie schon spät dran waren, schlug Heidi vor, die Hotelgarage zu nehmen.

»Ja, aber das macht 12 Dollar, und das ist es nicht wert.«

»Ich werde die 12 Dollar zahlen«, sagte seine Begleiterin.

»Darum geht es nicht«, erwiderte Gates. »Der Preis ist einfach unverschämt überhöht.«

Heidi Roizen findet diese Episode typisch. Geizig ist er aber nicht«, fügt sie hinzu. »Ich habe nie erlebt, daß er versucht hätte, sich im Restaurant davor zu drücken, meine Rechnung zu bezahlen oder so was.«

Bill Gates lebt allerdings nicht in spartanischer Einfachheit. Einigen Luxus gönnt er sich schon. Er hat eine Vorliebe für teuren Champagner, und sein Kühlschrank ist immer mit einem halben Dutzend (oder mehr) Flaschen Dom Pérignon geladen. An seiner Liebe zu schnellen Autos hält er immer noch fest. Obwohl er in einem Lexus zur Arbeit fährt und den Mustang, den er sich schon auf der High-School anschaffte, immer noch besitzt, hat er kürzlich für 100 000 Dollar einen Ferrari 348 erstanden. Vor zwei Jahren kauften sich Gates und Paul Allen jeder einen der schnellsten Wagen der Welt: einen 1988er Porsche 959 mit einer geschätzten Höchstgeschwindigkeit von rund 300 Stundenkilometern. (Die Wagen stehen Seite an Seite in einem Speicher der US Customs, Zollbehörde der Vereinigten Staaten, in San Francisco. Porsche hat nur 29 Exemplare dieses Typs für den amerikanischen Markt hergestellt. Die Wagen, die den US-Sicherheits- und Umweltauflagen nicht entsprachen, hätten durch eine Lücke in den Gesetzesbestimmungen eingeschleust werden sollen, aber als sie ausgeladen wurden, hatte die EPA diese Lücke geschlossen. Um die erforderlichen Unfallsicherheitstests durchzuführen, würden mindestens vier der Fahrzeuge zerstört werden müssen. Bei einem Stückpreis von 320 000 Dollar würde das ziemlich teuer kommen. Inzwischen würden die Wagen vermutlich im Verkauf eine runde Million pro Stück bringen. Gates schlug einen Unfalltest per Computersimulation vor, aber das Verkehrsministerium empfahl, die Fahrzeuge wieder außer Landes zu bringen.)

Der größte Teil seines Reichtums ist natürlich in Microsoft-Aktien angelegt und mithin den Schwankungen an der Börse unterworfen. Das mag Gates' Skepsis gegenüber seinem Vermögen erklären helfen. Er weiß, daß Wertpapiere kein bares Geld sind. Ende 1991 besaß Gates etwa 57 Millionen Microsoft-Aktien, das heißt etwa 33 Prozent der Anteile. Obwohl er sein Vermögen nicht sehr diversifiziert hat, hat er doch im Laufe der Jahre viele seiner Aktien verkauft. Nach Angaben der The Invest/Net Group in Fort Lauderdale in Florida hat Gates seit der Emission der Microsoft-Aktien 1986 Anteile im Werte von fast 300 Millionen Dollar verkauft. Im Oktober 1991 zum Beispiel veräußerte er etwa ein Prozent seiner Anteile für 67,5 Millionen Dollar. Kurz zuvor hatte er für 500 000 Anteile, die er auf dem offenen Markt verkaufte, etwa 50 Millionen Dollar erhalten. Niemand weiß, was Gates mit all dem Bargeld macht.

Ein Teil davon wird wohl zur Finanzierung des Baues seines neuen Hauses gebraucht werden. Die Kosten des High-Tech-Xanadu, das sich Gates bauen läßt, werden auf rund 10 Millionen geschätzt, aber genau kennt sie natürlich nur der Vorsitzende Bill persönlich – und der verrät sie nicht.

Schon 1984 hatte Gates einem Reporter das Heim geschildert, das er sich für sich vorstellte, mit Bildschirmen in allen Räumen, auf die man nach Belieben ferngesteuerte Bilder und Musik zaubern könnte. Gates sagte damals, der Verwalter dieses Zukunftsheims würde vermutlich ein Computer sein wie HAL, der arme Kerl, der so viel Seele entwickelt, daß er schließlich Amok läuft an Bord des Raumschiffes in *2001 – Odyssee im Weltraum*.

Jetzt kann sich Bill Gates seinen Traum erfüllen. Seit über einem Jahr ist das Haus im Bau, gegenüber seinem jetzigen Wohnsitz am anderen Ufer des Lake Washington. In der Gemeinde Medina (sie hat das höchste Pro-Kopf-Einkommen im Staat) hat Gates bereits 1988 sieben Grundstücke von insgesamt fast vier Acre für vier Millionen Dollar erworben. Das Gelände liegt direkt am Wasser an einem steilen Hang. Dieser Hanglage wegen und um nicht allzusehr auf dem Präsentierteller zu leben, hat Gates etwa 80 Prozent seines Hauses unter die Erde bauen lassen. Vom Wasser aus wird es anmuten wie ein kleiner Weiler, bestehend aus fünf verschiedenen Gebäuden, von denen keines mehr als zwei Stockwerke hat. Unterirdisch sind diese Gebäude verbunden. Die Grundfläche des insgesamt zur Verfügung stehenden Wohnraums hat die Ausmaße eines Footballspielfeldes. Bei der für 1993 geplanten Vollendung des Baus wird es drei Küchen geben, einen 20 Meter langen Swimmingpool, ein Filmtheater mit 20 Plätzen, zwei Aufzüge, einen künstlichen Bach, einen Bootshafen, einen Strand, eine Lagune, einen Versammlungssaal für 100 Personen, Büros, ein Computerzentrum, eine unterirdische Garage für 28 Wagen, eine 14 000 Bände umfassende Bibliothek, einen Fitneßraum mit Trampolin und einen Billardsaal.

Außerdem werden alle öffentlichen Räume Hochauflösungs-TV-Bildschirme an den Wänden haben. Die Gäste werden Bilder aus einer umfassenden elektronischen Bibliothek abrufen können, einer Computerdatenbank, in der große Werke der Fotografie und bildenden Kunst gespeichert sind. Die digitalisierten Bilder werden auf CD-ähnlichen Disketten gespeichert sein. In einem Raum wird man auf diesen TV-Bildschirmen die Aussicht vom Mount Everest zu jeder Tages- und Nachtzeit und bei jedem Wetter genießen können. Das System wird Musik, Geräusche und Video in Computerprogrammen enthalten, die der Gast mit dem Wink eines »Zauberstabs« handhaben kann. Gates legt Wert auf die Feststellung, daß er nicht einfach ein Zuhause für sich persönlich baut, sondern ein Computer-Konferenzzentrum, mit dem die Grenzen der Heimcomputertechnologie erkundet werden sollen.

Gates gründete eigens eine Firma, Interactive Home Systems, um die elektronischen Rechte an den größten Kunstwerken der Welt zu erwerben. Im Frühjahr 1991 kaufte diese Firma die elektronischen Rechte an rund 1000 Kunstwerken aus dem Besitz des Seattle Art Museum. Man steht noch in Verhandlungen mit dem Smithsonian Institute, dem Art Institute in Chicago und der National Gallery in London. Auch das kommerzielle Potential dieser neuen Computertechnologie, die als audiovisuelle Kommunikation bezeichnet wird, ist natürlich für Gates nicht ohne Interesse. Er steht damit nicht allein. Ende 1991 erwarb Eastman Kodak die größte Fotoagentur des Landes, Image Bank. Microsoft war an diesem Objekt ebenfalls interessiert. In einem anderen Fall ist es Gates gelungen, der Konkurrenz zuvorzukommen. 1991 kaufte Microsoft einen beachtlichen Anteil von Dorling Kindersley Ltd., einem bekannten Londoner Verlag. Gates hat die Überzeugung geäußert, daß electronic publishing gegen Ende dieses Jahrzehnts ein Milliardendollargeschäft sein wird. Schon machen sich die Konkurrenten Sorgen, daß Gates auch dieses Feld beherrschen wird.

Das Haus, das sich Gates bauen läßt, verfügt über drei Kinderzimmer und Räumlichkeiten für ein Kindermädchen. Gates denkt immer voraus. Gegenwärtig ist er noch einer der begehrtesten Junggesellen der Nation. Er wird manchmal von Frauen belagert, die seine Gesellschaft suchen. Eine Frau, die der Vereinigung Höchstbegabter, Mensa, angehörte, schrieb Gates und bat um Rat über die Software für ihren Macintosh. Gates lieferte ihr nicht nur die Programme, sondern traf sich auch mit ihr in Atlanta.

Eine Angestellte von Microsoft schickte Gates per E-Mail eine Einladung zum Lunch. Da sie nur eine unbedeutende Stellung im Informationsbüro der Firma innehatte, hatte sie eigentlich nicht mit einer Antwort gerechnet.

Gates antwortete ihr jedoch und ließ sie wissen, daß er augenblicklich zwar keine Zeit habe, doch bei Gelegenheit gern auf ihre Einladung zurückkommen würde. Mehrere Monate später frage er per E-Mail bei ihr an: »Wie wär's mit morgen?«

Sie nahm ihn auf dem Rücksitz ihres Motorrads zum Lunch in ein nahegelegenes Restaurant mit, und während der nächsten Monate gingen die beiden öfters zum Tanzen aus.

»Ich fand, er war der faszinierendste Mann, den ich je getroffen habe«, erinnert sie sich.

Dan Graves, ehemals Exportmanager (er verließ die Firma 1991), erinnerte sich an einen Abend auf einer internationalen Verkaufskonferenz von Microsoft in einem Chalet in den französischen Alpen. Gates war per Hubschrauber eingeflogen. »Wir haben die ganze Nacht gefeiert, alle«, sagt Graves. »Als ich um fünf Uhr früh das Haus verließ, wäre ich fast über Gates gestolpert. Er lag mit einer Frau auf dem Rasen.«

»Bill hat gerne Frauen um sich«, sagt ein Direktor der Microsoft, der Gates seit zehn Jahren kennt.

Während der letzten Jahre hatte Gates eine wiederholt abgebrochene und immer wieder aufgenommene Beziehung mit einer Produktmanagerin aus der Marketingabteilung von Microsoft. Keiner von beiden ist bereit, sich darüber zu äußern.

Da er selbst aus einer Familie mit traditionellen Wertmaßstäben kommt, die fest zusammenhält, gehen enge Freunde davon aus, daß auch er schließlich heiraten und Kinder haben wird. »Seine Familie ist ein wichtiger Teil von ihm«, sagt Paul Allen. »Ich will ihm nichts unterstellen, aber ich nehme an, daß er eines Tages Frau und Kinder haben wird.«

Gates selbst hat gesagt, daß er noch vor 1995 heiraten wird. Und er erwarte, eines Tages Kinder zu haben. Doch im Laufe der Jahre hat man auch einige Bemerkungen von ihm gehört, die darauf schließen lassen, daß er einstweilen noch auf Vaterfreuden verzichten kann.

»Sosehr sich Bill auch Kinder wünscht, wird er sich vielleicht doch nie zu diesem Schritt entschließen können«, sagt sein Freund Vern Raburn über ein Gespräch, das er an seinem 40. Geburtstag mit Gates hatte.

»Die Vorstellung, daß seine Eltern schon in den Sechzigern sind, macht ihn richtig fertig«, sagt Raburn. »Er kann das irgendwie nicht fassen, weil er ganz bewußt den Neunjährigen in sich erhalten und beschützen will . . . Das ist so lustig an ihm. Es ist eine Seite, die man bei den wenigsten Leuten findet. Deshalb will er auch nicht heiraten, denn man kann nicht neun Jahre alt und verheiratet sein. Wenn man heiratet, wird man wie seine Eltern.«

Am meisten zeigt sich sein kindliches Gemüt in seiner Leidenschaft für Spiele aller Art. Jedes Jahr im Juli lädt er an die hundert Freunde und Geschäftsfreunde auf das Anwesen der Familie am Hood Canal zu den »Micro-Games« ein, lustigen Wettspielen, bei denen Bill und seine Angehörigen die Schiedsrichter machen. Jedes Jahr stehen die Spiele unter einem anderen Motto. Einmal zum Beispiel »Safari in Afrika«. In Disziplinen wie »afrikanisches Wagnis« oder »Blasrohrschießen« konnte man hübsche Preise gewinnen. Ein anderes Mal ließ Gates für einen Wettbewerb im Sandburgenbauen sechs Tonnen Sand ankarren. Die Micro-Games enden traditionell mit der Komposition und Aufführung eines Rap-Songs durch die Teilnehmer. Das ganze ist eine riesige Kindergeburtstagsfeier für Erwachsene, und der Vorsitzende Bill spielt dabei den Zeremonienmeister.

Jedes Jahr gibt Gates auch eine noch viel größere Party für alle seine Angestellten. Im August 1991 nahmen fast 10 000 Mitarbeiter an dem jährlichen Microsoft-Picknick teil, das in einem großen privaten Park in den Vorbergen der Cascade Mountains, östlich des Betriebsgeländes in Redmond, stattfand.

Noch aufwendiger ist die Firmenweihnachtsfeier. 1990 fand sie im neuen riesigen Washington State Convention Center statt. Die einzelnen Etagen waren in bekannte Wahrzeichen der Stadt New York verwandelt. Da gab es Greenwich Village, das Hard Rock Cafe und Little Italy mit den jeweils dazugehörigen Speisen und Getränken. Gelbe New Yorker Taxis parkten im Saal, und bezahlte Schauspieler mimten New Yorker Straßenpublikum.

Obwohl die Moral der Microsoft-Truppe im großen ganzen ausgezeichnet ist, klagen die Angestellten über das hohe Arbeitstempo, besonders im Entwicklungsbereich. Das Arbeitsethos hat sich über die Jahre kaum verändert. Ein bekannter Geschäftsmann von der Eastside, wo Microsoft angesiedelt ist, weiß von zahlreichen »Microsoft-Witwen« zu berichten:

»Sie sagen immer: ›Wir hoffen nur, daß Bill irgendwann einmal heiratet. Dann sehen wir wenigstens unsere Männer auch mal wieder.‹ Diese Frauen halten Bill für einen Computerfreak, der keinerlei Verständnis für das wirkliche Leben hat. Die Leute finden, daß Microsoft irgendwie familienfeindlich ist. Toll für junge, unverheiratete Typen, die total in ihrer Arbeit aufgehen. Aber je älter die Angestellten werden, desto mehr kommt es zu Spannungen zwischen den Ansprüchen der Firma und den familiären Bedürfnissen der Leute. Aber wegen des Aktienkaufrechts bleiben sie an Microsoft gebunden. Sie können ja so viel Geld machen bei der Firma.«

Ida Cole, die erste weibliche Führungskraft von Microsoft, berichtet, daß Gates 1990 die Klausurtagung der Direktoren auf den Muttertag legte.

»Sie müssen wissen, daß die meisten von denen Familienväter sind. Es gab eine Menge Beschwerden«, erzählt sie. »Aber Bill hat den Termin nicht geändert. Immerhin war er zu einem Kompromiß bereit. Er ließ sie am Mittag nach Hause gehen, so daß sie den Nachmittag bei ihren Familien verbringen konnten . . . Bill liebt seine Mutter. Darum geht es nicht. Nur hat die Firma immer diese unglaubliche Priorität für ihn. Ich glaube, es ist ihm überhaupt nicht bewußt gewesen, daß er den Leuten mit diesem Termin ein besonderes Opfer zumutete.«

Gates hat noch immer den Finger als Puls der Firma und trifft alle wichtigen Entscheidungen selbst. Anfang 1992 entließ er Michael Hallman, der noch keine zwei Jahre Präsident der Firma war, im Zuge einer größeren Umstrukturierung des Unternehmens. Hallman, der Führungspositionen bei IBM und später bei Boeing innehatte, bevor er zu Microsoft ging, hätte seinen Job nicht im Griff, jedenfalls war dies die Meinung, die Gates unverblümt der Presse kundtat. Hallman war der Nachfolger von Jon Shirley, der 1990 in den Ruhestand gegangen war. Gates beschloß bei dieser Gelegenheit, den Präsidentenposten mit einem Triumvirat zu besetzen. Microsoft sei so groß geworden, erklärte er, daß die zweitwichtigste Position in der Firma nicht länger von einer einzigen Person wahrgenommen werden könne. In Zukunft sollten sich Hallmans Posten also drei Männer teilen, die Gates unter alten Freunden und Direktoren von Microsoft auswählte: Steve Ballmer, Mike Maples und Frank Gaudette.

Obwohl diese Entscheidung Verblüffung auslöste, bewies sie, daß sich Gates die Führung des Unternehmens einstweilen nicht aus der Hand nehmen läßt. Und das ist durchaus nach dem Geschmack der Investoren. Am Tage, als der Wechsel an der Firmenspitze bekanntgegeben wurde, stieg der Kurs der Microsoft-Aktien um fast 5 Dollar.

Microsoft ohne Gates am Steuer ist unvorstellbar. Wer ihn kennt, sagt, seine Arbeitswut hätte nicht im geringsten nachgelassen, und die Stellung von Microsoft als weltweit führende Softwareherstellerin sei garantiert, solange er die Firma leite.

»Wir haben diese Vision, das Ziel, das wir erreichen wollen, und wissen, daß wir noch weit davon entfernt sind«, sagte Gates jüngst während eines Interviews in seinem bescheidenen Büro. Durch eine Glaswand kann man einen Teil des riesigen Microsoft-Geländes sehen.

»Man muß immer auf einen Rückschlag gefaßt sein«, fuhr er fort. »Ich meine, wir sind nicht an der Spitze beim Networking, bei den Spreadsheets, bei der Textverarbeitung. Computer sind noch nicht leicht zu benutzen. Wir haben noch nicht jede Information griffbereit. Aber eine Sache macht echt Spaß: Ich gucke da raus und sehe Leute, mit denen es Spaß macht zu arbeiten und die eine Menge lernen. Das ist echt cool und ein duftes Gefühl, aber an der Spitze sind wir nicht. Ja, unsere Einkünfte sind größer als die der anderen, aber wenn wir uns nicht beeilen und gute Sachen machen . . .«

Der Satz blieb unvollendet. Gates stand auf und ging zu seinem Schreibtisch, um weiterzuarbeiten. »Glauben Sie mir«, sagte er zum Abschluß, »aus dem Fenster gucken und sich selbst beweihräuchern . . . so kommt man nicht voran. Man muß sich schon arg anstrengen.«

Danksagung

Dieses Buch handelt nicht in erster Linie von Computern oder von der glänzenden Technologie, die vor weniger als zwanzig Jahren eine der großen Revolutionen der Welt auslöste. Wir berichten vielmehr von Menschen, erzählen die Geschichte einer Gruppe von bemerkenswerten Individuen und des Mannes, Bill Gates, unter dessen genialer, weitblickender, entscheidungsfreudiger und ausdauernder Führung sie eines der erfolgreichsten Unternehmen der amerikanischen Wirtschaftsgeschichte schufen. Wir wollten ein Buch schreiben, das das Zeug haben würde, Leute, die von Computern keine Ahnung haben, ebenso zu interessieren wie Leute, für die es im Leben nichts Wichtigeres gibt als diese Maschinen. Wir hoffen, es ist uns gelungen.

Dieses Buch ist hervorgegangen aus einer Serie von Reportagen über Gates und Microsoft, die im Mai 1991 im *Seattle Post-Intelligencer* erschien. Bei der ausführlicheren Darstellung, die wir im Anschluß an diese Reportagen unternahmen – und die uns fast ein Jahr lang beschäftigt hat –, hat uns die Firma Microsoft in keiner Weise unterstützt. Immerhin konnten wir mehr als hundertfünfzig Personen interviewen, unter anderen viele ehemalige oder gegenwärtige Angestellte und Führungskräfte des Unternehmens. Wir sind allen, die uns geholfen haben, diese Geschichte zu erzählen, zu Dank verpflichtet, und zwar unabhängig davon, ob wir die erhaltenen Informationen für die Niederschrift des Buches verwendet haben oder nicht.

Dank sagen wollen wir an erster Stelle J. D. Alexander, dem Chefredakteur des *Seattle Post-Intelligencer*, der uns nicht nur die Zeit einräumte, für dieses Buch zu recherchieren und zu schreiben, sondern unser Vorhaben auch aktiv unterstützte, unter anderem, indem er uns gestattete, Fotos aus dem Bildarchiv der Zeitung zu verwenden. Danken möchten wir des weiteren unserem Kollegen Lytton Smith, der uns bei unseren Recherchen half, und all den Leuten in der Computerabteilung, die uns technische Hilfe leisteten.

Sehr dankbar sind wir unserem Verleger John Wiley & Sons, der sich für unser Projekt interessierte und uns die Gelegenheit gab, es durchzuführen.

Niemand jedoch hat sich um dieses Buch verdienter gemacht und hat größeres Recht auf unsere Dankbarkeit als unser Lektor, Roger Scholl, dessen Geduld, guter Rat und ermutigender Zuspruch uns von größtem Nutzen waren. Jedem, der ein Buch schreibt, ist ein so verständnisvoller Lektor zu wünschen.

Das Buch verdankt sein Erscheinen des weiteren den unermüdlichen Bemühungen anderer Mitarbeiter des Hauses John Wiley & Sons, von denen wir die Herstellungsleiterin Marcia Samuels und die Produktionsleiterin Elizabeth Doble nennen möchten. Wir wissen auch die Mühe zu schätzen, die die Angehörigen der Firma Impressions in Madison, Wisconsin, bei der Satzkorrektur aufwenden mußten.

Zuletzt sei den vielen guten Freunden gedankt, die uns während der Monate unserer Arbeit an diesem Projekt auf vielerlei Weise unterstützten – so Mary Williams, Angelo Bruscas, Cecila Dominique und Dick Clever.

Neben den Interviews stützen wir uns auf eine Reihe von Büchern und Artikeln in der Tages- und Fachpresse. An Büchern sind zu nennen: *Fire in the Valley* von Paul Freiberger und Michael Swaine; *Hackers* von Steven Levy; *Blue Magic* von James Chposky und Ted Leonsis; *The Making of Microsoft* (dt.: Die Microsoft-Story. Frankfurt/M. 1993) von Daniel Ichbiah und Susan Knepper sowie *Programmers at Work* von Susan Lammers. Folgende Tageszeitungen haben wir ausgewertet: *Seattle Post-Intelligencer*, *Seattle Times*, *New York Times* sowie *Wall Street Journal*, *Washington Post*, *LA Times* und *San José Mercury News*. An Zeitschriften sind zu nennen: *Forbes*, *Fortune*, *Money*, *Time*, *Newsweek* und *Business Week* sowie die Fachblätter *PC Week* und *InfoWorld*.

James Wallace and Jim Erickson

Seattle, Februar 1992

Register

Bitte beachten Sie auch die folgende Seite

James B. Stewart

CLUB DER DIEBE

606 Seiten, gebunden

»Mit CLUB DER DIEBE liefert James B. Stewart, Pulitzerpreisträger und Redakteur des Wall Street Journal, den authentischen Roman über den größten Börsenschwindel aller Zeiten. Stewart schildert Personen, Ereignisse und Sachverhalte detailliert und kompetent und entwirft das kriminelle Wall-Street-Szenario der achtziger Jahre. Ein vollständiger, fesselnder Bericht über das organisierte Verbrechen im freien Finanzdschungel.«
Wiener

»Spannende Pflichtlektüre.«
Das Capital

»Ein Buch voller Verstrickungen und schillernder Wall-Street-Stories, mit magischer Klarheit erzählt.«
Washington Post